Michael Brenner

**BREVE HISTÓRIA
DOS JUDEUS**

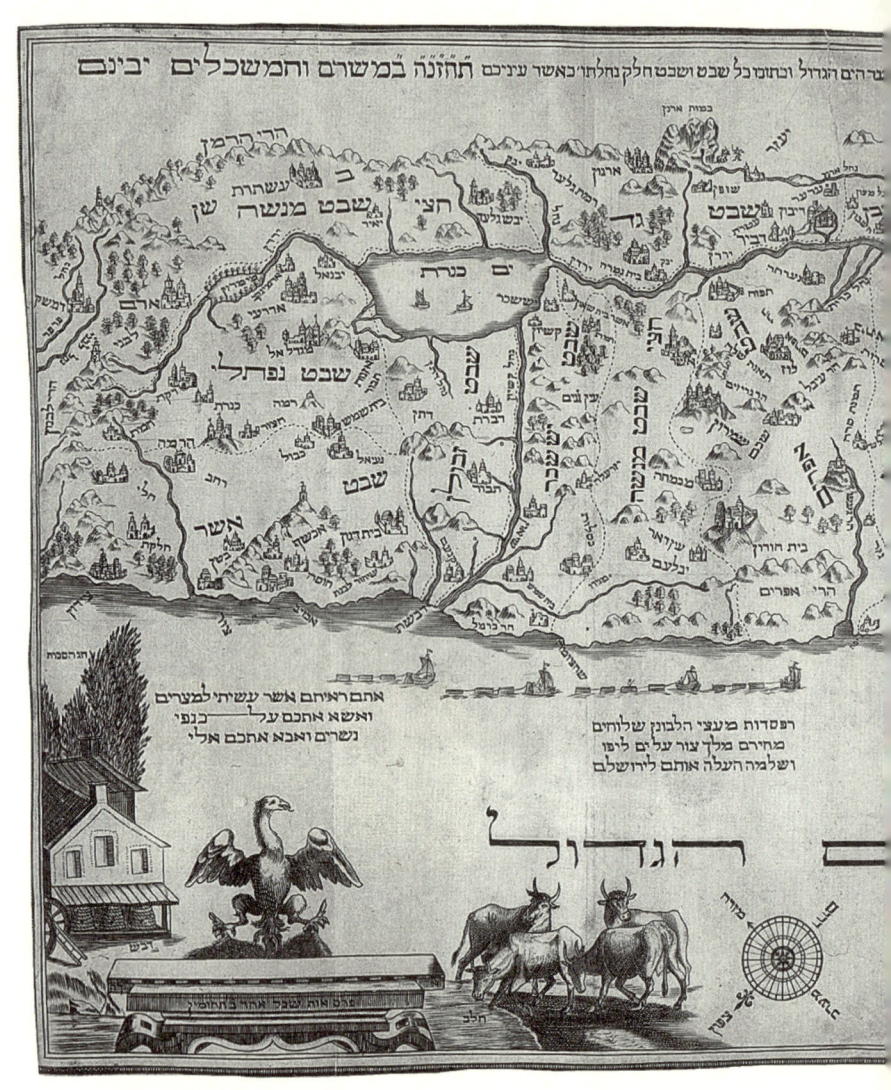

Uma Hagadá impressa em Amsterdam em 1698 foi a primeira a publicar um mapa em hebraico. A ilustração acima foi tirada da reimpressão de 1712. No mapa da Terra Santa, o leste está em cima. O delta do Nilo se vê embaixo, à direita. O Jordão corre na horizontal, da esquerda para a direita. O mapa menciona acontecimentos e símbolos da história do povo de Israel, como uma tabela que arrola 41 estações do êxodo do Egito e o navio em que o profeta Jonas tentou fugir. A águia se refere a Êxodo, capítulo 19, versículo 4: "Vós mesmos vistes [...] como vos carreguei sobre asas de águia." As vacas e as colmeias (na varanda da casa embaixo, à esquerda) representam o leite e o mel – e, logo, a Terra Prometida.

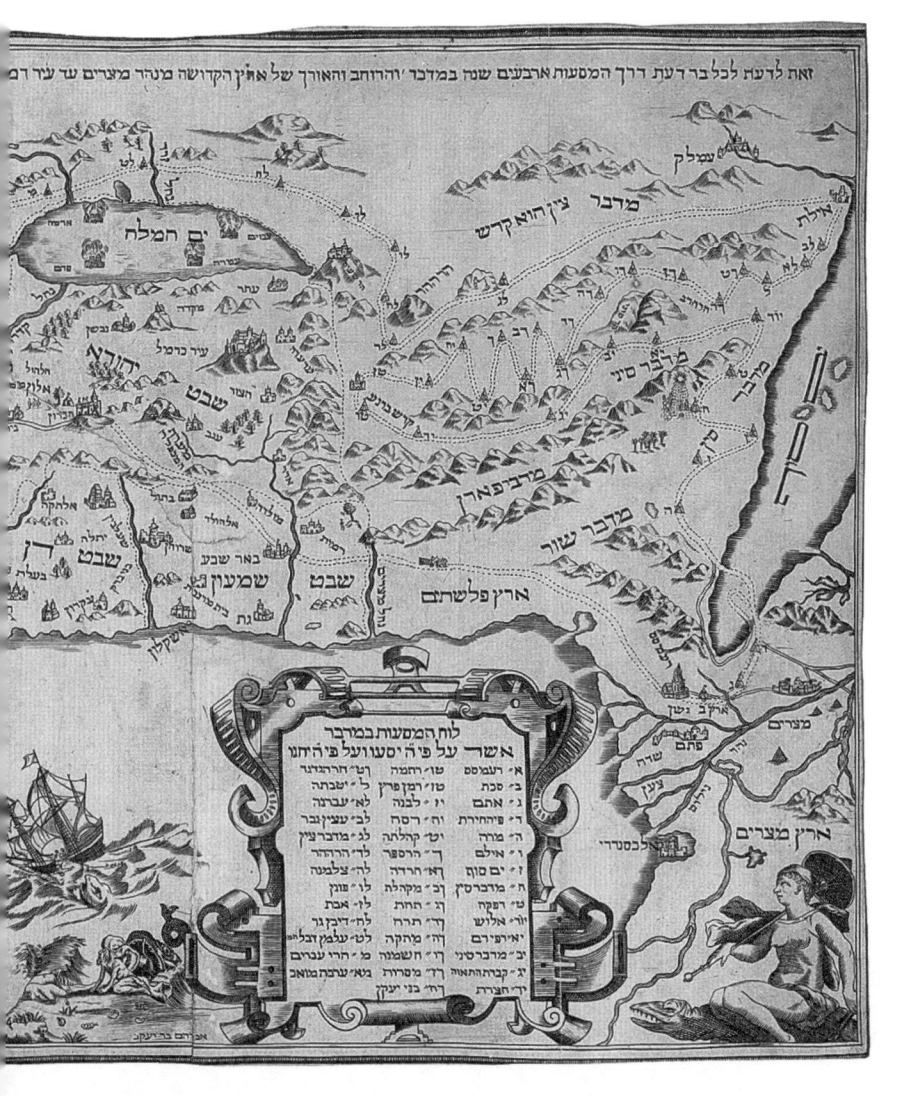

Michael Brenner

BREVE HISTÓRIA DOS JUDEUS

Tradução para o inglês de Jeremiah Riemer
Tradução para o português de Marcelo Brandão Cipolla
Revisão técnica de Nancy Rozenchan

wmf**martinsfontes**
São Paulo 2013

Esta obra foi publicada originalmente em alemão com o título
KLEINE JÜDISCHE GESCHICHTE
por Verlag C.H. Beck oHG, Munique
Copyright © Verlag C.H. Beck oHG, München 2008
Copyright © 2013, Editora WMF Martins Fontes Ltda.,
São Paulo, para a presente edição.

1ª edição 2013
2ª tiragem 2013

Tradução
Marcelo Brandão Cipolla
Revisão técnica
Nancy Rozenchan
Acompanhamento editorial
Márcia Leme
Revisões gráficas
Marisa Rosa Teixeira
Solange Martins
Edição de arte
Katia Harumi Terasaka
Produção gráfica
Geraldo Alves
Paginação
Moacir Katsumi Matsusaki

Dados Internacionais de Catalogação na Publicação (CIP)
(Câmara Brasileira do Livro, SP, Brasil)

Brenner, Michael
  Breve história dos judeus / Michael Brenner ; tradução para o inglês de Jeremiah Riemer ; tradução para o português de Marcelo Brandão Cipolla ; revisão técnica de Nancy Rozenchan. – São Paulo : Editora WMF Martins Fontes, 2013.

  Título original: Kleine jüdische Geschichte.
  ISBN 978-85-7827-691-1

  1. Judaísmo – História 2. Judeus – História I. Rozenchan, Nancy. II. Título.

13-04921   CDD-909.04924

Índices para catálogo sistemático:
1. História judaica 909.04924
2. Judeus : História 909.04924

Todos os direitos desta edição reservados à
Editora WMF Martins Fontes Ltda.
Rua Prof. Laerte Ramos de Carvalho, 133 01325-030 São Paulo SP Brasil
Tel. (11) 3293-8150 Fax (11) 3101-1042
e-mail: info@wmfmartinsfontes.com.br http://www.wmfmartinsfontes.com.br

A minha Michelle

Sumário

Prefácio à edição brasileira
XV

Prefácio
XXIX

1. De Ur a Canaã:
Um povo itinerante
1

2. Do exílio para casa:
Sacerdotes e profetas
17

3. Do hebraico ao grego:
Desprezo e admiração
29

4. De Modiin a Jerusalém:
Ascensão e queda de um Estado judeu
37

5. De Jerusalém a Jâmnia:
A Diáspora se legitima
51

6. De Medina a Bagdá:
Sob o domínio islâmico
65

7. De Sura a Córdoba:
   Sefarad – a cultura judaica na Península Ibérica
   79

8. De Lucca a Mogúncia:
   Ashquenaz – as raízes dos judeus da Europa Central
   89

9. De Lisboa a Veneza:
   As expulsões e suas consequências
   109

10. De Khaibar a Roma:
    Movimentos messiânicos e místicos
    127

11. Do Ocidente ao Oriente:
    Um novo centro na Polônia
    139

12. De Dessau a Berlim:
    Judeus da zona rural, judeus cortesãos e filósofos iluministas
    153

13. Do gueto à sociedade civil:
    Emancipação política e reforma religiosa
    173

14. De Posen a Nova Orleans:
    Começar de novo nos Estados Unidos
    191

15. Do *shtetl* ao Lower East Side:
    Os sonhos dos judeus da Europa Oriental
    e a realidade americana
    205

16. De Budapeste a Tel Aviv:
    Uma "velha terra nova" em Sião
    233

17. De Tétouan a Teerã:
    A europeização dos judeus no mundo islâmico
    249

18. De Czernowitz a Cernăuți:
    Crise política e florescimento cultural no entreguerras
    261

19. De toda parte a Auschwitz:
    Aniquilação
    291

20. Da fazenda de Julius Streicher ao kibutz:
    O mundo judaico após o Holocausto
    317

Apêndice:
A história judaica em números
354
Sugestões de leitura
356
Créditos das imagens
362
Índice onomástico
364
Índice toponímico
371

Nota do tradutor

Os nomes próprios (antropônimos e topônimos) que constam na Bíblia foram grafados tal como são dados pela *Bíblia de Jerusalém*. Assim também a maioria das passagens bíblicas citadas foi transcrita dessa versão, embora ocasionalmente se tenha usado uma tradução da *Vulgata* (e, uma única vez, a versão de João Ferreira de Almeida) quando se julgou que ela expressaria melhor o sentido pretendido pelo autor. Para a transliteração dos nomes e termos hebraicos, bem como para a grafia de outros termos especificamente referentes à religião judaica, foram adotadas as formas prevalecentes no uso da comunidade judaica brasileira, constatado esse uso por meio de pesquisa em livros, artigos e sítios eletrônicos e mediante diálogos com alguns membros dessa comunidade. Vale lembrar que, na transliteração, o *sh* tem som equivalente ao do *x* em "xícara", ao passo que o *ch* não tem som equivalente exato na fonética portuguesa, mas se assemelha ao som do dígrafo *rr*. Para as datas, foram adotadas as convenções "a.e.c." (antes da era comum) e "e.c." (ano da era comum). Agradeço a Carlos Roberto Zibel Costa e a Ronald Tennenbaum pelo apoio e pelas informações referentes aos usos vocabulares da comunidade judaica no Brasil.

Marcelo Brandão Cipolla

Prefácio à edição brasileira

Os principais capítulos da história dos judeus no Brasil* – a comunidade judaica em Recife durante o período holandês no século XVII, a formação da comunidade em Belém no século XIX, as colônias agrícolas no Rio Grande do Sul a partir de 1900, o início da imigração sistemática de judeus da Europa Oriental no século XX e a organização de núcleos em diversos centros urbanos do país – são movimentos históricos inteiramente entrelaçados à história geral dos judeus e seus grandes movimentos migratórios, conforme narrados nesta *Breve história dos judeus*, de Michael Brenner, e estão sempre relacionados à história de cada país de origem dos imigrantes e à trama das relações entre eles em um contexto mundial.

A primeira comunidade judaica fundada no território português na América do Sul, com a sinagoga Kahal Kadosh Zur Israel (Comunidade Sagrada Rochedo de Israel, fundada em 1636) e outras instituições, foi a de Recife, Pernambuco, no século XVII, período em que a região estava sob domínio holandês, que garantia liberdade religiosa e protegia judeus e cristãos-novos das restrições impostas por Portugal ao restante da colônia. As estatísticas sobre o número de integrantes dessa comunidade, que foi encerrada com a expulsão dos holandeses por Portugal em 1654, variam de 350 a 1.450 pessoas.

Enquanto o Brasil foi colônia de Portugal, a metrópole não tolerava nenhuma manifestação religiosa aberta não cristã, portanto, até a Independência do Brasil, em 1822, os judeus não podiam viver livremente como judeus e nenhuma comunidade judaica se formou na colônia.

---

* Existem no País seis instituições arquivísticas sobre a história dos judeus no Brasil. O Arquivo Histórico Judaico Brasileiro (São Paulo) mantém o principal acervo documental e biblioteca judaica, inclusive em iídiche. Outras instituições com acervos de pesquisa importantes são o Instituto Cultural Israelita Marc Chagal (Porto Alegre), o Instituto Histórico Israelita Mineiro (Belo Horizonte) e o Arquivo Histórico Judaico de Pernambuco (Recife). O Museu Judaico (Rio de Janeiro) e o Instituto Cultural Bernardo Schulman (Curitiba) também mantêm acervos.

Desde o início da colonização do Brasil e com o início da ação da Inquisição em Portugal contra cristãos-novos a partir de 1536, alguns milhares de cristãos-novos (convertidos quando da expulsão dos judeus de Portugal) e seus descendentes vieram à colônia, sendo que muitos prosperaram com os engenhos e o comércio de açúcar principalmente na Bahia, em Pernambuco e na Paraíba. Alguns criaram redes de sociabilidade e enfrentaram a restrição a casamentos com "cristãos-velhos" e a proibição de integrar entidades como as Irmandades de Misericórdia e as Câmaras Municipais por causa dos estatutos de "pureza de sangue". Alguns mantinham em segredo rituais e costumes judaicos (marranos ou criptojudeus). Essas práticas deram origem a costumes interessantes, mas também a lendas e a estudos que hiperdimensionam a importância demográfica e social dos cristãos-novos e do judaísmo na história colonial do país. Essa presença foi um elemento importante, mas não decisivo ou determinante nos mais de três séculos de colonização.

A conversão dos povos não católicos era objetivo central no processo de expansão dos impérios português e espanhol na América, e essa foi uma das razões da ação da Inquisição de Lisboa através de "visitações" no Brasil. Cerca de 400 acusados de "judaizantes" no Brasil foram processados, a maioria condenada à prisão e 18 condenados à morte, entre eles o teatrólogo Antônio José da Silva, o "Judeu", que viveu entre Portugal e Brasil no século XVIII, tornou-se um dos mais conhecidos autores de teatro portugueses e foi condenado à morte em 1739. A Inquisição foi abolida na colônia em 1773, durante o governo de Marquês de Pombal. O antijudaísmo contra os cristãos-novos no período colonial não se transformou em antissemitismo no período moderno, ainda que permaneçam no imaginário popular crenças antijudaicas de raízes cristãs medievais.

A moderna história dos judeus no Brasil tem início no século XIX com os primeiros movimentos migratórios e a formação de comunidades locais. Nesse período, a primeira comunidade judaica foi estabelecida em Belém, Pará, a partir da imigração de judeus do Marrocos e norte da África, atraídos pela riqueza da borracha e outros produtos florestais que tinham valor em redes comerciais internacionais. Esses judeus ergueram em Belém a primeira sinagoga moderna do país, em

1824, e em 1842 fundaram um cemitério judaico local. Um novo ciclo da borracha no final do século XIX atraiu mais imigrantes que formaram núcleos em Itacoatiara, Cametá, Parintins, Óbidos, Santarém, Humaitá e outras cidades. Da mesma forma que a história dos judeus em geral, também a dos judeus no Brasil está inserida no contexto mais geral dos fluxos migratórios e da situação política, social e econômica nos mais diversos países e continentes. A presença dos judeus no Norte do país legou comunidades ativas em Belém, que chegou a ter 800 integrantes nos anos 1920, e em Manaus.

Em muitos sentidos, a imigração judaica a Belém se encaixa em padrões mais amplos. Os judeus marroquinos, da mesma forma que muitos imigrantes que chegaram posteriormente, falavam várias línguas: hebraico e francês na escola, hakitia (língua singular baseada no hebraico e no árabe marroquino) em casa e árabe e espanhol nos negócios. Eles viam o Brasil também como uma terra de refúgio e um novo lar porque o certificado de naturalização era relativamente fácil de obter. Os documentos brasileiros serviam para incrementar sua mobilidade, da mesma forma que milhões de brasileiros buscam cidadanias adicionais no mundo contemporâneo. A história da imigração dos judeus marroquinos mostra também que a conversão religiosa ou cultural é comumente uma via de mão dupla, especialmente porque, com frequência, os primeiros imigrantes casaram-se com mulheres indígenas da Amazônia.

Uma história revela como essas relações eram formalizadas via conversão. Os judeus chegaram sem esposas ou rabinos. Muitos começaram relacionamentos com mulheres locais, mas não havia um rabino entre os imigrantes para conduzir cerimônias de conversão. O líder dos imigrantes apontou o mais estudado dos membros para ensinar judaísmo às noivas, enfatizando um princípio: o de que existe apenas um Deus. No dia do casamento, a noiva era conduzida com os olhos vendados a uma sala fechada e lhe contavam que uma colher cheia de ouro derretido seria colocada em sua boca. Se ela realmente acreditasse que existia apenas um Deus, o ouro teria um sabor tão doce como o mel; assim, toda mulher acreditava, e o ouro sempre tinha sabor de mel...

Atualmente pequenos cemitérios judaicos e lápides podem ser encontrados ao longo do rio Amazonas. Habitantes locais muitas vezes atribuem poderes especiais aos túmulos dos imigrantes e os transformaram em lugares contemporâneos de culto. O mais célebre deles é o túmulo do rabino Shalom Emmanuel Muyal, falecido em 1910 e enterrado no Cemitério Municipal São João Batista de Manaus. Relatos de milagres ocorridos em torno desse túmulo existem desde os anos 1930, e o rabino Muyal é frequentemente chamado de "Santo Judeu Milagreiro de Manaus". Sua sepultura se tornou um local tão importante para a cultura local que as lideranças da comunidade judaica local recusaram uma solicitação do seu sobrinho para que ele fosse sepultado em Israel em 1980.

A Constituição de 1824 mantinha o catolicismo como religião oficial, mas permitiu a prática de outras religiões de forma privada, especificamente para atrair imigrantes protestantes ao Brasil. Foi após a Proclamação da República – com a separação entre religião e Estado e a completa liberdade religiosa – e com o início dos intensos movimentos emigratórios dos judeus da Europa Oriental e Rússia que teve início de forma sistemática a imigração de judeus ao Brasil, primeiro em colônias agrícolas no Rio Grande do Sul, depois em grandes centros urbanos e também pequenas cidades. A imigração ao Brasil foi parte de um significativo fluxo migratório entre os continentes europeu e americano.

Além de imigrantes individuais esporádicos ao longo do século XIX, judeus da região da Alsácia-Lorena imigraram no final do século XIX, mas as primeiras comunidades judaicas já no século XX formaram-se no Rio Grande do Sul, por meio de acordos entre a Jewish Colonization Association (organização com sede em Londres para buscar locais que recebessem judeus emigrados da Europa Oriental) e o governo rio-grandense. Centenas de imigrantes da Europa Oriental se estabeleceram em colônias agrícolas, a exemplo de núcleos semelhantes na Argentina a partir de 1893. A primeira foi em Philippson, região de Santa Maria, em 1904, com 37 famílias da Bessarábia, onde, em 1906, foi fundada a primeira escola judaica no Brasil na qual se ensinou o currículo oficial. Em 1908, a colônia tinha 299 moradores. Em 1912 foi a vez de Quatro Irmãos, com mais de 350 famílias em quatro núcleos: Quatro Irmãos, Baroneza Clara, Barão Hirsch e Rio Padre.

Na década de 1920 houve intensa atividade militar no Rio Grande do Sul, o que criou uma situação difícil para todos os habitantes rurais. Os judeus, diferentemente da maioria dos colonos do estado, mantinham fortes laços comerciais e familiares com os centros urbanos e, assim, a maioria dos colonos se mudou para Porto Alegre e cidades no interior do Rio Grande do Sul, como Erebango, Pelotas, Cruz Alta, Passo Fundo, Santa Maria e Erechim, constituindo pequenos núcleos.

A partir dos anos da Primeira Guerra Mundial e até os anos 1930, imigrantes judeus da Europa Oriental e Ocidental e do Oriente Médio começaram uma era de imigração mais adensada, deixando para trás uma situação de pobreza, conflitos militares e preconceito, e os judeus formaram comunidades bem estruturadas nas principais cidades do país: São Paulo, Rio de Janeiro, Porto Alegre, Curitiba, Belo Horizonte, Recife e Salvador. A maior parte dos imigrantes vinha da Europa Oriental: Rússia, Bessarábia, Romênia, Lituânia, Polônia e outros países. Nos anos 1920, chegaram a São Paulo imigrantes do Líbano e da Síria. Nos anos 1930, após a ascensão do nazismo ao poder na Alemanha, teve início uma imigração de judeus alemães e, em pequeno número, italianos e austríacos, que formaram congregações religiosas liberais. Em menor proporção, Rio de Janeiro, Porto Alegre, Curitiba e Belo Horizonte também receberam esses imigrantes.

Pequenos núcleos formaram-se em dezenas de cidades do interior do país, acompanhando os circuitos dos ciclos econômicos locais. No estado de São Paulo, enraizaram-se pequenas comunidades ao longo da estrada de ferro e do negócio do café e do pequeno comércio, entre elas Santos, Campinas, Santo André, Ribeirão Preto, Sorocaba, Moji das Cruzes e São José dos Campos. A imigração contou com o apoio e a organização direta de entidades internacionais, principalmente JCA, Joint, Emigdirect e Hias. Nos anos 1910 havia entre 5 e 7 mil judeus no país. Entre 1920 e 1930, cerca de 30 mil judeus entraram no país, e a população judaica atingiu cerca de 56 mil pessoas na década de 1930. De acordo com estatísticas do governo brasileiro, a população judaica por estado era a seguinte, para os anos 1900, 1940 e 1950: São Paulo (226; 20.379; 26.443), Rio de Janeiro (25; 22.393, 33.270), Rio Grande do Sul (54, 6.619, 8.048), Bahia (17, 955, 1.076), Paraná (17, 1.033, 1.340) e Minas Gerais (37, 1.431, 1.528).

Diversos fatores definiram um processo bem-sucedido de inserção social, cultural e econômica dos judeus no Brasil contemporâneo. Desde o final do século XIX (e após a abolição da escravidão em 1888), o Brasil tornara-se um "país de imigrantes", em um contexto de tolerância religiosa (que não se estendeu às religiões afro-brasileiras), com poucas manifestações de racismo contra imigrantes europeus (diferente do que ocorreu com imigrantes japoneses e outros asiáticos) e intensa permeabilidade social e cultural. Entre os anos 1880 e 1940 o país recebeu cerca de 4 milhões de imigrantes (entre eles 65 mil judeus), os quais, com sua cultura e seu dinamismo, participaram decisivamente do desenvolvimento do país e marcaram a cultura das grandes cidades. Diferentemente de muitos imigrantes que deixaram o Brasil, os judeus se estabeleceram em definitivo no Brasil em grande medida porque eram, em sua maioria, refugiados e não havia para onde "voltar".

Na década de 1920, mais de 10% dos judeus que emigraram da Europa escolheram o Brasil como destino e, entre 1920 e 1930, cerca de metade dos imigrantes da Europa Oriental que chegaram ao país eram judeus. A imigração judaica desse período se deu duplamente sob o marco da grande imigração ao Brasil e também, do ponto de vista da história judaica, da grande emigração da Europa para a América a partir do final do século XIX. O processo de imigração foi retratado pelo pintor Lasar Segall em quadros como *Navio de emigrantes*, que integram o acervo do Museu Lasar Segall, em São Paulo.

A legislação brasileira era aberta aos imigrantes europeus, apesar da burocracia, das "negociações" individuais e da necessidade de "cartas de chamada". A partir dos anos 1920, o país tornava-se um destino desejável e viável devido às restrições e às quotas impostas pelos Estados Unidos, pelo Canadá e pela Argentina. As elevadas taxas de urbanização e de crescimento econômico que o Brasil viveu entre os anos 1920 e 1940 e as oportunidades profissionais, comerciais e industriais propiciaram a ascensão social dos imigrantes que não trabalhavam como colonos. Um dado curioso sobre esse período da história dos judeus no Brasil é como imigrantes judeus e árabes se espelharam historicamente. Com frequência eles seguiram uma mesma trajetória de trabalho, começando como mascates e depois acumulando capital, o que lhes permitiu comprar uma pequena indústria ou loja. De fato, era comum que *clientelchiks* (termo iídiche "abrasileirado" para mascates) adquirissem mercadorias de mascates sírios e libaneses que haviam se tornado atacadistas. Imigrantes judeus e árabes utilizaram padrões similares de crédito e financiamento a partir de seus próprios grupos. Sociedades de crédito garantiram aos recém-chegados os fundos iniciais para adquirir mercadorias e mascatear ou apoiar a abertura de uma indústria ou loja diante de uma classe média urbana crescente com novos hábitos de consumo. A interação econômica com a população brasileira acentuou-se e, como o estudioso de imigração Everardo Backheuser, professor e consultor da National Council of Geography, explicou: "judeus são turcos que vendem a crédito...".

Outro fator decisivo foi a organização comunitária que os judeus implantavam nos locais urbanos onde se estabeleciam. Nesse sentido, judeus e outros imigrantes urbanos tiveram a possibilidade de criar instituições comunitárias, o que não foi permitido a outros grupos rurais (colonos italianos e espanhóis, por exemplo) pelos fazendeiros que os contrataram. Os judeus criaram uma rede institucional na qual havia sinagoga, escola, entidades assistenciais, clube recreativo e entidades culturais e outras instituições e mecanismos de apoio aos recém-chegados. Como exemplo, em São Paulo, entre os anos 1910 e 1930, havia pelo menos dez entidades assistenciais e sociais (entre elas a Sociedade Beneficente Amigos dos Pobres Ezra [1915], a Sociedade Beneficente das Damas Israelitas [1916] e a Cooperativa de Crédito Popular do Bom Retiro [1928]) que ofereciam todo o apoio necessário, desde a recepção nos portos, até assistência a mulheres grávidas e capital para começar um trabalho, em geral a venda de mercadorias. Apenas como exemplos de outras capitais, em Porto Alegre, a União Israelita foi fundada em 1909 e, em Curitiba, a União Israelita do Paraná é de 1913; no Rio de Janeiro, foi fundada em 1912 uma primeira sociedade beneficente, a Achiezer, e em 1920 foi criada a Sociedade Beneficente Israelita e Amparo aos Imigrantes, o Relief; em Belém, foi fundada em 1919 a escola Dr. Weizman; em Recife, duas sinagogas foram fundadas em 1906, a escola em 1918 e o Banco Popular em 1931; em 1929 havia 25 escolas judaicas no país e cerca de 1.600 alunos matriculados.

Em São Paulo, Rio de Janeiro e Porto Alegre, os judeus se concentraram em bairros definidos: Bom Retiro, Bom Fim (bairro no qual Moacyr Scliar, principal escritor judaico-brasileiro do século XX, ambientou vários livros) e Praça Onze (que teve como cronista Samuel Malamud). Nessas cidades definiu-se, assim, um espaço urbano judaico delimitado, com suas histórias reais e imaginárias, seus pontos de encontro, clubes, debates políticos e culturais. Em São Paulo, havia ainda outros núcleos em bairros como Lapa, Mooca (onde duas sinagogas foram erguidas nos anos 1920), Cambuci, Vila Mariana e Santo Amaro.

A vida cultural e política também era intensa, seja de movimentos internos ao grupo, seja participando da vida política do país, integrando partidos e governos. Em 1917 realizou-se o 1º Congresso Israelita no Brazil. O primeiro jornal judaico editado em iídiche no Brasil foi *Di Menscheit*, em 1915, em Porto Alegre. O primeiro jornal judaico em português foi *A Columna*, em 1916. A imprensa refletiu a diversidade ideológica, com jornais de esquerda e outros sionistas. Seguindo o fortalecimento do movimento sionista na Europa e a imigração de judeus para a Palestina (Israel) para fundar um Estado judeu, o Primeiro Congresso Sionista no Brasil realizou-se em 1922, com representantes de São Paulo, Rio de Janeiro e Pará, que fundaram uma Federação Sionista do Brasil. Entre suas bandeiras estavam também uma organização comunitária mais sólida e coesa, o ensino de hebraico e uma revitalização cultural. Os movimentos de esquerda também foram expressivos em São Paulo, Rio de Janeiro, Porto Alegre, Belo Horizonte, Salvador e outras cidades, existindo partidos sionistas de esquerda, partidos comunistas e outros, como os socialistas do Bund. Em São Paulo, foi fundado em 1954 o Instituto Cultural Israelita Brasileiro (Icib), ao lado do Teatro de Arte Israelita Brasileiro (Taib). A língua e a cultura iídiche foram um aglutinador importante desses movimentos.

Nas décadas de 1920 e 1930, vivendo em centros urbanos e com uma atividade econômica, social e cultural pública, os judeus se tornaram um dos grupos de imigrantes mais "visíveis" e, assim, passaram a ser parte do jogo e do interesse político local, nacional e internacional, com estereótipos manipulados, especialmente durante o regime de Getúlio Vargas (1930-1945), quando se formou no país uma "questão judaica" influenciada pelo nacionalismo, xenofobia e nazifascismo na Europa. Apesar da simpatia de núcleos do governo Vargas pelo nazifascismo europeu, da destruição da democracia, da repressão à esquerda, do nacionalismo xenófobo e das restrições à imigração, não se pode comparar o período Vargas ao nazismo alemão ou ao fascismo italiano. Mesmo durante esse período e apesar das circulares secretas banindo a imigração a partir de 1938, imigrantes judeus entraram no país em número considerável, o que se deu por meio de negociações (políticas e econômicas) caso a caso, e da ação de alguns poucos diplomatas que ajudaram os judeus a escapar do nazismo na Europa. Mas outros milhares de refugiados da Europa ocupada pelos nazistas tiveram o visto negado e foram assassinados em campos de extermínio na Polônia.

O ensino e a publicação de jornais em línguas estrangeiras foram banidos, e as entidades de imigrantes tiveram de "nacionalizar" seus nomes e eleger diretorias com brasileiros "natos". Foram restrições impostas a todos os grupos imigrantes, atingindo de forma direta também italianos, alemães e japoneses (estes foram, inclusive, deportados de Santos e de São Paulo para o interior do estado). As organizações judaicas existentes adequaram-se à legislação e aprenderam a lidar com as restrições; ao mesmo tempo, várias outras organizações foram fundadas nesse período. Os judeus alemães foram os que mais se alarmaram por serem muitas vezes identificados como cidadãos de um país em guerra com o Brasil. Em São Paulo, maior comunidade judaica do país, não há casos conhecidos de fechamento forçado de entidades. O antissemitismo presente em círculos governamentais, diplomáticos e intelectuais não implicou ações públicas contra os judeus dentro do Brasil e os que conseguiram romper as barreiras e proibições imigratórias.

As comunidades judaicas integraram a campanha em prol do esforço de guerra do Brasil, alinhado aos Estados Unidos, doando, por exemplo, cinco aviões para a recém-criada força aérea, em 1942. As comunidades locais criaram comitês de auxílio a refugiados judeus na Europa, alguns ligados à Cruz Vermelha. Havia soldados judeus na Força Expedicionária Brasileira (FEB), entre eles o artista plástico Carlos Scliar, que publicou depois um *Álbum de guerra*, e Boris Schnaiderman, que publicou o romance testemunhal *Guerra em surdina*.

Entre 1933 e 1938, a Ação Integralista Brasileira (AIB), liderada por Plínio Salgado, Gustavo Barroso e Miguel Reale, movimento da mesma linhagem que os partidos nazifascistas europeus, mantinha uma plataforma abertamente antissemita. Gustavo Barroso, o chefe das milícias, traduziu *Os protocolos dos sábios de Sião* e editou *A sinagoga paulista*, *Brasil, colônia de banqueiros*, *História secreta do Brasil*, com forte impacto na época. Autor de cerca de oitenta livros, membro e presidente da Academia Brasileira de Letras, Barroso pode ser considerado o mais ativo pregador antissemita da história do país. No entanto, não há registros documentados de violência aberta contra as comunidades judaicas nem de entidade judaica que tenha deixado de funcionar por causa desse antissemitismo, que não se institucionalizou. Em Curitiba, Baruch Schulman escreveu, em 1937, *Em legítima defesa*, uma publicação em defesa dos judeus, e em Belo Horizonte Isaías Golgher criou um Comitê Anti-Integralista. Um grupo de intelectuais brasileiros, apoiado pela ICA e pela empresa Klabin, publicou em 1933 uma obra em defesa dos judeus: *Por que ser antissemita? Um inquérito entre intelectuais brasileiros*.

Assim, apesar da presença de antissemitismo na história do Brasil, o antissemitismo – diferentemente da história dos judeus europeus – não é um fator determinante na história moderna e contemporânea dos judeus no país. Com exceção da atuação da AIB, que não produziu consequências efetivas, os episódios antissemitas foram pontuais, e a maioria das ocorrências foi de comentários públicos ou publicação de artigos racistas na imprensa (e agora na internet). O antissemitismo colonial deixou uma marca discursiva no imaginário popular com ecos de elementos de um antijudaísmo medieval que associa o judeu ao crime de deicídio, à usura e à avareza (o uso de "judeu" e de "judiar" no cotidiano). Mas, evidentemente, o antissemitismo e as perseguições são um dado histórico determinante da maioria das ondas imigratórias que vieram ao país e parte fundamental da história e da memória coletiva do grupo, seja pela história das origens dos judeus brasileiros, seja por pertinência e vinculação à história dos judeus em geral, incluindo evidentemente o Holocausto e a sua memória.

Após a redemocratização do Brasil em 1945, o final da Segunda Guerra Mundial e as consequências do Holocausto, e com a criação do Estado de Israel em 1948, um renovado senso de ativismo, de identidade e de organização instalou-se nas comunidades judaicas, seja em torno dos apelos de reconstrução e de recebimento de novos imigrantes, seja pela modelagem de novas instituições que, naquele momento político, representassem politicamente os judeus no país como um grupo organizado perante o Estado e a sociedade. Assim, em 1946, foi fundada a Federação Israelita do Estado de São Paulo; no ano seguinte, a do Rio de Janeiro e, em 1951, a Confederação Israelita do Brasil. O movimento sionista passou a ter atuação pública e a ser força política central na comunidade; a militância judaica de esquerda também voltou a ser ativa, inclusive nas fileiras do Partido Comunista. O diplomata brasileiro Oswaldo Aranha presidiu, em 1947, a Assembleia Geral da ONU que realizou a partilha da Palestina e criou um Estado judeu e outro árabe; o Brasil reconheceu Israel em 1949, no ano seguinte à proclamação de independência daquele país.

Após 1945, três novas levas de imigrantes vieram ao Brasil: de sobreviventes do Holocausto, de judeus do Egito e do Marrocos, em 1956-1957 (cerca de 3500 pessoas), e da Hungria, em 1956 (cerca de mil judeus). Com isso, completaram-se os principais movimentos imigratórios judaicos ao Brasil, com forte diversidade interna e identidades e entidades específicas dentro do grupo. Essa diversidade é representada pelas origens nacionais, por um corte entre ashkenazim e sefaradim e também pela diversidade religiosa, entre judeus liberais, judeus ortodoxos e judeus laicos (não existe autoridade central religiosa entre os judeus do Brasil, cada sinagoga tem autonomia e está filiada a um movimento religioso judaico nacional ou mundial).

No novo contexto dos anos 1950 era preciso, portanto, criar identidades e entidades para posicionar-se como judeus nas questões locais e nacionais. Pode-se dizer que os parâmetros principais da identidade judaico-brasileira e do modo de inserção no país se definiram, em grande parte, entre 1920 e 1940, com as últimas correntes migratórias nos anos 1950 agregando-se a uma comunidade já estabelecida – a partir de então, o traço imigrante é mais relevante para a memória do que efetivamente para a história dos judeus brasileiros.

Uma história sobre Getúlio Vargas em 1954 revela muito bem como certa linguagem das elites no país pode ser interpretada como antissemita ao mesmo tempo que justaposta ao reconhecimento de ascensão social, cultural e política dos judeus. Certo dia, em 1954, o deputado federal Aziz Maron, líder na Bahia do Partido Trabalhista Brasileiro, conversava com um jornalista na sala de imprensa do Palácio Tiradentes. Subitamente apareceu o presidente Getúlio Vargas. O repórter aproveitou a oportunidade e perguntou a Vargas se ele havia sido prudente em manter Ricardo Jafet, um paulista de descendência libanesa e presidente do Banco do Brasil, e Horácio Lafer, filho de uma família de imigrantes judeus europeus e ministro da Fazenda, trabalhando conjuntamente em dois cargos decisivos e associados um ao outro. Getúlio quis saber o porquê da admiração do interlocutor e este ponderou:

> Mas, Presidente, V. Exa. nomear um árabe e um judeu. Eles vão se guerrear! Vão fazer do seu governo uma verdadeira Palestina!
> Não tenha susto, obtemperou Getúlio, no fim dá tudo no mesmo. Ambos são semitas, Lafer e Jafet. Árabes e judeus brigam pela "presa" maior e depois se entendem...*

De acordo com as estatísticas oficiais do governo brasileiro, a população judaica no Brasil passou de 55 668 em 1940 para 69 957 em 1950. O número de judeus no Brasil é estimado hoje em até 130 mil

---

* José Queiroz Júnior. *222 anedotas de Getúlio Vargas*: anedotário popular, irreverente e pitoresco. Getúlio no inferno. Getúlio no céu. Rio de Janeiro: Companhia Brasileira de Artes Gráficas, 1955. p. 179.

pessoas. Os principais núcleos comunitários estão localizados em São Paulo, Rio de Janeiro e Porto Alegre – que perfazem cerca de 80 por cento dos judeus no país, seguidos de Curitiba, Belo Horizonte, Recife e Salvador. Em treze estados do país existem comunidades organizadas em entidades centrais. Do ponto de vista demográfico, a história dos judeus no Brasil é um pequeno capítulo tanto da história dos judeus em geral como da história do Brasil. Embora seja a quarta maior comunidade judaica da América, depois de Estados Unidos, Canadá e Argentina, e seja uma comunidade muito dinâmica, não se pode, claro, compará-la historicamente aos grandes centros judaicos da história e do presente. Mas a demografia nesse caso é um parâmetro muito relativo. A presença da população judaica nas capitais e nos centros urbanos do país e a ativa participação de suas instituições e de indivíduos judeus-brasileiros nos mais variados setores culturais, sociais, econômicos e políticos propiciam uma presença bem mais visível do que o dado demográfico – e essa é uma afirmação, conforme aprendemos neste livro, válida para muitos momentos históricos.

A história dos judeus no Brasil é um caso extremamente interessante de um processo histórico de inserção bem-sucedida em uma sociedade aberta. Enquanto em alguns momentos a história dos judeus-brasileiros segue um padrão da diáspora judaica, em outros isso não ocorre. O tradicional bairro paulistano do Bom Retiro, por exemplo, abriga atualmente muitos imigrantes coreanos e bolivianos. Um restaurante tradicional que vende *falafel* apresenta cardápios em hebraico, coreano e português, enquanto a escola judaica que existiu na vizinhança manteve coreanos-brasileiros entre seus melhores alunos de hebraico. Esses padrões de transformação podem ser encontrados também nos territórios judaicos de Buenos Aires a Montreal e dizem respeito mais ao processo de globalização do que especificamente à identidade nacional brasileira.

Do ponto de vista da história do Brasil, a história dos judeus revela as possibilidades de diversidade que ela comportou e continua a proporcionar aos imigrantes. Desde os anos 1910, mas renovadamente a partir dos anos 1940 e 1950, os judeus-brasileiros desenvolveram uma inserção e se enraizaram com uma cultura "hifenizada" judaico--brasileira, a exemplo do que ocorreu em diversos momentos e locais na história judaica. Criaram um modo de inserção que conjugou de forma plena suas próprias tradições e bagagem social ao estilo de vida local, tornando-se, por isso, judeus-brasileiros ou brasileiros-judeus, uma identidade engendrada no Novo Mundo, um grupo e uma identidade que remetem às suas origens, histórias e correntes migratórias, contadas neste livro de Michael Brenner, e que soube se "reinventar" e criar um judaísmo brasileiro.

Jeffrey Lesser é historiador, chefe do Departamento de História da Emory University (Atlanta, EUA), autor, entre outros, de *O Brasil e a questão judaica*, *A negociação da identidade nacional* e *Uma diáspora descontente*. Em 2006 foi escolhido para a Cadeira Fulbright na Tel Aviv University.

Roney Cytrynowicz é historiador, doutor em história pela Universidade de São Paulo, autor, entre outros, de *Guerra sem guerra. A mobilização e o cotidiano em São Paulo durante a Segunda Guerra Mundial*, *Memória da barbárie. A história do genocídio dos judeus na Segunda Guerra Mundial* e *Unibes 85 anos. Uma história do trabalho assistencial na comunidade judaica em São Paulo*. É diretor do acervo documental do Arquivo Histórico Judaico Brasileiro.

Prefácio

A história dos judeus tem sido contada em diferentes versões desde o final do século XVII. O primeiro historiador a elaborar uma história abrangente do povo judeu na era pós-bíblica foi um huguenote francês exilado na Holanda. Jacques Basnage e muitos outros autores cristãos posteriores queriam demonstrar que a Diáspora era um castigo divino pelo fato de os judeus não terem reconhecido a Verdadeira Fé – a saber, a fé cristã. Na interpretação deles, a história judaica fazia parte de um plano cristão de salvação. Os historiadores judeus modernos, por sua vez, que desde o começo do século XIX dedicaram suas carreiras ao estudo da história judaica pelo método científico, tiveram outras motivações para escrever. Muitos acadêmicos judeus alemães do começo do século XIX queriam provar que os judeus de sua época mereciam a emancipação. Por isso apresentaram a história judaica como a de uma minoria religiosa que se adaptava aos Estados onde morava e contribuía para o bem deles. Já os historiadores judeus posteriores, na Europa Oriental, retrataram os judeus como uma nação independente entre outras nações – nação essa que não tinha, porém, território próprio e tampouco precisava tê-lo, e cuja autonomia política se manifestava na instituição da comunidade judaica. Os historiadores sionistas, por fim, atribuíram o papel principal à terra de Israel. Para eles, a dispersão dos judeus entre as outras nações não passava de uma fase provisória. Segundo os historiadores sionistas, todos os judeus, onde quer que tenham vivido, sempre tiveram a esperança de voltar a Israel, pátria de seus ancestrais.

Diante de interpretações tão diferentes da história judaica, seria presunção intentar agora, finalmente, redigir uma história "verdadeira" dos judeus. Todo historiador contemporâneo sabe que, ao contrário do que Leopold Ranke acreditava no século XIX, é impossível contar a história "tal como aconteceu". Os historiadores, como todos os seres humanos, são produtos de sua época, sua formação, seus professores, seu ambiente e suas convicções políticas. Nada os impede de considerar uma fonte mais confiável que outra. É importante que reflitam sobre as questões propostas pelas gerações anteriores e sobre as fontes que contradizem suas próprias interpretações; é importante que sejam suficientemente autocríticos para reconhecer aqueles momentos em que seu próprio ponto de vista sobre a história corre o risco de servir a interesses religiosos ou políticos.

Contar a história dos judeus não é fácil, pois praticamente todos os povos da Terra não só já ouviram falar do povo judeu como têm opinião formada sobre ele. Para um grupo que nunca chegou a representar mais que um por cento da população mundial, essa honra não é pequena. Contudo, o distanciamento essencial para o ofício do historiador é prejudicado quando ouvimos dizer que os judeus são o "Povo Eleito de Deus" ou são "deicidas", quando a "inteligência judaica" é louvada ou as "finanças judaicas internacionais" são estigmatizadas, quando Israel é elogiado como um contraforte da civilização em meio à barbárie ou condenado como um regime brutal em meio a países que amam a paz.

Para muitos judeus, cristãos e muçulmanos, a Bíblia – e, com ela, a origem dos judeus – é a Palavra de Deus e não pode ser posta em dúvida. Muitas pessoas não religiosas criadas nos mundos judeu, cristão e muçulmano também conhecem histórias e ditos da Bíblia – frequentemente em uma forma secularizada e destacados de seu conteúdo religioso original – e, assim, também formaram certa imagem dos primórdios da história dos judeus. A história tardia do povo judeu, especialmente em razão do Holocausto, é amiúde percebida como uma sequência ininterrupta de perseguições das quais os judeus sempre foram as vítimas. O genocídio perpetrado contra os judeus no século XX afigura-se, assim, como a culminação lógica de um antissemitismo preexistente. Por fim, hoje em dia, o modo com que os meios de comunicação se concentram em Israel sobrepuja todas as demais perspectivas sobre os judeus. Estes costumam ser vistos acima de tudo como partes interessadas no conflito do Oriente Médio. Nesse caso, sua história é entendida como causa subjacente da intensificação desse conflito.

Uma história dos judeus deve ampliar os horizontes e ir além desses temas. Dentro da estrutura que se concebeu para este livro, contudo, alguns capítulos dessa história de três mil anos só poderão ser abordados de forma esquemática, enquanto outros não poderão sequer ser mencionados. O fio condutor que perpassa todo o livro é a migração. Os judeus nem sempre foram um povo errante, mas as migrações caracterizaram a história judaica em todas as épocas e continentes. Por isso, cada capítulo começa com a história de algum deslocamento. No início mesmo de cada capítulo coloca-se uma ilustração de uma Hagadá de Pêssach. Essas coletâneas de passagens bíblicas, lendas e orações, com frequência ricamente ilustradas, são lidas nos círculos familiares na noite do Sêder, o início da festa da Páscoa Judaica, que comemora o Êxodo do Egito. Toda época e toda região encontrou e continua a encontrar suas próprias imagens para ilustrar essa narrativa. As ilustrações escolhidas podem, portanto, representar o caráter multifacetado da história dos judeus.

Nesta época de abundante literatura acadêmica, nenhum historiador pode ter a pretensão de ser especialista em todos os períodos e regiões geográficas da história judaica. Por isso sou especialmente grato a alguns colegas que se dispuseram a fazer a revisão crítica de certos capítulos deste livro. Agradeço, em especial, a Eli Bar-Chen, John Efron, Jörg Frey, Eva Haverkamp, Matthias Lehmann, Christoph Levin, Jürgen Matthäus, Michael A. Meyer, Ken Moss, Marcus Pyka, Jonathan Sarna, Daniel Schwartz, Avinoam Shalem, Stephen Whitfield e Israel Yuval. Na Princeton University Press, contei com o apoio de Brigitta von Rheinberg do primeiro ao último minuto. Clara Platter é uma excelente editora e Terri O'Prey, um meticuloso gerente de produção. Jeremiah Riemer fez uma tradução maravilhosa para o inglês. Além disso, a edição em inglês também foi beneficiada por suas úteis sugestões, que aperfeiçoaram o original em alemão. Gostaria de agradecer ao United States Holocaust Memorial Museum, de cujo corpo acadêmico fiz parte no ano acadêmico de 2007-2008, por ter me concedido licença das atividades docentes a fim de que eu pudesse terminar o livro. Meus agradecimentos finais vão para minha esposa, Michelle, que deu a mais preciosa de todas as sugestões para tornar este livro mais interessante.

לַעֲבוֹדָתוֹ שֶׁנֶּאֱמַר וַיֹּאמֶר
יְהוֹשֻׁעַ אֶל כָּל הָעָם כֹּה
אָמַר יְיָ אֱלֹהֵי יִשְׂרָאֵל בְּעֵבֶר
הַנָּהָר יָשְׁבוּ אֲבוֹתֵיכֶם
מֵעוֹלָם תֶּרַח אֲבִי אַבְרָהָם
וַאֲבִי נָחוֹר וַיַּעַבְדוּ אֱלֹהִים
אֲחֵרִים
וָאֶקַּח אֶת
אֲבִיכֶם
אֶת אַבְרָהָם מֵעֵבֶר הַנָּהָר
וָאוֹלֵךְ אוֹתוֹ בְּכָל אֶרֶץ
כְּנַעַן וָאַרְבֶּה אֶת זַרְעוֹ
וָאֶתֵּן לוֹ אֶת יִצְחָק וָאֶתֵּן

Uma Hagadá de Mântua (1560), aludindo a Josué 24, 2 ("Além do Rio habitavam outrora os vossos pais"), mostra Abraão atravessando o rio em uma gôndola. Esta imagem, portanto, se refere à origem mesopotâmica dos Patriarcas e à longa história de suas migrações.

1
De Ur a Canaã:
Um povo itinerante

No princípio eram as migrações. Adão e Eva, os primeiros seres humanos, são expulsos de *Gan Éden*, do Paraíso. Abraão, o fundador do monoteísmo, obedece ao comando divino – "*Lech lechá*" ("Sai") – e emigra de sua terra natal, Ur da Mesopotâmia, para chegar por fim à terra de Canaã, de onde seu bisneto José haverá, por sua vez, de partir para o Egito. Depois de muitas gerações, Moisés conduz os judeus de volta à terra que lhes fora dada, a qual será a partir de então denominada "Israel", segundo nome de Jacó, neto de Abraão.

Pelo menos é isso que nos diz a Bíblia Hebraica, o livro mais bem-sucedido e, sem dúvida, o mais influente de toda a literatura mundial. Tal história de sucesso afigura-se insólita quando lembramos que esse documento não foi composto por nenhuma das nações mais poderosas da Antiguidade – como os egípcios e os assírios, os persas e os babilônios, os gregos e os romanos –, mas sim por uma nação minúscula que, em diferentes momentos de sua história, foi dominada por todos esses povos. Não obstante, foi exatamente esse legado dos judeus que, com a disseminação do cristianismo e do islamismo, tornou-se o fundamento do patrimônio literário e religioso da maior parte da humanidade. Foi também por esse meio que as origens lendárias dos judeus, relatadas na Bíblia, granjearam renome mundial.

A Bíblia Hebraica, que mais tarde será chamada Antigo Testamento no jargão cristão, contém preceitos legais, textos de sabedoria, homilias morais, cânticos de amor e visões místicas, mas também traz livros destinados a nos instruir sobre os acontecimentos históricos. Em regra, não estamos tratando aqui de narrativas que a ciência histórica possa verificar. Tampouco os autores da Bíblia tiveram a intenção de descrever os acontecimentos históricos do modo o mais verídico possível. Antes, era às suas interpretações teológicas que eles atribuíam o papel principal. Não se sabe o momento exato em que as pessoas começaram a narrar lendas como as das migrações acima citadas, tampouco se sabe a data precisa em que tais lendas foram postas por escrito. Sem dúvida, o núcleo da tradição histórica transmitida remonta à época dos reinos de Israel e Judá, mas os livros da Bíblia Hebraica só adquiriram sua forma definitiva nas eras persa e helenística. Os textos desses livros nos dão mais informações sobre a constituição da população israelita e judaica durante essas eras que durante as épocas anteriores que pretendem descrever, e por isso devem ser compreendidos no contexto dos períodos persa e helenístico. É só a partir desse momento que se pode falar com exatidão de uma "história" dos judeus. Se nosso relato começa antes disso, porém, é por uma razão muito simples: independentemente de sua veracidade histórica, os livros da Bíblia moldaram a consciência judaica de tantas maneiras, e por tantos séculos, que o conhecimento deles tem importância capital para a compreensão da história dos judeus. Este capítulo, portanto, não trata acima de tudo de acontecimentos historicamente comprovados, mas de mitos e lendas cuja importância ultrapassa em muito os limites do judaísmo.

A origem mítica

A Bíblia não começa com a história de Israel, mas com as origens da humanidade. Adão e Eva não são os primeiros judeus, mas os primeiros seres humanos. Segundo a visão de mundo bíblica, na era primordial não havia diferentes povos. Somente o sacrílego empenho de construir a Torre de Babel (um ato de extrema arrogância pelo qual os seres humanos pretendiam subir até Deus) motivou a intervenção divina pela qual a humanidade, até então unida, foi dividida em diferentes povos com diversas línguas. No judaísmo, no cristianismo e no islamismo, há também a figura de Abrão (chamado "Abraão" depois de sua transformação), que representa a transição do politeísmo para o monoteísmo e, portanto, aquela que talvez tenha sido a maior revolução do mundo antigo. Da família de Abraão descendem ainda aqueles povos que se tornaram os vizinhos e inimigos de Israel. Deve-se mencionar especialmente Ismael, seu primogênito, que (segundo a tradição islâmica) construiu juntamente com seu pai a Caaba em Meca.

Refletindo talvez a situação futura do próprio povo de Israel, frequentemente chutado para cá e para lá pelos poderosos assírios, babilônios e egípcios, a Bíblia insiste em fazer dos filhos mais novos os herdeiros legítimos de seus pais. Isaac sucedeu a seu meio-irmão mais velho Ismael, Jacó a seu irmão gêmeo Esaú, José foi o undécimo filho de seu pai Jacó, e Davi era o mais novo de oito irmãos. Mas o protagonista mais importante de toda a narrativa bíblica não é nenhum desses heróis; tampouco é Moisés, que libertou seu povo da escravidão no Egito, nem algum dos profetas – Isaías, Jeremias e os demais – que certamente se contam entre as vozes mais poderosas da Bíblia. O personagem principal é mencionado pela primeira vez quando Jacó luta com um anjo. No decorrer dessa luta, Jacó se torna "Israel", "aquele que foi forte contra Deus". Contrastando com o Jesus do Novo Testamento e o Muhammad do Alcorão, no âmago das narrativas bíblicas encontramos uma coletividade, o *povo* de Israel. É isso, também, que distingue a Bíblia das sagas gregas da mesma época, que giram em torno de heróis individuais como Enéas ou Odisseu.

Toda cultura tem seus próprios mitos de fundação. No caso de Israel, eles são múltiplos e complexos. Os conceitos que hoje denominaríamos "religião" e "nação" (ou "povo") são concebidos desde o início como inextricavelmente ligados. Esse vínculo se conserva na consciência de muitos judeus até a era moderna: para eles, a Bíblia não é somente um código moral e religioso de observância obrigatória, mas também um livro de história sobre seus supostos antepassados.

Abraão, que (segundo a tradição judaica) rompeu com a idolatria de seu pai Taré e passou a venerar um único Deus invisível, foi o primeiro destinatário da promessa "nacional" de Deus: de sua semente nascerá uma grande nação, escolhida pelo próprio Deus. Nas autoconcepções posteriores dos judeus, essa eleição não é interpretada como uma elevação moral acima das outras nações; antes, é entendida, sobretudo, como sinal de que os judeus têm deveres especiais, elucidados naquela parte da Torá – os Cinco Livros de Moisés – que

Segundo a narrativa bíblica, Jacó lutou com um anjo e se tornou "aquele que foi forte contra Deus" – representado aqui na figuração de Rembrandt, de 1659.

prescreve a lei religiosa. O Moisés bíblico, a quem Deus confiou as tábuas da Lei sobre o Monte Sinai, situa-se nos primórdios de um novo entendimento da religião. É a figura central que não só conduziu os escravos hebreus para fora do Egito como também fez deles um povo.

O Êxodo, que (como todos os acontecimentos históricos narrados nos Cinco Livros de Moisés) não é corroborado por nenhum indício extrabíblico, penetrou na consciência coletiva de sucessivas gerações como uma experiência decisiva e, por assim dizer, o "segundo nascimento" do povo de Israel e da religião judaica. Até hoje, os judeus do mundo inteiro comemoram com dias santos essa migração. Durante a festa da Páscoa Judaica, eles comem pães ázimos como se fossem nômades vagando no deserto; e em Sucot (a "Festa das Cabanas") constroem cabanas que pretendem recordar como os israelitas acampavam em tendas durante seu vagar. O que mais impressiona é a proclamação feita na vigília do Sêder da Páscoa Judaica,

Moisés inspirou a criatividade de legiões de artistas, de Michelangelo a Chagall, passando por Rembrandt. Assim, temas judeus e cristãos influenciaram-se mutuamente. Aqui, um pintor judeu alemão do século XIX, Moritz Daniel Oppenheim, retrata Moisés com as tábuas da Lei.

em que todos os judeus declaram que devem relacionar com sua própria existência a experiência de terem sido libertados da escravidão, como se tivessem eles mesmos a consciência de terem saído do Egito e chegado à terra de Israel. Assim, no decorrer dos séculos, a história bíblica tornou-se um paradigma para a sensibilidade histórica de sucessivas gerações.

O ciclo anual judaico reforça essa concepção da história como algo que gira em torno dos acontecimentos bíblicos. A cada primavera, quando leem a história do Êxodo, os judeus tornam a reviver a saída do Egito. A cada inverno, acendem as velas de Chanuká que comemoram a nova dedicação do Templo de Jerusalém, no século II a.e.c. A cada ano, revivem o resgate dos judeus persas descrito no Livro de Ester. Os trechos da Torá recitados na sinagoga em um ciclo semanal são mais importantes ainda. Uma vez que as mesmas passagens são recitadas na mesma época em todas as sinagogas do mundo, todos os judeus vivem, por assim dizer, a criação do mundo no outono, as biografias dos patriarcas no inverno e a peregrinação no deserto na primavera*.

Na concepção tradicional judaica da história, tudo o que aconteceu nos séculos seguintes à era bíblica tem importância secundária. O próximo grande acontecimento está situado no futuro: a vinda do Messias, ansiosamente esperada há séculos, que deverá inaugurar uma era em que todos os povos viverão juntos em paz. Em contrapartida, o período compreendido entre a pré-história bíblica e a utopia messiânica é visto tão somente como um prolongado intervalo cujos detalhes – com raras exceções, por exemplo a destruição do Segundo Templo no ano 70 e.c. – mal são dignos de registro, que dirá de comemoração coletiva.

A história bíblica retrata um povo itinerante. Esses dois termos – "povo" e "itinerante" – denotam elementos centrais da concepção bíblica da história, elementos que moldaram a autoimagem dos judeus desde a Antiguidade até os tempos modernos. A narrativa bíblica gira em torno dos temas de pátria e exílio, exemplificados pela periódica destruição de Israel sob o tacão dos assírios e pelo exílio babilônico dos habitantes da Judeia. No mínimo, esses temas ofereceram consolo e esperança aos judeus que em épocas posteriores foram obrigados a deixar o local onde viviam.

Embora a terra de Israel seja, no relato bíblico, prometida a Abraão e seus descendentes, o cumprimento dessa promessa não é tão fácil: Abraão deixou Ur da Mesopotâmia rumo a Canaã, passando pela cidade de Harã, mas daí foi ao Egito e só mais tarde voltou à Terra Prometida. Seu neto Jacó passou vinte anos com o sogro Labão em Aram e depois voltou para casa, mas na velhice acompanhou seu filho José ao Egito. Só quatrocentos anos depois Moisés e Aarão libertaram os hebreus da escravidão e os conduziram de volta à terra de Israel. Essa volta, porém, não foi de modo algum uma procissão triunfal. Ao longo do caminho, o povo de Israel murmura constantemente e sente saudades das panelas de carne do Egito. A terra que deveria manar leite e mel é um país estranho e inóspito, habitado por gigantes e pouquíssimas pessoas amistosas. O que an-

---
* Todas essas referências às estações do ano dizem respeito ao Hemisfério Norte. (N. do T.)

tes fora a pátria tornara-se um país estrangeiro. Dez dos doze espiões enviados a reconhecer o território prefeririam voltar ao país de onde o Faraó, depois das dez pragas, finalmente concordara em expulsá--los. Por fim, sob o comando de Josué, os israelitas conquistam sua pátria desconhecida; mas nem Moisés nem a geração dos que haviam iniciado aquela viagem, quarenta anos antes, têm permissão para cruzar o Jordão. Assim como Odisseu só volta a Ítaca depois de muitas tribulações, também aí a volta ao lar mais se assemelha a uma corrida de obstáculos.

De Jacó a Israel

A relação dicotômica entre pátria e exílio continuou a moldar a existência judaica. Sempre houve um vínculo emocional com a terra de Israel; não obstante, mesmo na era bíblica um bom número dos "filhos de Israel" morava no Egito e na Babilônia sob o domínio persa, grego e romano. Muitos livros da Bíblia foram moldados pela perspectiva dessa Diáspora.

O termo "Israel" tem múltiplos significados. Originalmente, era a autodesignação do reino "israelita" do norte. Porém, caso se tome por base a Bíblia, ele designa inicialmente Jacó/Israel e seus descendentes, literalmente os "filhos de Israel". Trata-se aí das doze tribos que, segundo a tradição bíblica, dividiram a terra conquistada a oeste e, em certa medida, também a leste do Jordão, e depois nomearam juízes e reis para comandá-las. Após a morte do rei Salomão, prossegue a Bíblia, o país se dividiu no reino de Israel, ao norte, e no reino de Judá, ao sul e ao redor da capital Jerusalém. O Estado de Israel representava, a partir de então, somente uma fração dos "filhos de Israel". Além disso, o reino de Israel capitulou perante os conquistadores assírios em 722 a.e.c., e seus habitantes foram exilados ou escravizados. Até hoje circulam inúmeras lendas acerca do destino dessas dez "tribos perdidas". Seus supostos descendentes teriam sido descobertos em inúmeros lugares, desde a Ásia Oriental até a América do Sul, passando pela África Ocidental. Depois que o reino de Israel desapareceu do mapa, o reino sulino de Judá se apropriou das tradições daquele e do nome com que se designava e passou a definir-se como "Israel". O termo conservou esse sentido até pelo menos dois mil e quinhentos anos depois, quando o moderno Estado de Israel foi fundado.

Porém, enquanto o reino sulino de Judá se mantinha em provisória existência, o termo "judeus" (*yehudim*) ganhou peso. Os dois termos começaram lentamente a se fundir. Além deles, encontramos às vezes o termo "hebreus" (*ivrim*), igualmente bíblico, que deu nome à língua falada pelo povo de Israel (ou pelos judeus).

Do mesmo modo, são vários os termos usados para designar o território de Israel. O nome original era "Canaã". Os israelitas chamaram o país de "Israel" ou "Judá". Os assírios que conquistaram o reino do norte transformaram-no na província de "Samaria", assim chamada em razão de sua capital. Quando Judá foi conquistado pelo rei babilônio Nabucodonosor e sua capital Jerusalém foi destruída, em 586 a.e.c., ele se tornou a província de "Yehud", primeiro babilônica e depois persa. Foi somente na era romana que se divulgou o termo "Palestina" (derivado do nome dos filisteus), deliberadamente humilhante para os judeus vencidos.

A formação de um povo a partir de diferentes comunidades tribais é sempre associada à separação desse povo em relação ao ambiente circundante; entre os judeus, isso produziu um isolamento cada vez maior no decorrer dos séculos. Não há dúvida de que a diferença mais grave que distinguia os judeus dos outros povos do mundo antigo era o monoteísmo (com algumas exceções, tais quais o breve período de governo do faraó Aquenaton, no Egito). A noção de um Deus único e (para cúmulo) invisível resultou de um longo processo de evolução. Só recebeu sua mais pura expressão durante a experiência do exílio, sempre em face da incompreensão e, às vezes, da frontal rejeição por parte das nações que rodeavam Israel. Outros casos de separação entre os israelitas e seu ambiente, descritos na Bíblia, podem ter ocorrido em época mais recuada e de modo mais rigoroso. Entre as inúmeras leis relativas à alimentação, deve-se mencionar especialmente a antiga proibição do consumo de carne suína. Tal proibição distinguia os israelitas dos povos vizinhos, em cujas povoações os arqueólogos encontram grande quantidade de ossos suínos. Em épocas posteriores, quando outros povos também começaram a adotar religiões monoteístas, essas peculiaridades cotidianas ajudaram os judeus a preservar a própria identidade. Já a Bíblia faz múltiplas referências ao papel especial dos judeus entre as nações, sobretudo no Livro dos Números (23, 9-10), em que o vidente estrangeiro Balaão diz que Israel é "um povo que habita à parte, e não é classificado entre as nações".

A própria Bíblia, não menos que outros fatores, desempenhou papel decisivo na formação da tradição do povo judeu. A crença na história do Êxodo do Egito e na passagem para a Terra Prometida, na conquista violenta de Canaã sob Josué e em um reino poderoso e unido sob Davi solidificou-se no mito de uma antiga "Era de Ouro" à qual os judeus poderiam, algum dia, voltar. Essa narrativa bíblica se tornou seu legado histórico comum, legado que viria a moldar durante séculos não somente a consciência do povo judeu como também o modo como este foi percebido pelos povos vizinhos. Pela primeira vez, uma religião (ou um povo) definiria a si mesma por meio de textos, de uma escritura sagrada. No decorrer do tempo, a história bíblica tornou-se narrativa paradigmática para ampla variedade de culturas. Quer no caso dos súditos do sultão otomano Suleiman, que nele reconheciam a sabedoria de Salomão; quer no dos colonos puritanos da Nova Inglaterra, que fundaram sua "Nova Canaã"; quer no dos escravos negros nas plantações da Virgínia, que cantavam suas canções *gospel* sobre o Êxodo do Egito – em todos esses casos e em muitos outros, a assimilação da Bíblia Hebraica pelo cristianismo e pelo islamismo transformou a história primitiva de Israel em um modelo histórico para grande parte da humanidade.

Da lenda à história

O que sabemos sobre os primórdios do povo de Israel nos é dito por suas próprias fontes, todas bíblicas. São extremamente raros os documentos de outros povos que mencionam Israel durante os primeiros séculos de sua existência, e nenhuma pretensão de historicidade pode ser predicada do material bíblico por si só. A situação é diferente

Em uma estela datada de *c.* 1230 a.e.c., o faraó Meneptá comemora suas vitórias sobre diversos povos. Ao lado dos hititas, cananeus e hurritas, esta é a primeira vez que vemos o nome de Israel mencionado em uma fonte extrabíblica: "Israel foi arrasado, sua semente não existe mais."

O Calendário de Guézer, do século X a.e.c., é a mais antiga inscrição extensa em hebraico que conhecemos. Registra, mês a mês, as principais atividades dos agricultores, como a semeadura, a colheita e a viticultura, oferecendo-nos, assim, uma primeiríssima visão da vida cotidiana da população de Israel.

quando um acontecimento mencionado em uma narrativa bíblica é corroborado por fontes externas e descobertas arqueológicas. Mas como é incrível a ironia embutida no primeiríssimo documento extrabíblico que menciona a existência de Israel! Na estela do faraó Meneptá, do século XIII a.e.c., menciona-se o extermínio de um povo cuja história milenar estaria começando justamente naquela época. O exato significado do que então se entendia pelo termo "Israel" permanece mais ou menos misterioso, mas essa inscrição evidencia a existência de um grupo de pessoas em Canaã designadas por esse nome. Quais podem ter sido as origens desse povo?

Descobertas arqueológicas feitas no final do século XX pintam um retrato prosaico dos primórdios de Israel. As narrativas sobre os patriarcas podem indicar uma origem no Crescente Fértil mesopotâmico, mas também podem ser fruto do pensamento fantasioso de um grupo ansioso por situar suas origens na famosa cidade de Ur. A estadia no Egito pode ser relacionada com a constante imigração de povos semitas para as terras ao longo do Nilo, onde a fome coletiva era relativamente rara. Aventou-se um vínculo entre esse episódio e a imigração dos hicsos, que começaram a sair de Canaã no século XVIII a.e.c., dominaram o Egito e foram por fim expulsos do vale do Nilo por volta de 1570. As pesquisas mais recentes demonstram certo ceticismo diante de qualquer suposto vínculo entre o Êxodo bíblico e os hicsos ou outro povo mencionado em documentos egípcios posteriores, os *apiru* (ou *habiru* – grupos marginalizados do Oriente Próximo antigo, cujo nome se assemelha ao dos hebreus). A própria ocorrência do Êxodo é questionável. Em todo caso, não existem quaisquer indícios arqueológicos que sugiram que uma imigração maciça do Egito para Canaã tenha ocorrido no século XIII a.e.c.

As pesquisas atuais não pressupõem, em regra, uma conquista violenta; ao contrário, partem do princípio de que o povo de Israel se formou na própria terra de Canaã. É possível, de fato, que grupos individuais tenham imigrado para o Egito ou voltado de lá. Os dados arqueológicos indicam que os primeiros israelitas eram pastores e agricultores e viviam, em sua maioria, em povoados autárquicos na virada do milênio. Algumas tribos bíblicas certamente tiveram sua origem em comunidades familiares extensas que derivavam seus nomes dos acidentes geográficos imediatamente vizinhos. O que os israelitas daquela época entendiam por "religião" deve ser compreendido como algo muito diferente do monoteísmo idealizado de uma época posterior.

A história de Israel até o começo do primeiro milênio a.e.c. é, em grande parte, desconhecida. Os feitos heroicos dos juízes, o poderoso reino de Davi, o magnífico templo de Salomão – nada disso é corroborado quer por escavações arqueológicas, quer por fontes extrabíblicas. Nem mesmo a existência de um reino unido de Israel e Judá no século X a.e.c. se apoia no mais mínimo fragmento de prova. É só no século IX que alguma luz começa a brilhar sobre esse passado obscuro. As fontes extrabíblicas mencionam um reino de Israel que ganhava força ao norte, mas sofreu cada vez mais a pressão da Assíria

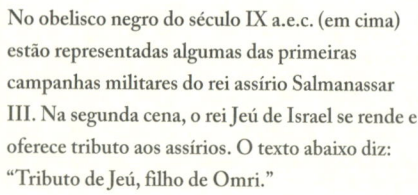

No obelisco negro do século IX a.e.c. (em cima) estão representadas algumas das primeiras campanhas militares do rei assírio Salmanassar III. Na segunda cena, o rei Jeú de Israel se rende e oferece tributo aos assírios. O texto abaixo diz: "Tributo de Jeú, filho de Omri."

Este mural em relevo do palácio de Senaquerib, em Nínive, mostra uma família da cidade de Lachish, conquistada, partindo descalça rumo ao exílio.

no século VIII, sendo finalmente privado de sua soberania em 722. Depois dessa data, tudo o que restou foi o reino sulino de Judá, que até então fora um Estado parcamente povoado e militarmente insignificante, com poucas estruturas urbanas. Sob o rei Ezequias (727--698), a população de Judá quadruplicou, e sua capital, Jerusalém, se tornou pela primeira vez um importante centro político e de culto religioso.

A ascensão política de Judá, porém, foi brutalmente interrompida pelas campanhas militares do rei assírio Senaquerib (705-681), que devastou grandes áreas do país e exigiu que Ezequias e seus sucessores lhe pagassem imensos tributos. Os reis que sucederam a Ezequias, especialmente Manassés (698-642), eram obedientes vassalos

O rei Davi tal como é lembrado nas lendas: uma figura poderosa em um palácio imponente, com o Livro dos Salmos que lhe é atribuído e a harpa que teria tocado. Em uma nuvem aparecem as palavras "ruach hakodesh", Espírito Santo. O artista que fez esta Hagadá em 1740, na cidade de Altona (perto de Hamburgo e então pertencente à Dinamarca), foi Joseph ben David (originário de Leipnik, na Morávia); ele produziu, no total, treze Hagadot.

do Império Assírio, e foi somente o declínio deste, no começo do século VII, que devolveu a Judá certa margem de manobra política e religiosa. Em seguida os egípcios assumiram hegemonia na região de Canaã, mas se interessavam, sobretudo, pelo litoral.

Sob o rei Josias (639-609), Judá se tornou um fator significativo na região. Josias procurou consolidar o poder de Judá concentrando em Jerusalém o culto oficial de adoração. Declarou que os soberanos do reino do norte, outrora importantes, haviam sido responsáveis por sua própria ruína pelo fato de venerarem o Deus de Israel nos santuários rivais e "idolátricos" de Betel e Dã. Josias pretendia tornar os resquícios de Israel, que haviam escapado ao exílio e à escravidão, em adeptos do culto do Templo de Jerusalém. Uma das possíveis interpretações históricas é que a recordação transfigurada de um reino unido poderia sublinhar a predominância de Judá como Estado sucessor de Israel. Davi, lendário fundador da casa real judaica e progenitor da linhagem de Josias, teria supostamente reinado sobre os dois reinos ao mesmo tempo.

A Jerusalém, lugar antes insignificante, atribuiu-se uma história longa e rica. O programa religioso concebido nessa ocasião foi transformado, mais tarde (na época do Segundo Templo), no fundamento de uma concepção da história centrada na veneração do Deus de Israel em Jerusalém como Deus único e invisível. A apostasia do povo de Israel – que dera as costas a esse Deus, adorara o Bezerro de Ouro durante a peregrinação no deserto e praticara a idolatria sob os últimos soberanos do reino do norte – atraíra em seu rastro o castigo. Em contrapartida, a obediência ao Deus de Israel e sua adoração exclusiva em Jerusalém sempre haviam resultado em recompensa.

Uma parte do Segundo Livro dos Reis relata as três reformas religiosas de Josias. No décimo oitavo ano de seu reinado, o ano 622 a.e.c., um livro da Torá teria sido descoberto durante uma reforma do Templo de Jerusalém, servindo de fundamento de uma nova aliança concluída entre Deus e seu povo (2 Rs 23, 2-3). Na opinião de muitos, esse livro "descoberto" seria uma versão antiga do Deuteronômio, o Quinto Livro de Moisés, no qual se encontram os fundamentos de uma forma de monoteísmo bíblico (ou "monolatria" bíblica, a adoração de um único Deus sem contudo excluir o reconhecimento de outros deuses) que esposava a veneração exclusiva de Deus em Jerusalém e estipulava normas para os feriados bíblicos e inúmeras leis de assistência social, além de regulamentos morais. O dia de descanso semanal, a obrigação de libertar os escravos a cada seis anos, o amor ao próximo e as normas referentes à propriedade dos bens – muitos dos preceitos então estabelecidos se tornaram parte do patrimônio recebido pelo mundo moderno e serviram de fundamento para muitas outras leis que vigoram até hoje.

Por razões desconhecidas, Josias foi morto em 609 pelo faraó Necao II em Meguido. Seus quatro sucessores – três filhos e um neto – foram incapazes de deter o avanço de uma ameaçadora nova potência oriental, a Babilônia. O rei babilônio Nabucodonosor II tomou Jerusalém e estabeleceu Judá como um protetorado babilônico. O rei Joaquin, junto com a elite judaica, foi conduzido ao exílio, e seu tio Sedecias foi posto como rei-vassalo. Influenciado pelos egípcios, inimigos dos babilônios, Sedecias procurou libertar-se do império. A tentativa culminou em desastre. O profeta Jeremias alertara o povo contra essa iniciativa autodestrutiva, que terminou com a derrocada do reino de Judá. Em 586, Nabucodonosor sitiou Jerusalém, arrasou o florescente centro de Judá e furou os olhos do insubordinado Sedecias. Como seu predecessor Joaquin, Sedecias foi conduzido ao exílio. Quando Godolias, governador de Judá, foi assassinado, muitos judeus fugiram para o Egito, onde se prepararam para uma longa estadia. Jeremias tinha em mente algo semelhante quando escreveu aos judeus da Babilônia (Jr 29, 5-6): "Construí casas e habitai-as, plantai pomares e comei os seus frutos; tomai mulheres e gerai filhos e filhas, tomai mulheres para vossos filhos e dai vossas filhas em casamento, que eles gerem filhos e filhas; multiplicai-vos aí e não diminuais."

Por vezes inúmeras nos séculos vindouros, a máxima de Jeremias deu coragem às comunidades judaicas da Diáspora para que se estabelecessem e lançassem raízes fora da pátria de seus ancestrais. Em contrapartida, outra passagem bíblica do Salmo 137 era entendida, mesmo pelos judeus do exílio, como prova da fidelidade inabalável dos exilados na Babilônia a seu país de origem. Ela seria depois citada pelos sionistas como texto fundamental da volta dos judeus à Terra de Israel: "Junto aos rios da Babilônia, ali nos sentamos a chorar, lembrando-nos de Sião." Ao longo dos dois mil e quinhentos anos seguintes, a maior parte da história judaica decorreria entre esses dois polos: o apego à velha pátria e a lealdade à pátria nova.

O Templo reconstruído sob o domínio persa serviu de modelo para muitas iluminuras de manuscritos. Em todos os casos, a representação refletia a arquitetura do ambiente próximo do artista. Na Hagadá de Sarajevo, originada em Barcelona em 1350, o Templo lembra um palácio espanhol medieval.

2
Do exílio para casa:
Sacerdotes e profetas

Em certo dia do mês de Nissã, no vigésimo ano do reinado de Artaxerxes I, Neemias, um dos exilados judeus que moravam em Susa, capital da Pérsia, e alcançara a posição de copeiro na corte real, tomou coragem e se dirigiu a seu rei. Servindo-lhe uma taça de vinho, implorou: "Se apraz ao rei e se estás satisfeito com teu servo, envia-me a Judá, à cidade santa onde jazem meus pais, para que possa reconstruí-la." Não sem antes lançar à rainha um olhar indagador e exigindo que Neemias se comprometesse a voltar depois à corte persa, o rei deixou seu criado partir. Protegido pelos soldados do rei e munido de cartas de salvo-conduto endereçadas aos sátrapas que governavam as províncias além do Eufrates, Neemias partiu em sua viagem. Nas ruínas de Jerusalém, imediatamente começou a reconstruir as muralhas da cidade. Foi também nessa mesma época que Esdras voltou do exílio e decretou leis rigorosas para separar a população judaica da não judaica.

A restauração

A volta à Terra Prometida é o ponto de partida dos livros bíblicos de Esdras e Neemias, ambos de meados do século V a.e.c. Os relatos detalhados e "enfeitados" que a Bíblia Hebraica faz desse retorno podem ser relegados ao domínio das lendas, mas parecem conter um núcleo de verdade histórica. Ao contrário dos governantes assírios e babilônios, os reis da Pérsia, novos soberanos da região, pautavam-se por um programa de liberdade de culto e pacificação política nas províncias subjugadas. Mais ainda, santuários centrais como o Templo de Jerusalém teriam de ser devolvidos a seu antigo esplendor em um prazo de quatro anos. Segundo a narrativa bíblica, o rei Ciro ordenou a reconstrução do Templo já no primeiro ano de seu reinado (538) e arcou com o custo das obras. Por fim, ele teria decretado não só que os objetos rituais usados no Templo fossem devolvidos como também que os próprios judeus exilados voltassem, se quisessem, para sua terra natal.

Nem todos os judeus haviam sido exilados. Os que permaneceram em Judá continuaram a prestar culto nas ruínas do Templo. Porém, segundo a interpretação posterior dos que voltavam do exílio, os que restaram na Judeia teriam, ao fim e ao cabo, se assimilado às populações circundantes caso os líderes da comunidade vinda da Babilônia não atribuíssem a mais alta prioridade à preservação das peculiaridades étnicas e religiosas judaicas. Foi também segundo esse espírito que um novo equilíbrio de poder se estabeleceu dentro da Judeia. Os remanescentes do reino do norte já não eram vistos como parte do mesmo povo e da mesma comunidade ritual. Na qualidade de "samaritanos", haviam construído seu próprio santuário acima da cidade de Samaria, no Monte Garizim, onde, segundo a tradição, Deus abençoara o povo de Israel (Deuteronômio 11, 29). Esse conflito ilustra a pretensão dos samaritanos (jamais aceita) de ser vistos como parte do mesmo povo e do mesmo culto que os habitantes da Judeia, ao sul.

A situação dos judeus do Egito era diferente. Certo é que existia desde o século VI a.e.c. um templo na colônia militar judaica de Elefantina, mas os judeus de lá reconheciam a autoridade do centro de Jerusalém. Por outro lado, como demonstra uma carta do ano 408, continuavam a considerar os samaritanos seus correligionários. E também haviam se adaptado de outras maneiras a seu ambiente. Já não falavam o hebraico, mas sim o aramaico, língua franca do Império Persa tardio. Recitavam a bênção ao Deus de Israel, mas também abençoavam o deus egípcio Khnum. Ao contrário dos judeus do Oriente Próximo e assimilando-se ao ambiente egípcio, proibiam a poligamia e concediam às mulheres o direito de divórcio. Essa proximidade geográfica e cultural com seus vizinhos egípcios, contudo, não os pôs a salvo de conflitos. Estes culminaram no ano 411 com a destruição do templo, que jamais foi reconstruído. Não obstante, a colônia militar judaica permaneceu em Elefantina e mais tarde foi subjugada por Alexandre, o Grande.

Não sabemos quantos exilados retornaram dos vários centros da Diáspora, mas um grande número deles permaneceu no Império Persa e no Egito mesmo após a conclusão das obras do Segundo Templo em Jerusalém. Outros, como o próprio Neemias, voltaram à Babilônia quando terminaram seus trabalhos. Na Judeia, a nova elite comandada por Esdras tomou medidas drásticas para combater as tendências sincretistas. No relato bíblico, Esdras recebe a missão de implementar "a lei do Deus do céu". Ao lado da observância das leis alimentares e do repouso do sétimo dia, a exigência central era a separação do restante da população. A circuncisão, sinal de participação na aliança entre Deus e os homens, pode ter servido para distinguir os habitantes de Judá de alguns povos vizinhos, especialmente dos filisteus. Mais importante ainda, porém, era a exigência de Esdras de que fossem dissolvidos todos os casamentos entre judeus e membros de outros povos. O casamento do sumo sacerdote Joiada com a filha do governador samaritano Sanabalat mostra quanto essa prática comum penetrara até nas altas rodas. Em razão desse matrimônio, Neemias expulsou Joiada de Jerusalém. Não se sabe, porém, se Esdras conseguiu de fato impor suas rigorosas prescrições.

No período do Segundo Templo, nada mudou no que se refere à subordinação das mulheres aos homens. Embora as mulheres também tivessem a obrigação de obedecer às leis principais, estavam excluídas dos deveres reservados aos homens, como os de oferecer sacrifícios, orar e estudar. A participação na aliança com Deus era demonstrada acima de tudo pelo sinal da circuncisão, próprio dos homens. Essa distinção entre os papéis dos dois sexos, comum a muitas culturas, não impediu as mulheres capacitadas de assumir papéis extraordinários nesse mundo dominado pelo sexo masculino. Há várias heroínas bíblicas que salvaram seu povo por meio da astúcia ou da força. Basta pensar nos feitos da juíza Débora e nas histórias de Ester e Rute, que deram nome a livros da Bíblia. Além disso, o judaísmo devia afigurar-se atraente para as mulheres (ainda que não tivesse por elas especial apreço), pois as fontes indicam que o

Em um selo do século VI vê-se a inscrição: "Pertencente a Yehoyishma, filha de Shamash-shar-usur." Evidencia-se, assim, que o objeto pertencia a uma mulher cujo nome se originou no exílio na Babilônia: "O Senhor ouvirá." O nome de seu pai, por outro lado, é babilônico e significa: "Que [o deus] Shamash proteja o rei." É possível que o pai, que já recebera um nome babilônico em virtude da aculturação, tenha dado à sua filha um nome hebraico no contexto de um retorno às raízes judaicas.

número de mulheres convertidas à religião judaica nos séculos subsequentes foi relativamente grande.

A reconstrução de Jerusalém, associada à missão de Neemias, e a implementação das leis que segregavam os habitantes de Judá dos povos vizinhos, atribuída a Esdras, foram passos decisivos na reconfiguração de Israel. A construção de uma narrativa histórica eficaz não foi o menor dos fatores que permitiram aos judeus, ao contrário de muitas outras nações vencidas, sobreviver à catástrofe da destruição de seu santuário e de seu Estado. A própria Bíblia, grandes porções da qual foram escritas sob a égide daquela tragédia, foi importante fundamento dessa sobrevivência. Nas gerações anteriores de heróis bíblicos, que haviam sofrido a repulsa e o exílio, os judeus viam um reflexo de seu próprio destino. Assim como as gerações passadas haviam repetidamente voltado à Terra Prometida, os próprios judeus, com o auxílio do Deus Onipotente, também seriam capazes de reconstruir seu Estado. Isso significa que, já no período imediatamente posterior à destruição do Primeiro Templo, assistimos ao surgimento de uma daquelas estratégias que possibilitariam aos judeus sobreviver às catástrofes também em séculos posteriores.

Uma nova autoimagem

Mesmo no exílio uma nova identidade se formara, produzindo também uma nova autodesignação. Flávio Josefo não se enganou quando, quinhentos anos depois, observou que os que voltaram do exílio babilônico deveriam ser chamados "judeus" (ou "da Judeia") e não mais israelitas (II.5.7 §173). Essa mudança de nome refletia um progresso de extenso impacto na autoimagem do povo. Os restos de Judá, sob o comando da elite que voltava e ostentando os sinais exteriores de uma comunidade de sangue, tomaram forma como o novo Israel. Esse novo Israel, contudo, se caracterizava menos pela ancestralidade comum que pelo princípio de uma comunidade teocrática regida por um direito canônico vinculante. Ser "judeu" ou "da Judeia" não significava somente pertencer a um grupo étnico dentro de determinado território; agora, essa designação abarcava também pessoas dispersas desde a Babilônia até o Egito, todas elas adeptas de um culto específico – uma religião.

Mesmo que a autoimagem dos judeus pós-exílicos se referisse conscientemente à continuidade com o Israel pré-exílico, as diferenças eram marcantes. As forças decisivas na sociedade já não eram os reis de um Estado independente, mas sacerdotes sob um governo estrangeiro. Se o Israel pré-exílico fora uma população dentro da qual os novos membros se incorporavam por nascimento, os judeus do período pós-exílico criaram mecanismos pelos quais uma pessoa pudesse se agregar à comunidade ou ser coercitivamente excluída dela. O casamento com estrangeiros era, agora, proibido. Ao sacrifício de animais no Templo acrescentaram-se – de início, somente na Diáspora – as orações coletivas na sinagoga. Mas aumentou também a importância da oração individual, da meditação e do estudo da Escritura. Na época do Segundo Templo, o judaísmo transformou-se em uma religião do livro; começou o processo de canonização da Escritura Sagrada. Além disso, tomaram forma certos caracteres fundamentais da religião futura, tais como a ideia de um mundo vindouro depois da morte, em que os justos receberiam sua recompensa e os malfeitores, seu castigo.

Até a destruição do Templo, os sacerdotes eram funcionários públicos sujeitos ao rei. Agora, os sumos sacerdotes – descendentes de Aarão, irmão de Moisés – eram os maiores dignitários religiosos e, ao mesmo tempo, os representantes mais importantes de uma nova teocracia. Na qualidade de representantes políticos, buscaram entabular boas relações com os Estados e nações vizinhas, manifestando a todo momento uma tendência à assimilação que se evidenciava especialmente quando se casavam com mulheres não judias. No exercício de sua função religiosa, por outro lado, os sumos sacerdotes tinham de garantir a autonomia do ritual judaico. Havia, assim, a tendência à assimilação e, ao mesmo tempo, a tendência à dissociação entre o mundo circundante.

A crer no profeta Malaquias, o entusiasmo e o fervor religioso logo minguaram e deram lugar à displicência. O profeta critica o sacrifício de animais ritualmente impuros, os "casamentos mistos" e a prática de repudiar as esposas mais velhas a fim de tomar em casamento mulheres mais novas.

Os profetas

Mesmo para o período posterior à volta do exílio, as fontes extrabíblicas que temos à disposição são extremamente exíguas. A maior parte de nosso conhecimento deriva da própria Bíblia, em especial de livros históricos como os de Esdras e Neemias e os chamados Livros das Crônicas. Todos eles se originaram no período imediatamente pós-exílico, assim como os livros proféticos de Ageu, Zacarias e Malaquias. Trechos da literatura profética são recitados toda semana na sinagoga depois da leitura da Torá. Por isso, o modo

O impacto da visão de Isaías, das espadas transformadas em relhas de arado, ultrapassou em muito o mundo judaico e serviu como símbolo universal da paz mundial. Esta escultura do artista russo Yevgeny Vuchetich foi doada pela União Soviética (ateia!) à Organização das Nações Unidas. Encontra-se nos jardins do edifício da ONU, perto do East River, em Nova York.

como os judeus há séculos se lembram dessa época pós-exílica foi substancialmente moldado pelos profetas ou pelos editores dos livros proféticos.

Atribuía-se aos profetas o dom de comunicar a voz de Deus aos seres humanos. Figuras semelhantes se encontram em toda a literatura oriental antiga, mas em nenhum outro lugar elas exercem influência tão direta sobre os acontecimentos políticos. A alguns dos primeiros profetas, como Elias e Eliseu, atribuíam-se milagres; acima de tudo, eles repreendiam e exortavam os governantes. Enquanto Amós e Oseias atuaram no reino de Israel, ao norte, antes da destruição deste, Isaías, talvez o maior de todos os profetas, manifestou-se no reino de Judá, ao sul. Sua mensagem principal, como a de Amós e Oseias, tinha relação com a justiça social. Em última análise, seu nome sempre será ligado a uma época vindoura, no fim dos tempos, quando "das suas espadas eles forjarão relhas de arado" (2, 4) e nenhuma nação voltará a aprender os caminhos da guerra. Da casa de Davi, segundo sua profecia, nascerá então um rei justo, sob cujo governo "o lobo habitará com o cordeiro" (11, 6). Tratava-se da expressão radical de um ideal de paz no mundo e justiça universal.

Com Jeremias, um século depois, a autocrítica assumiu o papel principal. Toda a nação havia pecado e por isso Deus se resolvera a destruir Jerusalém. Por conseguinte, de nada adiantaria resistir contra Nabucodonosor. Somente ao cabo de um longo exílio poderia o povo retornar, já purificado. O próprio Jeremias permaneceu em Jerusalém durante o assédio da cidade, sobreviveu à conquista babilônica e foi levado ao Egito, onde seu rastro se perde por completo.

Nos livros proféticos pós-exílicos, por outro lado, encontramos ainda outras motivações. Ezequiel consola o povo. Os filhos não devem ter de sofrer pelos pecados dos pais. Assim como os ossos secos serão reunidos e revivificados, assim também o povo de Israel voltará à sua terra e restabelecerá o Templo. Sua visão do trono divino com os quatro querubins, das dimensões da carruagem do trono e de uma representação antropomórfica de Deus mais tarde servirá de base para inúmeros exercícios de especulação cabalista.

O surgimento de um cânon

A era persa não nos deu somente o alfabeto hebraico em uso até hoje; foi também nesse período que os escritos mais importantes da Bíblia Hebraica foram canonizados, processo esse que perdurou até um momento adiantado da era helenística. A canonização da Escritura lançou os fundamentos teológicos e legislativos de uma comunidade judaica autônoma que sabia ao mesmo tempo dissociar-se da cultura circundante e continuar fazendo parte de uma ordem social mais abrangente.

A destruição do Templo e a resultante expulsão não foram, ao contrário de acontecimentos semelhantes ocorridos com outras nações, interpretadas como a derrota do deus daquele povo diante de outros deuses, mas como consequências da apostasia dos judeus perante o Deus único. A crença incondicional nesse Deus invisível, um artigo de fé já estipulado no Primeiro Mandamento, tornou-se então o ponto de partida de uma religião definida pela destruição da estrutura

As grutas de Qumran, perto do Mar Morto, onde a mais importante coleção de antigos textos bíblicos foi encontrada em 1947.

política judaica. A experiência do exílio influenciou a Torá. Quando nos lembramos disso, compreendemos por que a narrativa bíblica começa com a expulsão do Paraíso, relata múltiplas expulsões da Terra Prometida e termina com a volta à terra de Israel depois da escravidão no Egito. Assim como Moisés morrera antes de pisar na terra pela qual tanto ansiara, assim também o estabelecimento de uma nova estrutura política continuou sendo um sonho distante para aqueles que voltaram do exílio na Babilônia.

O final do domínio persa foi acompanhado pela cristalização dos textos que viriam a fazer parte da Bíblia Hebraica. Dividiram-se eles em três partes, na seguinte ordem de importância: a *Torá* (os Cinco Livros de Moisés ou "Pentateuco"), os *Profetas* (que incluem livros históricos como os dos Juízes, Samuel e Reis) e os livros restantes, conhecidos simplesmente como *Escritos*. Com base nas letras iniciais dos nomes hebraicos dessas três partes (*Torá*, *Nevi'im* e *Ketuvim*), a Bíblia Hebraica também é chamada "*Tanach*".

Com a formação de uma Diáspora judaica e a ausência de um laço territorial comum, passou a ser muito importante que os judeus tivessem todos um mesmo texto sagrado que os ligasse uns aos outros. Assim, segundo a enumeração judaica, surgiu uma obra composta de vinte e quatro livros, número que (por ser o dobro do recorrente "doze") deve, sem dúvida, ser interpretado como dotado de valor simbólico. Esse número só pôde ser obtido porque os livros de Samuel, dos Reis e das Crônicas ainda não haviam sido divididos e os de Esdras e Neemias, acompanhados pelos doze Profetas Menores, eram concebidos como uma unidade. Essa unidade não sofreria mais cisão alguma.

No final do século I e.c., o cânon do Tanach foi estabelecido em definitivo. Com isso, os dois livros dos Macabeus e os livros de Judite, Tobias, Sirácida (Ben Sirac) e outros foram excluídos do cânone bíblico judaico, embora tenham sido recebidos nas coletâneas em grego e em latim que serviram de base para as diversas versões do cânon cristão. Esses escritos, depois caracterizados como "ocultos" ou "apócrifos", em geral contêm importantes informações sobre a história dos judeus.

Outras fontes judaicas, chamadas de livros pseudepígrafos por levarem como título o nome de seus supostos autores bíblicos – Abraão, Moisés ou Henoc, por exemplo –, foram transmitidas em alguns casos pelas Igrejas orientais. Alguns desses livros chegaram a desaparecer sem deixar vestígios e só foram redescobertos no século XIX. Nas Igrejas Ortodoxas orientais, a Bíblia dos Setenta (ver Capítulo 3) serviu de base para o cânon, ao passo que nas Igrejas ocidentais foi a Vulgata – a tradução latina da Bíblia, feita por Jerônimo – que serviu de fundamento. A Reforma Protestante voltou às fontes textuais hebraicas. Por isso, quando as pessoas falam do "Antigo Testamento", não necessariamente estão se referindo ao mesmo conjunto de textos.

Para os judeus religiosos, o texto bíblico estabelecido em caráter definitivo no século I e.c. continua sendo a palavra de Deus até hoje. Portanto, emendas textuais de qualquer tipo estão fora de questão. O texto tradicional estrito baseia-se em grande parte na obra dos "massoretas", eruditos que viveram entre o século VIII e o século X às margens do Lago de Genesaré (o Mar da Galileia) e preencheram com acentos e sinais vocálicos um texto que na origem só tinha consoantes. Os dois manuscritos mais antigos que chegaram a nós são o Códice Petropolitano de São Petersburgo (antes chamado Códice de Leningrado), produzido no Cairo em 1008, e o Códice de Alepo (incompleto desde 1948). A mais antiga Torá samaritana escrita data do século XII. Outra fonte importante é a coleção de textos descobertos em 1947 nas grutas de Qumran, às margens do Mar Morto, que contêm todos os livros do Tanach com exceção do de Ester, a maioria deles datados dos primeiros dois séculos a.e.c.

O termo latino *Biblia*, derivado por sua vez do grego *biblion*, já implica que não estamos falando de um único livro, mas de uma coletânea. Nesse sentido, o "Livro dos Livros" é literalmente uma obra composta por vários volumes.

"Meu pai era um arameu errante, e ele desceu ao Egito" é uma frase recitada todo ano pelos judeus na festa da Páscoa Judaica. Nesta Hagadá (chamada Primeira Hagadá de Cincinátti), feita no final do século XV na Alemanha, o versículo aparece no fim da página.

3
Do hebraico ao grego:
Desprezo e admiração

A primeira tradução da Bíblia

"Meu pai era um arameu errante, e ele desceu ao Egito", diz o Livro do Deuteronômio (26, 5). Na Bíblia dos Setenta, versão grega da Torá, essa frase tem a seguinte tradução livre: "Meu pai abandonou a Síria e desceu ao Egito." Segundo a lenda judaica, essa primeira tradução da Bíblia Hebraica para uma língua estrangeira foi feita por setenta e dois eruditos judeus que trabalharam em Alexandria na primeira metade do século III a.e.c. a pedido do rei Ptolomeu II. Não era somente um texto religioso, mas também um documento político. A Judeia, como o restante do Oriente Próximo, fora conquistada por Alexandre, o Grande. Depois da morte deste, em 323 a.e.c., seus generais lutaram pelo trono e, em 301, dividiram o império em três partes: a parte macedônica, na Europa; o Oriente Médio, com a Síria como capital, governado pelos Selêucidas; e o norte da África, com o Egito à testa, controlado pela dinastia dos Ptolomeus. O território da Judeia, pequeno e até então pouco importante, localizava-se agora no meio da zona de conflito entre estas duas últimas partes do império. Esteve primeiro sob o domínio dos Ptolomeus e mais tarde (depois do ano 200 a.e.c.) sob o dos Selêucidas. Quando a Bíblia dos Setenta dizia que os antepassados dos judeus saíram da Síria e desceram para o Egito, seus leitores provavelmente reconheciam nisso um indício da nova supremacia do reino ptolomaico (egípcio) sobre o selêucida (sírio). Na mesma veia, o desonesto sogro de Jacó, Labão, tornou-se símbolo da Síria, ao passo que José (em contraposição) encontrou a salvação no Egito.

É notável que o texto sagrado judaico mais importante, os Cinco Livros de Moisés, e logo em seguida os demais livros bíblicos, tenham sido traduzidos para o grego. Não existem traduções análogas de textos religiosos originais no mundo antigo. A Bíblia dos Setenta talvez seja ela mesma a razão pela qual os judeus receberam o nome de "Povo do Livro": foi por meio dessa tradução que seus livros e, portanto, sua religião se tornaram cada vez mais conhecidos entre os povos não judeus.

Porém, a tradução da Bíblia não ocorreu por acidente. Ao contrário das culturas politeístas, o monoteísmo sempre aspira ao reconhecimento universal. Em regra, os povos que adoram vários deuses não veem problema em tolerar e respeitar os deuses de outros povos. Era diferente, porém, a situação dos judeus monoteístas, como também, mais tarde, a dos cristãos e muçulmanos: se só existe um Deus, Ele é necessariamente o Deus verdadeiro que, idealmente, deve ser reconhecido por todas as nações. A religião deve ser levada a outros povos, e o estrangeiro deve poder tornar-se prosélito (um recém-chegado). Essa ideia de religião universal foi provavelmente formulada pela primeira vez em Isaías 56, [1-]7: "[Assim diz o Senhor: ...] Minha casa será chamada casa de oração para todos os povos." Ao contrário, a maior parte dos povos antigos, os atenienses inclusive, reservava para si mesma o culto de seus deuses. A própria Bíblia não preconiza sempre a mesma atitude para com os estrangeiros na era pós-exílica. Podem-se encontrar indícios tanto de segregação quanto de integração. As leis bíblicas frequentemente estipulam que o estrangeiro seja tratado de acordo com as próprias leis do judaísmo, como parte da comunidade: "o amarás como a ti mesmo" (Levítico 19, 34). Embora Esdras certamente tenha adotado a política de dissolver os "casamentos mistos" e preservar uma comunidade etnicamente pura, a maioria dos livros proféticos não deixa dúvida de que os que não tinham origem da Judeia podiam se tornar judeus. Porém, somente o Talmude estabeleceu um procedimento formal para a conversão ao judaísmo.

Acaso o monoteísmo, convicto de haver reconhecido a realidade do único Deus invisível, queria dizer que as pessoas de outras nações não tinham direito à graça de Deus? O livro bíblico de Jonas mostrou que isso nem sempre era verdade. Aí, é a pecadora cidade de Nínive que se arrepende e é, consequentemente, perdoada pelo Deus misericordioso. O autor judeu do livro critica Jonas, que gostaria de ver a destruição da cidade iníqua, e (como contraponto) retrata um Deus que demonstra compaixão até pelas almas que não Lhe oferecem sacrifícios.

A antiga separação

De início, a minúscula Judeia e a religião judaica mal eram notadas no imenso território grego. Foi só com a expansão da Diáspora judaica e a tradução da Escritura para o grego que esse interesse se intensificou. Já o primeiríssimo texto conhecido escrito por um grego a respeito dos judeus enumera características positivas e negativas. Hecateu de Abdera, em uma história do Egito escrita na virada do século IV para o século III a.e.c., descreve os judeus como um povo que instrui seus jovens na prática do destemor. Moisés é retratado como um legislador notável por sua imensa sabedoria e coragem. Mas, ao mesmo tempo, encontramos acusações que serão repetidas mais tarde, especialmente por Tácito: os judeus se isolam de seus circunstantes e levam um modo de vida hostil aos estrangeiros. É verdade que Hecateu admite que isso resultou das más experiências que eles tiveram no Egito, de onde haviam sido expulsos por terem sido considerados responsáveis, ao lado de outros estrangeiros, por uma epidemia que tomara conta do país. Aí, Hecateu provavelmente estava misturando a tradição bíblica do Êxodo com um relato de como os hicsos semitas haviam sido expulsos do Egito.

Os autores helenísticos posteriores pintavam um retrato menos equilibrado e já se podem detectar em seus escritos os primeiros traços de uma polêmica antijudaica. Com frequência, porém, os relatos desses autores só foram preservados em razão das respostas apologéticas que lhes foram oferecidas por escritores judeus da Diáspora. Os apologistas judeus, como Fílon (em Alexandria) e Flávio Josefo (em Roma), se sentiam conclamados a reagir a esses escritos e a defender publicamente o judaísmo. Mesmo assim, uma espécie de contra-história da narrativa do Êxodo, tão crucial para os judeus do mundo inteiro, estava sendo disseminada na literatura grega. Segundo Josefo, o sacerdote egípcio Maneto, de Heliópolis, descrevia os judeus como escravos leprosos, afligidos também por outras doenças, que trabalharam nas pedreiras até que seu líder Osarsiph (identificado com Moisés por um comentador posterior) transgrediu todas as leis do Egito e comandou uma insurreição armada contra o rei. Junto com os hicsos de Jerusalém, já expulsos do Egito anteriormente, moveram contra o Egito uma sangrenta campanha militar. Maneto, de acordo com Flávio Josefo, não era o único autor helenista egípcio a disseminar a polêmica antijudaica. Apião, gramático que morava em Alexandria no século I e.c., lançou inúmeras acusações contra os judeus. Zombou do Shabat judaico, ligando-o a um mal da virilha (*sabbatosis*) que supostamente acometeria os judeus após seis dias de marcha e os obrigaria a descansar.

Certos livros da Bíblia também mencionam as tendências antijudaicas. O mais significativo é o Livro de Ester, que narra como os judeus do Império Persa foram salvos pela corajosa intervenção da rainha judia Ester e de seu primo Mardoqueu. Segundo esse relato, o ambicioso oficial Hamã se sente tão ofendido por Mardoqueu não lhe haver tributado o respeito devido a um conselheiro do rei que trama destruir todos os judeus. "E Hamã disse ao rei Assuero: 'No meio dos povos, em todas as províncias de teu reino, está espalhado um povo à parte. Suas leis não se parecem com as de nenhum outro, e as leis reais são para eles letra morta. Os interesses do rei não permitem deixá-lo tranquilo. Que se decrete, pois, sua morte, se bem parecer ao rei...'" (Ester 3, 8-9).

Desnecessário dizer que o Livro de Ester não pode ser lido como uma fonte histórica autêntica. É notável, para começar, que o isolamento dos judeus em relação a seus circunstantes seja postulado como causa de perseguição nesse texto tardio da Bíblia Hebraica. Esse pormenor se torna ainda mais interessante, porém, quando examinamos a tradução grega de um trecho contíguo, presente na Bíblia dos Setenta. Aí os judeus, nas palavras de Hamã, se tornam um "povo hostil" que desconsidera as leis dos outros povos e comete as mais terríveis atrocidades. Caso se leve em conta o comentário de Josefo sobre o suplemento grego ao livro de Ester, fica ainda mais claro que os autores da Bíblia dos Setenta tinham ciência das acusações

A história de Ester contada por Shahin de Shiraz em um manuscrito persa do século XVII. Nesta cena, Arasir (correspondente ao rei Assuero) reúne as mais belas donzelas do país, Ester entre elas, para escolher uma delas como sua noiva.

que em sua época se faziam contra os judeus: em Josefo já se fala de um povo inimigo de toda a humanidade.

É preciso cuidado para não fazer comparações diretas com o antissemitismo moderno, que ocorre em um contexto diferente e deve ser tratado em separado. Não obstante, o próprio antissemitismo moderno não surgiu em um vazio histórico, mas tem, ao contrário, muitas raízes, algumas das quais remontam à Antiguidade, talvez mesmo a tradições pré-cristãs. Entre esses elementos primitivos se inclui a rejeição dos judeus por serem separatistas e misantropos. Não é difícil encontrar a explicação dessa acusação. Se os judeus se consideravam gregos, por que não adoravam os mesmos deuses que os gregos? A veneração de um Deus invisível era incompreensível em um ambiente politeísta; as leis alimentares eram consideradas

Estes motivos gregos em uma câmara funerária judaica em Tel Maresha, cidade do sul da Judeia, revelam a influência helenística na cultura judaica na época do Segundo Templo.

supersticiosas; e o uso do sétimo dia da semana como dia de descanso afigurava-se como desperdício de um precioso tempo de trabalho.

Duas coisas não devem ser esquecidas no que se refere à aversão aos judeus documentada em nossas fontes. Os judeus não eram os únicos objetos de desprezo. Outros povos também eram mal-afamados na literatura grega e romana, em especial se tivessem combatido tenazmente contra os dois impérios. Ao mesmo tempo, e em parte pelas mesmas razões que justificavam sua rejeição, os judeus eram alvo de simpatia e respeito. Alguns textos gregos exaltam-nos como uma nação de filósofos. O grande número de gregos e romanos que se converteram ao judaísmo ou tornaram-se simpatizantes do judaísmo nos séculos posteriores também dá testemunho de um fascínio que coexistia com o repúdio.

Inversamente, os judeus se apropriaram da cultura helenística de seu ambiente, tanto no minúsculo território da Judeia quanto na Diáspora. Um escritor judeu chamado Ezequiel compôs peças de teatro em grego, enquanto outros escreveram relatos históricos tomando os protótipos gregos como modelo. Alguns textos posteriores que entraram no cânon bíblico chegam a atestar a influência do pensamento grego: é o caso dos discursos filosóficos do Livro do Eclesiastes. A Carta de Aristeias, composta no século II e.c. e excluída do cânon bíblico, é mais uma ilustração da síntese entre helenismo e judaísmo. Aristeias conta a história da elaboração da Versão dos Setenta e de como o rei Ptolomeu II homenageou os eruditos judeus – igualmente versados nas literaturas hebraica e grega – por meio de um simpósio de sete dias em que foi servido um lauto banquete. Nesse banquete, os eruditos judeus mencionados por Aristeias respondem com competência a perguntas de natureza geral, e seu sumo sacerdote se expressa nos moldes de um filósofo grego mesmo quando sublinha a importância de observar as leis alimentares judaicas e de garantir que o público de língua grega se familiarize com a Bíblia Hebraica.

É verdade que nem sempre a tradição judaica e o estilo de vida helenístico estiveram unidos em tamanha harmonia. Os filósofos e sumos sacerdotes, que constituíam a elite espiritual, política e religiosa, haviam assimilado o modo de vida grego. Mas a população camponesa resistia a todo tipo de helenização que chegasse ao ponto de pôr em questão as práticas religiosas nativas. Foi por esse motivo que as tensões sociais explodiram em meados do século II a.e.c.

יִבְנֶה בֵיתוֹ בְּקָרוֹב · בִּמְהֵרָה בִּמְהֵרָה · בְּיָמֵינוּ בְקָרוֹב · אֵל בְּנֵה · אֵל בְּנֵה · בְּנֵה בֵיתְךָ בְּקָרוֹב ·
טָהוֹר הוּא · יָחִיד הוּא · כַּבִּיר הוּא · לָמוּד הוּא · מֶלֶךְ הוּא · נָאוֹר הוּא · סַגִּיב הוּא · עִזּוּז הוּא · פּוֹדֶה הוּא · צַדִּיק הוּא · יִבְנֶה בֵיתוֹ בְּקָרוֹב · בִּמְהֵרָה בִּמְהֵרָה בְּיָמֵינוּ בְקָרוֹב · אֵל בְּנֵה · אֵל בְּנֵה · בְּנֵה בֵיתְךָ בְּקָרוֹב · קָדוֹשׁ

צוּרַת בֵּית הַמִּקְדָּשׁ וְעִיר יְרוּשָׁלַיִם תּוּבַב אָכִיר

O Segundo Templo, de uma forma ou de outra, manteve-se em pé em Jerusalém por meio milênio até ser destruído pelos romanos, no ano 70 e.c. Sua restauração futura é associada à espera do Messias, como se vê nesta Hagadá da Boêmia, feita em 1728-1729.

4
De Modiin a Jerusalém:
Ascensão e queda de um Estado judeu

No inverno de 167-166 a.e.c., autoridades sírias foram à Judeia a fim de obrigar os habitantes da província a oferecer sacrifícios no altar de Zeus. Quando chegaram a Modiin, uma cidadezinha nas colinas da Judeia, depararam com feroz resistência. Certo Matatias, descendente de uma família de sacerdotes da região, recusou-se a obedecer à ordem, matou um sacerdote colaboracionista e destruiu o altar idolátrico. Com seus cinco filhos e inúmeros seguidores, desencadeou um movimento de resistência contra a introdução desse culto estrangeiro que se estabelecera em Jerusalém. Três anos depois, após sangrenta guerrilha, Judas, filho de Matatias, apelidado de Macabeu ("o Martelo"), ingressou triunfante em Jerusalém e lançou os fundamentos do domínio político e religioso de sua família: os Hasmoneus, mais conhecidos como Macabeus.

Os Hasmoneus

Como as coisas chegaram a esse ponto, a essa sublevação que um lado via como um ato de terrorismo político e o outro, como uma luta para libertar um povo oprimido? No ano 167 a.e.c., o rei selêucida Antíoco IV decretara que se oferecessem sacrifícios aos deuses gregos no Templo de Jerusalém e concomitantemente revogara a lei de Moisés. A circuncisão, como o descanso sabático, passaram a ser punidos com a morte. Também fora de Jerusalém erigiram-se altares aos deuses gregos; e os porcos, que os judeus consideravam impuros, foram introduzidos como animais de sacrifício.

A iniciativa dos Hasmoneus não garantiu, de modo algum, que os judeus cerrassem fileiras em torno desse ato de resistência; ao contrário, inaugurou uma amarga guerra civil na qual os rebeldes se opunham a facções que favoreciam a assimilação profunda à cultura dominante. Dessas facções faziam parte os sumos sacerdotes, que, embora se apegassem a uns poucos preceitos básicos da religião judaica, tinham sido, quanto ao mais, os primeiros a se helenizar. Pagando grande soma de dinheiro ao rei Antíoco IV, Jasão garantira para si a nomeação ao sumo sacerdócio; em troca, estava disposto a transformar Jerusalém em uma *polis*, em uma cidade-Estado grega. No ginásio dessa *polis* os atletas competiam nus, violando a lei judaica. Menelau, rival de Jasão e helenizante ainda mais radical, ofereceu a Antíoco uma soma ainda maior. Na ânsia de ser nomeado sumo sacerdote, não se furtou a saquear o tesouro do Templo. Os helenizantes radicais, assimilando-se ao seu ambiente, chegaram ao ponto de justificar as leis promulgadas por Antíoco. Se o supremo deus grego era venerado como Zeus do Olimpo, por que motivo o Deus judeu não poderia ser adorado simbolicamente usando-se aquele nome para designar a divindade altíssima? E por que a lei outrora decretada por Moisés não poderia ser substituída pela lei de um sacerdote igualmente sábio?

Em certos segmentos da população já fervilhava forte resistência contra essa interpretação do judaísmo. O édito de Antíoco, algo nunca antes visto, simplesmente serviu como estopim da revolta. A preservação do judaísmo como religião independente era o objetivo do grupo que se agregou em torno de Matatias e seus cinco filhos. Depois da morte do patriarca, no final de 166 ou começo de 165 a.e.c., ele foi sucedido por Judas, seu terceiro filho. Em decorrência de uma guerrilha bem conduzida, de negociações eficazes e (não menos importante) graças à feliz coincidência de haver outros pontos de conflito no Império Selêucida, Judas e suas tropas conseguiram retomar Jerusalém em 164 a.e.c. e restaurar o Templo profanado. Na memória coletiva dos judeus, esse ato é preservado até hoje na festa de oito dias chamada Chanuká ("Dedicação").

O que se desencadeou nos acontecimentos do ano 164 a.e.c. foi essencialmente um conflito entre interesses particularistas e universalistas. Se os judeus quisessem preservar seu judaísmo, precisariam desafiar a política do Estado selêucida que impunha o sincretismo

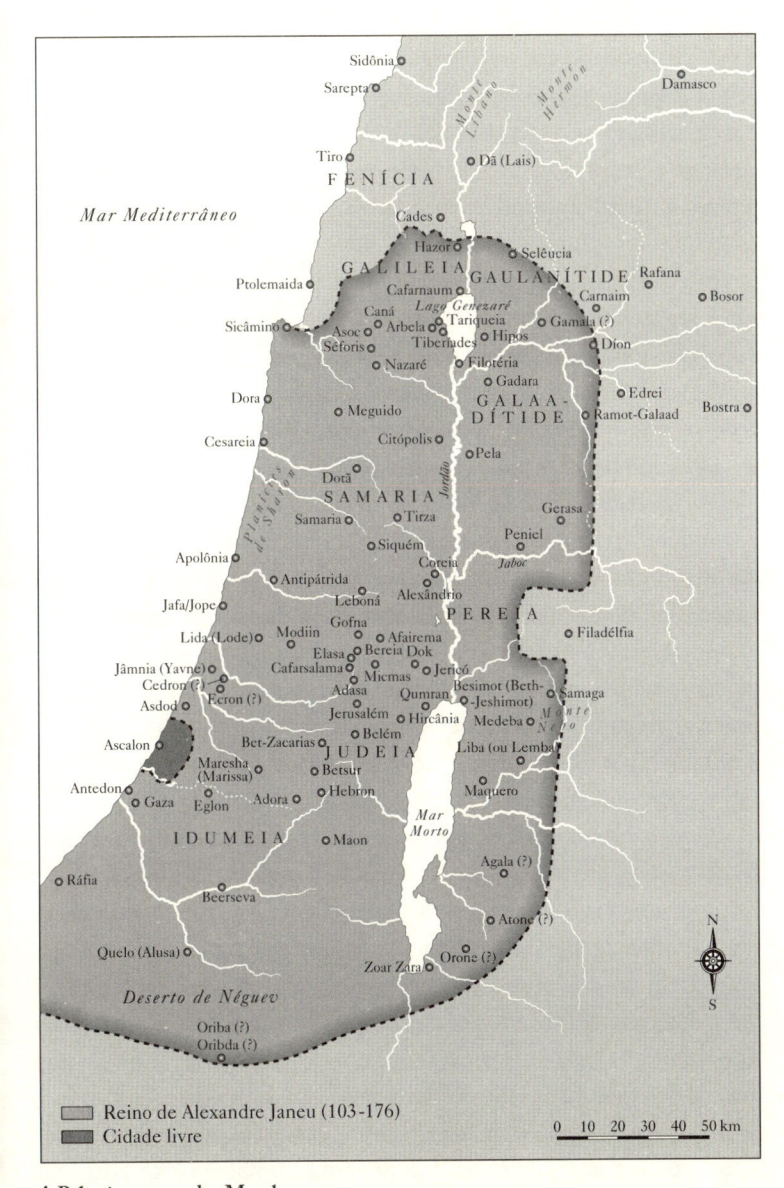

A Palestina na era dos Macabeus.

religioso e a aceitação da cultura helenística universal como pré-requisitos para o ingresso em um Estado multinacional. Para Antíoco, a recusa da Judeia representava um ato de contestação política e religiosa. Aparentemente, os judeus situavam seu Deus único e invisível acima do deus supremo dos gregos. No século II e.c., o historiador romano Tácito ficou do lado dos Selêucidas: "O rei Antíoco se esforçou para destruir a superstição nacional e introduzir a civilização grega, [com o objetivo de] aperfeiçoar essa vilíssima nação" (*Histórias* V, 8).

As linhas de combate não se desenhavam com tanta nitidez quanto as fontes oficiais gostariam de nos fazer crer, pois nem mesmo a resistência que lutava contra a excessiva helenização era capaz de se pôr totalmente à parte do mundo helenista no meio do qual vivia. Além de mover guerra, portanto, eles ao mesmo tempo faziam acordos que em nada se diferenciavam dos valores helenistas vigentes. Concluíram alianças com outros Estados, como Roma e Esparta, que na verdade eram inimigos em potencial. O próprio fato de os Hasmoneus terem feito da dedicação do Templo um feriado nacional mostra como era complexa a questão da helenização naquela época. Até hoje, a festa de Chanuká é o único feriado judaico que não se baseia em um livro da Bíblia Hebraica. E mais: o próprio ato de comemorar uma vitória militar por meio de um feriado é uma imitação de práticas gregas semelhantes. Nem a reconstrução do Segundo Templo sob o domínio persa conseguira penetrar no calendário das festas judaicas.

Depois da execução do sumo sacerdote Menelau, estigmatizado como traidor, um helenizante moderado chamado Alcimo foi instalado por breve período como pontífice. Os Hasmoneus logo passaram a oferecer-lhe resistência e, depois de sua morte, em 159, nomearam um dos seus como sumo sacerdote: Jônatas, irmão de Judas (que entrementes morrera em batalha). Com isso, o cargo mais importante do país entrou na linhagem de sucessão de uma família que, na verdade, não tinha o direito legítimo de ocupá-lo.

Jônatas deu à Judeia suas primeiras grandes conquistas no noroeste e no nordeste. Chegara ao poder por meio de uma aliança com os Selêucidas, mas as próprias intrigas que o guindaram à primazia acabaram por derrubá-lo. Foi capturado e por fim morto pelos adversários de seu protetor, o rei selêucida. A Jônatas seguiu-se outro irmão, Simão, que conseguiu livrar a Judeia de pagar os tributos que ainda devia. Em 141 fez-se proclamar príncipe (ou *etnarca*). Assim, a

Judeia tornou-se de novo uma monarquia soberana pela primeira vez desde a destruição do Templo, em 586. O cronista do Primeiro Livro dos Macabeus se esforça para descrever a coroação de Simão em termos que lembram os dias de glória do rei Salomão.

Depois de assassinado pelo próprio genro, Simão foi sucedido por seu filho João Hircano. Sob o prolongado reinado de Hircano (134-104), a Judeia conquistou grandes regiões de Estados adjacentes. Agora, tanto a Samaria e a Galileia, ao norte, como a Idumeia, ao sul, pertenciam ao reino judeu. Depois do breve reinado de Aristóbulo I (104-103), que certamente foi o primeiro a usar o título de rei, Alexandre Janeu (103-176) conduziu a Judeia ao ápice do poderio militar e à sua mais larga expansão territorial.

É certo que a essa altura pouco restava do objetivo original dos Hasmoneus de purgar da Judeia as tendências helenistas. Os próprios nomes assumidos por essa geração de Macabeus os distinguiam de seus pais. Além do nome hebraico, cada um deles também tinha um nome grego: João (Yohanan) Hircano, Judas Aristóbulo, Alexandre Janeu (Janeu ou Yanai era uma forma abreviada do nome Jônatas). Também são reveladoras as moedas cunhadas pelos Hasmoneus. Em um lado, ostentavam inscrições nacionalistas em um alfabeto antigo, comemorando a época do reinado de Davi; mas, no outro, mostravam símbolos helenistas tradicionais, da roda à folha de palmeira. Contribuía também para a larga extensão da helenização o fato de boa parte da população do reino ter-se convertido ao judaísmo havia pouco tempo. Porém, foi na era dos Hasmoneus que certas ideias centrais do judaísmo tomaram forma. O conceito de *ioudaismos* surge pela primeiríssima vez nos Livros dos Macabeus.

Caso nos baseássemos somente na tradição rabínica, teríamos magros conhecimentos sobre a história dos judeus no período dos Hasmoneus. O último livro que ingressou na Bíblia Hebraica – uma história apocalíptica, ainda que não faça mais parte dos livros proféticos – foi o Livro de Daniel, completado em 165 a.e.c. Os dois livros dos Macabeus, que não entraram no cânon da Bíblia Hebraica, são particularmente interessantes como fontes históricas, pois retratam os acontecimentos de duas perspectivas diferentes. I Macabeus, escrito originalmente em hebraico, se concentra na dinastia dos Hasmoneus

Esta moeda do reinado de Alexandre Janeu (103-176) mostra, de um lado, a epígrafe grega do rei ao lado de uma âncora e, do outro, seu nome entre os raios de uma roda. Os símbolos e as duas línguas usadas evidenciam a influência da cultura helenística entre os Macabeus.

e demonstra grande interesse pelos detalhes do culto prestado no Templo e da geografia palestina. II Macabeus, por outro lado, foi escrito em grego na Diáspora egípcia e se preocupa com o destino da cidade e de seu sistema jurídico. Enquanto o primeiro livro, escrito de uma perspectiva nacional, vê todos os governantes não judeus como maus, pressupõe que todas as outras nações odeiam os judeus e também descreve as divisões intrajudaicas, o autor cosmopolita da narrativa grega põe em evidência os soberanos benevolentes e as boas relações com o mundo não judaico, entendendo a comunidade judaica como um todo essencialmente harmonioso.

Por fim, os escritos dos dois autores judeus mais importantes do primeiro século pós-bíblico, o historiador Flávio Josefo e o filósofo Fílon de Alexandria, só foram preservados para nós (como os apócrifos e pseudepígrafos mencionados no Capítulo 2) em fontes não judaicas. As vidas de ambos os autores seguiram de perto o destino dos judeus no século I.

Com Fílon de Alexandria, um dos filósofos mais importantes de sua época, aprendemos os detalhes da situação política dos judeus no Egito. O próprio Fílon integrou uma delegação que visitou o imperador romano Calígula após a irrupção de um conflito sangrento entre os judeus e a população de língua grega em Alexandria, em 38 e.c. Aparentemente, a questão era a situação jurídica dos judeus alexandrinos: os habitantes de língua grega sentiam ameaçada a sua posição de eminência na cidade. As verdadeiras causas do derramamento de sangue, porém, eram mais profundas. Fílon descreve não somente o massacre brutal dos judeus pelos cidadãos de língua grega como também o profundo ódio da população egípcia pelos judeus. Naquele tumulto, as propriedades dos judeus foram saqueadas, sinagogas foram destruídas e uma parte da população judaica sofreu morte violenta. Os judeus resistiram por meios militares e diplomáticos, mas ainda demoraria muito para haver paz entre as diferentes facções da população da cidade.

Flávio Josefo, ex-comandante das tropas rebeldes que haviam combatido os romanos na região da Galileia, foi levado a Roma pelo imperador Tito, acompanhado de seus seguidores imediatos. Tornou-se um partidário de confiança do imperador e, em sua estadia em Roma, escreveu duas obras importantes. A primeira, redigida em aramaico, cerca do ano 80 e.c., era uma crônica detalhada da "Guerra dos Judeus"; dela só nos restou uma tradução grega. Dez anos depois, Josefo compôs uma história dos judeus desde seus primórdios até a irrupção da revolta contra os romanos; foi escrita em grego para o público romano.

O colapso da sociedade judaica

Josefo nos oferece um retrato completo das crescentes divisões dentro da sociedade judaica. Já na época da revolta dos Macabeus, evidenciam-se as características básicas de três grupos (ele os chama "seitas") cujas origens podem ser datadas de meados do século II a.e.c.: os fariseus, os saduceus e os essênios. Josefo os categoriza como três escolas filosóficas divergentes que, não obstante, estão perfeitamente de acordo quanto a questões fundamentais como a observância do Shabat, as leis alimentares e a centralidade do Templo. Quais eram, então, suas diferenças?

Os fariseus (do hebraico *perushim*, ou seja, aqueles que se separam ou se isolam) queriam recrutar o maior número possível de estudantes da Torá, a qual adaptavam à sua época com novas interpretações dos "ensinamentos orais" de Deus. (Essas interpretações foram depois codificadas na Mishná e no Talmude.) Construindo "uma cerca ao redor da Torá", procuravam proteger-lhe o núcleo. Suas interpretações, porém, foram influenciadas pelo ambiente helenístico em que se formaram. O melhor exemplo é a doutrina farisaica da ressurreição. A Bíblia Hebraica menciona, vez por outra, a ressurreição dos mortos, mas foi só sob a influência helenística que a doutrina de uma nova vida após a morte adquiriu importância central. Desse modo (e somente desse modo) podia-se explicar por que, neste mundo, nem sempre os pecadores são castigados e os justos, recompensados. Entendia-se que as injustiças seriam corrigidas no mundo vindouro.

Os fariseus eram combatidos por círculos ligados aos sacerdotes, chamados saduceus (nome derivado da família sacerdotal da casa de Sadoc), que tentavam levar uma vida tão fiel quanto possível aos ditames da Torá. Para eles, somente a palavra escrita da Torá tinha autoridade vinculante. Isso significava que a doutrina da ressurreição individual nada tinha a lhes dizer. Certas descobertas arqueológicas feitas em locais de sepultamento, porém, indicam que no século I e.c. os círculos sacerdotais talvez tivessem pelo menos a vaga noção de uma existência após a morte. De que outro modo se poderia explicar a moeda encontrada dentro do crânio do sumo sacerdote Caifás em um túmulo escavado pelos arqueólogos? Trata-se, sem dúvida, de uma dádiva ritual conforme ao costume grego de pagar um óbolo a Caronte para transportar o morto à outra margem do Estige.

Entre os adversários dos Hasmoneus havia também alguns de mentalidade apocalíptica, que pretendiam tomar parte na guerra escatológica entre os "Filhos da Luz" e os "Filhos das Trevas". Esse grupo, acerca do qual possuímos abundantes informações dadas pelos pergaminhos descobertos em Qumran, às margens do Mar Morto, é frequentemente identificado com os essênios de que fala Josefo. Por outro lado, pode-se afirmar que os essênios se pareciam mais com um movimento heterogêneo, que englobava diversos grupos. Os essênios de Qumran se retiraram para o deserto próximo à margem noroeste do Mar Morto, onde viviam em um ambiente monástico, não admitiam a propriedade privada e conservavam-se radicalmente a distância tanto do culto prestado pelos sacerdotes no Templo quanto do governo dos Hasmoneus. O grupo se via como representante de Deus na vindoura guerra escatológica, que redundaria na nova purificação do Templo e na destruição dos inimigos de Deus.

Ao fim e ao cabo, foram os fariseus que prevaleceram sobre as duas outras facções. Embora o que pregassem em seu próprio nome fosse a separação, uma das razões de seu sucesso final foi a disposição de incorporar novas ideias do mundo ao redor, entre elas inovações doutrinais como a ressurreição. Entraram em íntimo contato com o poder político na Judeia até que, sob o reinado de Salomé Alexandra (76-67), começaram de fato a conduzir os assuntos de Estado por meio de seu principal representante, Shimon (Simão) ben Shetach. A luta fratricida que se deflagrou entre os dois filhos de Salomé, Aristóbulo II e Hircano, precipitou o fim da independência hasmoneia. A rivalidade entre os dois facilitou para os romanos, sob Pompeu, assumir o governo efetivo dentro do país. A partir de então, a Judeia seria somente um Estado vassalo de Roma. Essa perda de soberania não representou uma catástrofe insuperável para os fariseus. Eles apelaram àquelas passagens bíblicas que reconheciam Deus como o único rei de Israel. No mesmo sentido, diziam, o juiz Samuel se recusara, de início, a nomear um rei para Israel, e só concordara ao cabo de um longo período durante o qual o povo insistiu em querer ser semelhante às outras nações. Se, agora, o único rei legítimo dos judeus fosse o próprio Deus, e se os romanos lhes oferecessem autonomia religiosa em seu território, os fariseus teriam mais facilidade para implementar os ensinamentos judaicos do que sob os infelizes reis hasmoneus.

A conservação do equilíbrio entre a autopreservação como minoria e a adaptação à maioria circundante tornou-se característica distintiva de todo o desenvolvimento subsequente do judaísmo. Os Hasmoneus haviam tomado o poder para eliminar um culto estrangeiro, mas acabaram se tornando helenizantes radicais; os fariseus se definiam pelo isolamento em relação ao ambiente, mas interiorizaram alguns conceitos centrais do mundo circundante. Do mesmo modo, o judaísmo posterior se preservou como minoria independente, mas nunca chegou a se isolar por completo dos povos ao redor – na Babilônia ou na Espanha, na Alemanha ou na Polônia, na África do Norte ou na América.

Revolta e declínio

É paradoxal que tenham sido os romanos – o mesmo povo que, em sua incipiente ascensão como potência, ajudara os primeiros Hasmoneus a subir ao trono da Judeia, estabelecendo com eles uma aliança militar contra os poderosos Selêucidas – a administrar, no auge do poderio romano, o golpe de misericórdia à dinastia hasmoneia. Os últimos resquícios de soberania no Estado hasmoneu, soberania que já fora ab-rogada na prática em 63 a.e.c. pela conquista de Pompeu, desapareceram por completo vinte e cinco anos depois. Os romanos dissolveram oficialmente a dinastia dos Hasmoneus e nomearam o idumeu Antípater como primeira autoridade administrativa da Judeia. Os idumeus, tendo se convertido ao judaísmo havia pouco tempo, eram encarados como *parvenus* pelas antigas elites. O casamento de Herodes, filho de Antípater, com Mariana, neta de dois reis hasmoneus, foi calculado para promover a legitimidade do novo soberano.

Herodes reinaria doravante pelas graças de Roma e dedicou-se impiedosamente à tarefa de matar os últimos Hasmoneus, a começar pela família inteira de sua esposa Mariana. Ao lado da mãe Alexandra e do avô Hircano II, a própria rainha foi executada; e, por ordem de Herodes, o último sumo sacerdote hasmoneu, Aristóbulo, irmão de Mariana, foi afogado em uma piscina em Jericó. Não admira que a caracterização que Josefo faz de Herodes também seja impiedosa: "Era um homem de imensa barbaridade em relação a todos igualmente, e escravo de suas paixões; não se dignando a levar em consideração o correto e o justo; e isso embora tenha sido tão favorecido pela fortuna quanto qualquer outro jamais fora" (*Antiguidades*, Livro 17, 8, 1). É verdade que Herodes também deixou um legado de edifícios que evidencia outro lado do soberano. Foi o maior construtor que a Judeia já conhecera. Reformou o Templo e fundou novas cidades; no alto da lista estavam a magnífica cidade portuária de Cesareia e uma Samaria reconstruída e denominada Sebaste (o nome grego de Augusto), onde Herodes promovia o culto ao imperador. Como era de esperar, a coleta de tributos para esses empreendimentos e o despotismo do rei deixaram no povo poucas lembranças positivas de Herodes.

Depois da morte de Herodes, no ano 4 a.e.c., Arquelau, um de seus filhos, conseguiu governar a Judeia por alguns anos. Em 6 e.c., porém, foi deposto pelos romanos, que a partir de então governaram diretamente a província. É certo que dependiam da cooperação da elite local, cooperação que lhes foi oferecida pelos grandes senhores de terra que haviam conquistado riqueza e poder sob Herodes. As elites anteriores, especialmente a família entre cujos membros eram escolhidos os antigos sumos sacerdotes, perderam sua posição ou foram mesmo obrigadas a deixar o país. Os "novos", por sua vez, não haviam até então tido papel algum nos negócios do governo; constituíam, portanto, uma elite política artificial, malvista em sua própria sociedade. Grandes massas do povo consideravam ilegítima a nova liderança religiosa. As relações econômicas também mudaram após a morte de Herodes. O abismo entre os ricos e os pobres se alargou. Concluída a grande reforma do Templo, o desemprego aumentou ao mesmo tempo que a população rural sofria os efeitos de uma série de colheitas malogradas. Além disso, um alto índice de natalidade determinou um crescimento considerável da população. Surgiram grupos de oposição que encontraram apoio no meio rural e vez por outra faziam justiça com as próprias mãos. Verificava-se no conjunto um desmoronamento da autoridade, gradativo mas evidente, que de tempo em tempo se manifestava de forma caótica. A culpa dessa piora da situação foi atribuída à administração romana, que se recusava a convocar as assembleias populares que ainda costumavam se reunir sob os Hasmoneus.

Diante desse pano de fundo, bastou uma crise sem importância para desencadear uma revolta declarada. No ano 66 e.c., na cidade de Cesareia – de população predominantemente grega –, um grupo de gregos sacrificou aves de criação bem em frente à sinagoga no dia do Shabat. Em retaliação e como protesto contra a falta de proteção das tropas romanas, alguns sacerdotes jovens decidiram suspender os sacrifícios habitualmente feitos em nome dos governantes romanos no Templo de Jerusalém. Esse ato inflamou uma rebelião. A perspectiva histórica nos permite afirmar que essa sublevação contra a superpotência romana estava fadada ao fracasso. O porquê de os insurretos estarem, não obstante, convictos de poderem vencer é algo que não

O Arco de Tito, erguido em Roma em 70 e.c., mostra a procissão triunfal dos que venceram Jerusalém. Em meio aos espólios de guerra, frutos do subsequente saque, destacam-se a menorá (o candelabro de sete braços) e diversos outros objetos do Templo (trombetas e uma mesa de ouro). Esses objetos de culto foram depositados no Templo da Paz, em Roma.

pode ser explicado somente por argumentos racionais. Um dos fatores era a crença profunda de que seu Deus era mais poderoso que os deuses dos romanos e haveria, ao fim e ao cabo, de conduzi-los à vitória. Convictos da onipotência de seu Senhor, os insurretos puseram de lado a prudência e procuraram enganar o adversário, dando a crer serem mais fortes do que eram na realidade. É claro que, no fim, essa tática de nada adiantou diante do poderio militar romano.

Mesmo assim, seria demasiado simplista enxergar somente os protestos dos habitantes da Judeia contra os romanos. Como já ocorrera na época dos Macabeus e voltaria a ocorrer quando da revolta de Bar Kochba, a luta contra o domínio estrangeiro era acompanhada por severos conflitos dentro do próprio judaísmo. Pelo menos três grupos rivais e seus líderes – Eleazar ben Simão, João de Giscala (Yohanan ben Levi) e Simão bar Guiora – altercavam-se pela precedência no Estado judaico independente que existiu de 67 a 70 e.c. Os sicários (de uma palavra grega que significa "os homens da adaga"), grupo notório por irromper no meio da multidão e cometer homicídio com facas ocultas sob seus mantos, não eram motivados somente por zelo ideológico, mas também por dinheiro.

Os sucessos consideráveis, mas temporários, dos insurretos deveram-se em parte a distúrbios ocorridos alhures no mundo romano. Após a morte de Nero, em 68, o comandante do exército, Vespasiano, precisou se retirar da região. Ele mesmo tornou-se imperador um ano depois, ao cabo de feroz luta pela sucessão. Seu filho Tito, pondo fim a um sítio desmoralizador que causou inúmeras mortes, venceu afinal a cidade de Jerusalém e seus habitantes. Em agosto (no dia 10 de Av) do ano 70, seus exércitos destruíram o Templo, que era tanto o símbolo religioso dos judeus quanto a sede de sua resistência militar. Essa calamitosa derrota perante os romanos eclipsou, na memória coletiva e nos escritos históricos, os ferinos conflitos intrajudaicos que ocorriam concomitantemente. À revolta de Jerusalém seguiu-se, em 73, um último resultado: o suicídio coletivo dos zelotes que se haviam entrincheirado na fortaleza da colina de Massada.

A revolta malograda assinalou o corte mais profundo ocorrido na história dos judeus. Seu santuário central foi destruído. O meio siclo antes pago como imposto para a manutenção do Templo de Jerusalém foi substituído pelo *fiscus judaicus*, destinado ao templo de Júpiter Capitolino em Roma. Povoados inteiros foram destruídos pela guerra e, segundo certas estimativas, a população total da Judeia se reduziu em cerca de um terço. Os judeus puderam continuar praticando sua religião, mas por muitos séculos a restauração da soberania estatal não foi mais uma alternativa realista. Apesar disso, novas revoltas contra a dominação romana ainda viriam a eclodir, todas debeladas com derramamento de sangue.

Segundo a tradição, no período que se seguiu à destruição do Templo os ensinamentos orais dos rabinos foram postos por escrito. Foi essa a origem da Mishná e do Talmude. Em um episódio da Hagadá, cinco rabinos se reúnem em Bnei Brak e discutem o Êxodo do Egito: Rabi Eliezer, Rabi Josué, Rabi Eliezar ben Azarias, Rabi Akiva e Rabi Tarfão. Nesta Hagadá alemã de 1460, eles são representados em trajes dessa época, feitos de tecidos pesados, seda e brocado.

5
De Jerusalém a Jâmnia:
A Diáspora se legitima

Segundo uma lenda talmúdica, Yohanan ben Zakai, um dos mais importantes jurisconsultos judeus do século I e.c., escapou da Jerusalém sitiada dentro de um esquife. No acampamento romano, fora da cidade, encontrou-se com o imperador Vespasiano, que atendeu a seu pedido de fundar uma casa de estudos na cidadezinha de Jâmnia*, ao sul de Jafa, perto do litoral do Mediterrâneo. Sem suspeitar que tal pedido viria a garantir a continuidade do judaísmo, o imperador atendeu ao desejo do rabino. Há muito tempo os estudos históricos acadêmicos partem do princípio de que isso não passa de uma lenda criada posteriormente para explicar a fundação da academia de Jâmnia. O mais provável é que o Yohanan histórico tenha sido levado a Jâmnia como prisioneiro romano, a caminho de uma colônia penal. Não obstante, foram lendas como essa que se tornaram as fontes de uma nova consciência judaica que se manteria viva durante séculos. O antigo centro governamental, com seu foco político e de culto religioso, fora destruído; o que tomou seu lugar foi um centro espiritual. Inicialmente em Jâmnia, mas depois em muitos outros lugares, as interpretações da Torá que os fariseus consideravam ensinamentos orais paralelos à Torá escrita também foram postas no papel.

Da tradição oral ao comentário escrito

O lendário ato de Yohanan, que se fingiu de morto, pode aludir a mais uma tática de sobrevivência usada pelos judeus após a nova

---
* Atual Yavne. (N. do T.)

derrota. Josefo e Fílon relatam casos em que os judeus, ameaçados de punição, reagiram ameaçando suicidar-se. A contrarreação de quem quer que detivesse o poder naquele momento era a de cancelar ou adiar a ação punitiva. O próprio Josefo, após a derrota de seus soldados, se refugiou em uma caverna onde cogitou a possibilidade do suicídio. E Yohanan se fingiu de morto para salvar seu povo. Na verdade, pode-se dizer que, depois da destruição do Primeiro Templo pelos babilônios, da profanação do Segundo Templo pelos gregos e da destruição da comunidade política judaica pelos romanos, os judeus já haviam se transformado em "mestres da sobrevivência". Cada catástrofe exigia uma reação diferente. No primeiro caso, a reação consistira em resgatar uma tradição espiritual poderosamente eficaz; no segundo, os judeus reagiram com um misto de rebelião e conformismo; e na terceira grande catástrofe reagiram, em parte, fingindo-se de mortos. Yohanan admitiu que o poder político dos judeus estava acabado, e por isso pediu "somente" uma sobrevida espiritual. Mais uma vez, a formação de um texto sagrado foi a chave da sobrevivência. A Mishná, escrita em hebraico e organizada por Judá ha-Nassi (o Patriarca), originou-se no território que então passou a ser chamado Palestina (em razão dos filisteus) pelos romanos. No decorrer dos próximos três séculos, foi seguida pela Guemará, composta em aramaico em duas versões: uma na Galileia e a outra, mais importante, na Babilônia. A Guemará também é chamada de Talmude, e junto com a Mishná constitui o mais importante documento escrito dos judeus depois da Bíblia. Não se deve imaginar o Talmude como um código legal que oferece instruções exatas a ser obedecidas pelos indivíduos. A estrutura do texto se caracteriza antes pelos debates entre os doutores da lei, cujo caráter não histórico se evidencia de imediato – pois, vez por outra, rabinos de diferentes séculos debatem um com o outro. As autoridades subsequentes determinaram qual era a opinião vinculante; mesmo assim, via de regra, a opinião minoritária também é transmitida no Talmude. Essa estrutura textual determinou a formação de uma técnica judaica de aprendizado baseada no diálogo e na discordância. Esse estilo de pedagogia se difundiu para vários continentes ao longo dos séculos.

O que então tomou o lugar do Estado judeu foi o Livro judeu, que se tornou a "pátria portátil" dos judeus, no dizer posterior de Heinrich Heine. Onde quer que a pessoa vivesse, a Bíblia e o Talmude lhe proporcionavam tanto os fundamentos da vida cotidiana quanto uma orientação em matéria de questões filosóficas mais profundas. Mesmo que Yohanan ben Zakai não tenha efetivamente fundado a academia de Jâmnia, a lenda que depois se contou a seu respeito certamente reflete, de modo admirável, o modo pelo qual os judeus interiorizaram a noção de que o judaísmo podia, sim, sobreviver sem um Estado próprio. O segredo dos milênios de existência desse povo da Diáspora talvez resida em sua fé inabalável nessa ideia.

Os professores ou mestres (*rabi* – rabino – significa "meu mestre", e ocasionalmente se usava também o título honorário *raban*/rabã) adquiriram então uma preeminência comparável àquela de que os sacerdotes gozavam antes deles. O título de "rabino", do qual não se ouve falar antes do período do Segundo Templo, torna-se a partir daí um elemento central da sociedade judaica, a tal ponto que a era que então começou é com frequência chamada "rabínica". Como alguém se tornava rabino? Inicialmente, e acima de tudo, por meio do estudo; mas em pouco tempo passou-se a exigir também o ingresso em uma relação específica entre mestre e discípulo e uma ordenação formal ao cabo do curso de estudos. Enquanto os sacerdotes haviam supervisionado o culto do Templo, os rabinos tratavam de estudar e interpretar a lei. O judaísmo rabínico nasceu da tradição farisaica, sendo os fariseus a única seita (como Josefo as chamava) a sobreviver à ruína do Templo; mas representou uma nova fase no desenvolvimento da religião judaica.

Comparada com o que sabemos sobre suas doutrinas religiosas, disputas políticas e conflitos militares, a quantidade de informação sobre a vida privada dos judeus no período posterior à destruição de seu santuário é muito menor. Em grandes linhas, o retrato que se pinta não difere fundamentalmente da cultura circundante. Nas muitas aldeias e poucas cidades da Galileia, região predominantemente judaica, comprova-se a presença dos judeus em quase todos os grupos profissionais: estão envolvidos na agricultura, no artesanato e no comércio. Os cambistas assumem papel cada vez mais importante à medida que o comércio se torna mais complexo. As feiras urbanas, realizadas em *agorae* segundo o modelo grego, atraíam mercadores de lugares distantes. As fontes dão testemunho de uma relação forte entre a população judaica e a não judaica, e não somente em matéria de comércio. Às vezes os judeus eram vizinhos de não judeus e uns ajudavam os outros em seus assuntos particulares. Não obstante, as discussões rabínicas indicam que se percebia a necessidade de impor limites ao contato social.

A língua dos judeus nos primeiros séculos da era comum mal se distinguia daquela dos povos circundantes. Como seus vizinhos, comunicavam-se em aramaico na Judeia e na Galileia; e, na Diáspora, falavam a língua usada em cada local. O grego frequentemente aparece nas comunicações oficiais, e várias palavras emprestadas do grego entraram sub-repticiamente nas discussões dos rabinos. Certo é que a Mishná foi composta em hebraico, mas a língua da Bíblia perdeu importância como língua falada. O hebraico tornou-se então a língua do estudo e da prece, e assim permaneceria por séculos.

Embora a vida das mulheres se restringisse, em geral, ao lar e à família, também temos inúmeros exemplos de mulheres que construíram uma carreira profissional. Incluem-se aí as que se dedicavam a profissões tradicionalmente femininas, como a de parteira, mas também havia mulheres em funções caracteristicamente masculinas, como a venda de alimentos e a agricultura. De qualquer modo, o marido era obrigado a proporcionar à mulher pelo menos o essencial: alimento, um local para dormir, roupas novas uma vez por ano, permissão para usar joias e beber vinho, uma pequena mesada e a autorização para frequentar os banhos, visitar amigas e familiares e participar não só das festas como também dos enterros da família. Embora a poligamia não tivesse sido abolida entre os judeus, raras vezes era praticada. Como entre seus vizinhos não judeus, os filhos eram mais desejados que as filhas; mas, ao contrário dos vizinhos, nenhuma fonte indica que os judeus praticassem o infanticídio feminino, fato que assombrou alguns observadores romanos. A capacidade de escrever se tornou fonte de alta posição social no período, a tal ponto que os pais passaram a ter o dever de ensinar aos filhos uma profissão *e* a língua hebraica. Quem quisesse continuar sua instrução o faria na *bet ha-midrash*, casa de estudos. Esta não necessariamente ocupava um edifício especial: o ensino podia acontecer nas casas de particulares, na praça do mercado ou mesmo em vinhedos, segundo nos dizem que acontecia em Jâmnia. O aluno aprendia não só a jurisprudência como também os ensinamentos de sabedoria. As sinagogas – onde a congregação se reunia para rezar e não para oferecer sacrifícios como no Templo, e que não estavam amarradas a um local específico – ocorriam, na observância judaica, como um acréscimo ao culto do Templo. A ideia de que era possível se aproximar espiritualmente do Deus invisível em qualquer lugar abriu caminho para a disseminação do judaísmo como religião universal.

Por certo tempo, a terra de Israel continuou desempenhando papel principal na comunidade judaica, então em rápida dispersão por grandes regiões do Império Romano. Na Palestina – ao lado de cidades helenísticas como Cesareia (transformada por Vespasiano em colônia romana) e Flávia Neápolis (atual Nablus), perto de Siquém, com seu magnífico templo de Zeus sobre o monte Garizim – havia uma rede de cidades judaicas, como Jâmnia e Lod. O *san'hedrin* ou sinédrio, suprema corte de justiça judaica, foi restabelecido, primeiro em Jâmnia e depois na Galileia. Ali, nesse período, foram tomadas decisões fundamentais que diziam respeito à unidade do povo judeu, tais como a determinação das datas da Lua nova no calendário judaico. Na ausência de um centro geográfico, a unidade religiosa só estaria garantida se todos os judeus comemorassem seus dias santos ao mesmo tempo. A essas decisões vieram acrescentar-se outras relativas à lei religiosa judaica, a *halachá*. A maior autoridade da Casa de Hilel (o mais importante doutor da lei) era o Rabã Gamaliel, que no final do século I foi reconhecido, tanto em Israel quanto no estrangeiro, como líder da academia de Jâmnia.

A tarefa a ser cumprida era a de substituir por outras práticas todas as funções antes desempenhadas pelo Templo e pela autoridade política de Jerusalém. Entre essas práticas agora se incluíam a oração cotidiana e uma nova estrutura para os ritos dos dias santos. As mudanças podem ser ilustradas pelo exemplo da festa da Páscoa Judaica. Na época do Templo, o sacrifício do cordeiro pascal fora um elemento central da comemoração, sendo depois substituído por uma refeição comunitária na véspera da festa em um contexto ritual específico, a recitação da Hagadá de Pêssach. O mandamento de comer pães ázimos por uma semana permaneceu em vigor.

Sob Adriano (117-138), de início parecia que Jerusalém viria a ser reconstruída, mas o imperador mudou radicalmente sua política. Decidiu, ao contrário, edificar uma cidade helenística naquele local, com um templo dedicado a Júpiter Capitolino. A iminente transformação da adormecida capital judaica em um centro de culto pagão desencadeou a revolta comandada por Bar Kochba, que terminou em 135 com a punição brutal dos judeus e a eliminação definitiva de qualquer esperança de restauração nacional. Como nas revoltas anteriores, nem todos os judeus participaram dela; mais uma vez havia dissensões no próprio meio judaico.

A princípio, Bar Kochba e seus seguidores obtiveram surpreendentes vitórias. Os romanos sofreram perdas tão graves que Adriano, em uma carta ao senado, dispensa os clichês usuais acerca de quanto ele e seu exército estavam se dando bem. Não obstante, não havia como evitar o triunfo derradeiro da supremacia romana. Essa derrota viria a ter consequências ainda mais sérias para os judeus que a destruição do Templo, sessenta e cinco anos antes. Com a queda do último reduto de Bar Kochba, em Betar, a sudoeste de Jerusalém, desmoronou a última esperança judaica de reconstrução de seu próprio Estado, mas não só isso: a derrota também remeteu a um futuro distante toda esperança messiânica que os judeus pudessem porventura acalentar naquela época. Quando o Rabi Akiva, depois torturado e martirizado, descreveu Bar Kochba como o "Rei Messias", a resposta dada pelo Rabi Yohanan ben Torta e registrada no Talmude de Jerusalém (Ta'anit 4, 8, fol. 68b) foi: "A relva crescerá sobre tua face e ainda assim o filho de Davi não terá vindo."

E assim, sobre as ruínas de Jerusalém, Adriano construiu uma nova cidade chamada Aelia Capitolina. Aos judeus não se permitia o acesso ao local, exceto no dia 9 de Av, a fim de lamentarem o dia da destruição de ambos os Templos. Práticas fundamentais da lei judaica, como a circuncisão e a observância do Shabat, foram proibidas por Adriano sob pena de morte, e assim também as casas de estudo. Os mais importantes doutores da lei se reuniram em Lod e decidiram

Esta moeda ostenta uma imagem do Templo e, no verso, o ramo de palmeira (lulav) da festa de Sucot (a "Festa das Cabanas"). Indica que os rebeldes tiveram acesso a uma casa da moeda em Jerusalém depois da revolta de Bar Kochba contra os romanos. Por outro lado, não se pode provar conclusivamente que eles tenham realmente chegado a tomar o controle de Jerusalém.

que, pressionados pelas circunstâncias, tinham de atender a todos os ditames de Roma para garantir a sobrevivência dos judeus, mas não admitiram a idolatria pública, o homicídio e o incesto. Sob o sucessor de Adriano, Antonino Pio (138-161), quase todas as leis antijudaicas foram revogadas. Só permaneceu em vigor a proibição de circuncidar aqueles que quisessem adotar o judaísmo. Os judeus puderam mais uma vez praticar sua religião com liberdade. Quando o imperador Caracala declarou que todos os súditos do Império seriam doravante seus cidadãos, em 212, também os judeus foram promovidos: de súditos meramente tolerados, passaram a ser cidadãos romanos com plenos direitos.

A ascensão do cristianismo

A destruição do Templo pode ter sido fator decisivo para o sucesso final de uma seita inicialmente judaica que separava radicalmente o conceito de salvação da meta de restaurar a soberania política e que depois se transformaria em religião autônoma sob o nome de cristianismo. Além dos textos bíblicos, apócrifos e pseudepígrafos já mencionados, os escritos que acabaram por entrar no cânon do Novo Testamento também são importantes documentos acerca desse período da história judaica. Aqui, estamos menos interessados no que esses textos nos dizem sobre o Jesus histórico que no que dizem sobre as origens culturais dos primeiros seguidores de Jesus.

Na sociedade judaica da época, em que vigia o pluralismo religioso, não faltavam taumaturgos carismáticos que se afirmavam dotados de poderes mágicos e de exorcismo; tampouco faltavam profetas, quase sempre de tendência apocalíptica, que pregavam a penitência. João Batista certamente pertencia a esta última categoria. O próprio Jesus da Galileia vagava pela zona rural como pregador, dirigindo sua mensagem especialmente aos grupos mais pobres e marginalizados da sociedade. Uma vez que surgiu não somente como taumaturgo, mas também como alguém que questionava a autoridade da Torá, entrou cada vez mais em conflito com os fariseus e a aristocracia do Templo, que acabaram por entregá-lo às autoridades romanas.

Em sermões que provocavam as autoridades constituídas, Jesus anunciava a iminência do Fim dos Tempos. Nesse dia, o Templo existente seria substituído por um Templo melhor e mais perfeito. Havia certa semelhança entre sua doutrina e os ensinamentos de Qumran, mas a semelhança deve ser atribuída mais à popularidade generalizada das crenças apocalípticas que a uma possível ligação de Jesus com aquele grupo. Mesmo depois da crucifixão de Jesus, decretada pelo governador romano Pôncio Pilatos, seus adeptos constituíam somente uma de muitas seitas dentro da população judaica. Só quando um número cada vez maior de não judeus adotou os ensinamentos cristãos e pôs de lado os mandamentos da Torá ocorreu a ruptura com o judaísmo. Embora a destruição de Jerusalém e de seu Templo representassem uma catástrofe nacional sem precedentes para os judeus, os cristãos encararam-na como a confirmação da crença de que a morte de Jesus inaugurara um novo capítulo da história, em que o Templo e todo o seu culto de sacrifício haviam se tornado supérfluos.

Conquanto o cristianismo posterior tenha moldado decisivamente a história do povo judeu, a própria pessoa de Jesus não ocupa lugar significativo na consciência dos judeus de gerações posteriores.

É certo que um ou outro texto medieval procura vingar as perseguições cristãs contra os judeus e, para tanto, desfigura a história do fundador da religião cristã; mas, para a maioria dos judeus, Jesus continuou sendo, na melhor das hipóteses, um entre muitos doutores da lei e, na pior, um herege e um falso messias. Somente no século XIX os pesquisadores judeus examinaram a sério a pessoa de Jesus, o judeu, e sua história.

Para os historiadores cristãos de épocas posteriores, o foco era quase sempre a pessoa de Jesus e o meio em que ele vivia. Eles liam as fontes judaicas daquele período com um interesse parcial pelo desenvolvimento do cristianismo, e de vez em quando supostas narrativas sobre Jesus eram fraudulentamente inseridas em textos antigos e apresentadas como autênticas. Na interpretação cristã, o cristianismo estava substituindo a obsoleta religião judaica.

Nessa época, o centro da erudição judaica e a jurisdição sobre as instituições da Palestina se transferiram para a Galileia, no norte do país. Em Usha constituiu-se um novo sinédrio, e novas casas de estudo surgiram em Bet Shearim, Tiberíades e outras cidades. Os diretores do sinédrio, chamados patriarcas (*nassi* em hebraico), viam-se como herdeiros de Hilel, pretensão que implicava a descendência da casa de Davi. Orígenes, um Padre da Igreja, certa vez comparou o poder dos patriarcas ao dos reis. Os judeus os viam como magistrados de última instância e legisladores que também tinham o direito de ordenar novos mestres; para os de fora, eles eram as principais autoridades judaicas e representavam os judeus da Palestina e da Diáspora perante as autoridades de outros povos.

Foi só no século IV que o cristianismo se tornou o poder dominante. Primeiro, em 313, o imperador Constantino permitiu o livre exercício da religião; algum tempo depois, o cristianismo foi declarado religião de Estado. Um rebento do judaísmo conquistara o poder político, sobrepujando a fé que lhe dera origem. As consequências para os judeus foram dúbias. Por um lado, tanto os imperadores cristãos quanto os Padres da Igreja dedicavam especial consideração à religião-mãe, atenção que não dirigiam às religiões pagãs cujos adeptos mais cedo ou mais tarde viriam a converter-se ao cristianismo. Por outro lado, exatamente em razão da proximidade entre a nova fé

A partir do final do século XIX, os judeus passaram cada vez mais a perceber Jesus como parte da sociedade judaica de seu tempo. Na pintura *Jesus aos doze anos no Templo*, de Max Liebermann, Jesus é retratado entre judeus que rezam em uma sinagoga do século XIX. Em sua versão original, a obra mostrava Jesus de nariz aquilino, descalço e gesticulando descontroladamente. Liebermann mudou o retrato quando uma exposição da pintura em Munique deparou com protestos do público e produziu até discussões no parlamento bávaro.

e o judaísmo, era preciso impor limites claros. Isso porque os cristãos entendiam os judeus não somente como o povo de Deus, mas também como uma nação de deicidas.

Foi, portanto, essa ambivalência que moldou desde o começo a relação entre os cristãos e os judeus. Em 325, o Concílio de Niceia aprovou várias medidas que visavam a separar as duas religiões de modo mais rigoroso. Formalmente, isso se realizou mediante uma diferenciação no cômputo dos dias santos: a partir de então, a Páscoa cristã não mais coincidiria com a festa do Pêssach ou Páscoa Judaica. As sinagogas já existentes permaneceriam, mas novas sinagogas não poderiam ser construídas. Sob Teodósio II, os judeus foram transformados de uma vez por todas em cidadãos de segunda classe. No Código Teodosiano, compilado entre 429 e 438, foram excluídos do exército e de todos os cargos públicos. Em nenhuma circunstância poderiam ocupar um cargo de autoridade em cujo exercício viessem a exercer poder sobre os súditos cristãos. Esse preceito continuou em

A magnífica sinagoga de Dura Europos, próxima ao Eufrates, nos diz algo sobre a vida judaica na Diáspora em meados do século III. Ao contrário da ornamentação de sinagogas posteriores, aqui é evidente que não havia inibição quanto à figuração de seres humanos, como se vê nesta representação da descoberta do pequeno Moisés.

vigor até uma fase adiantada da história moderna. Outro aspecto longevo do código legislativo teodosiano foi o fato de pôr reiteradamente os judeus no mesmo barco que os hereges e os pagãos. O conceito de *religio*, antes usado tanto para os cristãos quanto para os judeus, seria aplicado a partir de então somente à religião cristã, sendo o judaísmo depreciado como uma *superstitio*. Por outro lado, o Código Teodosiano garantiu aos judeus o exercício de sua religião e protegeu seus bens, inclusive as sinagogas. Não obstante, alguns anos antes (em 415), o último patriarca, Gamaliel VI, já perdera os privilégios atinentes ao cargo. A instituição do patriarcado findou com sua morte.

Os Padres da Igreja, como Jerônimo (340-420) e Agostinho (354--430), lançaram os fundamentos teológicos da política cristã em relação aos judeus. Estes deveriam permanecer vivos para dar testemunho da autenticidade do Antigo Testamento e para poder ser convertidos no Fim dos Tempos. Concomitantemente, porém, tinham de ser humilhados para que a verdade do cristianismo brilhasse sobre a Terra. Essa doutrina teológica ambivalente serviu por mais de um milênio como pedra fundamental do tratamento dispensado pelos cristãos aos judeus: não era aceitável matá-los, mas era necessário discriminá-los de modo manifesto.

A maioria dos judeus fixou residência fora do mundo cristão. Depois de concluída a Mishná, no começo do século III, o centro da vida judaica foi se deslocando cada vez mais para o Oriente. Foi assim que as academias babilônicas, especialmente as de Neardeia, Sura e Pumbedita, se tornaram as principais instituições de erudição judaica. O Talmude Babilônico é até hoje considerado mais importante que o palestino ou de Jerusalém. Também as comunidades judaicas mais relevantes se encontravam fora do território regido pelos cristãos, na Babilônia governada pelos partos e Sassânidas, onde a presença judaica já era contínua havia quase um milênio. Não há dúvida de que os judeus babilônios, que falavam aramaico, tinham consciência de quanto estavam arraigados no solo da Mesopotâmia. De lá Abraão partira outrora rumo a Canaã e para lá fora transportada a elite do reino destruído de Judá. As tradições locais procuravam estabelecer uma continuidade ininterrupta que remontasse ao primeiríssimo exílio judaico. Na Diáspora, a instituição correspondente ao patriarcado de Israel era a do exilarca, que continuou a existir mesmo depois de dissolvido o patriarcado. O exilarca (*resh galuta*), a quem se permitia ter sua própria corte, também descendia da linhagem do rei Davi.

Sob o governo dos Sassânidas, praticantes da religião de Zoroastro, os judeus parecem, em regra, ter vivido sem sofrer nenhuma perseguição de monta e ter sido mais bem tratados que a minoria cristã. Um clérigo cristão do século IV, chamado Afraat, se queixou de que os judeus zombavam dos cristãos em virtude da posição social inferior destes e lamentou o fato de Deus não vir em auxílio deles. As fontes são demasiado esparsas para podermos tirar uma conclusão geral a esse respeito, mas é plausível, sem dúvida, que os judeus estivessem em melhor situação que os cristãos. Ao contrário destes, os judeus não representavam perigo algum: eram poucos e não tinham um Estado próprio. Também não temos uma imagem clara de como se davam os contatos e influências recíprocas entre a cultura judaica e a zoroastrista. Uma leitura do Talmude Babilônico evidencia que as relações de vizinhança eram íntimas. Vez por outra, menciona-se que judeus e não judeus viviam na mesma casa, que seus clérigos trocavam presentes nos respectivos dias santos e que havia, em definitivo, inúmeras semelhanças em suas ideias acerca da magia.

אמא יחתאג' לי אמה אכרי יכון פיהא מאא
ימסח בה אכבז   ושרח חכאוז
אפריקא פי לילה אפסחהו אני יצלח הדא
אפטור וירפע וישתרי מן באקי צבקה למתל
כרפס וגבבר ופגל מקדאר מא וי'צלח צבאג'
מן תבך ונוז וסמסם יעג'ן בכל וסמי הליק
וירפע לוט ואן גא אורך פלק וארז ומא לא ובץ
וירפע גמיע ערך' אי לילה אכא מסה עשר
מן ניסן פאול מא יג'תמע אהל אלבית יגב
אן יקדס עלי כאס שראב בוראפרי הגפן
תם קדוש ופסח

בָּרוּךְ אַתָּה יי אֱלֹהֵינוּ מֶלֶךְ הָעוֹלָם אֲשֶׁר בָּחַר
בָּנוּ מִכָּל עָם וְרוֹמְמָנוּ מִכָּל לָשׁוֹן וְקִדְּשָׁנוּ
בְּמִצְוֹתָיו וַתִּתֶּן לָנוּ יי אֱלֹהֵינוּ מוֹעֲדִים לְשִׂמְחָה
חַגִּים וּזְמַנִּים לְשָׂשׂוֹן וְיוֹם חַג הַמַּצּוֹת הַזֶּה
זְמַן חֵרוּתֵנוּ בְּשִׂמְחָה מִקְרָא קֹדֶשׁ זֵכֶר
לִיצִיאַת מִצְרָיִם כִּי בָנוּ בָחַרְתָּ וְאוֹתָנוּ
קִדַּשְׁתָּ מִכָּל הָעַמִּים מוֹעֲדֵי קָדְשְׁךָ בְּשִׂמְחָה
וּבְשָׂשׂוֹן הִנְחַלְתָּנוּ בָּאַתָּה מְקַדֵּשׁ יִשְׂרָאֵל

A mais antiga Hagadá ainda existente foi feita no mundo islâmico e integra o livro de orações do mais importante filósofo religioso judeu que aí viveu, Saadia Gaon, do século X. A Bênção do Kidush, em hebraico, é antecedida por uma explicação do Séder em árabe, embora também escrita em caracteres hebraicos.

6
De Medina a Bagdá:
Sob o domínio islâmico

Foi a migração de um não judeu que deu origem à maior mudança na sociedade judaica desde a destruição do Segundo Templo. Quando Muhammad partiu de Meca em direção a Yáthrib (depois chamada Medina), desencadeou a marcha triunfal do islamismo, marcha essa que, no espaço de uma geração, colocou toda a região compreendida entre o litoral oriental do Mediterrâneo, o Mar Vermelho e o Golfo Pérsico – e, desse modo, a imensa maioria dos judeus – sob o domínio islâmico. Entre os séculos VII e XIII, quase 90 por cento de todos os judeus viviam em territórios islâmicos, que na época eram muito mais desenvolvidos que a Europa cristã tanto do ponto de vista cultural quanto do econômico. Os judeus, antes dispersos em diferentes reinos, viram-se então unidos sob o domínio do islamismo e adotaram para si o árabe, língua do mundo civilizado. O prestígio quase universal de que o Talmude e as autoridades rabínicas gozavam entre a Mesopotâmia e o litoral oriental do Mediterrâneo também foi associado a parâmetros políticos que tendiam a conduzir à "padronização" do judaísmo.

Entre as famílias de Medina que acolheram Muhammad havia ramos de tribos judaicas que habitavam a Península Arábica. É impossível descobrir por quanto tempo haviam morado nas cidades formadas nos oásis do Hijaz e do Iêmen, mas é certo que compunham parte considerável da população dessas cidades árabes quando Muhammad nasceu, em 570. Falavam árabe, tinham nomes árabes e integravam a cultura local. Alguns traços de suas tradições judaicas haviam se disseminado para a cultura circundante, como ocorrera também com algumas tradições dos cristãos que habitavam a região. Por isso, não é de surpreender que Muhammad, à semelhança de muitos contemporâneos seus, estivesse familiarizado não só com as histórias bíblicas como também com interpretações posteriores da Bíblia, feitas por judeus e cristãos.

Muhammad via os judeus como aliados naturais em sua luta contra a sociedade pagã. Reconhecia os profetas bíblicos como profetas do islamismo e esperava que os judeus, por sua vez, aceitassem sua nova religião como verdadeira para eles também. A recusa da maioria dos judeus a adotar o islamismo produziu um conflito militar que resultou na expulsão de duas tribos judaicas e na aniquilação de uma terceira. No Alcorão, encontramos vestígios tanto de um respeito pelos judeus da Bíblia quanto do conflito de Muhammad com os judeus da Arábia.

Fundamentos teológicos e jurídicos

A posição dos judeus sob o islamismo era parecida com seu lugar sob o cristianismo. Caracterizava-se pela tensão permanente entre uma tolerância baseada em princípios e uma humilhação concomitante. A relação teológica entre cristãos e judeus era, todavia, mais íntima, uma vez que o próprio fundador da religião fora judeu. Essa intimidade criava atritos que não existiam na relação entre muçulmanos e judeus. O texto sagrado dos judeus era sagrado também para os cristãos, embora estes acusassem seus "irmãos mais velhos" de não interpretá-lo corretamente. Da perspectiva cristã, a "Nova Aliança" com Deus substituíra a "Antiga Aliança", e o papel histórico dos judeus já havia se esgotado. Além de tudo, os judeus eram estigmatizados como deicidas por ter crucificado Jesus.

Sem dúvida, havia menos fontes teológicas de conflito entre o judaísmo e o islamismo. Embora o islamismo se visse como a forma mais pura de monoteísmo (a doutrina cristã da Trindade e suas imagens sagradas eram muito mais suspeitas!) e conquanto judeus e cristãos fossem igualmente acusados de ter corrompido a Sagrada Escritura, o Alcorão não viera para substituir o Antigo Testamento, os muçulmanos não se encaravam como os "novos" judeus e estava ausente a acusação fatal de deicídio. Cristãos e muçulmanos se viam ambos frustrados por não conseguirem persuadir os judeus a adotar suas respectivas religiões. Mas, enquanto a sobrevivência do judaísmo postulava um problema teológico muito específico para os cristãos, para os muçulmanos o judaísmo não passava de um estorvo que obstaculizava seu esforço de disseminação da fé islâmica a todos os povos do mundo. Além disso, os muçulmanos reconheciam que o judaísmo, como o islamismo, era uma religião de leis, que havia nítida semelhança entre a *halachá* e a *shari'á*. Havia semelhanças também nos assuntos da vida cotidiana; leis alimentares parecidas, por exemplo, que incluíam regras especiais acerca do abate de animais. Dadas tantas congruências, não admira que muitos judeus das antigas regiões cristãs do Império Romano tenham recebido os conquistadores muçulmanos como libertadores.

Qual era a situação jurídica da minoria judaica – e cristã – sob o domínio islâmico? Para começar, é preciso deixar claro que nem os judeus nem os cristãos eram desprovidos de direitos ou deixados à margem da lei. O fundamento de seu *status* jurídico era o chamado Pacto de Omar, atribuído pela tradição a Omar, o segundo califa, que governou entre 634 e 644. O conteúdo exato do Pacto só é conhecido por meio de versões datadas de alguns séculos depois. Nesse documento, na forma de uma carta da comunidade cristã a seu governante muçulmano, os súditos cristãos afirmam que vão aceitar várias restrições a fim de poder viver em paz sob o domínio islâmico. Os *dhimmi*, que de início eram adeptos das "religiões do Livro", como judeus e cristãos, mas depois passaram a englobar também outras comunidades religiosas, podiam, assim, praticar sua religião dentro dos territórios islâmicos. Mas não tinham permissão para construir novas casas de Deus nem para reformar as antigas que haviam sido destruídas; os locais de culto já existentes não poderiam ser mais altos que as mesquitas. Os *dhimmi* não podiam andar a cavalo, portar armas, fazer propaganda religiosa ou ostentar publicamente sua religião. A influência da legislação romano-cristã com respeito aos súditos judeus é evidente. Pode-se, porém, reconhecer uma influência que caminhava no sentido oposto. Os *dhimmi* deviam se distinguir dos que os rodeavam por meio da fala e das vestimentas. O decreto do papa Inocêncio III, portanto, que impunha aos judeus usar um distintivo na roupa, foi inspirado pelo modelo islâmico. Além disso,

Em um manuscrito turco do final do século XVI, "A história dos mártires da família de Muhammad", de Fuzuli, Abraão leva seu filho Ismael – e não Isaac, como na tradição judaica – ao altar do sacrifício.

leis subsequentes proibiram os não muçulmanos de ocupar cargos de Estado.

Tinha máxima importância um imposto já mencionado no Alcorão, a *jiziya*, que todos os *dhimmi* tinham de pagar para garantir sua segurança. Além de sobrecarregar financeiramente os não muçulmanos, o imposto também tinha o objetivo manifesto de inferiorizá-los. Chegaram-nos testemunhos de várias outras práticas degradantes, como a obrigatoriedade de receber um golpe na nuca. Não obstante, nos territórios sob domínio islâmico, os judeus podiam invocar o pagamento da *jiziya* para justificar sua pretensão à proteção do Estado. Uma das diferenças fundamentais entre a situação jurídica dos judeus sob o domínio islâmico e o modo como eram tratados nos territórios cristãos era que, nestes últimos, eles eram, em geral, a única minoria não cristã, de tal forma que as leis promulgadas eram especificamente "para os judeus". Nos territórios islâmicos, ao contrário, os judeus estavam sujeitos àquela categoria legislativa mais ampla que se aplicava aos adeptos de todas as religiões do Livro.

Na qualidade de *dhimmi*, os judeus não tinham de modo algum os mesmos direitos que os muçulmanos. Não obstante, para a maioria deles, sua situação jurídica sob o islamismo era melhor que a situação anterior. Para os cristãos e os zoroastristas, por outro lado, grupos que já tinham sido senhores de vastos impérios, a situação piorara drasticamente. Encontraram-se de repente na condição de "cidadãos de segunda classe". Talvez tenha sido por isso que o número de cristãos convertidos ao islamismo foi muito maior que o de judeus. Outra diferença tinha relação com o poder político. Os cristãos sabiam que tinham atrás de si um poderoso império, o Império Bizantino, ao passo que a minoria judaica era muito menor e não dispunha de tal Estado. Isso queria dizer que os governantes muçulmanos não temiam nenhum conflito de lealdade da parte de seus súditos judeus, a quem, portanto, facultavam o acesso a posições de autoridade superiores às conquistadas pelos membros da população cristã.

A implementação concreta das leis sobre as minorias era decidida na prática pelas autoridades locais. Várias fontes nos dizem que, durante os primeiros séculos de domínio islâmico no Oriente Próximo, algumas restrições não passavam de estruturas teóricas. Embora aos judeus não se permitisse andar a cavalo, por exemplo, o exilarca cavalgou pelas ruas de Bagdá em uma vistosa cerimônia pública quando foi empossado. Os documentos dos séculos X, XI e XII nos levam a concluir que os judeus se vestiam de modo idêntico a seus vizinhos muçulmanos. Novas sinagogas foram construídas em praticamente todos os lugares habitados pelos judeus, e havia até algumas igrejas cuja reconstrução certamente teria sido proibida caso a lei fosse aplicada à letra. De alguma forma, os muçulmanos foram capazes de elaborar uma interpretação jurídica que admitia esse relaxamento. Por outro lado, a construção e a reforma das sinagogas não eram, de modo nenhum, favas contadas. Quando os judeus de Fustat (Cairo Antigo) foram acusados de ter construído uma nova sinagoga, em 1038, tiveram de produzir quatro testemunhas muçulmanas que afirmassem tratar-se na realidade de um edifício antigo que já existia na cidade desde antes da conquista muçulmana. Também a proibição contra a ocupação de cargos de Estado por não muçulmanos era frequentemente contornada. No Irã, seria quase impossível administrar o império muçulmano em expansão sem empregar cristãos e zoroastristas de alta condição. E na Espanha muçulmana ouvimos falar de importantes estadistas judeus, incluindo um comandante do exército. Mesmo assim, havia queixas contra essas nomeações, o que nos dá a entender que as proibições legais formais não haviam, de forma alguma, caído no esquecimento. Com efeito, em séculos vindouros elas seriam seguidas à risca.

Vida econômica

Possuímos extensas informações acerca da vida econômica dos judeus na região do Mediterrâneo graças a uma descoberta extraordinária feita no final do século XIX na *guenizá* de uma sinagoga em Fustat (Cairo Antigo). *Guenizá* é um depósito de documentos que contêm o nome de Deus e, portanto, não podem ser jogados fora. Não se incluem aí somente os textos sagrados, mas também cartas particulares e comerciais que em geral começam com a fórmula fixa "em nome de Deus" ou outras semelhantes. O quadro geral que a

Na sinagoga de Ben Ezra, no Cairo Antigo (Fustat), construída em 882, a mais preciosa coleção de documentos judaicos medievais foi descoberta no final do século XIX.

descoberta do Cairo – atualmente armazenada em arquivos diversos, de São Petersburgo a Nova York e de Cambridge a Jerusalém – nos descortina é o panorama de toda uma sociedade. Aí foram encontradas cartas particulares do eminente intelectual Maimônides, ao lado de cartas comerciais de negociantes judeus e muçulmanos e autos de decisões judiciais rabínicas.

Sob o domínio islâmico, os judeus estavam representados em quase todas as profissões, nos ofícios manuais assim como na agricultura, no comércio bem como entre os médicos e os oficiais do governo. Nada havia de análogo às guildas cristãs, que excluíam os judeus. Estes não ocupavam lugares separados nos mercados, mas em regra vendiam as mesmas mercadorias nos mesmos lugares que os comerciantes muçulmanos. O comércio não tinha as conotações negativas de que se revestira no cristianismo, e as fontes confirmam que inúmeros mercadores judeus negociavam no atacado e no varejo e que havia relações de sociedade entre judeus e muçulmanos nas mesmas firmas. Nesses casos, os rabinos permitiam aos judeus trabalhar na sexta-feira, e os muçulmanos podiam trabalhar no sábado; os lucros eram auferidos pelos sócios que estivessem trabalhando no dia em questão. Os comerciantes judeus que se mudavam com frequência de um local a outro não eram, em absoluto, uma exceção. Em suma, o típico papel de "estrangeiro" que os judeus desempenhavam na Idade Média cristã não existia no mundo islâmico. O empréstimo de dinheiro era apenas uma das muitas atividades comerciais que os judeus praticavam sob o domínio islâmico, mas, ao contrário do que ocorria na Europa, aí isso se realizava, sobretudo, dentro da própria comunidade judaica. É inegável que, à semelhança de toda minoria religiosa na sociedade medieval, os judeus ocupavam posição social inferior no mundo islâmico, como também no mundo cristão. Muitas vezes, porém, um indivíduo conseguia transpor as fronteiras de sua comunidade imediata e ocupar posições socialmente importantes.

A maioria dos judeus vivia nos centros urbanos do mundo islâmico. Como todos os grupos religiosos e étnicos, concentravam-se em ruas ou bairros específicos, mas nada havia de similar a um bairro "puramente" judeu. Uma vez que os judeus seguiam leis alimentares especiais muito semelhantes às islâmicas, os muçulmanos podiam comer na casa deles (mas não na de cristãos). Era mais fácil para os *dhimmi* participar das conquistas culturais do mundo islâmico que para os "infiéis" tomar parte na cultura cristã. Somente uns poucos judeus da Europa aprendiam latim, língua fortemente associada ao discurso teológico. O árabe, ao contrário, era não só a língua coloquial de inúmeros judeus como também a língua literária de muitos eruditos do judaísmo. Não havia nada de estranho em que Saadia Gaon, Judá Halevi e Maimônides publicassem seus tratados filosóficos em árabe. Saadia Gaon chegou a usar termos árabes para designar conceitos religiosos judaicos. Chamava Deus de "Alá", a Bíblia Hebraica de "Alcorão" e o *hazan*, cantor ou líder da prece, de *imam* ou imã.

O respeito conferido ao judaísmo em parte do mundo islâmico foi percebido com interesse por viajantes judeus da Europa. Benjamin de Tudela, por exemplo, que viajou da Espanha cristã ao Oriente Médio no século XII, maravilhou-se com o modo como os muçulmanos veneravam o profeta judeu Ezequiel e peregrinavam para rezar sobre seu túmulo. Pouco tempo depois, o viajante Petachia de Ratisbona espantou-se ao observar que até os sepulcros de famosos rabinos da Mishná eram visitados pelos muçulmanos. A perseguição e a expulsão da minoria judaica não eram fenômenos desconhecidos no mundo islâmico, mas eram exceções à regra. Só conhecemos três grandes ondas de perseguição. Sob o califa al-Hakim (996-1022), considerado doente mental por alguns contemporâneos e vários observadores posteriores, e de quem se diz ter emitido grande número de decretos irracionais, supõe-se que várias sinagogas e igrejas foram destruídas. Muitos judeus fugiram de seus domínios e outros se converteram ao islamismo. Seu filho, entretanto, permitiu-lhes voltar ao judaísmo e revogou as leis discriminatórias do pai. Um *pogrom* contra a comunidade judaica ocorreu no Estado muçulmano berbere de Granada por ocasião do assassinato de Yossef ibn Nagrela, filho de um dos mais famosos cortesãos judeus, Samuel ha-Naguid ibn Nagrela, em 1066. Também aí o tumulto teve curta duração, embora demonstrasse como eram vulneráveis até aqueles *dhimmi* que haviam conquistado posições de grande honra na sociedade islâmica. Mais duradouras e mais graves foram as perseguições movidas pelos Almôadas, tribos berberes da África do Norte que dominaram grandes extensões dessa região e ofereceram como alternativas, a judeus e cristãos, o islamismo ou a morte. A perseguição dos judeus do Iêmen, por volta de 1172, que resultou na conversão de grande parte da comunidade, só nos é conhecida por meio da carta enviada por Maimônides — ele mesmo refugiado de Córdoba — a seus correligionários no sul da Península Arábica. No conjunto, essas perseguições representaram exceções dentro de um relacionamento geral que, embora nem sempre harmonioso, foi não obstante relativamente livre de conflitos.

Vida espiritual

Durante séculos, o centro mais importante da vida espiritual para as comunidades judaicas sob domínio islâmico situou-se na Mesopotâmia, entre o Tigre e o Eufrates, região que já desempenhara papel crucial para os israelitas na época bíblica. Em meados do século VIII, quando os Omíadas tiveram de reconhecer sua derrota frente aos Abássidas, Bagdá substituiu Damasco como sede do califado. Um triunvirato determinou quais seriam as estruturas de poder judaicas nesse centro de erudição. Além do supramencionado exilarca (*resh galuta*), que ocupava o mais elevado cargo político da comunidade judaica, os dois *gueonim* (singular: *gaon*), reitores das principais academias talmúdicas em Sura e Pumbedita, também exerciam considerável influência. De Bagdá, relevantes decisões judiciais eram expedidas para todas as partes do mundo judaico, sobretudo na forma de *responsa*. Estes eram cartas em que os doutores da lei examinavam casos concretos de direito religioso. A forma dos *responsa* (em hebraico, *she'elot u-teshuvot*, "perguntas e respostas") se conserva até hoje.

Ao contrário dos exilarcas, cuja função era hereditária (sua linhagem remontava ao rei Davi), os *gueonim* eram escolhidos por sua erudição. Sempre houve conflitos e disputas de autoridade entre os diversos ocupantes desses cargos. O melhor exemplo é o do mais famoso *gaon*, Saadia ben Yossef (892-942). Além de compor obras filosóficas em árabe e textos místicos em hebraico, ele traduziu partes da Bíblia para o árabe.

Dentro das estruturas de poder dos judeus da Babilônia, ele não recuava diante dos conflitos. Saadia Gaon dirigiu seus mais fortes ataques contra um grupo judaico que se originou no século VIII e exercia profundo apelo naquela época. Os caraítas se recusavam a aceitar o Talmude como "ensinamento oral" inspirado por Deus e só reconheciam a própria Bíblia como escritura sagrada. Naturalmente, nem mesmo os caraítas podiam tomar a Bíblia ao pé da letra. Desenvolveram, assim, suas próprias interpretações e adaptações, especialmente no que se referia aos cálculos do calendário, preceitos sabáticos (não permitiam, por exemplo, que nenhuma vela continuasse acesa após o começo do Shabat) e leis alimentares. As escolas de pensamento rabínica e caraíta se afastaram cada vez mais. Os judeus caraítas não reconheciam nem os *gueonim* nem o exilarca e instituíram suas próprias autoridades. Saadia Gaon, em específico, assumiu como causa o combate contra essa seita e, graças à influência que exerceu, o judaísmo rabínico prevaleceu. Mesmo assim, o caraísmo se disseminou entre os séculos X e XII, de início na Palestina e no Egito e depois também no Império Bizantino e na Rússia. Ainda hoje existem pequenas comunidades caraítas na Rússia, na Polônia, na Turquia, nos Estados Unidos e especialmente em Israel.

As polêmicas de Saadia contra os caraítas só nos chegaram de forma fragmentária. Já dos seus escritos filosóficos conhecemos grandes trechos, em particular de sua obra magna, *O livro das crenças e das opiniões*, em que ele se torna o primeiro pensador medieval a tentar harmonizar a filosofia grega racionalista com as doutrinas do judaísmo, apresentando a Torá como razão revelada. Saadia abriu, assim, o caminho para muitos outros filósofos judeus e especialmente para Maimônides, que viveu no Egito, terra natal de Saadia, três séculos depois.

Ao lado de animadas discussões a respeito da correta interpretação da Torá, havia debates igualmente acalorados sobre a vinda do Messias. Só conhecemos alguns dos diversos movimentos messiânicos que ocorreram naqueles séculos. Em regra, o que acontecia era que um personagem carismático era reconhecido como o Messias, depositando-se nele a esperança de que redimisse o mundo em um momento específico – então, quando a data prevista chegava e não se notava nenhuma mudança, as pessoas voltavam à realidade da vida cotidiana. Às vezes os seguidores do suposto Messias vendiam seus bens mundanos para poder partir para a Terra Santa, sendo frequentemente ridicularizados por seus vizinhos não judeus. O caso mais bem conhecido é o de Davi (na verdade, Menachem) Alroy (ou Al-Ruhi), que no século XII desencadeou no Curdistão um movimento messiânico cujas consequências se fizeram sentir até no Azerbaijão, no Irã e no Iraque. Previa-se que em determinada noite ele conduziria, sobre asas, os judeus de Bagdá até Jerusalém. Na hora prevista, muita gente subiu ao telhado de casa na expectativa da salvação iminente. Quando, na manhã seguinte, ainda se encontravam esperando o voo messiânico, viraram alvo de riso na vizinhança.

Mas os movimentos messiânicos, que continuaram existindo no judaísmo até fase avançada da era moderna, ilustram uma questão significativa. Muitos judeus, apesar de arraigados havia séculos em seu ambiente, continuavam a se sentir exilados e esperavam ansiosos o momento de voltar à Terra Santa. O apego à terra de Israel também se expressava em inúmeras preces recitadas três vezes por dia. Muitos judeus faziam uma peregrinação a Israel pelo menos uma vez na vida, e alguns partiam para morrer ali. Esse profundo vínculo interno também se evidenciava no apoio financeiro à comunidade da Terra Santa. Emissários percorriam as comunidades judaicas do mundo inteiro e coletavam dinheiro para os judeus radicados em Israel.

Na própria Palestina continuava existindo uma comunidade judaica pequena, mas animada. Um dos elementos especiais dessa comunidade eram os massoretas (de *massorá*, "tradição"), que, ativos na Galileia, adquiriram projeção considerável no século X. Não é exagero dizer que foram responsáveis por uma segunda canonização da Bíblia Hebraica. É certo que os livros incluídos na Bíblia haviam sido escolhidos muito tempo atrás, mas foram os massoretas que decidiram quais das diversas versões desses livros seriam consideradas válidas. Além disso, definiram o modo oficial de lê-los, tanto acrescentando sinais vocálicos às letras hebraicas (visto que o alfabeto contém somente consoantes) quanto fixando os sinais de acentuação para as leituras públicas da Torá. Os sinais diacríticos colocados pelos massoretas abaixo e acima das letras hebraicas, bem como os sinais de pontuação para as frases, podem ser encontrados até hoje nos livros de orações e nas Bíblias impressas (mas não no rolo da Torá usado para a recitação na sinagoga). É verdade que o centro palestino não podia competir com as comunidades mais poderosas da periferia judaica, na Babilônia e (mais tarde) na Espanha. Mas, até o século XI, a Palestina foi, sim, uma importante arena secundária da história judaica, que só viria a perder seu valor com o tumulto das Cruzadas.

Esta Hagadá, produzida em Barcelona em meados do século XIV, tem 34 figuras de página inteira que lembram as ilustrações esplêndidas da Hagadá Dourada, sendo por isso chamada de "Hagadá Irmã". Esta cena mostra um cantor recitando na sinagoga, cuja porta de entrada é retratada em miniatura embaixo, à esquerda. No alto se lê esta frase: "O homem da casa e sua família leem a Hagadá." Uma vez que, em regra, essa leitura ocorre em casa e não na sinagoga, esta ilustração pode referir-se a um costume pouco conhecido.

7
De Sura a Córdoba:
Sefarad – a cultura judaica na Península Ibérica

No século X, segundo se conta, um navegador muçulmano, talvez o famoso Ibn Rumahis, capturou um navio que partira do porto italiano de Bari; a bordo havia quatro rabinos das academias babilônicas de Sura e Pumbedita. Os rabinos estavam coletando dinheiro, em nome das academias, para os dotes de noivas pobres. Esses eruditos foram resgatados mediante o pagamento de grandes somas pelas principais comunidades judaicas da África do Norte (Kairouan e Alexandria) e pela comunidade de Córdoba, e acabaram alcançando grande projeção em seus novos ambientes. Entre os reféns estava o Rabi Moisés ben Henoc, que, chegando a Córdoba, encaminhou-se à escola talmúdica local e começou a estudar sob o Rabi Natã. Ao ouvir as doutas observações de seu novo aluno, diz-se que o Rabi Natã renunciou imediatamente ao cargo e indicou o Rabi Moisés como novo rabino-chefe e juiz da cidade. Sob seu novo líder espiritual, Córdoba se tornou um polo de erudição judaica independente dos centros babilônicos.

Essa lenda, narrada pelo filósofo toledense Abraham ibn Daúd no *Livro da tradição* (*Sêfer ha-kabaá*), do século XII, simboliza a transferência do centro da vida judaica da Mesopotâmia, no Oriente, para a Península Ibérica, no Ocidente, e assinala a independência espiritual da Ibéria judaica em relação à Babilônia. A essa altura, com efeito, Córdoba e Toledo já haviam tomado posse da herança de Sura e Pumbedita.

Deve-se perguntar, antes de tudo, o que o termo "Espanha judaica" significava nessa época. A rigor, a entidade chamada "Espanha" não existia na Idade Média. Além dos domínios muçulmanos da região, sempre mutáveis, havia também vários reinos cristãos na Península Ibérica: ao lado de Castela e Aragão, por exemplo, havia

Leão ao norte, Portugal a oeste e Navarra a leste. Somente após o casamento de Ferdinando e Isabela, em 1469, herdeiros de seus respectivos tronos, foi que passou a existir um Estado nacional espanhol, que em seguida incorporou os últimos territórios islâmicos que restavam ao redor de Granada. Porém, mesmo na ausência de um domínio político unificado, a Península Ibérica obtivera, na terminologia judaica, um nome uniforme: *Sefarad*. Na consciência judaica, o mapa da Europa é também um mapa bíblico tal como o descrito (por exemplo) pelo profeta Abdias (1, 20): "E os cativos desse exército dos filhos de Israel, que estão entre os cananeus, [possuirão] até Zarefat; e os cativos de Jerusalém, que estão em Sefarad, possuirão as cidades do sul" (tradução bíblica de João Ferreira de Almeida). A Zarefat* a que os exilados de Israel supostamente chegariam localizava-se no litoral da Fenícia, e a Sefarad de Abdias ficava na Ásia Menor. Mais tarde, quando os judeus chegaram à Europa, a geografia concreta do povo judeu mudou; mas, em sua imaginação coletiva, eles continuavam radicados no mundo bíblico. Assim, Zarefat se tornou a França e Sefarad, a Península Ibérica. Até hoje, no hebraico moderno, esses termos bíblicos denotam os Estados europeus França e Espanha.

Uma "Era de Ouro"?

Boa parte do período que os observadores tardios viriam a chamar de "Era de Ouro" ibérica decorreu sob o domínio muçulmano em "al-Andalus". A vitória dos muçulmanos em Jerez de la Frontera, em 711, desencadeou a rápida conquista do império visigótico, do qual os judeus haviam sido violentamente excluídos por meio de inúmeras leis promulgadas pelos concílios cristãos. Contrastando com esse infeliz capítulo anterior da história ibérico-judaica, o governo dos Omíadas inaugurou de fato uma Era de Ouro, cujo início é convencionalmente situado na fundação do califado de Córdoba por Abd al-Rahman III em 929. É verdade que a maior parte da criatividade cultural dos judeus espanhóis ocorreu sob domínio mu-

---

* Em outras versões da Bíblia em português, esse local é denominado Sarepta. (N. do T.)

çulmano, mas a distinção usual que se faz entre uma tolerante sociedade muçulmana e uma intolerante sociedade cristã é excessivamente simplista. Não só sob a dominação cristã, mas também sob a muçulmana, os judeus podiam ser encarados quer de modo amistoso, quer de modo hostil. Tanto o Novo Testamento quanto o Alcorão tinham grande número de trechos que permitiam que os judeus fossem respeitados como irmãos e irmãs mais velhos, mas também traziam passagens igualmente abundantes que podiam ser invocadas para justificar a privação de direitos e a marginalização do povo judeu.

A história dos judeus durante quase um milênio na Ibéria dá testemunho fiel desse duplo ponto de vista. Quando os muçulmanos venceram o império visigótico, os judeus que ali moravam sentiram essa vitória como uma libertação do jugo cristão. No decorrer dos séculos seguintes, gozaram da permissão de praticar sua religião com relativa liberdade e de oportunidades relativamente numerosas de participar de todos os aspectos da vida social. Porém, com o triunfo dos governantes muçulmanos mais radicais da África do Norte, primeiro os Almorávidas e depois os Almôadas, a situação mudou. Se, nos séculos anteriores, os judeus vinham fugindo das regiões cristãs rumo às muçulmanas, agora abandonavam o sul muçulmano em favor do norte cristão. A *Reconquista* que avançava pela península não acarretou automaticamente o fim da vida judaica. Além disso, a repartição da região em duas zonas de domínio político obscurece um quadro de identidades culturais muito mais complexas. Mesmo nos reinos cristãos, poetas e filósofos cultivavam a língua árabe e continuavam a participar na cultura mista que ali se originara.

Quais foram, então, as conquistas da chamada Era de Ouro? Entre os séculos X e XII, as comunidades judaicas na Península Ibérica produziram grandes poetas, filósofos, exegetas bíblicos, cientistas e estadistas. Suas realizações se caracterizam pelo fato de, com frequência, várias dessas qualidades estarem unidas na mesma pessoa. Assim, por exemplo, Hasdai ibn Shaprut, nascido em Jaén no começo do século X, foi conselheiro político próximo do califa Abd al-Rahman III, supervisor das inspeções de alfândega e chefe da comunidade judaica. Além de tudo isso, traduziu um importante manual de medicina do grego para o árabe e promoveu a língua e a literatura hebraicas. Trabalhou como diplomata nas negociações entre o califado e os governantes cristãos e estabeleceu em sua corte, em Córdoba, um centro de literatura e linguística hebraicas. Promovendo pesquisas linguísticas sobre o hebraico e aprimorando o texto bíblico, continuou no caminho encetado por Saadia Gaon e os massoretas.

O debate entre os dois eruditos mais importantes da corte de Hasdai, Menachem ben Saruk e Dunash ibn Labrat, é característico da rivalidade entre os defensores do árabe e os do hebraico, rivalidade essa que também marcou a comunidade judaica do século X: Menachem, que chegara a Córdoba vindo de Tortosa, ao norte, ficou famoso não só como produtivo poeta, mas também em razão de seu *Machbéret* ("Caderno de notas"), o primeiro dicionário do hebraico composto em língua hebraica. Segundo ele, era impossível transpor para uma língua hebraica autônoma o sistema métrico de versificação usado no árabe. Porém, era exatamente isso que pretendia fazer Dunash, seu rival, que chegara à corte de Hasdai vindo de Fez, no Marrocos. Para Dunash, não somente a poesia árabe como também a gramática dessa língua deviam servir de modelos para o hebraico. O debate mostra como a pretensão das duas línguas de terem origem divina – reveladas quer na Bíblia, quer no Alcorão – se traduzira no discurso intrajudaico.

Talvez o mais versátil de todos os políticos e eruditos judeus tenha sido Samuel ibn Nagrela, originário de Córdoba, ativo em Granada e mais conhecido pelo seu título hebraico, Shmuel ha-Naguid ("Samuel, o Príncipe"). Na corte de Granada, chegou à posição de vizir e general do exército; ao mesmo tempo, distinguia-se na comunidade judaica pela grande erudição talmúdica. Seus versos são tidos como um dos maiores tesouros da poesia hebraica medieval. Ele imortalizou nesses poemas não somente sua devoção a Deus e à religião judaica, mas também suas experiências na guerra. Até hoje, algumas de suas criações literárias – na forma de *piyutim*, poemas religiosos litúrgicos – fazem parte do culto judaico pelo mundo afora. Não obstante, a história de sua família ilustra igualmente a tragédia e a insegurança inerentes ao judaísmo. Em um episódio que assinala o início do fim da "Era de Ouro", seu filho tornou-se objeto de uma intriga palaciana. A fragmentação do califado em vários

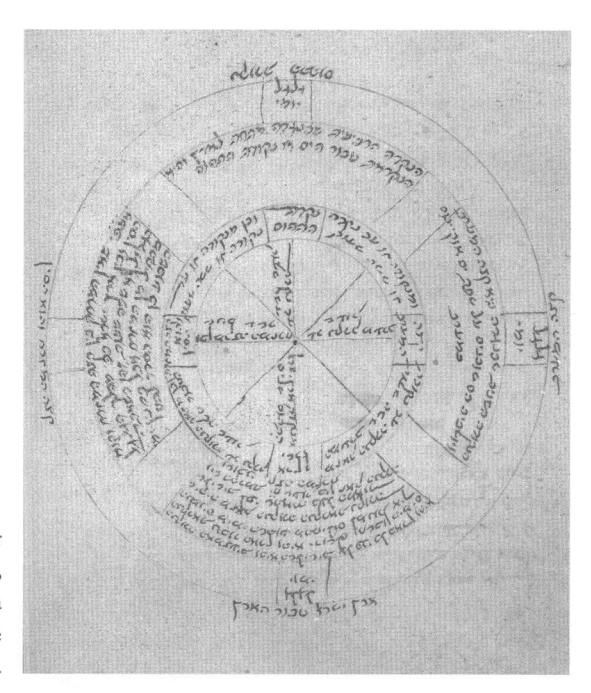

Em um manuscrito do Sêfer ha-Kuzari, de Judá Halevi, produzido na Espanha ou na Itália no século XV, vê-se este esboço das esferas celestiais.

principados menores, chamados *taifas*, engendrou a instabilidade política, fortaleceu o norte cristão (Toledo foi conquistada pelos cristãos em 1085) e propiciou, no fim, a invasão de tribos berberes do norte da África, primeiro os Almorávidas (que cruzaram o estreito de Gibraltar em 1086) e, mais tarde, os Almôadas.

Poetas e filósofos

Os mais importantes pensadores judeus do século XII foram Judá Halevi, que viveu por certo tempo na Toledo cristã, e Maimônides (Moisés ben Maimon), nascido na Córdoba muçulmana. Os poemas de Judá Halevi são das criações mais comoventes da literatura hebraica, dando expressão a seu anseio pela terra de Israel. Naqueles que talvez sejam os versos mais famosos de sua autoria (aqui traduzidos com base na tradução da antologia inglesa de T. Carmi), ele pergunta:

Ó Sião, não perguntarás como estão os teus cativos –
os exilados que buscam o teu bem,
que são os restos dos teus rebanhos?
Do ocidente e do oriente, do norte e do sul, de toda parte,
recebe a saudação dos próximos e dos distantes. [...]

Para Judá Halevi, a intuição e o conhecimento religiosos tinham precedência sobre a cognição racional dos filósofos. Ele acreditava que os judeus e a terra de Israel eram peças da mais alta importância na história da humanidade. O povo de Israel era como uma nobre videira que só poderia dar as melhores uvas no solo adequado (Israel) e mediante o cultivo adequado (a observância dos preceitos religiosos). Sua principal obra filosófica foi publicada em árabe sob o título de *Livro das refutações e das provas em prol da religião desprezada* (mais conhecido como *Kuzari*). No contexto de uma narrativa histórica da conversão de Bulan, rei dos cazares, no final do século VIII, Judá Halevi buscava demonstrar a superioridade da religião judaica sobre todas as outras e também sobre a filosofia. Um dos objetivos da obra, e não dos menos importantes, era infundir nova autoconfiança nos judeus da Diáspora. Pelo menos a elite dos cazares (*kuzari*) havia realmente adotado a religião judaica, o que levou alguns historiadores a situar nesse reino, localizado no baixo Volga e às margens do Mar Cáspio, as origens dos judeus da Europa Oriental.

Como Judá Halevi, a família de Maimônides – também chamado Rambam (acrônimo de seu nome hebraico, Rabi Moshê ben Maimon) – fugiu de Córdoba em 1158-1159. Na Península Ibérica, chegara ao poder uma dinastia berbere menos tolerante, a dos Almôadas. Quando Maimônides tinha treze anos, os Almôadas haviam fechado todas as igrejas e sinagogas de Córdoba. No exterior, a partir de então, todos os súditos eram considerados muçulmanos, incluindo a família de Maimônides. Não se sabe por que eles decidiram passar os próximos anos logo em Fez, uma cidade marroquina sob o domínio dos mesmos Almôadas que governavam a Espanha. É possível que ali a vigilância sobre os judeus convertidos ao islamismo fosse menos rigorosa. Tal interpretação parece ser autorizada por uma carta escrita

Entre os poucos manuscritos ilustrados do *Guia dos perplexos*, de Maimônides, encontra-se esta obra iluminada encomendada pelo médico Menachem Bezalel em Barcelona, em 1348, e provavelmente feita por um artista cristão. A ilustração da introdução à Parte 2 mostra um erudito com um astrolábio na mão debatendo com seus alunos.

pelo pai de Maimônides em 1159. Nela, Maimon dirige palavras de coragem a judeus obrigados a largar o judaísmo. Essa carta serviu de modelo para a que Maimônides escreveria depois sobre a conversão. Em Fez, o próprio Maimônides começou a estudar assuntos judaicos e medicina e, com 23 anos, começou a escrever seu comentário sobre a Mishná. Em 1165, por fim, sua família enveredou para Fustat, o chamado Cairo Antigo, onde Maimônides se tornou médico do sultão e líder da comunidade judaica.

Além dos tratados de medicina, Maimônides escreveu várias obras talmúdicas em hebraico, culminando em um compêndio legal sistemático, a *Mishnê Torá*. Escreveu também obras filosóficas em

Este astrolábio, criado para calcular as posições dos corpos celestes, traz uma inscrição judaico-árabe em letras hebraicas e foi feito na Espanha ou na África do Norte por volta de 1300. Demonstra o interesse que os eruditos judeus tinham pela astronomia. Os judeus deram grandes contribuições ao desenvolvimento do astrolábio antigo no mundo árabe, e na corte de Aragão eram responsáveis pela fabricação desses instrumentos.

árabe, entre as quais se destaca o *Guia dos perplexos*, terminado em 1190. Esse livro notável se dirige a uma pequena elite intelectual, para quem Maimônides demonstra que o texto bíblico deve ser compreendido em dois níveis: em um sentido literal, acessível a todos, e em um sentido alegórico, que só pode ser discernido pelo leitor versado em filosofia.

Propondo implicitamente que apenas o estudo da filosofia pode elucidar o sentido profundo do texto bíblico, Maimônides fez muitos inimigos em vida e ainda mais entre as gerações futuras. Porém, no iluminismo judeu do século XVIII, que buscava conciliar a tradição judaica com o pensamento moderno, o *Guia dos perplexos* seria redescoberto e tornar-se-ia um dos textos centrais do movimento.

Muitos judeus da Espanha medieval produziram textos científicos de astronomia, geografia e medicina. Os judeus também desempenharam importante papel como intermediários e tradutores entre as culturas da Península Ibérica. Com frequência, eram eles que traduziam obras em árabe – entre as quais muitos textos escritos originalmente em grego antigo – para o latim (às vezes indiretamente, através do hebraico), disponibilizando tais textos para os estudiosos europeus. Tradutores judeus trabalharam na corte de Frederico II e na do rei Carlos I de Nápoles.

Maimônides era estimado não só como jurista e filósofo, mas ainda como médico; suas obras em latim tiveram ampla circulação na Europa. Mas seus ensinamentos não deixaram de ser questionados. Já durante sua vida, muitos estudiosos rejeitaram seus compêndios da lei religiosa, especialmente a ideia de que o estudo de sua obra sistemática, o *Mishnê Torá*, pouparia ao estudante a necessidade de consultar as inúmeras fontes individuais. Seus escritos filosóficos de tendência racionalista suscitaram ainda mais resistência. A campanha contra sua filosofia perdurou depois que ele morreu. Em 1233, os adversários de Maimônides convenceram os inquisidores de Montpellier de que os escritos dele continham heresias capazes de exercer influência perniciosa não apenas sobre a comunidade judaica, mas também sobre a cristã. Abriu-se, assim, o caminho para um exame sistemático da literatura judaica, que culminou na queima não só dos livros de Maimônides como do próprio Talmude.

A Hagadá das Cabeças de Pássaros, do começo do século XIV, é a primeira Hagadá ilustrada ashquenazita que foi preservada separadamente de outros documentos. Talvez em virtude da interdição bíblica à representação de imagens humanas, as figuras têm cabeça de pássaro. Usam o "Judenhut" – o típico chapéu cônico amarelo cujo uso era imposto aos judeus alemães.

8
De Lucca a Mogúncia:
Ashquenaz – as raízes dos judeus da Europa Central

"Rabi Moisés, filho de Kalonymus, filho do Rabi Judá, foi o primeiro [da família Kalonymus] a deixar a Lombardia, ele e seus filhos Rabi Kalonymus e Rabi Yekutiel. [...] Pois o rei Carlos os trouxe consigo da terra da Lombardia e os assentou em Mogúncia, e lá eles cresceram e se multiplicaram abundantemente até que a ira de Deus caiu sobre todas as comunidades santas no ano de 1096."
Assim escreveu o famoso Rabi Eleazar de Worms na crônica de seus antepassados, cerca de 1220. A migração da família Kalonymus de Lucca a Mogúncia no século IX é uma das lendas mais conhecidas acerca da chegada dos judeus à Alemanha. Mil anos depois, um suposto descendente da mesma família, sobrinho do poeta Karl Wolfskehl, do círculo de Stefan George, invocou essa história em sua própria crônica familiar: "Consegui [...] remontar às origens [...] da família Kalonymus [...] até o ano de 870. Naquela época, morava em Lucca Moisés ben Kalonymus, o Velho, com quem a tradição da Cabala se iniciara em solo europeu. [...] Kalonymus ben Meshulam [...][,] grande erudito como seu antepassado, era médico pessoal do imperador Oto II. Salvou a vida do imperador na batalha contra os sarracenos em Cotrone, perto de Tarento, em 13 de julho de 982. Como recompensa, o imperador o levou à Alemanha e o estabeleceu em Mogúncia, onde sua pedra tumular ainda está preservada." Esse início fabuloso – atrelado ao destino do imperador e até ao bem do império – pode ter sido inventado, mas é certo que a família Kalonymus encarna as origens dos judeus centro-europeus em Ashquenaz, origens que se encontram ao sul, possivelmente na Itália.

Igreja e Sinagoga

Assim como o termo hebraico *Sefarad* representava a Península Ibérica, assim também os judeus tinham um termo de origem bíblica para designar a Alemanha medieval. *Ashquenaz* figura no Gênese (10, 3) como descendente de Jafet, filho de Noé, que a tradição judaica considera progenitor dos povos do norte. Foi na região do Reno que surgiram as mais importantes comunidades da Ashquenaz medieval, especialmente aquelas que formam em alemão o acrônimo SCHUM. SCHUM é constituído pelas iniciais dos nomes das cidades de Speyer ou Spira (a letra hebraica *shin*), Worms (no alfabeto hebraico, a letra *vav*, equivalente à consoante alemã *w*, também pode representar a vogal *u*) e Mainz ou Mogúncia (a letra hebraica *mem*). Depois, quando os judeus emigraram das cidades e territórios alemães, sobretudo em direção ao leste, levaram com eles a designação *ashquenazim*, "ashquenazitas".

Entre os judeus da Idade Média circulavam várias lendas que datavam da época pré-cristã a presença de seus ancestrais em Ashquenaz – tese apologética que visava contradizer a acusação cristã de serem os judeus os responsáveis pela morte de Jesus. Segundo esse argumento, se seus ancestrais já viviam às margens do Reno e do Danúbio naquela época, como poderiam eles ter algo a ver com a crucifixão? Não há dúvida de que essas narrativas são legendárias, mas há um documento real, datado de 321, que traz a mais antiga menção aos povoados judeus ashquenazitas (em Colônia). Não se comprova, entretanto, uma presença judaica contínua naquela região depois de então. Somente no final do período carolíngio podemos falar de residência continuada naquele que depois se tornou o território alemão. Assim, diz-se que Carlos Magno enviou o judeu Isaac, ao lado de dois nobres francos, como emissário ao califa Harun al--Rashid. E muitos se espantaram quando Bodo, capelão de Luís, o Piedoso, se converteu ao judaísmo: no meio de uma peregrinação a Roma, ele enveredou para a Península Ibérica e ali se casou com uma judia. Por volta de 825, Luís, o Piedoso, exarou três cartas de privilégio que garantiam aos comerciantes judeus a proteção de suas vidas, isenção tributária, o livre exercício de sua religião e o estabelecimento de tribunais rabínicos para a resolução de conflitos jurídicos intrajudaicos. Além disso, os escravos pagãos dos judeus não poderiam ser batizados contra a vontade de seus senhores. O tratamento benévolo dos judeus sob os carolíngios provocou a resistência do clero, expressa em cinco cartas escritas por Agobardo, arcebispo de Lyon, entre 821 e 829. Aí já se encontram os temas de muitas polêmicas antijudaicas promovidas pela Igreja em época posterior.

Até hoje, várias ruas medievais chamadas "Judengasse" dão testemunho do estabelecimento de comunidades judaicas. O mesmo se pode dizer (em muitos casos) de certos topônimos, como Judenburg ou Villejuif. Mesmo assim, não devemos nos esquecer de que somente uma pequena minoria dos judeus habitava em Ashquenaz na época medieval; a maioria vivia sob domínio islâmico, e a maioria dos judeus da Cristandade residia no Império Bizantino. Antes do século XI não havia em Ashquenaz nenhuma comunidade judaica que se comparasse a estas últimas.

Nem todos os judeus da Europa medieval eram comerciantes. No início, havia entre eles muitos artesãos, tecelões de seda, assopradores de vidro e tintureiros. A produção de vinho era especialidade dos judeus, assim como a reprodução e criação de gado e cavalos. A situação jurídica dos comerciantes judeus foi inicialmente definida por privilégios pessoais que depois, em certos casos, se estenderam a toda a comunidade. Com o tempo, essa situação jurídica se deteriorou, bem como a composição profissional da comunidade judaica. Passou-se a exigir um juramento cristão dos que pretendiam arrendar terras; em consequência, todos os camponeses judeus logo desapareceram. Os ofícios passaram a ser governados por guildas das quais só cristãos podiam participar. Somente em umas poucas comunidades maiores puderam os judeus continuar trabalhando no artesanato, e por isso ocasionalmente formavam suas próprias guildas. O comércio foi o campo principal que permaneceu acessível aos judeus. A proibição da cobrança de juros, imposta pelo III Concílio de Latrão em 1179, pela qual se interditava aos cristãos emprestar dinheiro a juros a outros cristãos, fez aumentar o número de prestamistas judeus. Levados, assim, a adotar determinadas profissões, os judeus se tornaram corpos estranhos não só em matéria de religião, mas também na economia. Em muitos distritos, eram percebidos exclusivamente como agiotas – ocupação que lhes rendeu muitos inimigos.

Nas cidades maiores, os judeus frequentemente se estabeleciam perto da sinagoga. Em 1084, quando o bispo Ruediger concedeu aos judeus de Spira o direito de construir uma muralha em torno do seu bairro, essa medida fazia parte de uma série de privilégios outorgados a toda a comunidade. O bispo estava convicto de que conseguiria "transformar a vila de Spira em uma cidade" se atraísse para lá os judeus. Como notou depois o historiador Salo Baron, a princípio os portões do gueto só podiam ser trancados por dentro, não por fora. Mas levanta-se a pergunta: por que, além das muralhas da cidade, os judeus queriam uma muralha própria? A resposta se evidenciaria de maneira cruel e sangrenta alguns anos depois de concedidos os privilégios de Spira.

Para os judeus ashquenazitas, a Primeira Cruzada (em 1096) significou devastação, destruição e não raro uma escolha entre o batismo forçado ou a morte. Quando a Cruzada, integrada por camponeses e aventureiros, marchou para o Oriente a fim de libertar Jerusalém dos muçulmanos, inúmeros participantes foram vencidos pelo fanatismo religioso muito antes de chegarem a seu destino. Por que esperar até chegar à Terra Santa para só então chacinar os "infiéis"? Havia infiéis ali mesmo, na Europa! Uns poucos dignitários eclesiásticos, como o arcebispo Rutardo de Mogúncia, ele próprio ameaçado pelos cruzados, ofereceram proteção e refúgio aos judeus, mas isso de nada adiantou. As crônicas da época nos oferecem relatos horripilantes do cruel assassinato de judeus pelos cruzados. Em Ratisbona, os judeus foram sumariamente forçados a entrar no Danúbio com a cruz por cima deles, como meio de convertê-los ao cristianismo. É verdade que mais tarde o imperador permitiu que os sobreviventes voltassem à sua fé original, uma vez que a conversão forçada era considerada ilegítima. Nas cidades ao longo do Reno, muitos judeus preferiram a morte ao batismo e tiraram a própria vida. Comunidades inteiras foram varridas da face da Terra. Os espólios roubados dos judeus eram amiúde divididos entre os cruzados e várias autoridades, temporais ou eclesiásticas. Quando os cruzados chegaram a Jerusalém, em 1099, também destruíram a comunidade judaica local e atearam fogo à sinagoga onde os judeus haviam se refugiado.

A experiência dos mártires judeus chacinados durante as Cruzadas deu origem a várias formas de comemoração dos mortos que se institucionalizaram e continuam válidas no judaísmo até hoje. Seguindo o modelo do *liber memorialis* cristão, os judeus criaram os chamados livros de memória (*Memorbücher*, singular *Memorbuch*) em que estavam registrados os nomes dos mártires e as datas de seus martírios. Foi também nessa época que os enlutados passaram a recitar a antiga prece do Kadish (em aramaico) em memória dos parentes próximos, a comemorar anualmente o aniversário da morte deles por meio de um *yortsayt* com ritos especiais e a recitar quatro vezes por ano uma oração especial (*yizkor*) em memória dos mortos. Também nessa época tornou-se costume visitar os túmulos dos parentes, de quem se esperava que ajudassem os vivos.

A Primeira Cruzada e as seguintes demonstraram que os judeus eram uma minoria relativamente pequena e fraca que poderia ser facilmente esbulhada de seus bens mundanos, apesar da proteção imperial. Isso se confirmaria não somente nas Cruzadas subsequentes, mas em toda a Idade Média. À luz da crescente ameaça, a situação jurídica dos judeus adquiriu importância especial. As mais recentes pesquisas acadêmicas se dividem na avaliação de como essa condição jurídica se comparava com a da população cristã. Embora alguns historiadores chamem a atenção para a condição inferior dos judeus, que os levou aos poucos a perder seus direitos e por fim a ser expulsos de vários territórios, outros nos lembram de que a população judaica tinha certos direitos que faltavam ao grosso da população cristã, os servos camponeses. No sistema social feudal, estes últimos frequentemente estavam sujeitos à autoridade despótica de seus senhores, não podiam mudar de residência e não raro passavam fome. Os judeus, ao contrário, ou eram diretamente sujeitos ao Sacro Imperador Romano ou, nos Estados exteriores ao império, eram (na maior parte do tempo) sujeitos ao poder real constituído. Por isso, em tese, recebiam a proteção da autoridade suprema: "Não somos servos de servos, mas servos de reis." Essa "aliança vertical", entretanto, era normalmente adquirida por um alto preço: "conflitos horizontais" com poderes situados nos escalões inferiores da hierarquia feudal. A elevada proteção de que gozavam os judeus era às vezes longínqua demais para ser eficaz. Especialmente quando o rei ou o imperador estavam no estrangeiro, ou quando havia um interregno, podiam ocorrer violentas revoltas contra os judeus.

A maior parte dos historiadores admite que a situação jurídica dos judeus piorou gradativamente. Perto do final da Idade Média, o imperador Henrique IV, à luz da ameaça das Cruzadas, exerceu reiteradamente o papel de protetor dos judeus. Permitiu que judeus batizados à força voltassem para o judaísmo, instaurou um inquérito oficial sobre a espoliação de seus bens e, na paz imperial de 1103, estendeu proteção especial não só aos judeus como a outras minorias. Em 1236, estendendo esse privilégio a todos os judeus do Sacro Império Romano, Frederico II se referiu aos judeus pela primeira vez como *servi camerae nostrae* ("servos de nossa câmara"), aplicando-lhes, assim, o conceito, criado pelo papa Inocêncio III em 1205, de servidão de câmara (*Kammerknechtschaft*)*. É verdade que a palavra *servi* ("servos" ou "escravos") tinha conotação negativa (Inocêncio III dizia, por exemplo, que os judeus deveriam sempre ser considerados escravos como castigo por terem crucificado o Cristo). Mas, visto que os judeus estavam fora da estrutura social feudal, não estava implícita aí uma escravidão ou servidão literal. Entre os privilégios confirmados por Frederico II estava o direito dos judeus ao livre comércio, à prática de sua religião e a jurar de acordo com sua própria lei. Na Idade Média tardia, o *Judensteuer* (imposto judaico) era a maior fonte de receita para o tesouro imperial. Tal imposto tornou-se indispensável e, na verdade, era tamanha fonte de capital que certos soberanos o extorquiam impiedosamente. Exemplo de crueldade foi dado pelo duque austríaco Alberto V, que se livrou de "seus" judeus em 1420-1421, quando já não lhe davam lucro. Expulsou os judeus pobres e queimou os duzentos mais ricos em uma imensa pira funerária. Expropriou seus bens e cancelou todas as dívidas pendentes para com os judeus.

---

* O termo *camera* ou *camera regis* designava o tesouro do rei ou do imperador. Este tinha o poder exclusivo de tributar os judeus, que em troca teriam direito à sua proteção e sujeitar-se-iam exclusivamente à sua jurisdição. (N. do T.)

Já no século XII vários dispositivos legais restringiam a posição social e honorífica dos judeus dentro da sociedade medieval. Na paz imperial de Mogúncia, em 1103, eles foram declarados *homines minus potentes*, sendo colocados, assim, no mesmo nível dos clérigos, dos comerciantes e das mulheres. Aos poucos isso se transformou na proibição absoluta de portar armas. A bula papal *Sicut Judeis*, confirmada várias vezes a partir da primeira metade do século XII, frisava o direito fundamental dos judeus à vida e à prática de sua religião, ao mesmo tempo que sublinhava a necessidade de discriminar e humilhar a comunidade que aderia à religião judaica. Ambos os fatores desempenhavam seu papel, mas o pêndulo da política eclesiástica sempre pendia na direção do segundo, da marginalização dos judeus. No IV Concílio de Latrão, em 1215, o papa Inocêncio III endureceu as leis que proibiam os judeus de ocupar cargos públicos, proibiu-os de sair à rua no tempo da Páscoa e exigiu deles – como dos muçulmanos, designados como sarracenos – que se fizessem reconhecer pela vestimenta. Este último dispositivo obrigou-os a aplicar todo tipo de marcas e sinais a suas roupas. Esse tipo de imposição provavelmente ocorreu primeiro na Inglaterra (a partir do século XV) e só mais tarde no Sacro Império Romano.

A deterioração das relações entre a Igreja e a Sinagoga, que começou no século XIII, teve como um de seus fatores mais importantes as duas novas ordens religiosas, os dominicanos e os franciscanos. Eles adotaram postura radical contra todos os não cristãos e minaram a tolerância básica que constituíra a doutrina oficial da Igreja em relação aos judeus desde a época de Agostinho. A fim de ter de que acusar os judeus, tacharam o Talmude, mais que qualquer outro livro, de texto herético. Percebia-se facilmente (assim diziam) que os judeus já não orientavam suas vidas pelo Antigo Testamento bíblico, mas pelo Talmude; haviam (pelo menos segundo o entendimento cristão) apostatado de sua própria religião. Por isso, a Igreja tinha de intervir como guardiã do "judaísmo genuíno", por assim dizer. Mais tarde, Gregório IX, entre vários outros papas, mandou confiscar exemplares do Talmude. Em 1242, o rei francês Luís IX, ao cabo de uma "disputa religiosa" montada como uma espécie de julgamento do judaísmo, mandou queimar em uma imensa fogueira 24 carroças cheias de livros ligados ao Talmude. O papa Inocêncio IV seguiu-lhe o exemplo. Hoje em dia resta-nos um único manuscrito medieval completo do mais estudado texto judaico. Ele se encontra na Biblioteca do Estado da Baviera, em Munique.

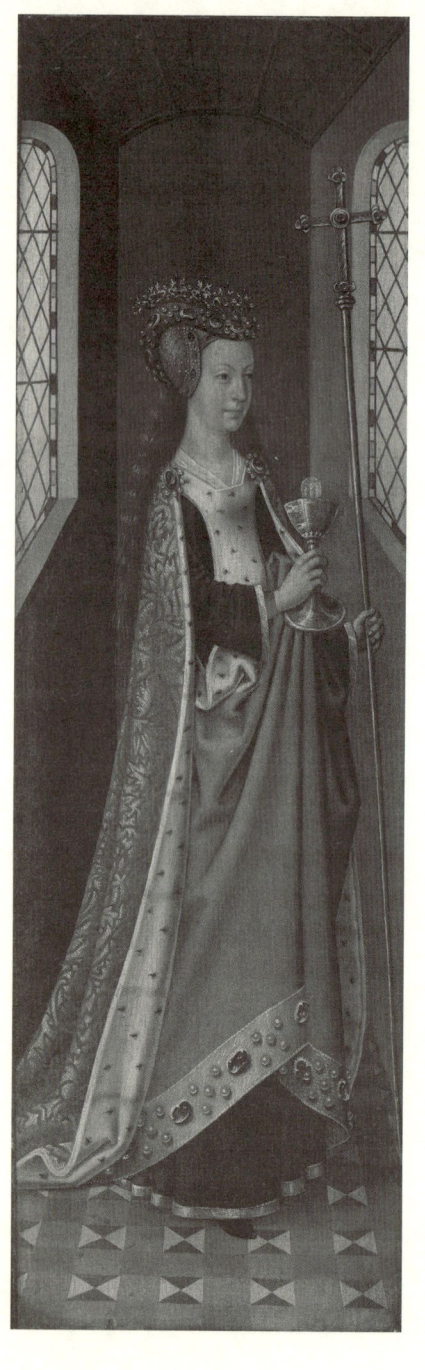

As acusações oficiais lançadas contra os judeus eram reforçadas por mitos populares antijudaicos. Desde o século XII circulavam narrativas sobre rituais de assassinato e profanação da hóstia sagrada. Essas histórias, emanadas da Inglaterra (inicialmente de Norwich, em 1144) e da França (Blois, em 1171), espalharam-se rapidamente pela Alemanha (com uma acusação de assassinato ritual em Wurzburgo em 1147 e histórias de profanação da hóstia na cidade de Beelitz, em Brandemburgo, antes de 1247). Segundo essas lendas, os judeus gostavam tanto de matar criancinhas cristãs antes da Páscoa e usar o sangue delas para fins rituais, quanto de surrupiar hóstias consagradas das igrejas e esfaqueá-las a fim de profanar mais uma vez o corpo de Cristo. Embora papas, imperadores e reis insistissem em que não se desse crédito nenhum a esse tipo de difamação, a crença nelas persistiu entre as massas e o baixo clero.

No final do século XV, o "Mestre da Legenda de Úrsula" representou este par encontrado em muitas igrejas: uma Igreja triunfante e uma Sinagoga arruinada. A figura da Sinagoga ostenta roupas

E não surpreende que os locais onde se descobriram corpos de crianças ou hóstias profanadas logo se tornaram focos de peregrinação, atrações turísticas medievais que chamavam muitos visitantes e enchiam de dinheiro a economia local. Pior ainda, alguns judeus eram habitualmente presos após essas acusações e libertados somente em troca de dinheiro, ou senão simplesmente mortos, sendo seus bens confiscados. Mesmo em época tão tardia quanto o século XX, essas lendas ressurgiram em vários lugares, evidenciando-nos claramente o fenômeno.

No século XIV, a acusações como essas se acrescentou a denúncia de que os judeus haviam envenenado os poços e, assim, desencadeado a Peste Negra. O primeiro caso desse tipo ocorreu em 1321, na França. Os judeus, supostamente instigados pelos reis sarracenos, teriam incitado leprosos a envenenar os poços. Vemos aí como funcionavam as teorias da conspiração na Idade Média: a maioria começa a imaginar que vários grupos marginalizados estão se unindo para fazer-lhe mal, e essa suspeita serve de pretexto para perseguições sangrentas, às vezes prolongadas. Os judeus foram vítimas de tais perseguições em

orientais e um turbante, evidenciando seu caráter estrangeiro. A venda simbolizava sua cegueira à mensagem do Cristo.

1298 por instigação de um arruaceiro chamado Rintfleisch, e o mesmo aconteceu na década de 1330 sob o comando de um homem apelidado "Rei Armleder", um cavaleiro indigente banido de sua terra natal. Ambas as ondas de violência varreram grandes extensões do sul da Alemanha. Os perseguidores atuaram com maior ferocidade durante os anos da Peste Negra, 1348-1350.

As representações pictóricas do judaísmo eram feitas para não deixar dúvida acerca de qual religião havia triunfado e qual devia se submeter. A prática comum era colocar duas estátuas lado a lado na igreja. Uma delas representava uma *Ecclesia* (Igreja) vitoriosa, com coroa e cetro, e a outra uma *Synagoga* (Sinagoga) vencida, de olhos vendados (simbolizando a cegueira dos judeus diante da verdade) e segurando um bastão quebrado (representando a perda do poder temporal). Outras representações demonizavam os judeus, apresentando-os como criaturas inumanas amamentadas com leite de porca (a *Judensau* ou "porca dos judeus"), que tinham chifres na cabeça como o diabo. Na desumanização medieval dos judeus, chegava-se ao ponto de dizer que eles exalavam um mau cheiro muito próprio, o *foetor judaicus* (fedor judaico), e afirmar que os homens judeus menstruavam.

As acusações teológicas e pseudoteológicas que alimentavam o sentimento antijudaico eram reforçadas por motivos econômicos, que acabavam por isolar socialmente os judeus e até levá-los a ser expulsos do lugar onde residiam. Para os governantes, os judeus eram úteis enquanto tivessem dinheiro. Pagavam impostos especiais pela proteção que recebiam e eram, além disso, obrigados a fornecer empréstimos a reis e príncipes quando necessário. As coisas ficavam difíceis quando os judeus já não conseguiam pagar seus impostos ou deixavam de contribuir para o comércio pecuniário. Foi por essa razão que os judeus foram expulsos da Inglaterra, em 1290. A essa expulsão seguiram-se, no século XIV, a dos judeus franceses e, no final da Idade Média, a das comunidades judaicas de vários territórios alemães e de quase todas as cidades alemãs do oeste. A atitude da Igreja com relação ao comércio, tradicionalmente negativa, havia começado a mudar, mas essa mudança se deu de modo a favorecer o surgimento de uma classe mercantil cristã. Os judeus eram excluídos das

A lenda do assassinato ritual de Trento figura na "Weltchronik" ("Crônica do mundo") de Hartmann Schedel, de 1493. Segundo essa lenda, por volta da Páscoa de 1475 fora encontrado o corpo de um menino de doze anos e meio chamado Simão, e os judeus foram responsabilizados pelo homicídio. Embora o bispo e o papa, após exaustiva investigação, tenham concluído que os judeus eram inocentes, o rumor persistiu por séculos, tanto nesta figura quanto em outros contextos.

guildas mercantis cristãs pelo fato de não poderem fazer um juramento cristão. Ao mesmo tempo, com a complexidade cada vez maior do comércio, já não era possível impedir a cobrança de juros. Em decorrência disso, a Igreja encontrou meios sub-reptícios de contornar a proibição da usura. Os judeus eram cada vez menos necessários e cada vez mais vistos como concorrentes indesejáveis, em particular nas cidades. À medida que a situação econômica da população cristã melhorava (também especialmente em ambiente urbano), a dos judeus piorava. No Sacro Império Romano eles foram

Este livro de orações escrito em Mogúncia em 1427/28 contém as lamentações recitadas no dia 9 de Av para lembrar a destruição dos dois Templos de Jerusalém. A representação pictórica se refere às perseguições de Antíoco Epífanes no século II a.e.c., mas também alude à expulsão dos judeus das cidades alemãs, que ocorria então. Entre as lamentações deste livro de orações acham-se também recitações para os judeus chacinados em Wurzburgo, Rotemburgo e Nurembergue.

obrigados a sair das cidades, com exceção de Frankfurt, Worms e Praga. A competição cristã foi o principal fator a acelerar essa expulsão. Nurembergue foi uma das últimas cidades a seguirem a tendência, em 1499, e Ratisbona expulsou seus judeus em 1519.

Para onde foram os judeus depois de expulsos? Tiveram de abandonar por completo as Ilhas Britânicas; na França ainda havia enclaves para onde podiam fugir, como a região papal ao redor de Avignon e o condado da Provença. O mesmo se dava nos Estados alemães. Vez por outra, o príncipe de um dos Estados menores vislumbrava a oportunidade de engordar seu tesouro aceitando a presença dos judeus. Porém, desde a Idade Média, a direção principal das migrações judaicas foi, sem dúvida, o Oriente – rumo à Polônia.

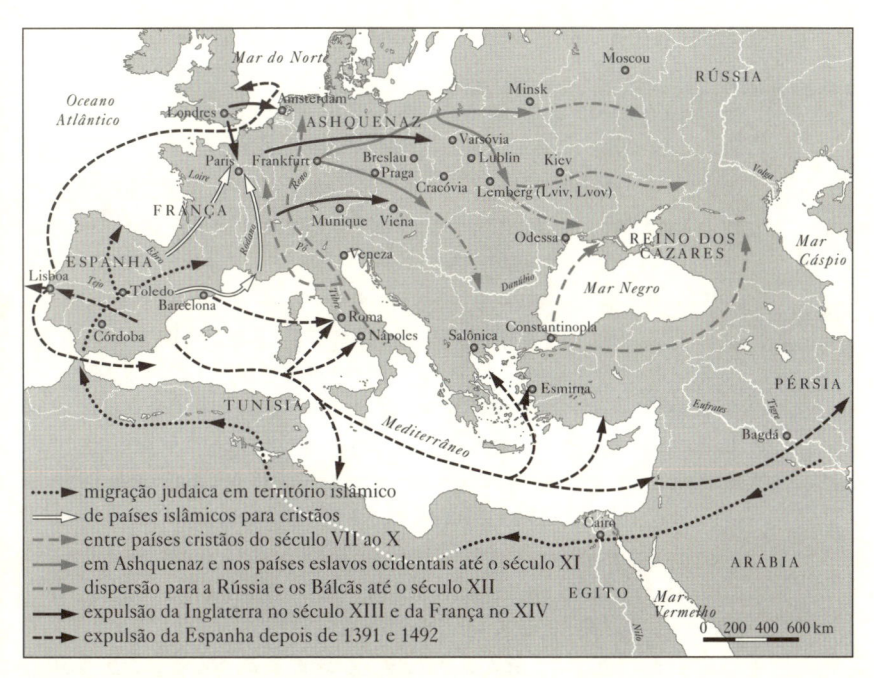

Migrações e expulsões durante a Idade Média.

Os judeus, sendo uma minoria, pouco podiam proteger-se fisicamente. Isso não significa, contudo, que não tenham reagido ao ódio que se lhes votava. Assim como os cristãos desprezavam os judeus, estes desprezavam os cristãos. Na verdade, esse tipo de conflito foi mais longe entre o judaísmo e o cristianismo que entre o judaísmo e o islamismo. A maioria dos judeus era capaz de simpatizar com alguns aspectos do islamismo: afinal de contas, tratava-se de uma religião substancialmente anicônica com inequívoca postura monoteísta. Aos olhos de muitos judeus, por outro lado, a definição cristã de Jesus como filho de Deus, a caracterização de Maria como mãe de Deus, a adoração dos santos e o onipresente crucifixo indicavam que, naquela religião, os seres humanos eram elevados à categoria de deuses. Mesmo assim, os judeus que mais relutavam em definir seus vizinhos como idólatras eram aqueles que viviam sob o domínio cristão. A lei judaica proibia todo tipo de relação com os idólatras, inclusive o comércio, e esse tipo de restrição tornaria praticamente impossível a sobrevivência de uma comunidade minoritária. Essa atitude cautelosa não impedia alguns judeus, porém, de expressar desdém quando passavam diante de uma igreja ou de um crucifixo. Especialmente na época do Purim, que comemorava a miraculosa (e violentíssima) libertação dos judeus diante de seus perseguidores no Império Persa, ocorriam ataques verbais contra os cristãos. Tais ataques visavam, na maioria das vezes, vingar os males sofridos e proporcionar, assim, alguma medida de alívio. A animada festa de Purim, que sob vários aspectos se assemelha ao Carnaval cristão, frequentemente coincide com o período penitencial da Quaresma, anterior à Páscoa. Os cristãos certamente se ofendiam ao ver os judeus comemorando e embebedando-se alegremente, sobretudo nessa época do ano. Além disso, durante a Idade Média o vilão Hamã era em geral associado a Jesus. Por isso, não era raro que os judeus descontassem no crucifixo as frustrações que seus perseguidores lhes causavam. Outro meio de defesa contra a triunfante religião-filha era a redação de livros polêmicos, um dos mais populares dos quais era o *Toledot Yeshu*, que apresentava a vida de Jesus sob um aspecto negativo. Estaríamos alimentando acerca dos judeus e dos cristãos uma imagem falsa, distorcida pela moderna noção de tolerância, se os imaginássemos como vizinhos amistosos e respeitosos. Mas a concepção oposta, de que não havia nada além de ódio e desprezo entre eles, também se alimenta de estereótipos falsos. É verdade que os judeus da Idade Média frequentemente moravam nas proximidades da sinagoga, mas não residiam em um gueto fechado. E os bairros judeus também costumavam ficar bem perto da catedral e dos mercados da cidade. Os contatos com o mundo cristão não eram raros no nível da vida cotidiana, e em certos lugares iam além das meras relações comerciais. Muitos judeus tinham conhecimento dos costumes e práticas cristãs, assim como alguns cristãos o tinham dos costumes e práticas judaicas. E, embora as duas comunidades rejeitassem a religião uma da outra, havia uma transferência subliminar de influência. Os costumes judaicos para o início do dia letivo nas escolas se assemelhavam às práticas cristãs, alguns temas litúrgicos dos cruzados entraram com leves modificações nas crônicas dos mártires judeus, e o culto dos lugares santos era parecido nas duas religiões. O

Sêfer hassidim, o livro mais importante para os pietistas judeus alemães do século XIII – os Hassidê Ashquenaz –, estava repleto de polêmicas anticristãs, mas ao mesmo tempo dava testemunho de numerosos contatos entre os judeus e os cristãos.

A vida comunitária e congregacional dos judeus

As comunidades judaicas tinham uma administração rigidamente estruturada, à frente da qual estavam o *parnas* (o líder, literalmente, "aquele que provê") e os *tuvê ha-ir* (notáveis da cidade). O *shamash* (curador da comunidade) era a única autoridade que recebia salário. A comunidade gozava de substancial autonomia jurídica no tocante à solução de conflitos entre seus próprios membros. As penas iam desde a imposição de multas e períodos de prisão até o banimento (*herem*) ou ato de excomunhão. Uma vez que nenhuma autoridade tinha jurisdição sobre toda uma região, os vários tribunais e rabinos eram autônomos e tinham liberdade de ação. Não havia ainda um rabinato profissional, e a maioria dos rabinos se dedicava concomitantemente a outras ocupações.

A mais famosa autoridade religiosa ashquenazita do século X e início do século XII foi Rabenu Guershom de Mogúncia, também conhecido como Me'or ha-Golá (a "Luz do Exílio", *c.* 950-1028). Entre seus numerosos *responsa* (decisões judiciais rabínicas), o mais famoso foi o que proibiu a poligamia. Quanto a isso, devemos lembrar não só que a Bíblia permite a poligamia, mas também que, na prática, ela era a norma. Basta recordar os patriarcas e reis como Davi e Salomão. Também para os judeus sob o domínio muçulmano a poligamia era absolutamente normal – e isso até fase bem adiantada da era moderna. A decisão de Rabenu Guershom, que de início vinculou somente a comunidade de Mogúncia, confirmou uma antiga tendência contrária à multiplicidade de esposas. Essa ratificação da monogamia foi reconhecida por todos os judeus ashquenazitas desde o século X. Rabenu Guershom também decidiu, entre outras coisas, que os homens não poderiam se divorciar sem o consentimento de suas esposas, que não teriam permissão para se ausentar

Esta página da Hagadá de Darmstadt, produzida no final do século XIII, mostra homens e mulheres estudando. Embora tal atividade fosse reservada aos homens, algumas fontes indicam que realmente havia exceções a essa regra.

de casa por mais de dezoito meses seguidos, que eram obrigados a sustentar as esposas em sua ausência e deveriam permanecer em casa por pelo menos seis meses após voltar de viagem. Não dispomos de quase nenhum documento que fale sobre as mulheres da Ashquenaz medieval. Há indícios, porém, de que algumas delas eram extremamente cultas e haviam estudado tanto a Torá quanto o Talmude.

Rabenu Guershom teve vários discípulos famosos, alguns dos quais dirigiram a yeshivá (escola talmúdica) de Worms. Entre os alunos que aí foram estudar está o mais conhecido erudito ashquenazita da Idade Média, Rabi Shlomo ben Yitzhak, chamado Rashi (1040-1105). Natural de Troyes, no norte da França, ele escreveu um comentário bíblico que até hoje é o mais lido e não por acaso foi o

Cena de estudo no Pentateuco de Coburgo, de 1395. O professor, de vara em punho, faz o aluno recitar a famosa máxima que Hilel, doutor da lei, usava para resumir a Torá: "Não faças a teu próximo o que é odioso para ti." A cena se passa em uma cidade medieval.

primeiro livro impresso em hebraico (1475). Seu comentário do Talmude se distinguia pela concisão e pela clara explanação dos trechos complexos. Seus netos e os alunos destes escreveram seus próprios comentários sobre o Talmude, exegeses que se tornaram conhecidas pelo nome *Tossafot* (Acréscimos). Por isso, os eruditos que seguem a linha de Rashi são chamados tossafistas.

Ao mesmo tempo, o misticismo judaico florescia nos territórios entre o Danúbio e o Reno. Surgiram vários centros dos Hassidê Ashquenaz, especialmente em Ratisbona (Judá ben Samuel, c. 1150-1217) e Worms (Eleazar ben Judá, c. 1165-1230). Esses "pietistas de Ashquenaz" ressaltavam o ascetismo e o martírio na prática religiosa. Contrastando com os eruditos religiosos da França, mais focados no estudo, os místicos judeus alemães buscavam ir além da erudição e

– de modo perfeitamente análogo à prática das ordens mendicantes cristãs – tomar sobre si fardos maiores do que aqueles que a lei exigia.

A precária situação dos judeus ashquenazitas no fim da Idade Média é ilustrada pelo caso do mais famoso rabino alemão do século XIII, Rabi Meir de Rotemburgo (*c.* 1215-1293). O Rabi Meir, que produziu mais de mil *responsa* além de poesias e comentários do Talmude, é descrito em algumas fontes como uma espécie de rabino-chefe de todo o Sacro Império Romano. Passava por cima do voto da maioria nas comunidades judaicas, eliminando, assim, a prática de atribuir privilégios especiais aos anciãos e aos eruditos. Quando a situação econômica dos judeus na Alemanha degringolou e um grande número deles tentou deixar o império, o rei Rodolfo I os proibiu de partir. Em 1286, Rabi Meir foi pego tentando chegar à Terra Santa e aprisionado. Detido, recusou até a morte as tentativas de seus correligionários de resgatá-lo por enorme soma de dinheiro.

Humanismo e Reforma

Na era do humanismo, reavivou-se o interesse pela língua hebraica e, por extensão, pela cultura judaica. O estudo da Cabala (o misticismo judaico) se disseminou entre os cristãos, que lhe deram interpretações cristãs. Alguns estudiosos cristãos, como Pico della Mirandola, aprenderam hebraico a fim de compreender a doutrina cabalística. O texto original da Bíblia Hebraica também passou a despertar maior interesse. Porém, nem sempre esse movimento esteve associado a uma atitude mais positiva em relação aos judeus. O grande humanista Erasmo de Roterdam, por exemplo, era famoso por sua hostilidade. Já o filósofo Johannes Reuchlin (1455-1522), embora considerasse desejável a conversão dos judeus, os defendeu reiteradamente contra diversas acusações. Quando Johannes Pfefferkorn, um judeu batizado, uniu-se aos demais dominicanos de Colônia para exigir que fossem confiscados os livros dos judeus, Reuchlin protestou com tamanha veemência que teve de enfrentar um processo judicial sob a acusação de defender o Talmude e outros textos judaicos.

Martinho Lutero também expressou um ponto de vista positivo sobre os judeus em seus primeiros escritos, entre os quais um tratado de 1523 intitulado *Das Jhesus Christus ein geborner Jude sey* (Que Jesus Cristo nasceu judeu). Todavia, quando os judeus não reagiram como ele esperava – convertendo-se à sua nova doutrina –, Lutero mudou radicalmente de tom. Seus textos antijudaicos culminaram no tratado *Von den Juden und iren Lügen* (Sobre os judeus e suas mentiras), de 1543, em que ele pedia que as sinagogas e casas dos judeus fossem queimadas, seus rabinos fossem proibidos de ensinar e sua liberdade de ir e vir fosse restringida. É certo que a intolerância de Lutero deve ser vista no quadro do tom igualmente áspero com que ele falava do papa e dos turcos, mas seus rompantes não deixaram de acertar o alvo. Príncipes protestantes, aliados de Lutero, imediatamente proclamaram decretos antijudaicos. Os judeus foram até proibidos de passar pela Saxônia.

Em Josel (ou Joselmann) de Rosheim (1480-1554), "comandante e governador da comunidade judaica no Império", os judeus alemães encontraram um porta-voz (*shtadlan*) que trabalhou pelo seu bem-estar nas mais diversas situações. Em inúmeras audiências com o imperador Carlos V, Josel, natural da Alsácia, obteve cartas de salvo-conduto para os judeus. Também conseguiu quer impedir iminentes expulsões (dos judeus da Alsácia, por exemplo), quer pelo menos garantir a passagem segura através de regiões das quais os judeus já haviam sido expulsos. Na Dieta Imperial de Augsburgo, em 1530, Josel venceu uma disputa com o convertido Antônio Margarita, que escrevera uma diatribe antijudaica. Margarita foi expulso de Augsburgo em seguida. Josel também se opôs publicamente aos escritos antijudaicos de Lutero e refutou as acusações deste. Nenhum outro judeu alemão anterior ou posterior a Josel de Rosheim alcançou tamanho reconhecimento como defensor político da causa judaica no Sacro Império Romano.

Quando os judeus foram expulsos da Península Ibérica, no final do século XV, levaram consigo alguns de seus produtos culturais, entre eles a mais antiga Hagadá espanhola, feita em Barcelona em 1350. Após a expulsão, esse documento encontrou novo lar, provavelmente na Itália. Em 1896 foi vendido para o Museu Nacional de Sarajevo, onde foi salvo várias vezes, com grave risco, pelo bibliotecário do museu durante a ocupação alemã na Segunda Guerra Mundial e, novamente, durante a Guerra dos Bálcãs em 1991. A imagem mostra uma família judaica diante da mesa posta para uma refeição.

9
De Lisboa a Veneza:
As expulsões e suas consequências

Isaac Abravanel descendia de uma das mais famosas famílias sefarditas, cuja linhagem remontava a ninguém menos que o próprio rei Davi. Os antepassados de Isaac moraram em Sevilha, em Valência e em Portugal. Ele próprio nasceu em 1437 em Lisboa e ainda jovem se distinguiu tanto pela erudição rabínica quanto pela aptidão filosófica. Deve ter se revelado capaz também nos assuntos práticos, pois logo foi nomeado pelo rei Afonso V para administrar as finanças reais. Como frequentemente ocorria nessas circunstâncias, a predileção e a proteção de que gozava acabaram quando o rei morreu. O sucessor, João II, suspeitou que Isaac conspirasse contra ele. Em 1483, Abravanel saiu de Portugal, onde foi condenado à morte *in absentia*, e voltou a Castela, à casa de sua família, onde novamente recebeu uma posição de responsabilidade a serviço da casa real. Ajudou até a financiar a conquista do último enclave muçulmano em Granada pelo casal real católico Isabela e Ferdinando. Nada disso lhe adiantou alguns anos depois, quando o dito casal, tendo terminado a "Reconquista" em 1492, decidiu criar uma Espanha exclusivamente cristã e obrigou os judeus a escolher entre o batismo e o exílio. Isaac Abravanel trabalhou apaixonadamente e chegou a oferecer grandes somas de dinheiro para evitar a expulsão, mas a decisão da Coroa espanhola era irrevogável. Abravanel se encaminhou para Nápoles, onde novamente entrou a serviço do rei. Pouco tempo depois a cidade foi capturada pelos franceses, que não toleravam judeus em seu reino, e Isaac teve de partir novamente. Foi primeiro a Messina, depois a Corfu, em 1496 chegou a Monopoli no litoral do Adriático e por fim, em 1503, aportou em Veneza. Aí demonstrou mais uma vez suas habilidades nas negociações entre a República Veneziana e o Reino de Portugal. Seus descendentes viveram na Itália, na Inglaterra, na Holanda e no Império Otomano, distribuição que recapitula o padrão de dispersão daqueles que foram expulsos da Península Ibérica.

O prelúdio à expulsão

A Reconquista da terra espanhola pelas forças cristãs não basta para explicar a expulsão dos judeus do centro mais importante de vida judaica na Idade Média. Como vimos, alguns judeus haviam até fugido da parte muçulmana da península rumo aos distritos cristãos. Também na Espanha cristã os judeus continuaram a levar, por vários séculos, uma existência frutífera. Os artesãos judeus tinham suas próprias guildas; havia judeus ferreiros e tecelões, agricultores e comerciantes. As leis que mandavam os judeus usar vestimentas especiais eram mais ignoradas ali que no resto da Europa, havia importantes centros de estudos tanto na Espanha muçulmana como na cristã e as artes de construir sinagogas e ilustrar livros floresceram nesse ambiente. Muitos judeus ocupavam altos cargos nas cortes cristãs. Foi o caso de Samuel ha-Levi Abuláfia, ministro das finanças do rei Pedro IV (1350-69). Sua antiga mansão, que ainda pode ser vista na cidade de Toledo, parece ter sido habitada depois pelo pintor El Greco.

Porém, apesar desses sinais de tolerância, o século XIV assistiu de fato a uma inversão da sorte dos judeus da Península Ibérica. O fanatismo religioso aumentou perceptivelmente, e não só os judeus como também os muçulmanos foram considerados obstáculos à oportuna consecução da Reconquista. A situação recrudesceu no final do século, com os discursos de pregadores itinerantes fanáticos que visavam inflamar o público. O grande bairro judeu de Sevilha foi incendiado em 1391, acontecimento que inaugurou uma década de contínua destruição da vida judaica em toda a península. Catarina, a rainha-mãe, sofreu a influência das pregações de ódio do monge dominicano Vicente Ferrer, que encontrou uma alma irmã no judeu batizado Paulo de Burgos. Atuando como regente para o menor João II em Castela, Catarina expediu em 1412 um edito que privava os judeus castelhanos de todos os seus direitos, exonerava-os de todos os cargos públicos e impunha rigorosa segregação social entre judeus e cristãos. Ferrer vagava pelo país pregando nas sinagogas para converter os judeus. Às vezes, ele e os fanáticos que o acompanhavam transformavam imediatamente as sinagogas em igrejas. Em poucos anos, cerca de 20 mil judeus adotaram a religião cristã, a maioria por medo de morrer. Esse movimento de batismo em massa originou, na primeira metade do século XV, o grupo dos chamados "Cristãos Novos", também denominados *conversos* (convertidos) pelos espanhóis.

Na segunda metade do século XV, redobraram-se os esforços para verificar se esses Cristãos Novos não estariam praticando costumes judaicos em segredo. Por fim, em 1478 estabeleceu-se a Inquisição Espanhola para resolver em definitivo a questão. Informantes denunciavam seus vizinhos ex-judeus, acusando-os de limpar a casa na sexta-feira, usar roupas limpas no sábado ou não comer carne suína. Atos como esses bastavam para que alguém fosse acusado de "judaizar". A Inquisição não tinha nenhum meio legal de atingir os judeus que permanecessem fiéis à sua religião; só podia condenar os cristãos acusados de heresia.

Os arquivos da Inquisição estão repletos de autos que nos permitem reconstituir a vida cotidiana daquele período a partir de nova perspectiva. Do mesmo modo, esses documentos nos ajudam a compreender a perfídia envolvida em certas acusações e decisões judiciais. A Igreja considerava especialmente útil o efeito de dissuasão decorrente da imposição pública das penas, amiúde no contexto de um espetáculo de tipo carnavalesco, cujo ponto alto era a execução de alguém na fogueira. Em certos casos, a Inquisição chegava a exumar cadáveres para condená-los postumamente por suas transgressões e depois queimá-los em público. O primeiro espetáculo desse tipo (um "auto de fé") ocorreu em 1481; no prazo de um ano, mais de trezentos Cristãos Novos morreram na fogueira somente em Sevilha. Antes da abolição dessa prática no século XIX, estima-se que nove mil autos de fé tenham ocorrido em Portugal, Espanha e suas colônias.

Aos olhos da Inquisição, as comunidades judaicas ainda existentes representavam a maior ameaça aos Cristãos Novos que corriam o risco de voltar atrás. O Grande Inquisidor Torquemada instou, assim, a casa real a expulsar todos os judeus da Espanha. Em 31 de março de 1492, meros três meses após a conquista de Granada, no Pátio dos

Decoração de uma parede da sinagoga de El Transito, em Toledo, construída por Samuel ha-Levi Abuláfia. Abuláfia envolveu-se em intrigas palacianas, foi denunciado, preso, esbulhado de seus bens e por fim morto sob tortura. Os judeus foram considerados coletivamente responsáveis por suas supostas transgressões, e diz-se que o ataque ao bairro judeu de Toledo, em 1355, deixou mais de 1.200 mortos. A sinagoga e todos os seus bens couberam ao rei. Após a expulsão dos judeus, em 1492, a sinagoga foi transformada em igreja. Em 1877 foi declarada monumento nacional, e desde 1970 é um museu nacional de arte hispano-judaica.

Leões do palácio de Alhambra, o casal real assinou o "Edito Geral sobre a Expulsão dos Judeus de Aragão e Castela". Os judeus tinham quatro meses para adotar a religião católica ou sair do país.

Acredita-se que entre cem e duzentos mil judeus fugiram da Espanha. Grande parte foi, a princípio, para a vizinha Portugal ou a minúscula Navarra, os únicos países que poderiam alcançar por terra. Navarra, incapaz de suportar a pressão da poderosa vizinha meridional, promulgou um edito semelhante ao espanhol em 1498. Em Portugal, onde os judeus puderam de início permanecer por algum tempo, o rei Manuel assinou um edito de expulsão já em 1496. De acordo com esse documento, eles tinham até outubro de 1497 para deixar o país ou ser batizados. Ao contrário dos soberanos espanhóis, porém, Manuel queria manter no país aqueles judeus considerados vitais para a economia. Assim, em 1497 mandou converter pela força quase todos os judeus de Portugal. Esses Cristãos Novos continuaram morando nos mesmos bairros e praticando as mesmas profissões, e frequentemente se casavam entre si. Ao longo de várias gerações, a maioria adotou de fato a religião cristã e passou a ligar-se ao judaísmo somente por uma lembrança remota. Uns poucos, porém, aferraram-se sub-repticiamente às tradições judaicas e eram desdenhosamente chamados *marranos* ("porcos") pela população nativa. Depois de 1506 tiveram permissão para emigrar, e ao longo dos duzentos anos seguintes muitos voltaram oficialmente ao judaísmo. Em 1539, os tribunais da Inquisição em Portugal começaram a seguir o exemplo espanhol, averiguando cuidadosamente se os Cristãos Novos haviam de fato descartado todas as tendências judaizantes de que eram suspeitos.

Depois de 1497, a vida judaica na Península Ibérica se extinguiu, e extinta permaneceria por séculos. Com isso, já não havia presença judaica em toda a Europa Ocidental. Não obstante, a Inquisição Espanhola continuou desempenhando durante séculos a missão de manter "pura" a religião cristã. Sancionou as primeiras leis raciais, que fizeram da *limpieza de sangre* (pureza de sangue) uma exigência para a obtenção de certos cargos e títulos. Na prática, isso significava que os Cristãos Novos, por mais leais que fossem à nova fé, estavam excluídos de certas profissões e posições públicas.

No Novo Mundo

Alguns refugiados foram tentar a sorte nas novas colônias do outro lado do Atlântico. Não há prova que corrobore a hipótese de o próprio Colombo ser descendente de uma família de Cristãos Novos obrigados a se batizar. Mas tampouco há dúvida de que os Cristãos Novos promoveram essas viagens de descobrimento na qualidade de financiadores e tradutores, e de que Colombo situou em um contexto geográfico bíblico a terra que acabara de descobrir. Nas gerações subsequentes, a tese de que as dez tribos perdidas de Israel seriam encontradas entre os índios americanos circulou reiteradamente. Não só os cristãos, mas também os judeus atribuíam credibilidade a essas teorias.

A história dos judeus no Novo Mundo durante os séculos XVI e XVII foi marcada não só pela oportunidade de fazer vida nova em circunstâncias diferentes, mas também por muitos problemas idênticos aos enfrentados pelos judeus da Europa. É evidente que o estado de coisas vigente após as expulsões da Espanha, em 1492, e de Portugal, em 1497, prevalecia igualmente nas colônias desses países no Novo Mundo. A Inquisição era extremamente ativa na América Latina, mas a Holanda adotava uma política liberal que promoveu a concentração de comerciantes judeus nas colônias holandesas. Na região do nordeste brasileiro então pertencente à Holanda, a comunidade judaica perfez cerca de metade da população branca, estimada em 3 mil pessoas, até a reconquista portuguesa do Recife em 1654. As comunidades judaicas das colônias holandesas de Curaçao e Suriname duraram mais. A primeira sinagoga de certa importância arquitetônica no Hemisfério Ocidental foi fundada em 1665-1667 em uma localidade chamada Jooden Savanne, no Suriname. No fim do século XVIII, havia mais de mil judeus entre os 13 mil habitantes de Paramaribo, capital surinamesa. Na mesma época, a comunidade judaica de Curaçao contava 1.500 membros. Esses números eram grandes em comparação com as comunidades judaicas da Europa: no começo do período moderno, eram poucas as cidades alemãs com mais habitantes judeus que Paramaribo ou Curaçao! Os judeus das Antilhas Holandesas também se tornaram importantes, sobretudo como mediadores entre os holandeses e os espanhóis.

Os *sefardim* na Europa do Norte e na Europa Central

É verdade que a maioria dos refugiados não se dirigiu para o Ocidente ao sair da Ibéria, mas antes para o Oriente e para o norte. Nessas regiões, a partir do século XVI, o espírito do humanismo e do esclarecimento estava se disseminando por meio de estudiosos como o filósofo calvinista holandês Hugo Grócio. Sem ostentar uma atitude abertamente positiva em relação ao judaísmo, Grócio defendia a tolerância por motivos pragmáticos. Em 1615, os estados da Holanda e da Frísia Ocidental lhe pediram uma opinião de especialista sobre os judeus. No começo de seu relatório, ele segue à risca a tradição medieval e enumera todas as culpas e erros dos israelitas. Atribui-as, contudo, à política antijudaica dos cristãos. Em seguida, defende o direito dos judeus de viver na Holanda. Mas, como eles não poderiam ser nem convertidos pela força nem ser deixados sem religião, deveriam preservar o direito de praticar sua religião livremente. É preciso admitir que o próprio Grócio continuava defendendo certas restrições. Afirmava, assim, que o número de judeus devia ser limitado, que eles deviam ser obrigados a ouvir sermões cristãos e que não deviam ter permissão para ocupar cargos públicos, embora devessem, no mais, ter a faculdade de escolher a profissão que lhes aprouvesse. Mais cinquenta anos teriam de se passar para que John Locke, na carta *Sobre a tolerância* (1689), viesse a frisar com clareza que nem os judeus, nem os muçulmanos, nem os pagãos deveriam ser excluídos da comunidade política em virtude de sua religião. Os judeus deveriam ter o direito de construir sinagogas. Afinal, na pergunta retórica de Locke, "Será a doutrina deles mais falsa, será seu culto mais abominável ou estará a paz civil mais ameaçada caso eles possam se reunir em público e não em suas casas?"

Também no norte da Europa surgiram novos centros de vida judaica em virtude da assimilação dos *conversos*. A Inglaterra foi o primeiro país europeu a expulsar os judeus, em 1290. Quando Shakespeare imortalizou o judeu Shylock em *O mercador de Veneza*, ainda não havia judeus oficialmente estabelecidos nas Ilhas Britânicas. Somente cerca de cem marranos moravam em Londres, entre eles Roderigo Lopez, médico da corte de Elizabeth I, que foi executado em 1594 sob a acusação de tramar o assassinato da rainha. Quando as condições políticas e econômicas pioraram, em 1609, também essa pequena comunidade desapareceu.

Só em meados do século XVII uma comunidade de marranos retomou residência nas Ilhas Britânicas. Sob o Lorde Protetor Oliver

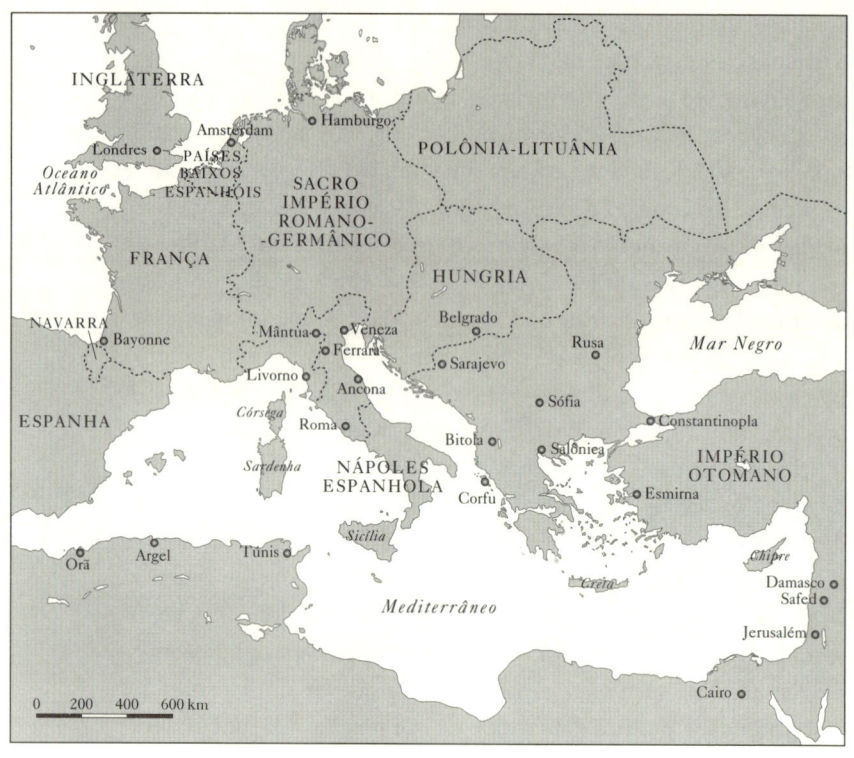

Os centros da Diáspora sefardita após a expulsão de 1492.

Cromwell, a Inglaterra finalmente voltou a readmitir uma população judaica. Os motivos políticos, entre eles a comum repugnância à Coroa espanhola, tiveram seu papel. As razões principais, porém, foram de ordem econômica e religiosa. Ambos os porquês são elucidados por Manassés ben Israel, rabino e impressor de Amsterdam, no livro *Esperança de Israel* (1650), cuja tradução latina foi dedicada ao Parlamento inglês. Afirmava ele que os judeus deveriam estar estabelecidos nos quatro cantos do mundo para que o Messias pudesse se manifestar – e, não obstante, não havia judeus na Inglaterra. Os partidários de Cromwell, que haviam derrubado a monarquia, estavam mais que dispostos a acreditar nesse tipo de arroubo messiânico. Embora a Conferência de Whitehall convocada por Cromwell em dezembro de 1655 não tenha chegado a decidir formalmente pela readmissão dos judeus, ela facilitou a situação dos marranos já estabelecidos na Inglaterra, que puderam assumir abertamente seu judaísmo. De imediato, eles fundaram sua própria sinagoga e um cemitério. Depois da Restauração, a monarquia tolerou essa comunidade sefardita, que aos poucos cresceu e foi suplementada por um grupo ashquenazita.

Os Países Baixos espanhóis haviam dado asilo a vários marranos que, primeiro não oficialmente e depois à vista de todos, voltaram à religião de seus ancestrais. No começo do século XVII, cada cidade holandesa fixou a condição jurídica de seus residentes judeus, de modo que a situação deles variava muito nos diferentes lugares. Em certas cidades os judeus podiam até se tornar cidadãos, enquanto em outras não podiam sequer residir. Em Amsterdam permitia-se que fixassem residência, mas eles não eram aceitos em nenhuma guilda. Na década de 1630, Amsterdam substituiu Veneza como centro mais importante da Diáspora ocidental. Ao contrário do que ocorria na maioria dos grandes centros de imigração sefardita, a comunidade judaica em Amsterdam era nova e não encontrou ali nenhuma tradição estabelecida. Do mesmo modo, o próprio judaísmo era novo para a maioria dos judeus da cidade. É verdade que certos pontos básicos da religião haviam sido transmitidos por tradição familiar, mas os beneficiários desse patrimônio diluído eram, na maioria das vezes, pessoas cujos antepassados haviam sido batizados na religião católica havia muito tempo, que nunca haviam praticado a religião judaica e (é claro) não entendiam o hebraico. Mantinham frequente contato com seus parentes que haviam permanecido católicos na Península Ibérica, falavam português entre si e traduziam os mais importantes livros religiosos judaicos para o espanhol, que chegou a assumir a condição de língua literária sagrada entre eles. Continuavam amando a cultura da pátria-mãe e patrocinaram a representação de inúmeras peças em espanhol nos palcos de Amsterdam. Alguns escreviam poesia e prosa em espanhol. Vestiam-se como seus vizinhos cristãos, o que levou os historiadores da arte a se perguntar se o suposto retrato de Manassés ben Israel, pintado por Rembrandt, não seria na verdade uma representação de um erudito cristão. Em Amsterdam não havia gueto como em Frankfurt, Veneza, Praga ou

Esta calcografia anônima do final do século XVII mostra a imponente sinagoga sefardita de Amsterdam, construída por Elias Bouman em 1671-1675. No século XVII, era de longe a maior sinagoga da Europa e serviu de modelo para a construção de novas sinagogas na América.

Roma. (Afinal de contas, Rembrandt morava no bairro judeu e usou judeus de sua vizinhança como modelos para muitas de suas figuras bíblicas.)

De início, os membros da "nação judaica espanhola e portuguesa" estavam divididos em muitas congregações. Entre outras coisas, refletiam-se aí as diferenças entre os livres-pensadores em matéria de religião e os judeus mais ortodoxos. Todos cerraram fileiras, entretanto, diante dos judeus ashquenazitas, que em 1649 também constituíram sua própria congregação. O sentimento de superioridade cultural era tão intenso entre os *sefardim* que os homens sefarditas que se casassem com mulheres ashquenazitas eram excluídos de suas congregações. Embora (ou talvez se deva dizer *porque*) a comunidade sefardita de Amsterdam tenha tido de criar suas próprias tradições, ela logo passou a ser vista como modelo de organização, instrução e aparência física. Foi, em certo sentido, a primeira comunidade judaica moderna, e cerca de 1675 também era percebida como tal pelo mundo exterior, pois tinha a sinagoga mais imponente da Europa. Ao contrário da maioria das sinagogas mais antigas, essa *esnoga* não ficava escondida em um pátio de fundo nem por trás de muros pouco chamativos (como no gueto de Veneza); ao contrário, ecoando deliberadamente a arquitetura do Templo de Jerusalém (do qual havia um modelo circulando pelas comunidades) e revestida de madeira de jacarandá importada do Brasil, era o sinal evidente de uma nova autoconfiança.

Os judeus de Amsterdam se destacaram em matéria de estudos religiosos, publicação de livros em hebraico e atividade econômica durante os séculos XVII e XVIII. Entre suas instituições havia um dos sistemas escolares judaicos mais modernos e mais bem organizados daquela época. Os observadores ashquenazitas se impressionavam pela natureza ordenada e sistemática de um currículo que incluía aulas de seis disciplinas dadas de manhã e à tarde, em que se ensinavam língua e gramática hebraicas, a Bíblia e literatura rabínica. A influência do sistema escolar jesuítico da Espanha e de Portugal, onde muitos membros mais velhos da comunidade haviam se formado, manifestava-se de modo evidente naquela estrutura. Conquanto a comunidade ashquenazita – de judeus alemães e poloneses – logo tenha suplantado em número a dos portugueses, seus membros mais destacados ainda tinham raízes no grupo sefardita.

Era esse o caso das famílias de Manassés ben Israel e do filósofo Baruch Espinosa. Uriel da Costa, que ocupara alto cargo administrativo em Portugal e retornou ao judaísmo em Hamburgo, em 1616, também mudou para Amsterdam a fim de poder praticar abertamente sua religião. O conflito que o opôs ali à comunidade judaica realça de modo trágico e radical o abismo que separava a insistência da comunidade na estrita observância das normas judaicas e uma geração de marranos que havia crescido fora da tradição. Da Costa se formara em um ambiente cristão e não tivera nem acesso à educação formal judaica nem a oportunidade de estudar as fontes textuais do judaísmo. Para ele, as interpretações rabínicas e talmúdicas não tinham sentido; seu judaísmo era derivado diretamente da Bíblia. Quando ele confessou esse fato com franqueza, a comunidade o excomungou em uma cerimônia humilhante. Ele teve de se prostrar à porta da sinagoga enquanto os que entravam no edifício pisavam sobre seu corpo. Enquanto a excomunhão era recitada, todas as velas da sinagoga foram apagadas, como se a própria vida daquela pessoa estivesse sendo extinta. O contato com outros judeus, quer por motivos particulares, quer por relações comerciais, era proibido aos excomungados. Da Costa se arrependeu e foi recebido de novo no seio da comunidade, mas não conseguiu compatibilizar isso com sua consciência e suicidou-se logo depois. Pouco antes do suicídio, escreveu um estudo autobiográfico em que reafirmava que tudo o que quisera era guardar os mandamentos de Moisés, e declarava novamente sua convicção de que a comunidade havia se afastado do judaísmo bíblico por meio das inovações agregadas à fé original.

Espinosa, um contemporâneo mais jovem, também foi excomungado, mas se tornou o primeiro judeu moderno capaz de se desligar da religião judaica sem se tornar cristão. Queria garantir sua independência como pensador e preferiu trabalhar como polidor de diamantes a aceitar a nomeação para o cargo de professor de filosofia na Universidade de Heidelberg. Espinosa tinha medo de não conseguir pensar e agir livremente em uma cátedra professoral. Seu *Tractatus Theologico-Politicus* foi o fruto das dúvidas nele despertadas por sua mudança de convicção, aliada às restrições que em razão dela lhe foram impostas.

Os refugiados que voltaram ao judaísmo, como também, em muitos casos, seus pais e avós, haviam vivido oficialmente como cristãos na Espanha e em Portugal, onde iam à igreja e recebiam instrução sobre os dogmas católicos. Ao contrário dos judeus da Idade Média e de seus contemporâneos de outras origens, eles tinham pleno conhecimento da religião, dos costumes e da língua das pessoas ao redor; por outro lado, normalmente só passavam a ter contato com a religião judaica e a língua hebraica depois de emigrar e participar pela primeira vez de uma comunidade que só passara a praticar abertamente o judaísmo depois de várias gerações. Isso ajuda a explicar muitas doutrinas divergentes de Da Costa ou Espinosa, por exemplo, bem como o caráter especial das comunidades sefarditas.

Alguns descendentes menos conhecidos dos Cristãos Novos partilhavam dessas dúvidas e também se distanciaram de todas as comunidades religiosas organizadas e se tornaram livres-pensadores, embora não tivessem a aptidão dos dissidentes mais famosos para comunicar suas ideias de forma filosófica. Estavam longe de ser observantes em matéria de religião, mas frequentemente se solidarizavam com outros descendentes de judeus espanhóis ou portugueses, com a *Nación*, e os mais prósperos entre eles expressavam esse "sentimento nacional" ou essa "solidariedade étnica" por meio de várias formas de assistência social. Laços familiares os ligavam tanto a marranos que haviam ficado na Península Ibérica quanto a membros das novas comunidades judaicas. Os comerciantes mais ricos frequentemente tinham títulos honorários concedidos pelos governos de Espanha e Portugal, os mesmos que não toleravam nenhuma presença judaica em seus territórios. Formaram uma rede comercial bem estruturada na Europa do Norte, na Península Ibérica e no Caribe, rede essa que se estendeu por meio de laços de casamento. Quando a rainha Cristiana da Suécia abdicou, Abraham Diego Teixeira recebeu-a em sua casa em Hamburgo. Depois de emigrar para Bordeaux, onde fixou residência, Isaac Israel Suasso – que crescera com o nome de Antonio Lopez Suasso – foi tornado Barão de Avernas-le-Gras em Brabante, no sul dos Países Baixos, pelo rei Carlos II. As riquezas legendárias de algumas famílias dominavam a tal ponto a imagem dessa comunidade que muitas vezes se esquece que a maioria dos judeus sefarditas não se incluía entre as classes economicamente privilegiadas de sua nova terra.

É certo que Amsterdam tinha a comunidade judaica mais importante da região do Mar do Norte, mas ao longo do século XVII Hamburgo também se tornou um centro do judaísmo sefardita e, logo depois, do ashquenazita. Os primeiros judeus espanhóis e portugueses se estabeleceram nessa cidade hanseática no final do século XVI. A princípio, não praticavam publicamente sua fé. Em meados do século XVII já eram 600 pessoas, mas a cidade ainda não lhes permitia prestar culto em público, somente dentro de casa; não podiam construir uma sinagoga. Quando, em 1697, se viram diante de restrições comerciais, a maioria saiu de Hamburgo. Uns poucos se estabeleceram na vizinha cidade dinamarquesa de Altona, mas a maioria foi para Amsterdam.

Na Itália

Um pequeno segmento da população judaica de origem ibérica se estabeleceu no sudoeste da França, onde até o século XVIII praticaram o judaísmo em particular, conquanto fossem oficialmente considerados cristãos. Porém, a massa maior de refugiados cruzou o Mediterrâneo. A Itália, onde houvera comunidades judaicas desde a era pré-cristã, se tornou um dos portos seguros para os expulsos. Entre as grandes comunidades judaicas da Europa, a de Roma era a única continuamente presente no mesmo local desde a Antiguidade. Os judeus italianos haviam sido responsáveis por importantes conquistas culturais na Idade Média, especialmente no sul da Itália. Não obstante, mesmo aí ocorreram expulsões ligadas aos fatos que então se desenrolavam na Península Ibérica. A Sicília pertencia ao reino de Aragão e em 1492 também expulsou seus habitantes judeus – cerca de 40 mil, segundo algumas estimativas. O mesmo aconteceu no reino de Nápoles, que caiu nas mãos dos espanhóis em 1541. Foi então que o norte da Itália, com suas inúmeras cidades-Estado, se tornou o ponto focal da vida judaica: em Pádua e Mântua, Veneza e Ferrara, na Toscana e nos Estados Papais. A maioria dos judeus italianos da Idade Média não era nem ashquenazita nem sefardita; tinham seus próprios ritos e tradições. A partir do século XIV, contudo, um número cada vez maior de judeus alemães chegou ao norte da Itália; e no século XVI, após algumas gerações, os sefarditas refugiados da Península Ibérica passaram a predominar.

A diversidade dos imigrantes se refletia na variedade das sinagogas italianas. Somente em Veneza havia pelo menos oito, definidas pela ascendência de seus membros, e no gueto de Roma cinco sinagogas ocupavam um mesmo edifício: uma italiana, uma ashquenazita, uma siciliana, uma castelhana e uma da Catalunha. Os acontecimentos dos séculos XVI e XVII seguiram duas linhas contraditórias. Por um lado, em 1516, no antigo distrito da fundição de ferro (*getto*) de Veneza, os governantes da cidade criaram o gueto, um bairro segregado que depois emprestaria seu nome a semelhantes enclaves judeus pelo mundo afora. Embora a população judaica crescesse desmedidamente, os judeus não podiam residir fora desse pequeno bairro, onde tudo o que se lhes permitia era construir edifícios mais altos. A política papal de Paulo IV, que já como cardeal se notabilizara por ter queimado publicamente o Talmude, logo determinou a construção de guetos semelhantes fora de Veneza, e particularmente em Roma. Pouco depois de eleito papa, ele expediu a bula *Cum nimis absurdum*, que declarava ser absurdo demonstrar amor e paciência para com aqueles que haviam sido punidos por Deus. Os judeus de toda parte deveriam ser obrigados a morar em bairros segregados, dos quais não poderiam sair à noite nem durante os feriados cristãos; deveriam usar roupas amarelas para ser reconhecidos como judeus, e ser-lhes-ia vedado praticar qualquer profissão honrada – só poderiam vender de porta em porta e comerciar roupas velhas. Por fim, não poderiam ter criados cristãos.

Apesar dessa segregação social prescrita em lei, foi exatamente na Itália que a contenção hermética da comunidade judaica não funcionou. Temos relatos de inúmeros encontros entre estudiosos judeus e cristãos. Os judeus participaram da Renascença cultural italiana, contribuindo para suas conquistas. Muitos judeus trabalhavam como professores de dança, cantores e músicos. As composições de Salomone de Rossi, feitas no começo do século XVII para a sinagoga, são exemplos perfeitos da música de sua época. Afinal de contas, ele era o maestro da orquestra do duque de Mântua. Na historiografia, cronistas judeus se interessaram pela primeira vez pela história secular pós-bíblica. Por outro lado, esse novo tipo de erudição crítica era apanágio de um círculo muito restrito, e alguns rabinos proibiam rigorosamente a leitura desses textos. Fenômeno mais disseminado foi o grande número de médicos judeus formados na Universidade de Pádua, apesar de todas as restrições e humilhações a que eram sujeitos. A bula *Cum nimis absurdum* proibia formalmente os médicos judeus de tratar pacientes não judeus, mas a realidade nem sempre era essa.

Os contatos entre a população judaica e a cristã se manifestam em duas biografias importantes, embora não necessariamente típicas em todos os seus detalhes. Em sua autobiografia, Leone Modena, um dos eruditos mais vistosos de Veneza, conta não só de suas experiências com alquimia e sua paixão pelo jogo como também relata, orgulhoso, que muitos cristãos acorriam à Grande Sinagoga para ouvir seus sermões. Sara Coppia Sullam, por sua vez, é uma das poucas mulheres judias do começo do século XVII que deixou documentos para os historiadores. Tanto judeus como cristãos conviviam socialmente em seus serões venezianos, e vários escritos, poemas e pinturas suas chegaram a nós.

A mais importante comunidade sefardita a desenvolver-se na Itália após o fim do século XVI foi a do novo porto livre construído pelos Medici em Livorno. Aí prevaleciam os ventos da tolerância. Os judeus foram liberados do estigma de ter de usar distintivos especiais e receberam permissão para possuir imóveis residenciais. Entre as grandes comunidades italianas, a de Livorno era a única que não vivia em um gueto. O número de seus membros judeus, que falavam espanhol e português (como línguas coloquiais) entre si, cresceu rapidamente. No final do século XVII, cerca de 2.400 judeus moravam nessa cidade portuária, tornando-a a maior comunidade judaica da Itália depois de Roma.

As mudanças aqui descritas nos trazem da sociedade judaica medieval para aquela do início da era moderna. Os centros da vida judaica se deslocam para leste, da Península Ibérica para o norte da Europa, a Itália, a Polônia e o Império Otomano. As expulsões de 1492 e 1497 introduzem um novo grau de mobilidade na sociedade judaica. E, por terem mergulhado na cultura cristã, muitos dos que voltaram ao judaísmo criam uma cultura híbrida que integra elementos do mundo cristão em um universo judaico recém-redescoberto.

Além disso, novos códigos legais judaicos tornam possível uma abertura ao mundo circundante, à medida que os judeus criam novos mecanismos para preservar suas crenças. A explosão de conhecimento que resultou da invenção da imprensa contribui ainda mais para as trocas culturais entre as diferentes culturas judaicas. Obras impressas em Veneza são lidas em Brody, livros de Constantinopla o são em Hamburgo. Novas línguas coloquiais que associam elementos e caracteres hebraicos com os vernáculos locais surgem entre os refugiados de origem ibérica ou alemã. Diante de todos esses desenvolvimentos, a autoridade dos rabinos e das estruturas comunitárias tradicionais declina.

Porém, o maior desafio às autoridades tradicionais no início da era moderna é proposto pelos movimentos messiânicos e místicos. É verdade que eles nunca haviam se extinguido por completo no judaísmo, mas agora se expandem, levados por ondas de irrefreado entusiasmo.

O Messias entra em Jerusalém montado em um jumentinho, como previra Zacarias (9, 9). A esperança messiânica reaparece constantemente na história judaica, alcançando o auge nos séculos XVI e XVII. Quando esta Hagadá foi publicada em Mântua, em 1560, a lembrança do pseudomessias David Reuveni ainda estava viva na consciência dos judeus italianos.

10
De Khaibar a Roma:
Movimentos messiânicos e místicos

O messianismo judaico no século XVI

Entre os muitos personagens notáveis atraídos pela cosmopolita Veneza, David Reuveni foi, sem dúvida, um dos mais peculiares. Chegando de Alexandria no outono de 1523, seu físico ananicado e vestes orientais causaram sensação na cidade, cujo gueto fora estabelecido havia sete anos. O próprio passado de Reuveni estava envolto em mistério. Declarava-se natural de Khaibar, o oásis da Península Arábica do qual os muçulmanos outrora haviam expulsado as tribos judias e que desde então jamais fora mencionado como local de presença judaica. A afirmação de Reuveni de que seu irmão José governava um poderoso reino judeu constituído pelos restos das tribos perdidas de Rubem, Gad e Manassés também deve ter soado, aos ouvidos de historiadores posteriores, como uma fábula das Mil e Uma Noites. Não obstante, quando ele asseverou que seu reino judeu no Oriente combateria os turcos, suas declarações foram recebidas com simpatia não só pelos outros judeus, mas também pelo mundo cristão.

O papa Clemente VII deixou Reuveni entrar em Roma montado em um cavalo branco e concedeu-lhe audiência. Forneceu-lhe uma carta de recomendação para o rei de Portugal e, em novembro de 1525, Reuveni, ricamente paramentado, pôde entrar em um reino onde oficialmente já não havia judeu nenhum. Não surpreende que a chegada do emissário de um reino judaico despertasse sentimentos messiânicos entre os judeus de Portugal, que haviam sido batizados à força. Diego Pires, oficial da corte, deixou-se impressionar a tal ponto por esse príncipe do Oriente que voltou ao judaísmo com o nome de Salomão Molcho, circuncidou-se e saiu de Portugal, dirigindo-se ao Império Otomano, onde estudou a Cabala em Salônica e deixou-se proclamar o Messias. Quando ficou claro que as promessas de Reuveni não dariam em nada e que sua presença fomentava a inquietude entre os marranos portugueses, o próprio Reuveni também fugiu de Portugal. Alguns anos depois, Reuveni e Molcho se encontraram na Itália e compareceram à dieta imperial de Ratisbona, onde, apesar dos avisos contrários dados pelos principais judeus da Alemanha (entre os quais Josel de Rosheim), insistiram em encontrar o imperador Carlos V. Dessa vez, a iniciativa terminou em tragédia e ambos foram aprisionados em Mântua. Como católico que retornara ao judaísmo, Molcho foi condenado em dezembro de 1532 por um tribunal da Inquisição e queimado vivo. Reuveni provavelmente morreu em poder dos espanhóis.

Resta saber quem era realmente esse Reuveni e o que pode tê-lo levado a inventar essa história. Seria a ambição de reconhecimento pessoal ou uma apreensão fraca da realidade? Seja como for, certas ideias messiânicas então prevalecentes certamente desempenharam seu papel. Segundo os que as propunham, somente a guerra descrita na Bíblia, entre os impérios de Gog e Magog, poderia iniciar a era da salvação – uma guerra mundial que, segundo se esperava, seria ocasionada pelo envolvimento da Santa Sé. Essa interpretação também é corroborada pelo nome do suposto irmão de Reuveni, José. Segundo uma tradição judaica, o Messias da casa de Davi viria trazer a paz mundial, mas seria precedido por um Messias guerreiro da tribo de José.

Acerca das origens de Reuveni, só nos cabe especular. Sua pretensão de ser natural de Khaibar não parece plausível. Havia, de fato, judeus em territórios distantes – a Índia, a China, a Etiópia e o Iêmen. Só aos poucos, com o desenrolar dos descobrimentos, é que a presença deles nesses locais remotos foi sendo percebida pelos europeus. Na Índia, especialmente nos arredores da cidade meridional de Cochin, havia diversas comunidades judaicas, algumas das quais situavam sua origem na época bíblica. Na China, parece que a situação da pequena comunidade centrada em Kaifeng era tão boa que ela se assimilou completamente à população majoritária no decorrer dos séculos. Os judeus etíopes também situam sua origem no período bíblico e alguns afirmam descender das dez tribos perdidas do reino setentrional de Israel. E existem fontes, entre as quais uma carta de Maimônides, que atribuem grande antiguidade às comunidades judaicas do Iêmen. Reuveni pode ter nascido em uma dessas comunidades, que, aos olhos dos europeus, seria exótica o bastante para ter produzido tal personagem.

No Império Otomano

O Império Otomano, objeto dos interesses militares de Reuveni e local onde Salomão Molcho se deixou proclamar Messias, vivia então uma ascensão política e econômica aparentemente irreprimível. Em 1453, a antiga metrópole cristã de Constantinopla caíra diante do sultão. Istambul se tornou capital de um império cujas fronteiras logo iriam da Argélia, no Ocidente, à Babilônia, no Oriente. Quando emigrantes da Península Ibérica buscaram asilo no Império da Porta Sublime, encontraram ali grandes comunidades judaicas já estabelecidas. Algumas eram bizantinas (as comunidades "*romaniot*") e outras tinham origem parcialmente médio-oriental, parcialmente ashquenazita. A política otomana favorecia o estabelecimento de novos grupos populacionais na capital para que esta se tornasse um centro cosmopolita ainda mais importante. Alguns relatos querem fazer crer que um convite formal foi expedido aos judeus expulsos da Espanha; trata-se provavelmente de um mito, mas não há dúvida de que a porta estava aberta para que os imigrantes se estabelecessem em Istambul e outros centros do Império Otomano. Nas cidades grandes, eles frequentemente se organizavam em associações de compatriotas, centradas em sinagogas e instituições que atendiam aos refugiados de regiões específicas: Catalunha, Andaluzia e Portugal. Supõe-se que somente em Istambul, no século XVI, havia quarenta e quatro sinagogas. Em 1608, a cidade contava 24 congregações romaniotas com mais de mil famílias, oito congregações espanholas, quatro italianas, duas ashquenazitas, uma húngara, uma caraíta e duas que já não podem ser identificadas. No final do século XVII, o quadro se transformara radicalmente. Mais de dois terços da população judaica da cidade já eram sefarditas e somente um quarto provinha da comunidade romaniota. Com cerca de 20 mil habitantes judeus, Istambul e Salônica eram de longe as maiores comunidades judaicas do mundo – tinham mais que o dobro do tamanho das comunidades de Amsterdam, Praga, Frankfurt e Livorno, sem mencionar as comunidades polonesas.

Os dispositivos restritivos que a lei islâmica aplicava aos *dhimmi* não muçulmanos eram frequentemente ignorados, especialmente em metrópoles otomanas como Istambul, Salônica e Izmir (Esmirna). A primeira prioridade do sultão era garantir que os judeus pagassem seus impostos e se mostrassem úteis, ajudando a edificar a economia da nova superpotência. Os judeus atuavam em quase todas as profissões. Uma rede de famílias sefarditas, unidas pelos laços de parentesco e pela ascendência e língua comuns, se constituiu nas cidades portuárias do Mediterrâneo e do Mar do Norte. Em Salônica, onde constituíam o maior grupo populacional da cidade, e também em outros centros do Império Otomano, elas assumiram papel de destaque na fabricação e comercialização de tecidos. Mas também trabalhavam como artesãos e pescadores. Em alguns casos formaram suas próprias guildas, enquanto em outras circunstâncias se filiaram às já existentes.

Dona Gracia Mendes (Beatriz de Luna Miquez), nascida em uma família de Cristãos Novos em 1510, ocupava posição excepcional entre os imigrantes sefarditas. Em 1535, com a morte do marido (um importante banqueiro lisboeta), Dona Gracia herdou-lhe a fortuna. No ano seguinte, quando a Inquisição ganhou força em Portugal, ela emigrou de início para Antuérpia e logo depois para Veneza e Ferrara, onde a família assumiu abertamente o judaísmo. Foi só depois de chegar a Istambul que ela e seu sobrinho, José Nassi, receberam honras diplomáticas. José, conhecido em Portugal como João Miquez, em Veneza como Giovanni Miches e em Espanha e Flandres como Juan Miguez, foi nomeado duque de Naxos pelo sultão Selim II; a ilha acabara de ser conquistada aos venezianos. Gracia Mendes e seu sobrinho demonstraram reiteradamente sua solidariedade com os judeus perseguidos em outros territórios. Assim, em 1555, tentaram organizar um boicote do porto italiano de Ancona, onde o papa

Dona Gracia Mendes Nassi também era conhecida como "La Signora" entre os judeus vindos da Espanha e de Portugal. Administradora de uma firma internacional de finanças, ela influenciou a política de Veneza e do Império Otomano e contribuiu para formar uma nova comunidade judaica em Tiberíades. Este medalhão com sua imagem foi feito pelo artista italiano Pastorino de Pasterini em 1553.

Paulo IV tomava medidas brutais contra os Cristãos Novos. Nassi foi o primeiro judeu a planejar e intentar uma recolonização judaica da Terra Santa, especificamente na região ao redor de Tiberíades, no Lago de Genesaré (o Mar da Galileia). (Por isso, pouco antes de morrer, foi objeto de esperanças messiânicas.) Entretanto, seus planos para a Terra Santa estavam fadados ao fracasso, visto que essa região pouco interessante do ponto de vista econômico atraía poucos imigrantes judeus. É certo que uma família tão próspera e estimada como a de José Nassi e Gracia Mendes era uma exceção, e tal coisa só pôde acontecer na situação de relativa tolerância que prevalecia no Império Otomano.

Sob vários aspectos, a nova Diáspora sefardita era diferente das comunidades que a precederam na Idade Média. Enquanto os judeus sefarditas nos Estados ibéricos haviam buscado a integração religiosa e nacional, no Império Otomano habitavam um Estado multicultural em que diferentes nações conservavam sua língua e sua cultura. No exílio, levaram consigo a língua espanhola, e ainda em fase avançada da era moderna se comunicavam na língua ladina ou hispano-judaica. A expulsão da Espanha havia trazido novamente à tona esperanças messiânicas até então latentes. O modo como Reuveni e Molcho foram recebidos pode ser manifestação não somente de uma renovada expectativa messiânica, mas também de uma nova aspiração a intervir ativamente na história – compensando uma das mais graves humilhações do povo judeu. Ao mesmo tempo, na terra de origem dos judeus, surgiu uma reinterpretação sistemática do misticismo judaico que pavimentou o caminho para um movimento messiânico de consequências muito mais relevantes.

Já na Idade Média importantes rabinos haviam emigrado da Europa para a Palestina. Basta pensar em Yehiel de Paris, que deixou seu país depois de uma disputa que culminou com a queima de todos os exemplares do Talmude; ou em Moisés ben Nachman (Nachmânides ou Ramban), que também fugiu da Europa ao cabo de uma disputa em Barcelona e, depois de breve estadia em Jerusalém (como o Rabi Yehiel), estabeleceu-se em Acre. Mas a conquista da Palestina pelos otomanos em 1517 desencadeou um movimento migratório muito mais intenso. As comunidades judaicas da Terra Santa, que somente agora voltavam a crescer, só eram capazes de se manter economicamente vivas graças às doações dos judeus da Diáspora. Emissários (*shlichim*) da Palestina percorriam o mundo visitando as comunidades judaicas, que consideravam ato de caridade proporcionar apoio financeiro aos judeus que viviam em Israel sob condições de penúria.

Cabala e messianismo no século XVII

Novo e significativo centro de estudos judaicos surgiu no século XVI na cidade de Zefat (Safed), na Galileia. Aí o estudioso Jacob Berab, movido pela convicção da iminência da era messiânica, procurou reintroduzir a ordenação rabínica (*semichá*), que não era praticada desde o século V. Também foi em Safed que trabalhou Yossef Caro, o mais importante codificador da doutrina judaica. Seu *Shulchan aruch* (A Mesa Posta) é visto até hoje como base de todos os códigos a que os judeus de toda parte recorrem quando precisam de orientação sobre as práticas religiosas. Mais tarde, esse compêndio foi suplementado por uma versão ashquenazita escrita por Moisés Isserles, rabino de Cracóvia: um livro a que Isserles deu o apropriado título de *Mapá* (A Toalha de Mesa).

Safed foi, acima de tudo, o lar dos mais importantes cabalistas do século XVI: Moisés Cordovero e, em especial, Isaac Luria. Este último nasceu em 1534 em Jerusalém, filho de pai proveniente da Alemanha e mãe sefardita. É visto como fundador de um novo sistema de pensamento místico, a Cabala Luriânica. Sua doutrina, centrada no messianismo, moldou os novos livros de oração que ganhavam grande circulação à medida que saíam das primeiras gráficas hebraicas da Itália. A doutrina de Luria, na forma em que foi comunicada a seu discípulo Chaim Vital, proporcionou a estrutura intelectual do mais importante movimento messiânico na história do judaísmo moderno.

O homem em quem se concentraram as esperanças desse movimento foi, sem dúvida, o personagem judeu mais pitoresco da segunda metade do século XVII e era natural de Esmirna (Izmir). Shabetai Zevi nasceu em 1626, supostamente aos 9 de Av, dia em que, segundo a tradição judaica, tanto o Primeiro quanto o Segundo Templos haviam sido destruídos. Sua conduta anticonvencional (seu biógrafo Gershom Scholem o considera maníaco-depressivo) e seus gestos messiânicos valeram-lhe a expulsão de Esmirna e, mais tarde, também de Istambul e Salônica. Zevi declarou pela primeira vez que era o Messias em sua cidade natal, em 1648 – ano que, segundo certas especulações numéricas, representava o fim dos tempos, e em que também houve terríveis massacres de judeus na Ucrânia. Nesse ano grandioso, Shabetai manifestou sua qualidade messiânica declamando publicamente o nome de Deus, sacrossanto e impronunciável.

Entretanto, seu movimento messiânico só ganhou força depois de uma viagem que ele fez ao Cairo e à Palestina. Ali se encontrou com Natã de Gaza, que em 1665 anunciou ser o "profeta" de Shabetai e em seguida proclamou-o Messias. Em uma carta escrita por Natã e divulgada de Livorno e Amsterdam a Constantinopla e Lvov, o plano de salvação era previsto explicitamente em todas as suas fases:

O falso Messias Shabetai Zevi é retratado como rei coroado em um livro de orações dos sabatianos de Amsterdam (*Tikkun keria le-kol laila ve-yom*). Está rodeado de anjos e guardado por leões. Na cena de baixo, aparece com os príncipes das doze tribos reunidas. Segundo a marca do impressor, este livro foi publicado no "ano do Messias 5426 [-1666], Ano 1".

Daqui a um ano e alguns meses, ele [Shabetai] conquistará sem luta o domínio do rei dos turcos, pois, pelo [poder dos] hinos e louvores que entoará, todas as nações submeter-se-ão à sua soberania. Levará o rei dos turcos sozinho aos países que conquistará e todos os reis ser-lhe-ão tributários, mas somente o rei dos turcos será seu servo. [...] "No sétimo ano o filho de Davi virá." O sétimo ano é o Shabat, que significa o rei Shabetai. Nessa época, o rabino acima mencionado [Shabetai] retornará do rio Sambatyon ao lado de sua consorte predestinada, a filha de Moisés, [...] montado em um leão celestial; suas rédeas serão uma serpente de sete cabeças e "da sua boca, um fogo devorador"*. À vista disso, todas as nações e reis se prostrarão no solo diante dele. Naquele dia se dará a reunião dos dispersos e ele verá descer do alto o santuário já construído. Haverá sete mil judeus na Palestina nessa época, e naquele dia ressuscitarão todos os mortos que ali morreram. [...] A ressurreição fora da Terra Santa ocorrerá quarenta anos depois. (Scholem, *Sabatai Sevi*, 273-4)

De início, o movimento se espalhou entre os judeus de tendência mística na Palestina. Quando foi proibido pelas autoridades religiosas de Jerusalém, Shabetai Zevi voltou à sua cidade natal e, acompanhado de seus seguidores, ocupou ali a sinagoga sefardita. Dispensou o antigo rabino, nomeou um novo e passou a controlar boa parte da congregação.

Enquanto isso, graças à sua personalidade carismática, a seus arautos eruditos e a um clima prenhe de expectativas, ele granjeou adeptos em todo o mundo judaico. Mas as comunidades judaicas, da Polônia à Renânia e do Magrebe ao Mar do Norte, viram-se profundamente divididas entre os seguidores e os opositores desse "messias". Entre os partidários de Shabetai, o sentimento de que a redenção estava próxima frequentemente sobrepujava toda e qualquer objeção racional. Muitos venderam todos os seus bens mundanos e se prepararam para atender à iminente convocação para dirigir-se à Terra Santa, de onde esperavam que viesse a redenção. Todos os acontecimentos da época, desde a readmissão dos judeus na Inglaterra até os terríveis massacres ocasionados pela rebelião dos cossacos na Ucrânia em 1648, eram vistos como sinais e dores de parto de uma nova Era Messiânica.

Para o próprio Shabetai Zevi, contudo, a história tomou um rumo desfavorável. Convicto de sua missão, ele se dirigiu ao sultão em

---

* Salmos 18, 9. (N. do T.)

Istambul. Em fevereiro de 1665, preocupado com o embalo inexorável do movimento e com a inquietação que tomava conta do império, o sultão mandou prender Shabetai e lhe propôs escolher entre a morte ou a conversão ao islã. Quando Shabetai Zevi optou pela conversão, a maioria de seus seguidores concluiu ter sido enganada. Seus devotos mais fiéis, porém, não abandonaram a causa nem mesmo quando Shabetai morreu em principesca reclusão, em 1676. Interpretaram sua conversão como um passo necessário no processo de salvação e secretamente continuaram fiéis a Shabetai Zevi como Messias.

Todo o episódio do movimento messiânico mostra com quanta ansiedade os judeus esperavam sua redenção, com quanta intensidade continuavam a se sentir ligados à terra de Israel e como eram fortes os laços que uniam as comunidades sefardita e ashquenazita apesar de todas as suas diferenças. E esse entusiasmo messiânico deixou clara mais uma coisa: a imensa importância da Cabala, do misticismo judaico, para larga parcela da população. Com efeito, o sucesso de Shabetai Zevi seria inconcebível não fosse a ampla influência da Cabala Luriânica. Os seguidores de Shabetai, invocando uma complexa concepção cosmológica, tentaram até justificar em termos teológicos o rompimento de seu líder com o judaísmo e suas diversas transgressões da lei religiosa judaica. Em decorrência de um acidente cósmico durante o processo de criação (asseverava essa teologia da "redenção pelo pecado"), porções da energia divina haviam caído no abismo do universo. Enquanto essa parte de Deus permanecesse no abismo escuro, sempre haveria algum bem contido no mal. A salvação só se realizaria quando os últimos resquícios de energia divina fossem resgatados do abismo e voltassem à sua fonte. O Messias, por isso, entrara no reino do mal para reunir as centelhas dispersas e ocasionar a redenção.

Essa teoria cósmica também explicava a situação de exílio dos judeus. Assim como o próprio Deus estava exilado depois do acidente cósmico, assim também a humanidade fora expulsa do Paraíso e os judeus, da terra de seus antepassados. A expulsão da Península Ibérica foi interpretada como o ato final dessa dispersão total, que seria necessariamente seguida pela reunião de todos os judeus em sua própria terra.

A reestruturação que sucedeu esse movimento messiânico teve repercussões duradouras na vida judaica. Outros movimentos místicos, entre os quais o mais bem-sucedido foi o dos *hassidim*, surgiram em seguida. Mas, no rastro do fim desastroso dos falsos messias, todas as expectativas messiânicas imediatas, tais como as associadas a David Reuveni e Shabetai Zevi, tiveram de ser adiadas para um futuro indeterminado. As feridas abertas no mundo judaico inteiro quando este se dividiu entre os "crentes" e os "não crentes" no pseudomessias demoraram a se fechar, e chegaram mesmo a reabrir séculos depois, quando porém as fronteiras da divisão seguiram linhas completamente diferentes.

A primeira Hagadá impressa na Europa Oriental foi feita em Bistrowitz em 1592 e foi o único livro publicado em hebraico nessa cidade. A explicação dessa publicação única foi dada pelo editor Kalonymus ben Mordechai Jafe na página de rosto aqui reproduzida. Referindo-se a um versículo bíblico (Números 17, 13), ele dá a entender que fugira de Lublin em razão de uma epidemia e estabelecera-se por breve período em Bistrowitz.

11
Do Ocidente ao Oriente:
Um novo centro na Polônia

O escritor israelense S. Y. (Shmuel Yossef) Agnon, nascido na Polônia, iniciou seu *Buch der polnischen Juden* (*Livro dos judeus poloneses*), publicado em 1916, com o relato do mais famoso mito de fundação do judaísmo polonês: "Israel viu que o sofrimento se renovava incessantemente, que as opressões se multiplicavam, que a escravidão avultava, que o domínio do mal produzia catástrofe após catástrofe e acumulava expulsão sobre expulsão, de tal modo que já não podia fazer frente aos que o odiavam – e, assim, saiu pelos caminhos, procurou e investigou pelas estradas do mundo qual seria a vereda correta a tomar para encontrar repouso. Caiu então um recado do Céu: ide para a Polônia! [...] E alguns creem que até o nome do país provém de fonte divina: a língua de Israel. Pois assim disse Israel quando ali chegou: *po-lin*, ou seja: pernoitai aqui! E queriam dizer: é aqui que pretendemos pernoitar até que Deus reúna novamente os dispersos de Israel."

Recebidos com tolerância

Essa lenda popular teve origem na generosidade com que a Polônia recebeu os refugiados judeus da Europa Central e Ocidental no fim da Idade Média e no começo do período moderno. Ao mesmo tempo que cada vez mais territórios, das cidades alemãs aos reinos de Espanha e Portugal, expulsavam sua população judia, os reis poloneses esforçavam-se por fixar os judeus em seu país. A colonização de cristãos do Ocidente declinara, e o influxo judaico era considerado benéfico, pois aumentava a população das cidades e estimulava o comércio naquele país pouco povoado. Depois que o duque Boleslau V, no Estatuto de Kalisz (1264), encorajou o estabelecimento de judeus (regularizando e impondo rotinas às condições de residência dos judeus na Polônia) e o rei Casimiro concedeu extensos privilégios aos judeus das Polônias Menor e Maior em duas cartas (de 1334 e 1364), a torrente de imigrantes nunca secou por completo. Isso também ocorreu no reino da Lituânia, onde se podia esperar pouca resistência do clero, visto ter o país acabado de cristianizar-se (em 1385). A situação dos judeus da Polônia e da Lituânia era, portanto, mais favorável que a das comunidades judaicas restantes na Europa Ocidental. Os judeus eram imunes à jurisdição de todos os tribunais, exceto os diretamente vinculados à Coroa, e tinham permissão para ter seus próprios tribunais. Sinagogas e cemitérios eram protegidos da profanação, e a autonomia intrajudaica era preservada na maior medida possível. A circulação de calúnias acerca do envolvimento de judeus em assassinatos rituais era crime para o qual se previa punição. Em 1534, o rei Sigismundo I proclamou, contra a vontade do Sejm (o parlamento polonês), que os judeus de seu reino não precisavam usar distintivos especiais em suas roupas. Por isso, o mais famoso erudito judeu polonês do século XVI, Moisés Isserles, pôde escrever: "Neste país o ódio contra os judeus não é tão furioso quanto na Alemanha. Que tudo permaneça assim até a chegada do Messias!" E, em 1565, um legado papal enviou o seguinte relatório: "Nestes territórios há um grande número de judeus que não são tão desprezados quanto em outras partes. Não vivem em condições degradantes e não são obrigados a adotar profissões vis. São donos de terras, dedicam-se ao comércio e estudam medicina e astronomia. [...] Não usam insígnias que os distingam e têm até permissão para portar armas. Em suma, detêm todos os direitos cívicos." (Citado por Heiko Haumann, *A History of East European Jews* [Budapeste e Nova York: Central European University Press, 2002] p. 15.)

Não obstante, desde o início essa tolerância para com os judeus enfrentou a enérgica resistência da Igreja Católica. Já no Concílio de Breslau, em 1267, ouviu-se o apelo para que as áreas judaicas fossem segregadas da população cristã, para que os judeus usassem chapéus com chifres e para que fossem proibidos não só de ocupar cargos públicos como também de frequentar os banhos públicos e estalagens dos cristãos. A partir de meados do século XV, com a ascensão da burguesia polonesa, a competição econômica se intensificou e a nobreza, frequentemente em dívida para com os judeus, tornou-se cada vez mais antissemita. Como na França e na Alemanha medievais, também na Polônia a "aliança vertical" entre os judeus e a suprema autoridade política – o rei – mostrou-se frágil e indigna de confiança. Tornou-se precária, assim, a posição dos judeus no polo inferior dessa aliança, uma vez que seu aliado superior, o rei polonês, perdeu boa parte de seu poder para os estamentos representados no Sejm durante o século XV. Ao cabo de certa hesitação inicial, também a Polônia passou aos poucos a excluir os judeus do comércio de atacado e varejo, bem como a expulsá-los das cidades maiores. Em 1483 foram lançados fora de Varsóvia; em 1494, depois de uma revolta antijudaica, tiveram de sair de Cracóvia e estabelecer-se na vizinha Kazimierz. Somente em 1867 puderam, com algumas exceções, fixar-se novamente em Cracóvia.

No século XVI, é difícil identificar uma legislação uniforme a respeito dos judeus da Polônia. Apesar de novas resoluções antijudaicas aprovadas por sínodos cristãos (Petrikau, 1542) e a despeito de inúmeras lendas que falavam de ritos de assassinato ou profanação da hóstia, a casa real conseguiu (em princípio) assegurar a posição dos judeus. Ao contrário do que ocorria no Sacro Império Romano, entretanto, na Polônia os judeus em seu conjunto não tinham a condição de *servi camerae*; antes, estavam sujeitos a diversos ordenamentos jurídicos nas diferentes cidades e regiões do país. Esse fato reflete a gradual perda de poder da Coroa. Já no início do século XVI, o poder dos reis estava sendo restrito em favor do poder da nobreza. O rei Sigismundo I deu aos nobres a faculdade de tratar como bem entendessem os judeus de seus respectivos territórios. O poder das cidades também crescia. A partir dessa época, muitos povoados judaicos passaram a encontrar-se dentro de propriedades particulares possuídas e administradas por nobres poloneses. Alguns territórios, como Gdansk, Varsóvia e Lublin, não aceitavam judeus. Com o fim da dinastia Jaguelônica, em 1572, subiu ao trono uma monarquia eleita pelos nobres do Sejm. Dentro de suas próprias comunidades, porém, a situação da minoria judaica se estabilizou. Em específico, a União de Lublin, de 1569, que incorporou partes da Lituânia e da Prússia à união dos Estados poloneses, teve efeito positivo sobre a vida intrajudaica. Surgiu um Estado que abarcava várias nações, religiões e comunidades linguísticas. Ao lado das vizinhas Ucrânia e Bielo-Rússia, a grande República Polaco-Lituana também atraiu grandes comunidades de imigrantes alemães e italianos. Ao lado dos católicos poloneses, havia protestantes, cristãos ortodoxos e um número significativo de tártaros muçulmanos. Nesse ambiente diversificado, os judeus compunham de 3 a 5 por cento da população total em meados do século XVII, e até 20 por cento da população das cidades. Essas cifras eram muito superiores às do resto da Europa, onde os judeus perfaziam pouco mais que um por cento da população. Os judeus que viviam na Polônia-Lituânia (cerca de 300 mil, segundo certas estimativas) eram, assim, a maior comunidade judaica da Europa.

Ao passo que a maioria da população cristã era camponesa, os judeus, como vimos, compunham proporção significativa da população urbana. Nas cidades onde viviam, pequenas em sua maioria, eles trabalhavam em vários ramos do comércio e dos ofícios manuais. Os nobres poloneses do leste do país frequentemente arrendavam suas terras para judeus. Estes se tornaram, assim, administradores de propriedades fundiárias e, não raro, donos de estalagens. Isso significa que não vendiam somente bebidas alcoólicas aos camponeses, mas também tudo o mais que era produzido nas terras dos nobres. Em regra, homens e mulheres partilhavam o trabalho. O marido normalmente administrava os empréstimos de dinheiro e viajava pelo país, enquanto a mulher cuidava dos negócios na praça do mercado, que em geral envolviam penhores e transações pecuniárias menores. Nas tavernas, a esposa tratava do preparo das refeições, e o marido servia os fregueses.

Sob vários aspectos, os judeus da Polônia formavam uma espécie de sociedade paralela à da comunidade cristã. Enquanto a população judaica dos latifúndios aristocráticos do leste era normalmente o único elemento mercantil dessa região, a atividade econômica dos judeus das cidades polonesas mais a oeste não diferia significativamente daquela das populações ao redor. Os judeus falavam sua própria língua, o iídiche, que haviam levado consigo da Europa de fala alemã. O iídiche era baseado em dialetos alemães medievais suplementados por elementos hebraicos e eslavos e era escrito em caracteres hebraicos. É claro que os calendários dos cristãos e judeus da

Este desenho do século XIX mostra a sinagoga setecentista de Mohylów Podolski, construída em madeira à beira do Dniester, em frente às igrejas católica e ortodoxa da mesma municipalidade.

Polônia eram diferentes, como em outras regiões. Os judeus observavam seus próprios dias santos e descansavam no sábado e não no domingo. As comunidades judaicas autônomas eram presididas pelos anciões (*tovim*), eleitos anualmente por todos os contribuintes, e por um chefe cujas atribuições eram semelhantes às de um prefeito (o *parnas*). Tomavam suas próprias decisões sobre assuntos religiosos e mundanos – desde diretrizes sobre os alimentos permitidos e proibidos até a melhoria das vias públicas nos bairros judeus. As comunidades reivindicavam muitos direitos existentes desde a Idade Média, entre eles a faculdade de permitir ou proibir que judeus estrangeiros se estabelecessem em sua comunidade. O fundamento da autonomia judaica era um sistema jurídico independente. Este era encabeçado, via de regra, por um rabino respeitado cuja influência ultrapassava em muito a esfera religiosa. Os assuntos comunitários imediatos eram administrados pelo *qahal*, a assembleia comunitária judaica, geralmente dominada pelos comerciantes ricos. As leis religiosas e comunitárias judaicas regulavam a vida cotidiana a tal ponto que frequentemente é difícil discernir uma separação entre as esferas religiosa e secular.

A autonomia não se manifestava somente em nível local. Até o século XVIII, o *Va'ad Arba Aratzot* (*Aratzos* na pronúncia ashquenazita), conselho que se reuniu pela primeira vez em 1581 e juntava as comunidades autônomas da Polônia-Lituânia (as "Quatro Terras": Polônia Maior, Polônia Menor, Volínia e Podólia), decidia as disputas supralocais entre os judeus e se apresentava como frente unida no trato com as autoridades gentias. Os chefes seculares das comunidades e as autoridades religiosas se reuniam, geralmente duas vezes por ano, nas grandes feiras de Lublin e Yaroslav. Em nenhuma outra comunidade da Diáspora europeia os interesses judaicos estavam tão fortemente representados em nível nacional.

Ao lado dos fatores evidentes que separavam os judeus dos cristãos na Polônia, havia certas coisas que uniam as duas comunidades. As culturas da vida cotidiana se abeberavam em fontes comuns. A crença popular em demônios e espíritos simplesmente se revestia de formas exteriores diferentes. Tanto os judeus quanto os cristãos procuravam curandeiros, usavam amuletos e criam no poder ativo de certas fórmulas verbais e orações. As vestimentas dos judeus poloneses eram idênticas às da população circundante, e a arquitetura das sinagogas seguia os estilos arquitetônicos prevalecentes. Especialmente a partir do século XVIII, disseminaram-se as sinagogas de madeira com imponentes pinturas murais. Exceto no tocante à obediência às leis alimentares, a comida "tipicamente judaica" dos judeus era parecidíssima com a da culinária polonesa. As melodias que os judeus usavam em suas canções populares derivavam das tradições musicais autóctones da Europa Oriental.

Sob muitos aspectos, portanto, os judeus poloneses faziam parte da Polônia. Sentiam-se ligados à paisagem e ao rei, estabeleceram estruturas políticas semelhantes às dos povos ao redor, suplementavam as necessidades econômicas destes e, em inúmeros particulares da vida cotidiana, se pareciam mais com seus vizinhos cristãos que com os judeus de terras distantes. De modo algum, porém, se deve idealizar essa afinidade. Os judeus e cristãos da Polônia nem sempre gostavam uns dos outros, e suas diferenças religiosas davam origem a constantes tensões. Os judeus arrendatários de terras frequentemente se encontravam presos no fogo cruzado entre nobres e camponeses ou poloneses e ucranianos. Isso se tornava especialmente evidente nas épocas de perseguição.

Destruição e reconstrução

Quando o cossaco ucraniano Bogdan Chmielnicki desencadeou uma revolta contra o domínio dos magnatas poloneses, em 1648, seus atos tiveram consequências drásticas para os judeus da Europa Oriental. A revolta reunia vários elementos: no nível nacional, era uma sublevação contra o Império Polonês; no nível social, uma luta dos camponeses contra os grandes proprietários de terras; e, no nível religioso, a resistência da Igreja Ortodoxa ao domínio da Igreja Romana. Os judeus foram incluídos nessa briga e visados não só como intrusos em matéria de etnia e religião, mas também como bodes expiatórios em matéria de economia. A maioria dos camponeses ucranianos nem sequer conhecia os donos efetivos das terras que cultivavam; tinham contato somente com os intermediários judeus, que se tornaram objeto de seu ódio. Centenas de comunidades judaicas foram arrasadas durante os tumultos, e dezenas de milhares de judeus foram mortos ou vendidos como escravos. Até o século XX, esse tinha sido o massacre mais sangrento de judeus em toda a história. Os relatos da época descrevem detalhadamente as atrocidades e caracterizam-nas como a "terceira destruição" (depois das destruições dos dois Templos de Jerusalém).

Esses acontecimentos direcionaram para o Ocidente a maré da migração judaica. Agora os judeus saíam da Polônia e voltavam para os diversos territórios alemães ou fugiam para Amsterdam ou para o Império Otomano. Outros se estabeleceram nas regiões ocidentais da Polônia, e alguns logo voltaram para suas cidades natais. Na verdade, é impressionante a rapidez com que a comunidade judaica da Polônia se recuperou desses horrores. No final do século XVII, o país novamente abrigava inúmeras instituições de estudos judaicos e sua população judia aumentava rapidamente. Em meados do século XVIII, chegou a 750 mil pessoas, quase metade da população urbana do país.

Os próprios centros de erudição dos judeus poloneses só foram temporariamente abalados pelos massacres de 1648. Até a era moderna, a Polônia continuou sendo o eixo dos estudos judaicos tradicionais. Seus rabinos e professores eram reiteradamente chamados ao Ocidente para disseminar os conhecimentos judaicos. Aos três ou quatro anos de idade, todo menino judeu deveria começar a frequentar uma espécie de escola, em geral localizada na sala do professor ou *chêder* ("sala" em hebraico e iídiche), onde recebia pelo menos conhecimentos elementares sobre a Torá e o Talmude, era introduzido ao mundo das orações e da lei judaica e aprendia a ler o alfabeto hebraico. A qualidade da instrução e o tamanho da classe dependiam de quanto os pais podiam pagar ao professor. Também as meninas podiam receber uma instrução rudimentar, mas esta geralmente ficava a cargo dos membros da família ou de professores particulares e era feita em iídiche. Os verdadeiros centros de conhecimento eram as *yeshivot* (*yeshivos* na pronúncia ashquenazita), em que o Talmude e os códigos e comentários rabínicos eram estudados a fundo. Somente uma minoria de estudantes tinha a oportunidade de frequentar a yeshivá; a maioria começava a trabalhar ainda jovem. O objetivo maior dos alunos das yeshivot (os iniciantes eram chamados *ne'arim*, e os alunos mais avançados, *bachurim*) era vir a familiarizar-se com os pontos mais sutis da lei judaica. Em regra, com dezoito anos de idade eles já haviam terminado seu curso de estudos, recebido o título de *haver* e estabelecido família. Podiam então tornar-se professores ou escribas da Torá, pregadores e até rabinos. Neste último caso, passavam mais alguns anos frequentando a yeshivá (ou uma de duas outras instituições: o *bet midrash* comunitário, uma casa de aprendizado, ou o *klois* mais reservado, uma residência fechada para estudantes) e recebiam por fim o título de *morenu* (nosso mestre), equivalente a uma ordenação rabínica.

A invenção da imprensa contribuiu para a disseminação e a democratização do estudo do Talmude. Em meados do século XVI, a Polônia era a sede das mais importantes gráficas hebraicas, cujo trabalho era centrado na publicação do Talmude. Surgiu então um formato padronizado para as páginas do Talmude: ao lado do texto da Mishná e da Guemará figuravam os principais comentários dos últimos séculos. Ao passo que os alunos antes dependiam das interpretações de seus mestres e raramente tinham acesso aos livros em si, a imprensa facultou então o acesso direto às fontes, permitindo que mais gente, e não somente uma pequena elite, estudasse sem intermediários. Também foram impressos livros de conteúdo menos elitista que se divulgavam entre maior número de leitores; incluíam-se aí os escritos de autores menos conhecidos e os sermões de pregadores populares. Como consequência, o monopólio do conhecimento exercido pelas autoridades tradicionais foi cada vez mais posto em questão.

Havia agora também uma literatura "para mulheres" (ou seja, uma literatura frequentemente lida por mulheres) publicada em iídiche. Os mais famosos compêndios de textos bíblicos e lendas foram o *Tsene-rene* (nome derivado de um versículo bíblico do Cântico dos Cânticos, 3, 11: "Ó filhas de Sião, vinde ver..."), do começo do século XVII, e o *Maysse-Buch* (Livro de Histórias), que continha numerosos contos rabínicos. Além disso, publicavam-se muitíssimas *tkhines*, coletâneas daquelas orações consideradas importantes para as mulheres e usadas acima de tudo para fins domésticos, na *mikvá* (o banho ritual tomado todo mês para purificação após a menstruação) e nas visitas a cemitérios. As *tkhines* permitiam que as mulheres mergulhassem em um mundo devocional análogo ao dos homens. Ao passo que estes eram obrigados a ir à sinagoga três vezes por dia, as mulheres (em razão de suas responsabilidades domésticas e nos negócios, bem como da suposição de que somente os homens tinham papel essencial no culto religioso público) não tinham de participar das orações diárias em congregação, embora nada as impedisse de frequentá-las em uma sala separada. Em casa, os deveres rituais que cabiam às mulheres eram, entre outros, a *chalá* (a obrigação de cortar um pedaço de massa para assar) e a *hadlakat nerot* (ato de acender as velas do Shabat e dos dias santos).

O hassidismo

Em meados do século XVII, a Cabala passou a gozar de popularidade cada vez maior na Europa Oriental, tanto como tema de estudo teórico quanto por suas aplicações práticas – a produção de amuletos que davam bênçãos, a introdução de novas orações e até exercícios físicos. Os ritos cabalísticos influenciavam agora o comportamento dos fiéis nos grandes acontecimentos da vida, como o nascimento, o casamento e a morte. Os conselhos de um curandeiro, um *ba'al shem*, eram procurados em caso de doença.

Um desses curandeiros era Israel ben Eliezer, que passara a ser conhecido pelo nome de *Ba'al Shem Tov* (Senhor do Bom Nome). As fontes da época pouco nos dizem acerca dele, exceto que morava na cidadezinha ucraniana de Miedzyboz e inspirou os pobres da Podólia a interessar-se por seus ensinamentos. Com o hassidismo (os *hassidim* são os "piedosos"), seus seguidores criaram um movimento de massas que pôs enorme desafio à tradição judaica fixada no estudo do Talmude. Segundo a doutrina hassídica, não era somente pelo estudo rigoroso que o homem poderia se aproximar de Deus. Muitas vias levavam a esse destino: a intimidade com a natureza e atividades físicas como o canto e a dança, bem como o ato de balançar para a frente e para trás durante a oração. A alegria e os festejos adquiriram nova dimensão devocional. A interiorização da espiritualidade durante a oração, a ponto de se alcançar um estado semelhante ao transe, tornou-se mais importante que a própria pronúncia das palavras.

Depois da morte do *Ba'al Shem Tov*, em 1760, seu braço-direito, Dov Ber de Mezhirech, transformou um pequeno grupo de seguidores em um movimento. Dov Ber, ao contrário do fundador do hassidismo, era um mestre renomado que agora atribuía ao estudo do Talmude um lugar de destaque na vida dos hassidim. Por esse motivo, entre outros, o movimento passou a ser respeitado. Ao final do século XVIII, o hassidismo se dividira em numerosos grupos menores, cada um dos quais seguia seu próprio líder espiritual, o *rebe* ou *tzadik*. A maioria dos ensinamentos deles era transmitida oralmente na forma de contos populares, mas alguns discípulos publicaram os textos mais importantes de seus mestres. A partir do século XIX, o *tzadik*, ao contrário do rabino eleito por uma congregação, passou a ser normalmente legitimado por sua ascendência. Em regra, o pai era sucedido pelo filho mais velho ou, se não tivesse filhos, por um enteado. Ao *rebe* atribuíam-se poderes quase sobrenaturais. Entrar em contato corporal com o *rebe* – e não só com ele mesmo, mas até com os alimentos e bebidas que havia provado – era ato tão piedoso quando cantarolar

O pintor de gênero Isidor Kaufmann, nascido na Hungria, especializava-se em retratar judeus hassídicos. Esta pintura de 1897-1898 mostra um hassid na sinagoga de madeira de Jablonow, na Eslováquia, cujas quatro paredes apresentam colorida ornamentação.

suas melodias ou contar suas histórias. Consequentemente, as peregrinações às cortes hassídicas passaram a gozar de enorme popularidade. Em certo sentido, o *rebe* era o equivalente de um santo católico.

A princípio o hassidismo se deparou com a intensa resistência dos círculos judaicos tradicionais. Os hassídicos faziam curiosos movimentos extáticos durante a oração, preferiam o livro de orações sefardita – enriquecido pela Cabala – ao tradicional rito ashquenazita usado na região e estudavam o *Zohar* com o fervor normalmente reservado ao Talmude. Além disso, rejeitavam como não *kasher* as facas usadas pela maioria dos açougueiros judeus e introduziram suas próprias facas. Para cúmulo, voltavam-se contra a autoridade dos rabinos e recorriam a seus próprios *rebes*. Um dos principais motivos, portanto, do conflito entre os hassídicos e seus adversários (*mitnagdim*, ou *misnagdim* em pronúncia ashquenazita, é a palavra hebraica que significa "oponentes") era a questão da autoridade. A introdução de novos ritos impossibilitava que os dois lados rezassem juntos; a criação de novas facas de abate ritual os impossibilitava de comer juntos; e, com o surgimento de novos *rebes* carismáticos, o que o rabino dizia não significava mais nada. Por isso, não surpreende que as "velhas" autoridades tenham voltado todas as suas baterias contra os hassídicos e, como afirmam certos historiadores, tenham, assim, colaborado para criar um movimento propriamente dito. Além disso, incomodavam-nas o desprezo pelo estudo do Talmude e a aparente necessidade dos hassídicos de dar vazão a seus sentimentos exuberantes. Chegaram mesmo a acusar várias vezes os hassídicos de entregar-se ao gozo excessivo do álcool e do tabaco.

Na linha de frente desse conflito estava a maior autoridade rabínica da época, o Rabi Eliayu ben Shlomo Zalman, o "Gaon de Vilna". Apoiado pela comunidade judaica de Vilna, dedicou a vida ao estudo do Talmude, estudo esse levado a cabo no perfeito isolamento que lhe era facultado na qualidade de erudito independente. Em 1772, excomungou os líderes hassídicos e foi, por sua vez, excomungado por eles. Não era raro que ocorressem disputas amargas e veementes pela liderança das comunidades judaicas. Na maioria das vezes, elas refletiam diferenças geográficas. Os hassídicos predominavam nas regiões onde o povo era menos instruído, a leste (Podólia, Volínia) e ao sul (Galícia, Hungria), enquanto os mitnagdim prevaleciam nos redutos de erudição judaica, em Vilna e demais regiões setentrionais da Lituânia e da Bielo-Rússia.

O movimento desencadeado pelo pseudomessias Shabetai Zevi teve consequências espetaculares na Polônia. Mesmo depois de sua conversão e morte, em muitas regiões da Europa os "crentes" não puderam ser dissuadidos de vê-lo como Messias. Alguns de seus seguidores poloneses permaneceram em contato com os centros do movimento sabatiano nos Impérios Habsburgo e Otomano. Isso deve ter acontecido também com a família de Jacob Frank, que disseminava a doutrina sabatiana desde a década de 1750 e acusava o judaísmo rabínico de usar o Talmude para distorcer a doutrina judaica. Citando o *Zohar* e outros textos da Cabala, Frank introduziu em seus ensinamentos certos elementos da doutrina cristã, como a Trindade. Sua seita praticava, entre outras coisas, transgressões propositais da lei judaica, chegando mesmo à devassidão sexual. A situação deteriorou-se a tal ponto que as autoridades judaicas da Polônia consultaram Jacob Emden, um estudioso que avançara à linha de frente no combate aos sabatianos após uma disputa pública contra o rabino das comunidades de Hamburgo, Altona e Wandsbek – Jonathan Eybeschütz, a quem Emden (com razão) atribuía práticas sabatianas. Emden recomendou que se procurasse a ajuda do bispo de Kamenetzk-Podolsk. O bispo, entretanto, ficou do lado de Frank e, a pedido deste, convocou em 1757 uma disputa pública entre os rabinos da região e os adeptos de Frank, um debate religioso cujo resultado, como os dos ocorridos na Idade Média, já estava predeterminado. O bispo concedeu a Frank e a seus seguidores a vitória na disputa, impôs uma multa às comunidades judaicas e fez queimar publicamente todos os exemplares do Talmude encontrados na Podólia.

Fortalecido por essa vitória, Frank fez-se proclamar sucessor não só de Shabetai Zevi como do próprio rei Davi e entrou no seio da Igreja Católica. A conversão pública de 500 seguidores de Frank ocorreu em 17 de setembro de 1759 em Lemberg (Lvov) e foi assistida por vários nobres poloneses. No dia seguinte, o próprio Frank foi batizado em Varsóvia, tendo por padrinho ninguém menos que o rei Augusto III. Porém, como Frank e seus adeptos conservavam suas práticas estranhas, continuaram a ser vistos com suspeita, dessa vez pela Igreja. Um ano depois do batismo, Frank enfim foi preso e passou os últimos treze anos de sua vida detido em uma fortaleza em Częstochowa. Muitos franquistas católicos, que podem ter sido em número de até 20 mil, aderiam secretamente a certas práticas judaicas, circuncidavam seus filhos e celebravam o Shabat. Mesmo dentro das comunidades judaicas, algumas famílias preservaram clandestinamente as tradições sabatianas e franquistas até o começo do século XIX. Em 1817, porém, quando o czar da Rússia declarou oficialmente que os franquistas eram "cristãos israelitas", a maioria deles foi plenamente assimilada. Mesmo assim, muitos franquistas continuaram conscientes de suas origens depois de várias gerações e mantinham contato uns com os outros por meio de laços familiares e comerciais. Não há dúvida de que tanto os sabatianos quanto os franquistas colaboraram para dar a impressão de que a comunidade judaica unificada estava em processo de desintegração. Indiretamente, lançaram um dos fundamentos da diversificação da comunidade e, em última análise, das modernas divisões do judaísmo.

A família Van Geldern, da Baixa Renânia – antepassados do poeta Heinrich Heine –, pertencia a uma elite social judaica que ainda no século XVIII podia mandar fazer uma Hagadá como esta, ilustrada à mão. Esta cena doméstica mostra como a adesão à tradição judaica podia coexistir com a mobilidade social ascendente. No fundo abre-se a paisagem de um parque, que põe em evidência o porte aristocrático da casa.

12
De Dessau a Berlim:
Judeus da zona rural, judeus cortesãos e filósofos iluministas

Para descrever o início da era moderna, a historiografia judaica tradicional não conhece tema melhor que a viagem de Moses ben Mendel, que em 1743, aos 14 anos de idade, saiu de Dessau, sua cidade natal, e dirigiu-se para Berlim. Mendel, filho de um escriba da Torá, foi atrás de seu mestre, o rabino David Fränkel, a fim de continuar seus estudos talmúdicos. Como todos os seus correligionários, Moses tinha de pagar um imposto especial humilhante (o *Leibzoll*, uma capitação ou "taxa corporal") em toda fronteira de província e submeter-se a outras leis discriminatórias. Só pôde permanecer em Berlim porque fora contratado como tutor particular pelo próspero industrialista Isaak Bernhard. Em poucos anos, Moses ben Mendel se tornou um dos mais importantes filósofos do iluminismo. Com o nome de Moses Mendelssohn, gozou de íntima amizade com o dramaturgo Ephraim Lessing e foi altamente elogiado pelo filósofo Immanuel Kant.

A ascensão de Mendel, tal como narrada por Isaak Markus Jost, o primeiro historiador judeu moderno, significou um rompimento com "a densa escuridão que envolvia todo o judaísmo" e "o raiar de um dia belo" e novo. Se, para Jost, Mendelssohn foi um novo Moisés, para o poeta Heinrich Heine ele foi um moderno Lutero, que reformou o judaísmo.

Entre judeus mendigos e judeus cortesãos

A luz que rompeu a escuridão não chegou sem aviso, apesar do que Jost e outros historiadores gostariam de nos fazer crer. As mudanças no judaísmo alemão do século XVIII foram mais lentas e começaram mais cedo. Chegando a Berlim, Mendelssohn encontrou uma comunidade judaica muito diferente da que deixara em Dessau. Nos vários territórios alemães do século XVIII, a comunidade judaica não se caracterizava tanto pelos conflitos religiosos, mas por conflitos sociais. Por um lado, uns poucos judeus cortesãos haviam experimentado uma mobilidade social que até então não se considerava possível e frequentemente eram confidentes e íntimos de seus respectivos soberanos. Por outro, havia os *Betteljuden*, os "judeus mendigos" itinerantes, que vagavam de lugar em lugar e dependiam da boa vontade de seus correligionários. Entre os dois extremos achava-se a maior parte da sociedade judaica, que, depois de ser expulsa das cidades e proibida de concorrer no comércio e nos ofícios, se via obrigada, na maioria das vezes, a dedicar-se à venda de gado e a administrar pequenas casas de penhores.

Que os homens não eram os únicos a trabalhar para ganhar dinheiro é fato demonstrado pelas memórias de Glikl bas Juda Leib, nome pelo qual ela mesma se chamava, ou Glückel de Hamelin, como foi chamada mais tarde por seus editores. Glikl era filha de comerciantes de Hamburgo. Em 1660, aos 14 anos, casou-se com Chaim ben Joseph, de Hamelin. Embora o casal tenha tido quatorze filhos, Glikl ajudava o marido nos negócios. Quando Chaim morreu, em 1689, ela de início dirigiu a firma sozinha. Depois teve a ajuda de seu segundo marido, Hirsch Levy, de Metz, na Lorena. Ele, porém, levou a empresa à bancarrota. As memórias de Glikl são a primeira biografia completa que chegou a nós de uma mulher judia, e delas tiramos muitas informações não somente sobre a vida comercial, mas também sobre lendas e histórias familiares. Suas memórias também deixam claro que certas mulheres judias nos primórdios da época moderna adquiriam educação religiosa e secular, estudavam usando uma literatura especial para mulheres (sobretudo compêndios de textos bíblicos, lendas históricas e orações) e participavam da vida religiosa.

A política econômica do Estado absolutista teve influência decisiva sobre o destino dos judeus nos séculos XVII e XVIII. Segundo os princípios do mercantilismo, era de vital interesse do país a obtenção de uma balança comercial favorável. Tal se realizaria pelo aumento

Página de rosto das memórias de Glikl de Hamelin, em iídiche, na transcrição de seu filho Moses Hamelin.

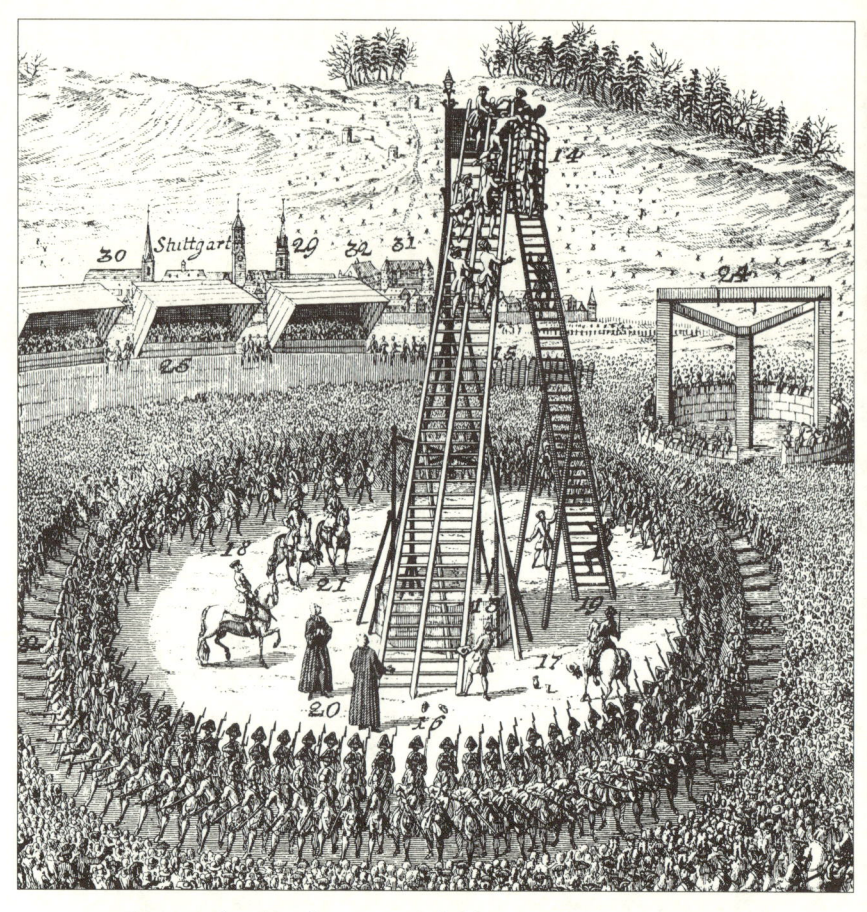

O espetáculo público da execução de Jud Süss em 4 de fevereiro de 1738: milhares de espectadores viram-no morrer em um cadafalso de doze metros de altura. Seus restos mortais ficaram expostos por seis anos em uma gaiola, como aviso.

da receita do Estado e pelo favorecimento à imigração de estrangeiros, desde que estes trouxessem benefícios comerciais ao país. Os motivos religiosos cada vez mais se viam subordinados aos interesses econômicos. A percepção de que os judeus poderiam ser membros produtivos do Estado se arraigou e levou à formação de uma nova elite econômica entre os judeus da Europa Central.

No rastro da Guerra dos Trinta Anos, a autoridade do imperador declinou e deu lugar a numerosos principados menores. Esses principados tinham de encontrar empreendedores peritos na cunhagem de moedas e no aprovisionamento de exércitos, bem como agentes autorizados a exercer as atividades monopolizadas pelo Estado, que cuidassem do crescimento e da centralização econômica nos territórios de seus príncipes. Esses novos recrutas do mercantilismo tinham, além disso, de fazer parte de um grupo sem interesses próprios, que não tivesse a menor possibilidade de buscar o poder para si. Os judeus eram a pedida ideal. Mesmo nas épocas mais difíceis, "judeus cortesãos" foram recrutados para obter mercadorias de todo tipo, desde animais para abate até joias. No decurso da Guerra dos Trinta Anos, já haviam provado seu valor como grandes fornecedores dos exércitos. Os ativos necessários para a obtenção do direito de comerciar eram igualmente importantes. Sem os créditos de seu *Hoffaktor* (agente da corte) Behrend Lehmann, o príncipe eleitor saxão Augusto, o Forte, não teria de modo algum conseguido se tornar rei da Polônia. E sem a ajuda de Leffmann Behrens, Ernesto Augusto de Hanover jamais teria se tornado príncipe eleitor. Às vezes, um único príncipe contratava vários judeus cortesãos. Os membros de trinta e cinco famílias judias de Frankfurt foram empregados por Augusto, o Forte. Inversamente, às vezes acontecia de um único agente ser empregado em várias cortes. O banqueiro frankfurtiano Moses Löb Isaak Kann, por exemplo, era empregado em Mogúncia, Wurzburgo, Bamberg e Viena.

É claro que foi somente uma minoria de judeus ricos que ingressou nesse tipo de carreira, mas nos séculos XVII e XVIII eles eram encontrados em várias cortes principescas. Muitas vezes foram eles que, anos depois da expulsão de uma comunidade judaica antiga, restabeleceram o núcleo de uma comunidade nova, fortalecendo-a com os membros de sua família, seus empregados e aqueles funcionários necessários para um modo de vida judaico (rabinos, professores e açougueiros). Em regra, atuavam também como representantes de suas comunidades. Fundavam e financiavam instituições judaicas, como escolas talmúdicas e gráficas hebraicas. Por um lado, gozavam de privilégios especiais, como a autorização de morar fora do gueto, a isenção do imposto de capitação (*Leibzoll*) e a igualdade com os mercadores cristãos nas feiras. Às vezes, tinham até autorização para portar armas. Tinham acesso direto ao príncipe, embora estivessem completamente à sua mercê. Mesmo os príncipes que prezavam os serviços de seus cortesãos judeus às vezes se entregavam a brincadeiras rudes: Augusto, o Forte, por exemplo, cortou com suas próprias mãos a barba de seu cortesão judeu diante dos convidados em um jantar.

O maior temor do judeu da corte, porém, era sempre a morte do príncipe de cujo favor gozara. Nesse momento sua fortuna poderia mudar radicalmente, e o favorito de ontem se tornaria o bode expiatório de amanhã. O caso mais famoso de uma reviravolta desse gênero foi o de Joseph Süss Oppenheimer (1698-1738). Em 1732, ele foi nomeado agente da corte pelo duque de Württemberg, Carlos Alexandre, e em pouco tempo se tornou o ministro mais importante do governo de seu país. Depois da morte de Carlos Alexandre, a ira do povo contra o duque se voltou para seu cortesão judeu, que foi preso sob a acusação de peculato e condenado à morte. Comparado com o destino da maioria dos judeus cortesãos, o fim sensacional de sua carreira foi tão atípico quanto fora sua rápida ascensão, mas lança luz sobre a situação precária dos judeus, mesmo dos que ocupavam as mais altas posições.

Os judeus cortesãos frequentemente prestavam serviços à mesma casa principesca ao longo de várias gerações. Isso queria dizer que também atuavam como porta-vozes de seus correligionários. Era raro que seu modo de vida e o fato de residirem fora do gueto abrissem tamanho abismo entre eles e a comunidade a ponto de não haver pontos de contato entre esta e seu porta-voz. Geralmente, os judeus cortesãos eram intimamente ligados às comunidades judaicas e trabalhavam em prol de sua consolidação. Não obstante, os grandes privilégios de que gozavam os separavam dos membros comuns da comunidade. Com frequência, não estavam sujeitos à jurisdição dos rabinos e sujeitavam-se, antes, ao tribunal do príncipe. Tinham acesso direto (*Immediatverkehr*) ao soberano a qualquer momento e não tinham de pagar a capitação discriminatória (*Leibzoll*), o imposto especial cobrado apenas dos judeus e do gado nas fronteiras entre as diversas províncias da Alemanha. Um número relativamente alto de seus descendentes se converteu ao cristianismo.

Muitas vezes, como na expulsão de Viena, em 1670, os judeus cortesãos não conseguiam (apesar do esforço) evitar as calamidades. Além disso, no conjunto, houve exagero no modo como se tem retratado o papel por eles desempenhado na economia europeia. Eles foram uma das peças que compuseram o sistema mercantilista, mas sem a participação deles este não teria ruído. Famílias ricas de comerciantes cristãos, como os Fugger, tinham à sua disposição um capital muitíssimo maior que o dos judeus cortesãos. Estes constituíram importante elemento novo em um mundo judaico à beira da modernidade, mas certamente não foram os únicos agentes dessa iminente transformação. Em muitas cidades, como Königsberg, Magdeburgo e Breslau, a chegada de judeus cortesãos resultou no restabelecimento da comunidade judaica, e muitas outras comunidades cresceram substancialmente em decorrência dos esforços deles. Porém, também havia outros motivos para trazer judeus para determinado país. É o que se vê no caso de Cristiano Augusto, conde palatino de Sulzbach. Em virtude de seu interesse pela interpretação cristã da Cabala, ele fundou uma gráfica hebraica que serviu de base para uma nova comunidade judaica.

O estabelecimento de judeus em uma parte do margraviado do conde levou à fundação de outras comunidades nessa região. Assim, na cidadezinha de Floss, pequena freguesia no território de Sulzbach, surgiu uma comunidade judaica cuja estrutura se assemelhava à dos vilarejos judaicos de outras regiões. Na maioria das vezes, pode-se dizer que os cristãos e os judeus viviam ao lado uns dos outros, mas não na companhia uns dos outros. Mesmo quando o gueto não tinha muralha, havia outra linha visível de demarcação. Um rio ou uma rua, por exemplo, separavam do bairro judeu a parte cristã do povoado. Em Floss, a população judia vivia na *Judenberg* (a "colina judia"), designada como tal pela primeira vez em 1736, ao passo que os cristãos moravam na cidade aos pés da colina. Os dois grupos mantinham estruturas administrativas separadas. O povoamento judeu estava sujeito à jurisdição exclusiva da autoridade pública do Palatinado de Sulzbach. Ainda no século XIX era uma comunidade politicamente autônoma, com seus próprios órgãos comunitários, líderes e funcionários, seu vigia noturno e seu corpo de bombeiros.

As estatuetas de terracota de Zizenhausen gozavam de grande popularidade nos lares pequeno-burgueses do século XIX. Anton Sohn, pintor de igrejas, começou a fabricá-las em sua cidade natal em 1799. As figuras representavam diversas cenas da vida rural, nostalgicamente transfiguradas. Os judeus em geral figuravam como comerciantes nessas estatuetas, como nesta imagem do "comércio de cabras".

A maioria dos pontos de contato advinha das transações comerciais. Muitos judeus de Floss eram mascates, e seus fregueses, cristãos. Uma vez que as pressões da concorrência também eram muito fortes entre os comerciantes judeus, em 1719 o governo de Sulzbach dividiu a região em vários distritos comerciais, em cada um dos quais somente um comerciante podia trabalhar. Entre os mercadores judeus, o direito ao comércio nesses distritos podia ser herdado, vendido, arrendado, trocado ou subdividido. Segundo a tradição, seus vizinhos cristãos respeitavam o espaço ritual dos judeus na cidade e às vezes até participavam das comemorações judaicas, embora frequentemente lhes atribuíssem funções mágicas. Acontecia, por exemplo, de os camponeses cristãos atribuírem poderes especiais a objetos usados pelos judeus em seus ritos, crendo que eles pudessem afetar a fertilidade de seu gado. As coisas eram vistas, mas não compreendidas; ainda em pleno século XX conservavam-se inúmeras lendas curiosas acerca dos costumes alimentares e ritos funerários dos judeus.

A maioria dos judeus alemães do começo do período moderno habitava a zona rural e organizava-se nos chamados *Landjudenschaften*, associações de autogestão dos assuntos judaicos, que reuniam todos os chefes de família de certo território. A principal função da associação era determinar como dividir entre os membros o pagamento dos impostos frequentemente opressivos cobrados dos judeus; além disso, ela nomeava o rabino-chefe da província e o líder comunitário encarregado de representar a comunidade perante o mundo exterior. Na Alemanha não havia nada equivalente ao *shtetl* da Europa Oriental. Somente no sul de Baden e na Suábia havia comunidades maiores, com centenas de membros. Em regra, as comunidades judaicas compreendiam poucas famílias e eram muito distantes umas das outras. Não raro, era necessário usar cemitérios longínquos. Os mapas registram os *Judenwege* (caminhos judaicos), alguns dos quais devem sua origem à lei religiosa que impõe, no Shabat, o uso de caminhos curtos e especialmente demarcados. Na maioria dos casos, porém, os novos caminhos foram construídos quer para habilitar os judeus a contornar leis discriminatórias, como a capitação e o imposto sucessório, quer por medo de ataques antijudaicos de seus vizinhos.

Os judeus do sul da Alemanha e da Alsácia tinham traços distintivos desconhecidos entre aqueles da Europa Oriental. Falavam um dialeto ocidental do iídiche (antes chamado *jüdisch-deutsch* ou *Judendeutsch*), que tinha muito em comum com a língua dos judeus da Europa Oriental, mas também guardava grandes diferenças quer de vocabulário, quer de pronúncia. Algumas tradições, como o *Hollekreisch* (cerimônia de nomeação da criança), os envoltórios da Torá (fitas de tecido colorido com que se amarravam os rolos da Lei) e os livros memoriais que preservavam os nomes dos membros falecidos da comunidade e os antigos costumes, existiam somente no sul da Alemanha. Mesmo na dieta alimentar os judeus da Alemanha meridional se distinguiam de seus correligionários do Leste Europeu. Preparavam versões *kasher* de pratos alemães, desde *Sauerbraten* com *Knödel* (carne ensopada com bolinhos cozidos) até um *Stollen* e um *Zwetschgendatschi* (bolo de ameixa da Baviera). *Guefilte fish, baguels* e *blintzes* – os pratos populares da culinária do Leste Europeu – eram desconhecidos para os judeus alemães. Para todos os judeus, porém, era importante preparar pratos especiais para o Shabat que pudessem ser postos no forno (amiúde na padaria local) na tarde de sexta-feira e retirados na tarde do sábado, visto ser proibido cozinhar no dia santo. Em geral, o mais conhecido desses pratos era o *cholent*, um cozido de feijão, cevada, carne e batata. No sul da Alemanha, por outro lado, era um prato doce chamado *Schalet* (depois imortalizado por Heinrich Heine, aludindo à Ode à Alegria de Schiller: "Schalet, raio de luz imortal..."). Os judeus do sul da Alemanha não chamavam seu pão do Shabat de chalá, mas de "Barches". Assim como havia grandes diferenças entre os judeus poloneses em matéria de costumes, pronúncia, liturgia e alimentação, assim também havia traços que distinguiam os judeus de Baden de seus correligionários na Suábia e os judeus alsacianos daqueles da Francônia. Os de Hesse, por exemplo, aderiam à liturgia tradicional de Frankfurt, ao passo que os franconianos seguiam a liturgia de Fürth.

Frankfurt, Praga e Berlim

Na virada do século XVIII, poucas cidades tinham uma comunidade judaica vultosa. Em algumas delas, a presença judaica fora contínua desde a Idade Média; é o caso de Praga, Frankfurt e Worms. E havia também comunidades de origem mais recente que cresciam rapidamente: as de Hamburgo, Berlim, Mannheim, Hanau e Fürth. Em 1462, quando Frankfurt obrigou todos os seus judeus a residir nos estreitos limites da *Judengasse*, criou-se ali aquilo que meio século depois receberia em Veneza o nome de "gueto": um distrito municipal habitado exclusivamente por judeus que podia ser trancado por fora pelas autoridades municipais. Os guetos distinguiam não só Frankfurt e Veneza, mas também Praga e Roma, da maioria das comunidades judaicas da Europa Central e Oriental, onde os judeus, embora vivessem próximos uns dos outros, não eram encurralados atrás de portões fechados. Apesar do aperto, a população da Judengasse de Frankfurt não parava de crescer: seus 110 habitantes registrados iniciais já eram 250 em 1520, 1.200 seis anos depois e 3 mil em 1610. Visto não se permitir a expansão física do gueto, era preciso – como em Veneza – subdividir as casas e construir novos andares sobre elas. Esse período marcou o auge econômico e cultural da comunidade. Os rabinos de Frankfurt, como Joseph Juspa (Yuspa) Hahn e Jesaja (Isaías) Horowitz, gozavam de imenso prestígio pela Europa afora, e assim também o tribunal rabínico de sua escola talmúdica. Os conflitos borbulhavam, porém, sob essa superfície plácida; e vieram à tona em 1614, quando uma multidão enfurecida, comandada por Vincenz Fettmilch, invadiu o gueto, saqueou casas e lojas e expulsou os judeus da cidade. A mando do imperador, os agitadores foram presos e executados em 1616, quando então os judeus puderam voltar. Mas as paredes do gueto permaneceram em pé até as tropas napoleônicas invadirem Frankfurt.

Apenas uma comunidade superava em brilho a de Frankfurt: a de Praga. A metrópole da Boêmia já fora importante centro de vida judaica na Idade Média, mas somente no século XVI foi que seu *Judenstadt*, o nome do gueto de Praga, se tornou ponto focal da vida dos judeus na Europa. Alcançou seu zênite cultural na virada do século XVII, no governo do imperador Rodolfo II. Grandes financistas como Mordechai Meisel, que fez reconstruir grandes extensões do Judenstadt, e Jacob Bassevi von Treuenburg, o primeiro judeu a ser elevado à nobreza pelos Habsburgos, não eram os únicos a ter vínculo com a corte. Entre os judeus mais estimados podemos mencionar também o astrônomo David Gans e o rabino Judá Löw ben Bezalel (conhecido como Sumo Rabi Löw ou Maharal, do acrônimo hebraico de "Nosso Mestre Rabi Löw"), em torno de quem se difundiria depois a lenda da criação do Golem, um homem artificial. No início do século XVIII, quase um em cada quatro habitantes de Praga pertencia à comunidade judaica.

Foi o zelo religioso da imperatriz Maria Teresa que pôs fim a essa história de sucesso. Em 18 de dezembro de 1744, ela assinou um

Um retrato da série de pinturas da sociedade de sepultamento de Praga (*hevra kadisha*), de cerca de 1780, mostra como o falecido era levado ao túmulo. As pinturas dessa série foram expostas a princípio no salão de conferências onde a sociedade se reunia para seu banquete anual.

decreto mandando todos os judeus sair de Praga até o final de janeiro e sair da Boêmia até cinco meses depois. O motivo apresentado era o boato de que os judeus haviam simpatizado com as tropas prussianas que ocuparam temporariamente a cidade de Praga durante a Guerra da Sucessão Austríaca. A reação dos judeus de Praga à ameaça iminente de expulsão é um exemplo de diplomacia ativa e mostra também que os judeus eram capazes de ter eficácia política embora não possuíssem estrutura política própria. Os anciões da comunidade redigiram uma circular e despacharam-na com toda rapidez a seus correligionários em Viena, Frankfurt, Amsterdam, Londres e Veneza, bem como aos agentes da corte Wolf Wertheimer em Augsburgo e Bendit Gumpertz em Nijmegen. A maioria dos que a receberam imediatamente enviaram novas cópias da carta a Mântua, Munique, Hanover e Hamburgo. Meras duas semanas após a assinatura do édito de expulsão, dezenas de comunidades judaicas em toda a Europa estavam detalhadamente informadas do perigo que pairava sobre milhares de outros judeus – e isso no meio do inverno. O sentimento de solidariedade, bem como o medo de que suas próprias comunidades (em regra já abarrotadas) pudessem ter de oferecer asilo aos refugiados, levou-as a tomar medidas eficazes. Em Nijmegen, Bendit Gumpertz pediu ajuda ao rei da Inglaterra; em Amsterdam, uma delegação conjunta de enviados sefarditas e ashquenazitas se reuniu com representantes dos Estados Gerais, que imediatamente mandaram seu embaixador protocolar uma queixa na corte vienense; Wolf Wertheimer pediu a seu cunhado Moses Kahn, funcionário do príncipe-arcebispo de Mogúncia, que intercedesse junto a este; e Itzig, filho de Wertheimer, chefiou uma delegação enviada ao príncipe-arcebispo de Bamberg, irmão daquele de Mogúncia. O resultado foi impressionante. Um mês depois de emitido o édito de Maria Teresa, um grande número de declarações favoráveis à permanência dos judeus na Boêmia – a maior parte delas justificadas por motivos econômicos – chegou à corte de Viena. Manifestaram-se os reis da Inglaterra e da Dinamarca, os Estados Gerais da Holanda, o príncipe-arcebispo de Mogúncia, o Senado de Veneza, as autoridades municipais de Hamburgo e até a mãe de Maria Teresa.

Alguns dos que escreveram a Viena eram eleitores do Sacro Império Romano e tinham o poder de decidir se a Coroa imperial caberia ou não a Francisco de Lorena, marido de Maria Teresa. A fim de favorecê-los, ela suspendeu a ordem de expulsão e, no fim, ab-rogou-a. Os judeus já expulsos de Praga puderam retornar. O sucesso dessa ação conjunta provou duas coisas: primeiro, que as comunidades judaicas não aceitavam passivamente as perseguições; e, depois, que em meados do século XVIII os ventos da política começaram a ser-lhes favoráveis.

O surgimento de uma comunidade judaica em Berlim no final do século XVII também deve ser visto dentro desse contexto mais amplo. Os judeus haviam sido expulsos de Brandemburgo em 1573 e só um século depois puderam voltar a estabelecer-se ali. A comunidade continuou crescendo sob o governo do Grande Eleitor (Frederico Guilherme) e na época em que ele morreu, em 1688, já contava quarenta famílias. A política imigratória da Prússia, claramente definida, era determinada por interesses mercantis. Só eram bem-vindos imigrantes ricos e ligados ao comércio. E as condições impostas aos imigrantes judeus eram muito mais rigorosas que as postuladas para os huguenotes que chegavam na mesma época. Cada família judia só poderia conservar um de seus filhos, as guildas ainda eram vedadas aos judeus, e o culto religioso tinha de ser feito em edifícios particulares. Não obstante, a população da comunidade continuou crescendo e já chegara a 117 famílias em 1700. Quatorze anos depois, foi consagrada a primeira sinagoga na Heidereuthergasse.

Ainda na segunda metade do século XVIII, o direito de Brandemburgo fazia distinções entre os diversos grupos de judeus, atribuindo-lhes diferentes graus de privilégio. Os "Privilégios e Regulamentos Gerais Revistos" outorgados por Frederico II em 1750 distinguiam seis classes. Os "privilegiados gerais" (*Generalprivilegierten*) podiam adquirir casas e bens e até, em casos excepcionais, a cidadania; acima de tudo, não sofriam nenhuma restrição quanto a onde habitar, desde que fosse na área residencial reservada aos judeus. O segundo grupo de "judeus protegidos privilegiados" (*Ordentliche Schutzjuden*), por outro lado, não tinha o direito de residir onde bem entendesse, e sua condição jurídica só podia ser transmitida a um de seus filhos. Os "judeus protegidos não privilegiados" (*Außerordentliche Schutzjuden*), por sua vez, eram admitidos porque praticavam "profissões úteis" como as de médico, oftalmologista ou gravador, e tinham o direito de "propor" um filho, mas somente se este fosse proprietário de pelo menos mil táleres. A quarta classe abarcava um conjunto de funcionários da comunidade, entre os quais os rabinos. Dessa categoria faziam parte os "judeus tolerados", que precisavam da proteção de um patrono para continuar sendo residentes. Só podiam se casar com um membro das classes superiores. Por fim, indiscriminadamente amontoados no sexto grupo, havia os empregados domésticos dos "privilegiados gerais", que só podiam permanecer até o término de seu contrato de trabalho. O esquema de Brandemburgo também se aplicava, *grosso modo*, na maioria dos demais territórios alemães. O número de judeus devia ser o menor possível, mas sua utilidade econômica devia ser aumentada ao máximo.

Mendelssohn e os primórdios do iluminismo judeu

Moses Mendelssohn era tão afetado por essas leis discriminatórias quanto seus correligionários menores. Vinte anos depois de chegar a Berlim, o filósofo, já famoso e amigo íntimo de Lessing, recebeu de Frederico II a condição de "judeu protegido não privilegiado" (*Außerordentlicher Schutzjude*), mas essa concessão não dava a seus descendentes o direito de se estabelecer na cidade. Depois de encaminhar-se de Dessau para Berlim, Mendelssohn não só estudou o Talmude como também, em segredo, aprendeu línguas, filosofia e literatura. Logo começou a escrever seus próprios tratados filosóficos, o mais famoso dos quais foi *Phädon*, de 1767. Mendelssohn foi mais aplaudido nas rodas acadêmicas que qualquer outro judeu já fora na Alemanha. Nesse país, na Era do Iluminismo, fazia-se sentir uma mudança de atitude em relação aos judeus, uma nova perspectiva associada, sobretudo, ao nome de Gotthold Ephraim Lessing. Ainda jovem, na peça de um ato *Os judeus* (1749), Lessing fizera um apelo em favor da integração social deles. Trinta anos depois reafirmou sua posição em outra peça mais complexa e mais bem-sucedida, *Natã, o sábio*. Mendelssohn serviu de modelo para o personagem-título de *Natã*.

Mendelssohn, cuja aparência desagradável (era baixinho e corcunda) confirmava em alguns seus estereótipos antijudaicos, era aceito agora nos círculos filosóficos como um igual e reconhecido como astro nas disputas acadêmicas. Mais significativo ainda era o fato de as amizades pessoais já não dependerem da religião professada. A amizade entre Mendelssohn e Lessing é apenas um exemplo; havia também um afeto caloroso e recíproco entre Mendelssohn e o editor Friedrich Nicolai. Não obstante, mesmo os bem-intencionados ainda faziam alguma reserva à adesão dele ao judaísmo. Ao contrário de Espinosa, o primeiro filósofo moderno judeu, Mendelssohn permaneceu ligado à sua comunidade. Defendeu-a e intercedeu por ela em situações de perigo e observava a lei religiosa judaica. A Academia Prussiana, em um ato de autocensura, recusou-se a propô-lo como membro; e não faltou quem procurasse convencê-lo a se deixar batizar.

Em 1769, Johann Caspar Lavater, teólogo suíço amigo de Mendelssohn, enviou-lhe uma carta em que o desafiava a refutar publicamente o cristianismo ou converter-se. Em sua resposta, vazada em forma diplomática, Mendelssohn frisa que o judaísmo não é uma religião missionária e que a última coisa que o preocupava era convencer os seguidores de outras religiões a desligar-se de suas crenças. Para todos os crentes haveria uma vida depois da morte. Com a esperança de pôr fim à discussão, Mendelssohn disse que a religião era assunto particular e não deveria ser debatida em público. Somente em 1783 rompeu o silêncio e publicou sua obra mais importante de filosofia religiosa: *Jerusalém, ou sobre o poder religioso e o judaísmo*. Só o fez depois de reiterado clamor público para que explicasse claramente sua posição em relação à religião.

Jerusalém é dividida em duas partes. Na primeira parte, edificada sobre as teorias jusnaturalistas da época, o tema é a relação geral entre a religião e o Estado. Aí Mendelssohn pede uma separação rigorosa entre as duas esferas e não admite que as instituições religiosas, as Igrejas e as congregações judaicas possam ter qualquer autoridade em matéria legal. Elas não devem ter o direito de exigir ou impor deveres religiosos. Na segunda parte do livro, Mendelssohn procura definir o judaísmo não como uma religião revelada, mas como uma legislação revelada. Ao contrário do cristianismo, o judaísmo não exige a aceitação incondicional de quaisquer dogmas, artigos de fé ou posições teológicas. Por outro lado, o judaísmo possui uma legislação revelada por Deus a Moisés no Monte Sinai, mandamentos positivos e negativos que regulam a vida cotidiana e devem ser seguidos, mesmo que apenas de modo voluntário! A salvação, segundo esse ponto de vista, depende menos da crença e mais dos atos.

Mendelssohn estava convicto de que os judeus da Alemanha precisavam começar a fazer parte da sociedade e da cultura desse país. Para tanto, a exigência primária era que tivessem à sua disposição os instrumentos linguísticos necessários. Embora rejeitasse o iídiche, considerando-o um jargão, Mendelssohn adotou o hebraico como meio de comunicação e em 1758 publicou o primeiro periódico moderno em hebraico, o *Kohelet Mussar* (O Pregador da Moral). Dedicou, porém, especial atenção à língua alemã, usando-a para escrever a maioria de suas obras. E não se furtou a censurar Frederico, o Grande, por usar o francês em vez do alemão. Sob a direção de

Durante o século XIX, o processo de mitificação de Moses Mendelssohn assumiu diferentes aspectos. Aqui, o pintor Daniel Moritz Oppenheim o retrata jogando xadrez com o pastor suíço Johann Caspar Lavater, em uma alusão à disputa teórica entre os dois. O jogo de xadrez é assistido por Gotthold Ephraim Lessing, amigo de Mendelssohn.

Mendelssohn, o Pentateuco e outras partes da Bíblia Hebraica, acompanhadas de um extenso comentário (*Biur*), foram traduzidos para o Alto Alemão. Mesmo aí, porém, ele usou caracteres hebraicos, concessão ao fato de a imensa maioria dos judeus alemães não conhecer outro alfabeto. Os rabinos tradicionais acusaram Mendelssohn de profanar a Escritura Sagrada, transformando-a em um livro didático para o ensino da língua alemã.

Ao redor de Mendelssohn logo se formou um círculo de eruditos iluministas judeus de mentalidade semelhante, quase todos chegados a Berlim vindos da Polônia e de outras partes da Europa Oriental. Eles o acompanharam em seus variados empreendimentos. Mesmo na geração anterior àquela em que esses iluministas atuaram, a mudança já se manifestava na comunidade judaica. Os rabinos se queixavam de que as leis religiosas já não eram observadas com escrúpulo, especialmente pela população urbana; líderes comunitários censuravam seus seguidores por levar suas disputas a tribunais não judeus; e os guardiães da moral encaravam com circunspecção as interações sociais cada vez mais cotidianas entre indivíduos judeus e cristãos. Todavia, na primeira metade do século XVIII, esses eram fatos isolados, transgressões pontuais da antiga ordem; ainda não se fazia esforço para esboçar o programa de uma nova sociedade. Esse passo só foi dado de forma sistemática na geração de Mendelssohn e seus colaboradores, os chamados *maskilim* (termo judaico que significa "iluminadores"; *haskalá*, "iluminação" ou "iluminismo", é derivado do hebraico *sekhel*, "razão" ou "intelecto").

Ocorreu então, pela primeira vez, um movimento para modernizar e – na medida possibilitada pela estrutura de leis discriminatórias em vigor – integrar a sociedade judaica. Para tanto era preciso criar instituições educacionais e editoriais. Os *maskilim* fundaram modernas "escolas livres" onde se ensinavam não só os temas religiosos, mas também os seculares. A primeira delas foi inaugurada em Berlim em 1778. Entre 1784 e 1811 (com algumas interrupções), o periódico *Ha--Meassef* (O Colecionador) foi publicado em hebraico, sinal de que se destinava a uma elite cultural. O periódico oferecia a seus leitores altamente instruídos larga variedade de artigos sobre exegese bíblica e ciências naturais, poesia e história, além de reportagens sobre a vida judaica da época. Em 1806 também foi lançado um periódico iluminista em língua alemã, *Sulamith*, refletindo a mudança linguística que já se operara em largos segmentos da população judia.

A geração posterior a Mendelssohn já não conseguia compreender de que modo a adesão à lei judaica poderia ser encarada como uma coisa perfeitamente natural ou de que modo poderia ser compatível com a integração à sociedade alemã. O mundo ao redor também mudara. A tolerância e o iluminismo cederam terreno a um novo nacionalismo e ao romantismo. O "outro", fosse ele judeu ou francês, era encarado novamente com mais ceticismo, e esperava-se que as minorias andassem na linha.

David Friedländer, aluno de Mendelssohn e representante mais importante dos judeus de Berlim na virada do século, fez em 1799 uma proposta ao preboste Teller do consistório luterano de Berlim: Friedländer se converteria ao cristianismo desde que não fosse obrigado a aceitar quaisquer dogmas cristãos que rejeitasse por serem irracionais. É evidente que a proposta foi recusada. No entanto, a maioria dos filhos de Mendelssohn – ele teve dez filhos com sua esposa, Fromet Gugenheim, dos quais seis sobreviveram – não teve esse escrúpulo e se converteu após a morte do pai. Um de seus netos, o compositor Felix Mendelssohn Bartholdy, foi batizado quando criança e compôs algumas das melhores peças de música litúrgica protestante. Para aquela geração, o que mais importava era o progresso jurídico e político na luta pela igualdade, perspectiva que ainda parecia distante mesmo no começo do século XIX.

Esta Hagadá, publicada em Colônia em 1838, traz um apêndice com suplementos musicais de Isaac Offenbach, cantor litúrgico da comunidade judaica da cidade. Em seus comentários introdutórios, ele alude à veloz mudança cultural que então se processava na comunidade judaica alemã, a maioria de cujos membros sequer era capaz de ler a maior parte do texto em alemão caso ele fosse impresso, como de costume, em caracteres hebraicos. Por isso, parecia-lhe necessária uma tradução toda em alemão. Jakob, o sétimo dos nove filhos do cantor Offenbach, encarnou a rápida aculturação ocorrida na mente do pai. Com o nome de Jacques Offenbach, tornou-se um dos mais populares compositores de operetas do século XIX.

13
Do gueto à sociedade civil:
Emancipação política e reforma religiosa

Em ensaio de 1920 sobre os judeus alemães, o filósofo Franz Rosenzweig escreveu: "O que, portanto, nos mantém ou nos manteve unidos desde os primórdios da emancipação? [...] A resposta é assustadora. Desde o começo da emancipação, somente uma coisa unificou os judeus alemães na chamada 'vida judaica': a própria emancipação, a luta por direitos iguais." A luta pela emancipação preocupava a tal ponto os judeus no século XIX que acabou por se tornar um fim em si. No começo do século XX, pelo menos os judeus de Europa Central e Ocidental haviam se tornado cidadãos dotados de plenos direitos em seus países. Mas o que restava de sua prática religiosa e de sua identificação com a herança judaica? A entrada na sociedade universal era frequentemente acompanhada pelo abandono da identidade judaica ou pelo menos por um declínio desta. Alguns historiadores falam de um "contrato de emancipação": em troca de sua participação na sociedade europeia, exigiu-se que os judeus remodelassem seu judaísmo, que este deixasse de ser um ponto de vista abrangente que moldava todos os aspectos da vida cotidiana e se tornasse uma denominação religiosa que não afetasse senão a esfera privada. Era essa a expectativa escondida por trás da manifestação do conde Clermont-Tonnerre na Assembleia Nacional Francesa em dezembro de 1789: "Deve-se negar tudo aos judeus como nação, mas conceder-lhes tudo como indivíduos." Em uma sociedade moderna, construída em torno de indivíduos e não de grupos, os judeus não podiam continuar existindo como um "Estado dentro do Estado", com seus tribunais, sua língua, suas vestimentas características e sua própria estrutura econômica.

França: uma emancipação completa e revolucionária

A emancipação dos judeus foi um processo pan-europeu. As primeiras propostas teóricas surgiram na Prússia, os primeiros – e cautelosos – éditos foram expedidos na Áustria, e a França foi o primeiro país afetado pela implementação gradual. Em 1781-1782, um funcionário público iluminista da Prússia, o conselheiro privado Christian Wilhelm von Dohm, escreveu a pedido de seu amigo Moses Mendelssohn um livro intitulado *Sobre o melhoramento cívico dos judeus*. O assunto desse livro, como de muitos outros escritos da época, era como transformar os judeus em "homens melhores e cidadãos úteis". Dohm não via a situação de miséria dos judeus como algo inerente à sua religião ou como consequência de características hereditárias, mas sim como resultado de séculos de exclusão e perseguição. Insistia: "[...] a suposta maior corrupção moral dos judeus é consequência necessária e natural da condição de opressão em que vivem há tantos séculos". Caso se desse aos judeus a oportunidade de provar-se capazes de ser cidadãos úteis de seus países, eles fariam exatamente isso – tal era a linha de argumento do livro de Dohm.

Quase na mesma época, o déspota esclarecido José II, imperador da Áustria, emitiu a primeira "Patente de Tolerância" para seus súditos não católicos. Esses éditos, outorgados em diferentes épocas para as diversas províncias, estavam longe de transformar os judeus em cidadãos com direitos iguais. Mas é fato que revogaram leis humilhantes, como o imposto de capitação, e facilitaram para os judeus não só uma autonomia limitada como também a aquisição de uma educação moderna.

Na França, depois da expulsão dos judeus no século XIV, só duas comunidades restaram: uma pequena, estabelecida no território papal ao redor de Avignon, e outra perto da cidade de Bordeaux. (Mais tarde, em virtude da incorporação da Alsácia e da Lorena, a população judia cresceu consideravelmente.) Foi na França, porém, que os judeus realmente obtiveram direitos iguais pela primeira vez. A emancipação nasceu dos imperativos políticos gerais derivados da revolução. Para que o princípio da igualdade dos seres humanos (pelo menos os do sexo masculino) fosse implementado de forma coerente, teria de ser aplicado aos membros de todas as religiões. Por outro lado, as raízes intelectuais dos direitos iguais para os judeus eram menos desenvolvidas na França que nos Estados alemães, onde Lessing e outros luminares adotaram postura abertamente pró-judaica. Voltaire, Diderot e outros pensadores do iluminismo francês, por sua vez, eram decididamente hostis aos judeus. Em seu artigo sobre os judeus para o *Dictionnaire Philosophique*, bem como em outros textos, Voltaire não aprovou o antijudaísmo cristão – aliás, condenou-o. Mas, em vez disso (e nesse ponto era um iluminista de corpo e alma), retrocedeu à antiguidade e ressuscitou sentimentos antijudaicos da época romana. Foi menos influenciado por Agostinho que por Tácito, Cícero e especialmente Apião. No isolamento dos judeus, detectava um espírito supersticioso e um ódio congênito às outras culturas. Mesmo que fosse possível "curá-los" de sua religião tradicional, nem assim poderiam eles integrar-se à sociedade. Um dos múltiplos aspectos da dialética do iluminismo é que Voltaire, inimigo dos judeus, foi um dos arautos de sua igualdade – contra sua própria vontade, por assim dizer. Seu envolvimento intelectual foi um dos fatores – e não dos menores – que facilitaram o surgimento de uma concepção política que distinguia entre a religião do indivíduo e a sua posição no Estado, rejeitando o princípio de que a segunda deveria basear-se na primeira.

Em Paris, não há dúvida de que as ideias da *haskalá* que se irradiavam de Berlim eram aclamadas na véspera da revolução. O conde Mirabeau esboçou um apelo pela emancipação dos judeus composto de três partes: uma biografia de Mendelssohn, um resumo popular das ideias de Dohm sobre a emancipação e uma discussão do *Jew Bill* de 1753, lei que concedera amplos direitos aos judeus da Inglaterra.

Foi exatamente nessa época que a emancipação judaica realmente começou a ser implementada, pois em 1787 a Real Sociedade de Artes e Ciências de Metz promoveu um concurso de ensaios sobre o tema: "Acaso há meios para tornar os judeus mais felizes e mais úteis na França?" Os três ensaios premiados foram escritos por um advogado protestante de Nancy, um padre católico (o Abade Grégoire) e um judeu polonês (Zalkind Hourwitz). Esses textos, por si sós, não teriam produzido mais resultados concretos que os escritos de Lessing

Uma imagem de 1802 mostra Napoleão como o arauto da liberdade religiosa. Representantes de todas as religiões expressam sua gratidão ao monarca iluminado pelo céu.

e Dohm haviam gerado na Prússia. Porém, os acontecimentos da revolução desencadearam um processo que colocaria a emancipação judaica na França em um caminho diferente do seguido em outros países. Na Prússia e nos demais Estados alemães, decretos isolados lentamente concederam certos direitos aos judeus com a finalidade de educá-los para se tornar cidadãos leais. Na França, o processo partiu do princípio oposto. Os judeus se tornaram cidadãos do Estado da noite para o dia, por assim dizer (em 1790 para os sefarditas de Bordeaux e em 1791 para os ashquenazitas da Alsácia-Lorena), e só mais tarde tiveram de provar-se dignos de sua nova condição. O próprio Napoleão promoveu um inquérito cabal para determinar se os judeus franceses haviam feito por merecer a cidadania. Para tanto, examinou os dignitários judeus que convocou em 1806 em uma Assembleia de Notáveis e, um ano depois, na qualidade de "Sinédrio" (o nome do antigo tribunal judaico), interrogando-os sobre sua atitude perante a França. Em 1808, por fim, por meio de uma lei apelidada de *décret infame* pelos judeus, procurou restringir a liberdade destes de exercer certas profissões. Mas já não era possível revogar as conquistas da revolução. Os judeus franceses já não podiam ser transformados em cidadãos de segunda classe, condição que conservaram nos diversos Estados alemães até 1871.

Alemanha: uma emancipação lenta e evolutiva

Na segunda metade do século XIX, abriu-se o caminho para uma melhora decisiva da situação jurídica dos judeus nos Estados alemães. Éditos promulgados na Prússia (1812), na Baviera (1813) e em vários outros Estados representaram importantes avanços, embora não chegassem a garantir a completa igualdade perante a lei. Na Prússia, por exemplo, os judeus foram declarados "residentes nativos [*Einländer*] e cidadãos prussianos" e passaram a poder ser eleitos para os conselhos municipais. Entretanto, ainda eram excluídos dos cargos mais altos de governo e assim permaneceriam por muitas décadas mais. Na Baviera, mesmo em 1861, as leis de registro (*Matrikel*) fixavam um teto para o número de judeus tolerados em cada localidade. A família que tivesse mais filhos que os permitidos pela *Matrikel* tinha de deixar a província.

Com os novos direitos vieram novas obrigações. Um dos aspectos mais importantes dessa troca foi o serviço militar: os judeus lutaram contra Napoleão nas guerras de libertação. Na Áustria, já serviam no exército desde as reformas de José II, no começo da década de 1780. Até Ezekiel Landau, rabino-chefe de Praga e homem tido como autoridade pelos judeus tradicionais e observantes da halachá, teve de aprovar o serviço militar e abençoou os primeiros conscritos. Exortou-os a se mostrarem bons soldados "para que o povo saiba que até nossa nação, oprimida até os dias de hoje, ama seus governantes e suas autoridades temporais e está, se necessário for, disposta a entregar a vida de seus membros". Ao mesmo tempo, manifestou sua convicção de que eles continuariam observando as leis alimentares judaicas e a santidade do Shabat.

O pintor Moritz Daniel Oppenheim (natural de Hanau, em Hesse) retratou os judeus no período de sua integração. Suas pinturas mostram que eles continuavam aderindo à sua religião ao mesmo tempo que passavam a fazer parte da sociedade e da cultura alemãs. *O retorno do voluntário*, de 1833-1834, retrata o patriotismo dos judeus alemães, mostrando um hussardo que volta à casa tradicional de seus pais no Shabat depois de tomar parte nas Guerras de Libertação contra Napoleão.

Boa parte desse progresso se perdeu em razão da política reacionária que se seguiu às guerras napoleônicas. Nas negociações que decidiram as atas do Congresso de Viena, em 1815, uma simples palavrinha fez grande diferença. Debatia-se se os judeus deveriam receber os direitos concedidos *"pelos* Estados Confederados individualmente" ou *"nos* Estados Confederados individualmente". Os representantes judeus queriam a palavra "nos", pois incluía-se aí o período de domínio napoleônico, quando os direitos de cidadania proclamados pela Revolução Francesa haviam sido estendidos aos judeus; *pelos*, contudo, significava que tais direitos seriam agora determinados pelos

Estados que haviam acabado de recuperar sua soberania depois da ocupação francesa. A versão mais restritiva triunfou. Como consequência, boa parte das conquistas obtidas durante o domínio napoleônico foi revogada, a ponto de certas cidades, como Lubeca e Bremen, voltarem a fechar completamente seus portões aos judeus. Mas também houve retrocesso na Prússia: é verdade que o Édito de 1812 continuou em vigor, mas não foi estendido aos novos territórios prussianos. E era exatamente nesses territórios, especialmente em Posen, que agora vivia a maioria dos judeus prussianos.

A Era da Restauração (1815-48) foi outro período infeliz para os judeus nos vários Estados alemães. Esse período foi inaugurado por violentos distúrbios antijudaicos que se deflagraram em Wurzburgo em 2 de agosto de 1819 e se espalharam por grandes regiões da Alemanha, chegando mesmo a Copenhague e Amsterdam. Os tumultos mostraram que boa parte da população não queria partilhar com os judeus os privilégios antes concedidos somente aos residentes cristãos. Os judeus eram invejados, sendo considerados "novos-ricos" (*Aufsteiger*) na economia e "novatos" (*Einsteiger*) na vida social, e em 1816 e 1817 foram culpados pela penúria econômica. O fato de as tropas napoleônicas terem libertado os judeus dos guetos alemães os tornava, na opinião popular, aliados dos odiados franceses. Além disso, aos elementos de um antissemitismo mais moderno vinham somar-se estereótipos antijudaicos tradicionais, de base religiosa. Os incidentes de 1819 foram chamados "Distúrbios Hep-Hep" em razão do grito de guerra que acompanhava os ataques, mas não se sabe se "hep" era uma abreviação de *Hierosolyma est perdita* (Jerusalém está perdida), uma onomatopeia do som produzido pelo bode (aludindo à barba dos judeus) ou uma abreviação da palavra *Hebräer* (hebreus). Esses distúrbios repletos de agressividade viriam a se repetir ao longo do século XIX sempre que prevalecesse uma situação de instabilidade política, como em 1830 e 1848, por exemplo.

O ideal do Estado cristão também tomou corpo na Prússia na Era da Restauração. Paradoxalmente, seu teórico mais importante era um judeu convertido, Friedrich Julius Stahl, que ensinava direito na Universidade de Erlangen. Em geral, eram as pessoas dos estratos sociais mais altos e mais baixos que optavam pelo batismo, o qual,

Henriette Herz organizou alguns dos primeiros serões dos círculos literários berlinenses. Era casada com o físico judeu Marcus Herz, estudioso de Kant, e recebeu o batismo como protestante depois da morte de sua mãe.

esperavam, abrir-lhes-ia o caminho para algum tipo de progresso. Entre os convertidos havia personagens de destaque, como a maioria dos filhos de Moses Mendelssohn. Quando se trata de batismo, em geral era a carreira o fator determinante. Foi esse o caso dos pais de Karl Marx e Felix Mendelssohn Bartholdy, bem como o do poeta Heinrich Heine, que pretendia avançar na vida acadêmica. Para ele, o batismo era unicamente "um bilhete de entrada para a cultura europeia". Mereceria capítulo à parte a história dos serões literários promovidos por mulheres, a maioria de ascendência judaica, que centralizavam as atenções na sociedade intelectual berlinense no começo do século XIX. Os irmãos Humboldt, o escritor Jean Paul e o teólogo Friedrich Schleiermacher conviviam socialmente nos serões de Henriette Herz, que se fizera batizar. Outra que recebeu o batismo foi a escritora Rahel Levin (esposa do diplomata Karl August Varnhagen von Ense), cujos serões foram frequentados mais tarde por outros judeus convertidos, como Heine, Ludwig Börne e Eduard Gans. Os serões foram os primeiros pontos de encontro entre judeus e cristãos, mulheres e homens. Mas, embora tenham tido papel mais ou menos significativo na emancipação intelectual feminina, o contato entre judeus e cristãos geralmente culminava na conversão ao cristianismo. É o que se vê no caso de Dorothea Veit, filha do filósofo Moses Mendelssohn, que conheceu seu futuro (segundo) marido Friedrich Schlegel no serão de Henriette Herz e se converteu primeiro ao protestantismo e depois ao catolicismo.

Embora a maioria dos judeus não estivesse disposta a abandonar o judaísmo, estava perfeitamente pronta a aculturar-se, ou seja, a se tornar alemã e ao mesmo tempo permanecer judia. Contudo, a permanência da adesão ao judaísmo implicava uma redefinição significativa do conteúdo deste. A transformação dos judeus de súditos em cidadãos dos Estados alemães mudou aos poucos sua autoimagem. Na qualidade de súditos de governantes que nem sempre lhes eram amistosos, a lealdade dos judeus derivava, em regra, da conveniência e era calculada para garantir-lhes a segurança em um Estado que lhes parecia estrangeiro. Já na qualidade de futuros cidadãos, os judeus podiam identificar-se com o Estado em cujo território residiam como se este fosse sua pátria. Cada vez mais viam a si mesmos como partes da nação alemã, enquanto sua identidade judaica restringia-se gradativamente à esfera privada da crença religiosa. O tabelião Gabriel Riesser, de Hamburgo, que em 1848 se tornaria vice-presidente da Assembleia Nacional de Frankfurt, pôde afirmar sem medo de ser refutado: "A nacionalidade dos judeus só está viva em nossa memória. [...] Na realidade, ela morreu."

É verdade que as obrigações vieram muito antes dos direitos. Na Prússia, por exemplo, nenhum judeu tinha a oportunidade de se tornar oficial do exército. A única exceção a confirmar a regra foi um oficial chamado Meno Burg. A situação era diferente na Áustria, onde havia oficiais judeus da ativa e da reserva, bem como judeus elevados à nobreza. Até na Baviera alguns judeus se tornaram oficiais do exército sem ter de se batizar. A nomeação para um cargo civil, entretanto, em regra ainda estava vedada aos judeus na primeira metade do século XIX, especialmente quando se trata de cargos de escalão superior, como os de juiz ou catedrático universitário. Antes de 1848, não havia autoridades políticas judias em nível supralocal. Os judeus não podiam ser eleitos para os parlamentos provinciais; uma posição no gabinete de qualquer governo provincial estava praticamente fora de cogitação. Também nesse caso houve, antes de 1918, uma única exceção a confirmar a regra: Moritz Elstätter, ministro das finanças de Baden.

As agitações revolucionárias de 1848 foram, portanto, observadas com esperança pelos judeus – e, dessa vez, de duas perspectivas. Johann Jacoby, liberal de Königsberg e um dos revolucionários judeus mais destacados, o exprimiu como segue: "Como sou ao mesmo tempo alemão e judeu, o judeu em mim não pode se libertar sem o alemão nem pode o alemão se libertar sem o judeu." Símbolo impressionante dessa coincidência das duas identidades foi um rito funerário cumprido em Viena em 17 de março de 1848. Das cinco vítimas do combate nas barricadas, duas eram judias; no culto, portanto, um sacerdote católico, um pastor protestante e um rabino judeu permaneceram amistosamente lado a lado. Também nesse caso, contudo, o progresso durou pouco. A própria revolução, especialmente nas áreas rurais do sul da Alemanha, foi acompanhada por ondas de violência antijudaica. E em matéria de progresso jurídico, embora se prometesse agora aos judeus pela primeira vez a igualdade perante a lei, o fracasso da revolução alemã neutralizou essas conquistas antes mesmo que elas pudessem ser postas em prática.

Os judeus já não podiam saber com certeza se os acontecimentos de março de 1848 realmente os tinham feito ser aceitos como iguais ou se eles tinham sido simplesmente tolerados, mesmo pelos colegas nas barricadas. Richard Wagner, por exemplo, declarou: "Quando lutamos pela emancipação dos judeus [...] defendíamos mais um princípio abstrato que uma causa concreta: assim como nosso liberalismo não passava de um jogo mental não muito lúcido – defendíamos a liberdade do Povo sem conhecer esse Povo, ou mesmo recusando todo e qualquer contato direto com ele –, assim também nossa ânsia de garantir direitos iguais aos judeus era muito mais estimulada por uma ideia geral que por uma simpatia real; pois, apesar de tanto falarmos e escrevermos em favor da emancipação dos judeus, sempre sentimos instintiva repulsa por qualquer contato concreto e operante com eles."

Depois de 1848 houve outro período de reação, o qual, porém, foi menos duradouro. Depois do interlúdio reacionário, a igualdade jurídica teve de ser implementada a leste do Reno – e pelos mesmos motivos que a haviam imposto à França um século antes. As leis de emancipação então promulgadas nos distintos Estados alemães – em Baden em 1862, por exemplo, e em Württemberg em 1864 – não tinham por objetivo principal recompensar os judeus pela aculturação a que se haviam submetido nas décadas anteriores, mas sim concretizar o princípio da igualdade de todos os cidadãos perante a lei. Esses dois Estados do sudoeste da Alemanha foram seguidos em 1867 pela Áustria-Hungria e, dois anos depois, pelos Estados unidos na Confederação Norte-Alemã. Em 1871, por fim, a constituição do novo Império Alemão confirmou a igualdade perante a lei como um princípio aplicável aos membros de todas as comunidades religiosas.

Reformas religiosas

Para os judeus da Europa Central e Oriental, o que mudou no decorrer do século XIX não foi somente o ordenamento jurídico, mas todo o seu modo de vida. Em duas ou três gerações, uma população quase exclusivamente rural composta de mascates, penhoristas e mercadores de gado se tornou uma burguesia urbana dedicada antes de tudo ao comércio de atacado e varejo, em cujo estilo de vida a religiosidade cada vez mais dava lugar à secularização. Essas tendências determinaram dois movimentos de reforma: aquele que criou o judaísmo liberal e o dos tradicionalistas que, apesar de integrados na sociedade mais ampla, continuaram adeptos da lei religiosa e denominavam-se neo-ortodoxos.

Os reformistas, ou judeus liberais, já não aceitavam a origem divina da tradição rabínica e talmúdica e das interpretações a ela ligadas. Além disso, rejeitavam como antiquados certos mandamentos fundamentais, como as leis alimentares e aquelas que regiam a observância do Shabat. Preocupavam-se principalmente com as obrigações morais da doutrina judaica e com mudanças estéticas no culto da sinagoga, a qual às vezes chamavam de "templo" para mostrar que seu Templo já não se situava em Jerusalém, mas sim em Hamburgo ou Berlim. O aspecto exterior das sinagogas devia refletir agora o espírito da emancipação. Eram necessárias uma arquitetura imponente e uma localização central. Do ponto de vista arquitetônico, a pedida mais comum era um estilo "mourisco". Houve também algumas mudanças no que ocorria dentro da sinagoga. As orações eram cada vez mais recitadas em alemão, as referências à volta a Sião cedo desapareceram por completo, os rabinos se vestiam como clérigos protestantes, e o púlpito de onde se lia a Torá foi deslocado do meio do recinto para o leste, mais perto da arca onde os rolos da Lei são guardados entre uma recitação e outra. Introduziu-se uma cerimônia de confirmação para as meninas de doze ou treze anos, frequentemente realizada em conjunto com os ritos de confirmação dos meninos de 13 anos.

Inovação importantíssima foi a introdução do órgão na sinagoga. O primeiro órgão feito para uso em uma sinagoga foi construído em 1810 por Israel Jacobson em Seesen, cidade do norte da Alemanha. A música de órgão era inconcebível em um culto tradicional. Em primeiro lugar, o sofrimento pela destruição do Templo de Jerusalém excluía a música instrumental na sinagoga; em segundo lugar, a introdução do órgão era entendida como cópia de um costume cristão; e, por fim, o órgão de qualquer modo não poderia ser tocado no Shabat, pois o ato de tocar um instrumento musical é considerado uma forma de trabalho.

O mais importante defensor do judaísmo liberal foi Abraham Geiger, que atuou como rabino em diversas cidades: primeiro em Wiesbaden, depois em Breslau e por fim em Frankfurt e Berlim. Geiger também era conhecido como estudioso do islamismo em razão de seu livro *Was hat Mohammed aus dem Judenthume aufgenommen?* ("O que Muhammad retirou do judaísmo?", traduzido para o inglês com o título de *Judaism and Islam*). Pensava ele que o judaísmo evolui constantemente de modo a produzir naturalmente mudanças na prática religiosa, embora ele mesmo aderisse às leis alimentares e a muitas outras regras tradicionais. Os adeptos mais radicais do movimento de reforma exigiam que a assimilação ao ambiente cristão fosse ainda mais longe: a abolição da circuncisão para os recém-nascidos e a mudança do dia de descanso do sábado para o domingo. Com o tempo, essa tendência mais radical foi vencida; ia longe demais na busca de borrar as distinções entre o judaísmo e as denominações cristãs.

No fundo, até a ortodoxia foi uma criação do século XIX, uma reação às inovações dos reformistas. O nome mais intimamente associado à ortodoxia foi o de Samson Raphael Hirsch, que acabou trabalhando em Frankfurt. Como Geiger, ele também tinha pouco em comum com os tradicionalistas da Europa Oriental. Não se fechava à educação secular; ao contrário, propagou uma nova abordagem chamada *tora im dérech éretz* (literalmente, a "Torá com os caminhos da Terra"). Segundo ela, era preciso viver de acordo com a lei religiosa judaica sem deixar de tomar parte na cultura mais geral. Os rabinos ortodoxos também se adaptaram a seu ambiente no modo de vestir, na introdução de sermões em língua vernácula e na eliminação de certas orações. Muitas vezes não eram somente doutores da lei judaica, mas também conhecedores dos clássicos alemães; a seus alunos, ensinavam o Talmude pela manhã e filosofia e literatura à tarde. Tanto nas sinagogas liberais quanto nas ortodoxas, novas regras prescreviam o aspecto do culto de adoração. As orações dos membros da congregação caíram a segundo plano e deu-se precedência à oração recitada pelo cantor litúrgico, frequentemente pontuada por um coral de vozes masculinas.

Mas havia um ponto em que os ortodoxos eram intransigentes: todas as partes da lei judaica deveriam ser encaradas como palavra de Deus. Não se admitia emenda alguma. As leis alimentares e as observâncias do Shabat, em específico, deveriam ser seguidas com todo o rigor; os dias santos deveriam ser comemorados sem reservas; e todas as orações deveriam ser feitas em hebraico. Na segunda metade do século XIX, a ortodoxia sofreu uma cisão interna quando Samson Raphael Hirsch conclamou os ortodoxos a retirar-se das comunidades dominadas pelo movimento liberal. Era injusto, argumentava, que os impostos pagos pelos ortodoxos fossem usados para fomentar práticas que contrariavam a lei judaica, como o uso do órgão durante o culto. Com sua *Israelitische Religionsgessellschaft* (Associação Religiosa Israelita), Hirsch queria sair da estrutura mais ampla da comunidade oficialmente sancionada. Essa manobra foi facilitada em 1876 pela Dieta prussiana, que aprovou uma lei permitindo que duas comunidades judaicas existissem na mesma localidade. Uma facção dos ortodoxos, porém, opôs-se a Hirsch. Ao ver deles, o princípio da unidade (*Klal Yisrael*) tinha prioridade sobre todos os interesses especiais. Sob o comando de Seligmann Baer Bamberger, rabino de Wurzburgo, esse movimento tomou forma sob a denominação de "ortodoxia comunitária" (*Gemeindeorthodoxie*). Sua adesão às observâncias religiosas era tão rigorosa quanto a da "ortodoxia secessionista" (*Austrittsorthodoxie*) de Hirsch, mas eles não queriam se separar do restante da comunidade judaica. Em razão dessa divergência de opiniões, muitas cidades alemãs tinham então três tipos de sinagoga, cada qual com seu respectivo rabino: a dos reformistas liberais, a dos que permaneciam na "ortodoxia comunitária" e as congregações filiadas ao movimento separatista. Pode-se acrescentar ainda um quarto grupo: o radical "Templo da Reforma" em Berlim, cujo culto se realizava no domingo.

Entre os reformistas e os ortodoxos constituiu-se um grupo centrista moderado que adotou o nome de "Histórico-Positivo" e, nos Estados Unidos, é atualmente designado como "conservador" (ou, em Israel e alguns outros países, como *massorti*, ou seja, "tradicional"). Seus adeptos queriam preservar mais coisas que os reformistas e, na pessoa de seu líder, o rabino Zacharias Frankel, de Dresde, opunham-se a várias inovações, entre elas a eliminação do hebraico como língua das orações. Foi esse o primeiro movimento que conseguiu fundar um seminário rabínico moderno, o "Seminário Teológico Judaico" estabelecido em Breslau em 1854. Aí os rabinos eram formados por métodos acadêmicos modernos completamente diferentes dos empregados nas escolas talmúdicas tradicionais. Além disso, em regra, os candidatos a rabino que faziam o seminário também procuravam obter paralelamente um doutorado na universidade. Surgiu, assim, o fenômeno do *Doktor-Rabbiner*. Com forte apoio de Abraham Geiger, os liberais fundaram em 1871 o *Hochschule für die*

A "Nova Sinagoga" na Oranienburger Strasse, em Berlim, consagrada em 1866, foi construída em um "estilo mourisco" que visava evocar na imaginação dos judeus berlinenses a "era de ouro" da Idade Média ibérica como modelo de eficaz simbiose entre os judeus e a sociedade circundante. Muitas sinagogas alemãs foram construídas nesse estilo, que também aludia à origem oriental dos judeus.

Wissenschaft des Judentums (Instituto Superior de Estudos Judaicos), em Berlim. Dois anos depois foram seguidos pelos ortodoxos, também em Berlim, onde o rabino Esriel Hildesheimer (natural do bastião ortodoxo de Halberstadt) inaugurou o seminário rabínico depois associado a seu nome. Outros seminários rabínicos foram fundados em Pádua, Budapeste, Viena, Londres, Metz e Paris.

Wissenschaft des Judentums

A *Wissenschaft des Judentums* — estudos judaicos modernos (literalmente, a "ciência" do judaísmo) — foi o produto de uma associação de jovens estudantes judeus na Universidade de Berlim, que pretendiam absorver a história e a cultura do judaísmo, especialmente seus textos e documentos, antes de tudo isso cair no esquecimento. Com a fundação da *Verein für Cultur und Wissenschaft der Juden* (Associação de Cultura e Pesquisa Judaicas), em 1819, a própria história tornou-se uma espécie de sacramento. Por meio do conhecimento da história e da cultura judaicas, uma nova identidade judaica tomaria forma, sobretudo entre os judeus secularizados. A *Wissenschaft des Judentums* também tinha o objetivo de levar adiante a luta pela emancipação: "Dia virá em que ninguém mais na Europa perguntará quem é judeu e quem é cristão", disse Eduard Gans, primeiro presidente da Associação.

Essa visão ainda estava longe da realidade na Prússia cristã. A associação logo se desmanchou, e tanto Gans como Heinrich Heine, outro ex-membro, se fizeram batizar. Alguns ex-membros, porém, se tornaram precursores de um novo tipo de estudo acadêmico. Leopold Zunz escreveu inúmeras obras sobre a literatura judaica e Isaak Markus Jost procurou se tornar o primeiro autor judeu a escrever em vários volumes uma *História dos israelitas* (1820-1847). É verdade que a história de Jost foi eclipsada pela obra de Heinrich Graetz na geração seguinte. Entre 1853 e 1876, Graetz publicou onze volumes de sua *História dos judeus*, vista até hoje como um clássico da historiografia judaica do século XIX. De todos os historiadores do judaísmo, Graetz foi o mais lido — especialmente com sua *História popular dos judeus* (1888), em três volumes. No espaço de umas poucas gerações, a atividade de pesquisa já se desenrolava a todo vapor, sobretudo nos territórios europeus de língua alemã e nos campos da história e da literatura judaicas. Não obstante, não se previa a fundação de uma cátedra de estudos judaicos nas universidades alemãs. Nem por isso a atividade acadêmica sobre o passado dos judeus deixou de florescer, não só na Alemanha como também em outros países europeus, onde continuou sendo, como na Alemanha, um campo restrito quase exclusivamente aos próprios judeus e alheio ao *establishment* acadêmico de elite. É extraordinário que judeus da Hungria e da Itália, da Inglaterra e da França tenham todos composto histórias do judaísmo em seu país. Cada um deles situava sua própria comunidade no centro da história judaica e procurava mostrar de que modo os acontecimentos ocorridos em seus respectivos países haviam sido particularmente frutíferos para o desenvolvimento da vida dos judeus. A historiografia se tornou um verdadeiro espelho das novas identidades judaicas que tomaram forma no decurso da emancipação.

No final do século XIX, a comunidade judaica na Europa tinha um aspecto muito diferente. Ao passo que a maioria dos judeus do Oriente – dos impérios multinacionais dos Romanov, dos Habsburgos e dos Otomanos – ainda vivia em circunstâncias relativamente tradicionais, os judeus do Ocidente se haviam tornado cidadãos alemães, franceses ou italianos de religião judaica. Seu judaísmo era oficialmente definido como uma religião; todas as referências ao judaísmo como nacionalidade haviam sido eliminadas. Na segunda metade do século XIX, o surgimento de um novo antissemitismo definido segundo a raça viria a pôr rápido ponto-final no sonho da emancipação.

סדר
הגדה של פסח

מה נשתנה הלילה הזה מכל הלילות?

New York,
Druck u. Verlag der H. Frank's Buchdruckerei, 205 Houston St.
1851.

A página de rosto desta Hagadá de 1851 mostra um pai e um filho em vestes elegantes. Embora publicada em Nova York, o nome da gráfica está em alemão, indício da origem alemã da maioria dos judeus norte-americanos naquela época. Um terceiro elemento cultural se expressa na pergunta em hebraico que se faz na Páscoa Judaica: "Por que esta noite é diferente de todas as outras?"

14
De Posen a Nova Orleans:
Começar de novo nos Estados Unidos

"Meu insuportável sofrimento, bem como o desejo de escapar da pobreza e da vergonha e não depender da boa vontade da família, me levaram a decidir emigrar para os Estados Unidos. Minha segunda esposa e meus filhos permaneceram amplamente protegidos na casa dos pais dela, [e] meu filho mais velho deixei com meus pais. No fim de agosto de 1852, disse à minha esposa que voltaria à minha região de origem – Dantzig, Marienwerder – a fim de encontrar um local mais favorável para nosso sustento. Levava comigo apenas vinte e cinco táleres para a jornada e o essencial em matéria de vestimenta, e não deixei que ela percebesse quais eram meus planos de viagem. Não fui para Dantzig, mas sim para Hamburgo, deixando minha esposa e meus dois filhos no berço com o coração agitado e amargas lágrimas nos olhos. Meu dinheiro não bastava para a passagem de navio. [Assim,] vendi meu relógio de prata e meu anel de ouro e por vinte e oito táleres parti em meados de setembro em um barco à vela. Depois de quarenta e quatro dias de horror, desembarcamos em Nova York." (Monika Richarz, org., *Jüdisches Leben in Deutschland. Selbstzeugnisse zur Sozialgeschichte, 1780-1871* [Stuttgart: Deutsche Verlags-Anstalt, 1976], p. 473.)

A migração dos judeus da zona rural

Isaak Bernstein, comerciante de cereais de família pobre da província de Posen, foi um dos 250 mil imigrantes judeus que foram da Europa Central à América entre 1840 e 1910. Durante os seis anos seguintes, ele buscou sua fortuna em diferentes ocupações e deslocou-se de Nova York para Savannah, daí a Nova Orleans e por fim a Bedford, Massachusetts. Embora tenha por fim voltado para junto de sua esposa e filhos na Europa, a maioria dos demais emigrantes trouxeram seus familiares para o Novo Mundo. Eles faziam parte de uma onda muito maior de imigrantes de língua alemã. Como seus vizinhos cristãos, fugiam da repressão política, da discriminação jurídica e da penúria econômica. Porém, enquanto a maioria dos emigrantes cristãos da Alemanha pertenciam à classe média e viajavam com a família, o típico emigrante judeu era pobre, jovem e solteiro. Também as origens geográficas dos dois grupos eram diferentes. Proporcionalmente, mais judeus do que cristãos emigraram da Baviera, por exemplo, onde as leis discriminatórias de registro (matrícula) limitavam o número de judeus que podiam viver em cada localidade. Também em Württemberg a porcentagem de judeus emigrantes era três vezes maior que a de cristãos na década de 1860, apesar da emancipação recém-conquistada. Os povoados se esvaziavam pela metade, e certas comunidades judaicas rurais desapareceram por completo em questão de poucos anos devido à emigração, quer para as cidades, quer para o outro lado do Atlântico. Os 537 judeus que residiam em Jebenhausen, Württemberg, compunham quase metade da população dessa localidade em 1838; em 1871 havia apenas 127 judeus na cidade, e no final do século só sobravam 9.

Os primórdios da comunidade judaica norte-americana

Ainda em 1820, mais de cento e cinquenta anos depois de os primeiros judeus holandeses do Recife terem desembarcado na Nova Amsterdam, havia pouco mais de 3 mil judeus nos Estados Unidos espalhados por oito comunidades no litoral atlântico. Sessenta anos depois, esse número já era de 250 mil em mais de 300 comunidades disseminadas por todo o país. Só em Nova York já havia vinte congregações.

No começo do século XIX, as congregações judaicas norte-americanas não tinham nem um rabino nem um periódico judaico. Em decorrência dos muitos casamentos mistos e da fraca estrutura de organização, estava claro que o judaísmo norte-americano estava à beira da extinção. O núcleo da comunidade era de origem sefardita, mas em pouco tempo a maioria dos membros passou a ser ashquenazita. O único líder espiritual da comunidade no século XVIII, Gershom Mendes Seixas, intitulava-se "ministro" da congregação Shearith Israel em Nova York (que ele presidiu na década anterior à Guerra de Independência; em 1776, fugiu de Nova York e dirigiu-se a Connecticut, de lá foi para a congregação Mikveh Israel em Filadélfia e por fim voltou à Shearith Israel em 1784). Na sinagoga mais antiga de Nova York, tanto antes quanto depois da independência, Seixas era líder das orações, pregador e professor. Não era um grande erudito – os documentos por ele escritos ainda existentes mostram que seu hebraico era precário –, mas era um homem influente não só dentro da comunidade como também fora dela. Recebeu várias comendas e integrou o corpo de curadores do Columbia College. Isso nos diz algo sobre a condição dos judeus na sociedade norte-americana. Eles já eram detentores de direitos iguais mesmo antes dos judeus franceses, e isso graças à Constituição dos Estados Unidos e à Declaração de Direitos, que impedia a discriminação religiosa para o preenchimento de cargos públicos e garantia o livre exercício da religião.

O próprio governo britânico, por meio da Lei das Grandes Propriedades Rurais (*Plantation Act*) de 1740, havia concedido aos judeus da América igualdade de tratamento em relação ao resto da população. Em 1776, quando os Estados Unidos conquistaram sua independência, essa igualdade perante a lei (pelo menos para as pessoas brancas do sexo masculino) foi confirmada no contexto de uma ampla diretriz política de tolerância. Assim, o artigo VI da Constituição, redigido em agosto de 1787, vedava qualquer exigência religiosa como precondição para a ocupação de cargos públicos: "Nenhuma qualificação religiosa será jamais exigida como critério para a ocupação de qualquer cargo ou função pública dos Estados Unidos." Os estados individuais podiam, entretanto, discriminar seus cidadãos judeus. Assim, Maryland limitou a ocupação de cargos públicos por judeus até 1826, e New Hampshire, até 1877.

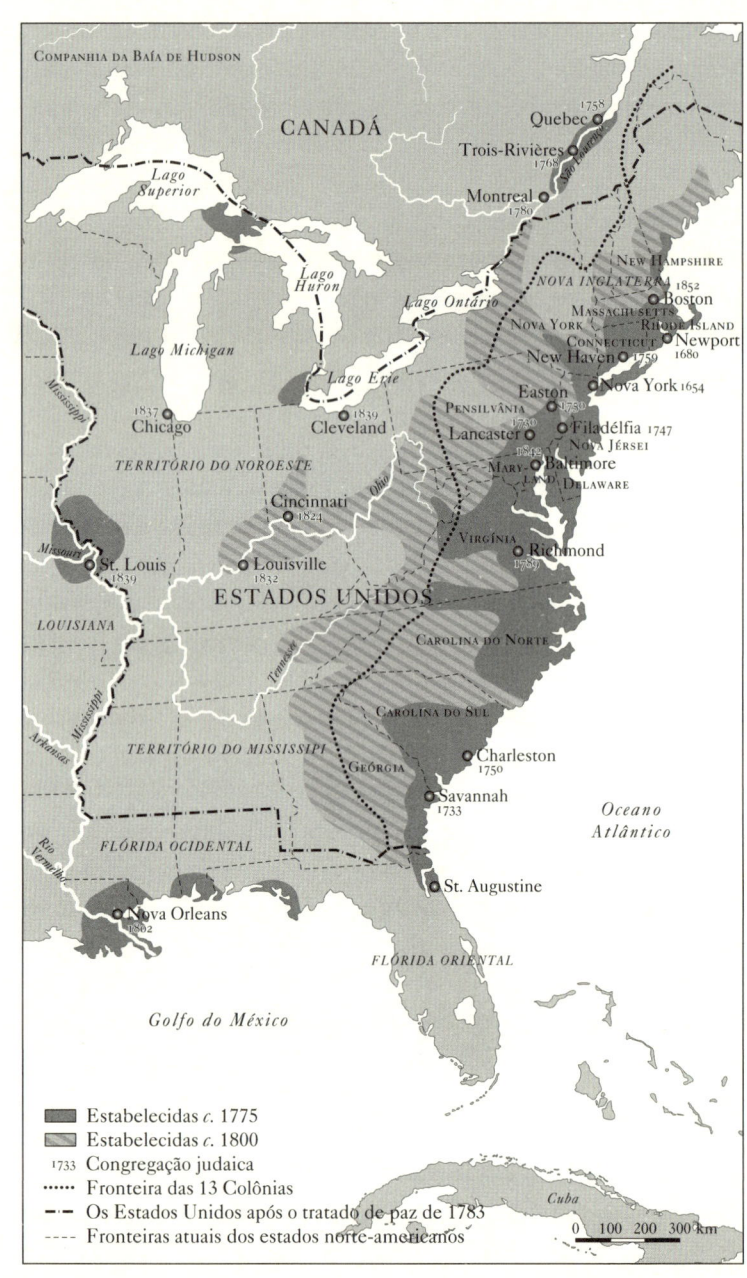

O estabelecimento dos judeus na América do Norte do século XVII ao século XIX.

A carta com que o presidente Washington saudou a congregação judaica de Newport, na ocasião de uma visita à cidade, confirmava benignamente esse princípio: "Que os filhos da linhagem de Abraão, que habitam nesta terra, continuem a merecer e a gozar da boa vontade dos demais habitantes; e cada qual se sentará sob sua videira e sua figueira sem que ninguém o aterrorize."

Desde os primeiros movimentos imigratórios em direção ao Novo Mundo, os judeus associavam os Estados Unidos ao sonho de libertar-se da escravidão. Alguns haviam fugido dos espanhóis e portugueses, outros das leis discriminatórias dos Estados alemães; mais tarde, a motivação seria escapar dos pogroms nos territórios sob domínio czarista. De tempo em tempo, a expectativa messiânica da redenção dos judeus se misturava com ideias acerca do restabelecimento de um Estado soberano. Assim, "no quinquagésimo ano da independência norte-americana" (1825), Mordecai Manuel Noah, delegado-geral de Nova York, proclamou a fundação de um local de refúgio para todos os judeus, "'uma terra de leite e mel' onde Israel repousará em paz sob 'sua videira e sua figueira'". Esse porto seguro não estava situado às margens do Jordão, mas nas vizinhanças das Cataratas do Niágara, em Grand Island. Noah lançou a pedra fundamental simbólica de seu projeto em 15 de setembro de 1825 na igreja de São Paulo em Buffalo, onde não havia sinagoga. A imprensa internacional e o mundo judaico tiveram notícia de seus planos, mas estes foram rejeitados desde o princípio, sendo considerados uma aventura fantasiosa. Noah esperou em vão que os judeus afluíssem para Grand Island e depois passou a defender a volta do povo judeu a Sião.

Planos de reforma

A essa altura, a comunidade judaica norte-americana ainda era muito pequena. Somente no segundo terço do século XIX o quadro começou a mudar, graças ao maciço influxo de imigrantes da Europa Central. Os judeus da América do Norte começaram a demonstrar certa autoconfiança – perante os missionários cristãos, por exemplo, que estavam especialmente interessados em converter os imigrantes judeus pobres e em 1820 tinham fundado, para esse fim, a Sociedade Norte-Americana para o Melhoramento da Condição dos Judeus. A comunidade judaica reagiu publicando o periódico *The Jew* (O Judeu, 1823-1825) e fundando escolas gratuitas para as crianças judias pobres. Rebecca Gratz desempenhou papel de destaque nesses empreendimentos. Procurou garantir que também as meninas recebessem instrução e, além de ter fundado escolas dominicais judaicas, criou já em 1819 a primeira associação judia de ajuda mútua não ligada a uma sinagoga: a Sociedade Beneficente Hebraica de Mulheres, em Filadélfia.

Reformas religiosas também foram realizadas no esforço de tornar a prática do judaísmo mais convidativa em um mundo em mutação. A primeira inovação em matéria de observância religiosa foi a série de reformas inauguradas em 1824 por jovens que romperam com a Congregação Beth Elohim, em Charleston. Introduzindo orações e sermões em inglês e abreviando o culto, os reformadores pretendiam resolver o problema generalizado da apatia religiosa. O judaísmo reformista norte-americano desenvolveu-se aos poucos a partir de 1840. Em 1841 foi instalado o primeiro órgão em Charleston. Na consagração do edifício da nova sinagoga, as palavras do cantor litúrgico Gustav Poznanski deram clara expressão à nova autoconfiança judaico-americana: "Esta sinagoga é nosso templo; esta cidade, nossa Jerusalém; esta terra feliz, nossa Palestina." Antes de 1850 havia somente três congregações reformistas: Beth Elohim em Charleston, Har Sinai em Baltimore e Emanu-El em Nova York. Em comparação com o Velho Mundo, onde tradicionalmente havia uma única comunidade judaica em cada localidade, no Novo Mundo a estrutura comunitária se cristalizou na forma de diversas congregações que atuavam independentemente umas das outras. Abriram-se, assim, as portas do pluralismo religioso. Nas congregações reformistas norte-americanas, homens e mulheres frequentemente se sentavam juntos; nos demais aspectos, elas seguiam de perto as tendências firmadas nos Estados alemães. Naturais da Alemanha, os primeiros rabinos falavam e pregavam em alemão. Os rabinos eram mal pagos e dependiam das boas graças de uma administração leiga. Já não se exigia deles que esclarecessem questões legais; antes, cada vez mais cumpriam as funções de pregador e pastor.

Três fatores foram decisivos para o contínuo sucesso do movimento reformista: a mobilidade ascendente, a americanização e especialmente o surgimento de uma personalidade enérgica, cujas qualidades de liderança ajudaram a organizar o judaísmo reformista em todos os níveis da sociedade norte-americana. Esse personagem foi Isaac Mayer Wise, natural da Boêmia. Ele já introduzira reformas em sua congregação de Albany em 1850 e em 1854, na qualidade de reformista moderado, foi escolhido para ser o rabino da Congregação B'nai Yeshurun em Cincinnati. Publicava em inglês a revista *The Israelite* (depois *American Israelite*) e um suplemento, *Die Deborah*. Em 1856 promoveu a publicação de seu primeiro livro de orações para as congregações judaico-americanas, *Min'hag Amerika* (O Rito Americano). A fase decisiva na criação das estruturas de organizações reformistas que subsistem até hoje começou na década de 1870: em 1873, foi constituída a União de Congregações Hebraicas Norte-Americanas (que em 2003 adotou o nome de União para o Judaísmo Reformado); e a ela seguiu-se, em 1875, o Hebrew Union College de Cincinnati, para a formação de rabinos. Em 1889 nasceu a Conferência Central dos Rabinos Norte-Americanos.

Wise esperava que essas instituições criassem um novo judaísmo norte-americano capaz de superar a cisão europeia entre ortodoxia e reforma. Mas os judeus tradicionais, minoria nos Estados Unidos, não conseguiam aceitar as propostas reformistas. Um de seus primeiros porta-vozes foi Isaac Leeser, natural da Vestefália, que atuava na congregação sefardita de Filadélfia como cantor litúrgico, fez a primeira tradução popular da Bíblia Hebraica para o inglês e era editor de *The Occident* (O Ocidente), a primeira revista judaica em língua inglesa que adquiriu importância em nível supralocal nos Estados Unidos. Porém, em uma conferência que Wise convocou em Cleveland em 1855, com o objetivo de unir todas as tendências do judaísmo norte-americano, a vitória coube aos rabinos que negavam as interpretações ortodoxas sobre a origem divina da Torá e o caráter vinculante do Talmude. E assim ocorreu a ruptura entre Wise e o grupo ortodoxo de Leeser.

Também havia dissensão no outro extremo do espectro religioso. Para os que seguiam um caminho mais radical, sob a liderança do

Colonos judeus em Montana, cerca de 1890.

rabino David Einhorn de Baltimore (ex-rabino-chefe do Grão-Ducado de Mecklenburg-Schwerin), as reformas de Wise não eram suficientes. O grupo de Einhorn introduziu o culto aos domingos e preconizava reformas sociais. Para eles, os direitos dos trabalhadores, o voto feminino e a promoção da paz mundial eram elementos essenciais da teologia judaica moderna. Outros foram ainda mais longe e fundaram a "Sociedade de Cultura Ética". Felix Adler, filho do rabino do elegante Templo Emanu-El de Nova York, era o cabeça desse grupo. Este não se via como elemento do judaísmo organizado, mas sim como parte de um movimento mais amplo de justiça social, cujas baterias se voltavam contra a exploração capitalista que cada vez mais se evidenciava naqueles anos dourados da América.

O judaísmo reformista, consolidado, assim, como a corrente mais importante do judaísmo norte-americano, aprovou em 1885 a "Plataforma de Pittsburgh": um programa que estabelecia diretrizes para todas as áreas da vida religiosa e não religiosa. Kaufmann Kohler, natural de Fürth e rabino da Congregação Beth El, de Nova York, era o *spiritus rector* dessas diretrizes, as quais mais tarde tentou implementar como presidente do Hebrew Union College. Segundo a Plataforma, somente as leis morais da Bíblia eram obrigatórias. Já tudo aquilo que se opusesse à civilização moderna poderia ser modificado. Assim, as leis alimentares e as prescrições relativas à vestimenta já não eram vinculantes. Segundo os princípios do Programa de Pittsburgh, não se deveria esperar mais o retorno a Sião, pois a era moderna já promovera a realização dos ideais messiânicos. Os judeus não mais constituíam uma nação; eram, antes, uma comunidade religiosa em permanente evolução, acompanhando os postulados de todas as religiões monoteístas.

Mascates e banqueiros

Embora a costa leste continuasse sendo o centro da população judaica norte-americana (em 1860, quase 40 mil dos 150 mil judeus dos Estados Unidos moravam em Nova York e 8 mil residiam em Filadélfia e Baltimore, outros grandes polos da comunidade), novos centros surgiram no oeste e no sul. Por volta de 1860, por exemplo, entre 5 mil e 8 mil judeus se estabeleceram em Cincinnati e Nova Orleans, e o mesmo número fixou-se em São Francisco.

Os Estados Unidos eram vistos como o país dos individualistas. Ofereciam oportunidades que não se viam no Velho Mundo, com seus obstáculos sociais e jurídicos. Para a maioria dos imigrantes judeus, o sonho de passar de lavador de pratos a milionário ou de mascate a banqueiro estava longe de se realizar. Não obstante, essa imagem frequentemente moldou o modo pelo qual os observadores posteriores encararam todo o fenômeno da imigração. Os acontecimentos da vida de Joseph Seligmann representam um exemplo radical. Na década de 1840, oito irmãos e três irmãs desse judeu da Frâncônia vieram encontrá-lo nos Estados Unidos, aonde chegara em 1837 vindo de Baiersdorf, sua cidade natal. A maioria dos Seligman

Os empregados da fábrica de *jeans* Levi Strauss & Co. em frente à sede da empresa, em Battery Street 14-16, São Francisco. O edifício foi destruído pelo terremoto de 1906.

(nos Estados Unidos, eles retiraram o segundo "n" de seu nome) ganhava a vida como mascate. Com o dinheiro economizado, os irmãos abriram primeiro uma tecelagem e depois um banco. A grande oportunidade se lhes apresentou durante a Guerra Civil, quando forneciam mercadorias de todo tipo às tropas da União. No final da guerra, o governo federal devia-lhes 1 milhão de dólares. Também são exemplos Simon Guggenheim, alfaiate emigrado do vilarejo suíço de Lengnau cuja família logo passaria a fazer parte da aristocracia financeira americana; e Benjamin Bloomingdale, natural da Baviera. Até hoje os museus Guggenheim e a loja Bloomingdale's preservam os nomes dessas famílias. É legendária a ascensão de Levi Strauss, que de Buttenheim, na Francônia, tornou-se o rei das calças *jeans*. Também ele começou como mascate e seguiu a Corrida do Ouro em São Francisco, onde passou a fabricar fortes roupas de trabalho usando lona. Mais tarde, com o sócio Jacob Davis (imigrante de Riga), registrou uma patente usando brim de algodão tingido com índigo.

Seria fácil recitar várias histórias de sucesso semelhantes a essas. Como parte do quadro geral, porém, elas continuam sendo exceções em um contexto muito menos espetacular: a ascensão às fileiras da classe média. Na década de 1850, em Boston, por exemplo, a maioria dos contribuintes judeus se enquadrava na categoria mais baixa, a dos que ganhavam menos de 200 dólares, ao passo que não havia judeu nenhum na categoria mais alta, daqueles cuja renda superava os 10 mil dólares – embora 13 por cento do total da população estivesse nessa categoria.

Rejeição na nova pátria

De modo geral, a emigração para os Estados Unidos resultou em inegável melhora social para os indivíduos. Mesmo a ascensão à classe média baixa era um grande triunfo para muitos imigrantes, e seus filhos às vezes eram capazes de subir mais alguns degraus na escala social. Mas nem no Novo Mundo os judeus estavam imunes a reveses que provavelmente os lembravam da atmosfera antijudaica do Velho Mundo. Em 17 de dezembro de 1862, um dos heróis da Guerra Civil Americana, o general Ulysses Grant, emitiu uma diretriz (Ordem Geral nº 11) em que acusava os judeus em geral de violar as leis do comércio e mandava expulsá-los do Tennessee, do Mississippi e do Kentucky. Mesmo quando o presidente Lincoln anulou esse decreto e Grant quis negar tê-lo emitido, parecia que a ameaça da expulsão ainda pairava como um sinal de mau agouro sobre os judeus na segura pátria norte-americana.

Quinze anos depois, na aparatosa estância turística de Saratoga Springs, ocorreu um incidente de larga repercussão envolvendo o banqueiro Joseph Seligman, então o judeu mais famoso dos Estados Unidos. Em 1877, como faziam todo ano, Seligman e seus companheiros tomaram seu trem particular para passar as férias naquela cidade, na companhia da aristocracia financeira nova-iorquina. Quando chegou ao Hotel Grand Union e pediu para ser levado a seus aposentos, Seligman foi informado de que não havia feito reserva. As rodas mais ricas do *establishment* protestante e anglo-saxão não toleravam que judeus, e às vezes até católicos, se imiscuíssem em seus círculos sociais. Hotéis e clubes chiques fechavam-lhes as portas. Os vizinhos cristãos se mudavam quando um número excessivo de judeus se estabelecia nos melhores bairros residenciais, e por isso os bairros judeus se formavam inadvertidamente, sem um planejamento formal. Na primeira metade do século XX, as universidades mais prestigiadas criaram cotas para reduzir o número de alunos judeus. Mas, embora a exclusão social dos judeus das rodas de elite fosse palpável, o antissemitismo político nunca chegou a representar uma verdadeira ameaça. O maior sinal desse fato foi que Ulysses Grant, presidente dos Estados Unidos dez anos depois de emitir seu infeliz decreto, ofereceu a Joseph Seligman um cargo em seu ministério. Seligman recusou a oferta e continuou sendo banqueiro. Parece, pois, que apesar do ostracismo social as posições políticas mais altas do país já eram acessíveis aos judeus. (Foi só em 1905, porém, no primeiro mandato de Theodore Roosevelt, que Oscar S. Straus se tornou o primeiro judeu a encabeçar um ministério norte-americano.) Em nível local não era raro que os judeus obtivessem cargos públicos, e em várias cidades foram eleitos para prefeito.

Um dos modos pelos quais os judeus reagiam à exclusão dos círculos protestantes ricos era, como na Europa, pela formação de seus próprios clubes e organizações. Em 1843, quando se negou a doze jovens judeus a filiação à Ordem dos Odd Fellows (em cujas fileiras já havia muitos outros judeus), eles criaram sua própria associação de ajuda mútua, a Ordem B'nai B'rith. Esta se difundiu rapidamente e englobou vários grupos locais. No final do século, já era a mais importante organização secular do judaísmo norte-americano. Uma de suas missões mais urgentes era prestar ajuda aos imigrantes em sua integração à sociedade norte-americana.

No final do século XIX, os judeus "alemães" (muitos dos quais vinham da Polônia, da Boêmia e da Hungria) já estavam aclimatados aos Estados Unidos. Os sermões em alemão nas sinagogas deram lugar a prédicas em inglês, o movimento reformista desenvolveu suas próprias práticas e ideologias, e os mascates se tornaram comerciantes com endereço fixo, ou mesmo advogados e médicos. Os Estados Unidos eram sua pátria e a pátria de seus filhos. Esse processo ainda não terminara quando chegou a próxima onda de imigrantes, ainda maior que a primeira. Os judeus da Europa Oriental, muitos dos quais fugiam da Rússia czarista, viriam a encarar os judeus alemães como cidadãos há muito estabelecidos nos Estados Unidos.

Esta Hagadá de Chicago (1883, impressa pela primeira vez em 1879) ilustra a progressiva assimilação dos judeus norte-americanos. O pai, em vestes tradicionais, senta-se à mesa com a esposa e os quatro filhos mencionados no texto do Sêder. À direita, o filho mal--educado da narrativa da Hagadá aparece fumando durante as comemorações, provocando a família. Pode tratar-se de uma referência às diferenças entre as várias gerações de imigrantes.

15
Do *shtetl* ao Lower East Side:
Os sonhos dos judeus da Europa Oriental
e a realidade americana

"Por que nós também não teríamos a oportunidade de fugir desta terra tenebrosa? Acaso não têm todos os corações a mesma [...] ânsia de viver, rir e respirar como um ser humano livre? [...] Vamos vender tudo o que temos – vamos aos Estados Unidos. [...] Comeremos carne com pão branco todos os dias – nos Estados Unidos!" (*American Jewish Fiction*, org. Gerald Shapiro [Lincoln: University of Nebraska Press, 1998], p. 19-20).

Como a heroína de seu conto "Como encontrei a América", de 1920, Anzia Yezierska emigrou na virada do século, aos 15 anos de idade, de um *shtetl* no Velho Mundo para o país que os judeus da Europa Oriental chamavam de *Goldene Medine* (a Terra Dourada). Antes de a família da heroína de Yezierska vender todos os seus bens, ela lê uma carta do carregador de água Guedalye Mindel, que quer levar sua esposa para os Estados Unidos. Como vendedor ambulante, ele está lucrando dois dólares por dia, soma inimaginável na mente daquela família; e, quando se tornar cidadão, seu voto na eleição valerá tanto quanto "o do senhor Rockefeller, o maior milionário".

Mas o melhor é que "não há czar nos Estados Unidos". Atravessando o Atlântico, as pessoas tentam imaginar como será a vida ali: "Nos Estados Unidos, você pode dizer o que sente – pode proclamar seus pensamentos nas ruas sem medo dos cossacos. [...] Os Estados Unidos são um lar para todos. A terra é sua. Não é como na Rússia, onde você se sente um estrangeiro no vilarejo onde nasceu e cresceu – no vilarejo onde jazem sepultados seu pai e seu avô." Nada de czar, cossacos, pogroms – isso bastava para dourar as expectativas dos emigrantes. Era razão suficiente para abandonar o local onde pais e avós haviam vivido e estavam enterrados. Em 1900, quando Yezierska e seus irmãos seguiram um irmão mais velho que já emigrara fazia dez anos, ela se tornou parte da maior onda de migração de toda a história judaica.

Sob os czares

Fazia apenas um século que os judeus estavam sob o governo dos czares. Na repartição da Polônia, iniciada em 1772 e concluída em 1795, o antigo reino polonês foi dividido entre a Rússia, a Áustria e a Prússia, três superpotências. Cada uma delas desenvolveu sua própria política em relação aos judeus. Ao passo que já havia comunidades judaicas na Áustria, que recebeu a Galícia, e na Prússia, que passou a administrar Posen e a Prússia Ocidental, antes dessa época nenhuma comunidade judaica fora oficialmente tolerada no império czarista. Mas então, contando não só a Lituânia como também o centro-leste da Polônia entre seus novos domínios, a Rússia czarista abocanhou a parte do leão do Estado polonês e, em um único ato, incorporou a maior comunidade judaica daquele tempo, com cerca de 750 mil pessoas.

A política russa refletia sua insegurança e falta de experiência em lidar com a minoria judia: alternava entre a magnânima concessão de direitos civis e a negação brutal dos mesmos direitos. A política de Catarina II, nascida na Alemanha, foi inicialmente calcada nos ideais do iluminismo. A czarina, que reinou entre 1762 e 1796, queria transformar os judeus em bons cidadãos e, inspirada pelo prussiano Dohm ou por José II da Áustria, acreditava que esse resultado podia ser obtido por uma política educacional correta. Assim, após a partição da Polônia em 1772, os judeus não receberam nenhum direito especial. Eram tratados como o restante da população. Mas as autoridades czaristas tinham dificuldade para encaixá-los nas categorias rígidas do sistema social russo. Eles não eram aristocratas nem camponeses livres, tampouco servos. Catarina classificou-os como residentes das cidades, o que, é preciso admitir, correspondia apenas parcialmente à verdade, visto que tantos deles viviam no meio rural. Mas os residentes das cidades tinham de morar nestas. A classificação, portanto, teve o inadvertido efeito de permitir que os judeus fossem expulsos do campo. Em 1808 e 1823, o governo realmente tentou deportar a população judaica dos povoados rurais para as cidades, mas nenhuma das duas tentativas deu certo.

O mais importante foi um decreto emitido por Catarina em 1791 – provavelmente em atenção aos comerciantes de Moscou, que temiam a concorrência – proibindo os judeus de se estabelecer no interior do império. Exigia-se, antes, que eles permanecessem nas províncias antes pertencentes à Polônia, bem como nos territórios recém-adquiridos perto do Mar Negro. Esse território, conhecido como "Região de Assentamento", tornou-se, assim, quase a única região onde os judeus podiam residir legalmente dentro do Império Russo. Ao mesmo tempo que se restringia a liberdade dos judeus de estabelecer-se onde bem entendessem, fizeram-se tentativas de forjar uma política de assimilação. O "Estatuto de 1804" deixou claro que os judeus tinham de passar por um processo educativo antes de poder ser emancipados. O estatuto tinha o objetivo de facilitar o acesso deles às instituições educacionais modernas, desde a escola primária até a universidade, e alterar suas estruturas profissionais sem obrigá-los a abandonar sua religião. Sob certos aspectos, lembrava as medidas semelhantes tomadas em países ocidentais: os judeus deveriam ter sobrenome e usar a "língua padrão" não judia em seus documentos oficiais; ao mesmo tempo, seus rabinos, como os demais representantes das religiões oficialmente reconhecidas pelo Estado russo, deveriam ser postos sob supervisão especial. Em outros aspectos, o estatuto refletia as condições peculiares da Europa Oriental. Em razão do que se entendia como a influência particularmente maléfica dos judeus sobre os camponeses, os taverneiros judeus (essa profissão tão típica dos judeus da Europa Oriental) foram alvo de uma política que visava, se possível fosse, excluí-los completamente dessa profissão.

As medidas subsequentes foram um pouco além. A política do czar Alexandre I (1801-1824), que oscilava entre o esclarecimento e o despotismo, deu lugar à linha dura de Nicolau I (1825-1855). Terminado o processo educacional previsto para os judeus, o caminho estaria livre para a abolição da autonomia comunitária judaica e (idealmente, segundo os adeptos dessa política) a conversão dos judeus à Igreja

A Região de Assentamento dos judeus na Rússia. Os dados sobre o número de judeus e sua porcentagem em relação à população total se referem ao ano de 1897.

Ortodoxa. O melhor meio para esses fins era o prolongado período de serviço militar obrigatório que os oficiais czaristas exigiam dos "cantonistas": muitas vezes, com a ajuda de autoridades comunitárias judias, meninos de doze anos eram afastados de suas famílias a fim de completar a cota de conscritos e recebiam um treinamento pré-militar que poderia culminar em vinte e cinco anos de serviço militar propriamente dito. Durante todo esse período, não tinham a oportunidade de viver segundo a lei judaica. Não surpreende que um grande número dos meninos assim recrutados – cerca de 50 mil – tenha realmente acabado por entrar no seio da Igreja Ortodoxa. As comunidades judaicas, ciosas de suas obrigações para com o governo, enviavam *chapers* ("intendentes", da palavra iídiche que significa "apanhadores"*) para cumprir as metas de recrutamento. Produziam-se, assim, tensões dentro das comunidades judaicas e minava-se a autoridade comunitária. É impressionante a resistência com que essas medidas de assimilação forçada se deparavam. Os pais escondiam seus filhos ou enviavam-nos a parentes distantes para que não pudessem ser recrutados; alguns jovens preferiam mutilar-se a ser impedidos de observar o judaísmo. Foi impossível implementar na prática a dissolução do *Kahal* (a administração comunitária judaica autônoma) decretada em 1844. No reinado do czar Alexandre II (1855-81), certos setores da vida judaica sofreram drástica melhora no contexto de reformas mais amplas ocorridas na sociedade russa. Embora houvesse forte esperança de uma emancipação à moda ocidental, muitas restrições ainda pesavam sobre os judeus. Estes não podiam, por exemplo, ocupar mais de um terço das cadeiras em um conselho municipal (mesmo quando constituíam a maioria da população) e não tinham acesso ao cargo de chefe da municipalidade.

Entre a renovação religiosa e a secularização

A pequena minoria dos influenciados pelas ideias iluministas viu-se em um dilema. Por um lado, estavam convictos de que a comunidade judaica tinha de mudar, zombavam das tradições "supersticiosas" dos hassídicos, pediam uma educação secular paralela à talmúdica, pregavam o uso de línguas não judaicas e defendiam uma nova estrutura profissional para a população judia. Por outro lado, não queriam servir a um governo que usava muitas dessas medidas como simples pretexto para tornar os judeus cristãos ortodoxos.

A criação de um novo tipo de yeshivá (escola talmúdica) na Lituânia foi extremamente importante para a vida intelectual e religiosa dos judeus não hassídicos. Em 1803, o Rabi Chaim de Volojin, discípulo do Gaon de Vilna, fundou a mais famosa dessas escolas, a

---

* Ou seja, aqueles que "apanhavam" jovens para entregá-los aos militares. (N. do T.)

Yeshivá de Volojin, que atraía estudantes de todo o país e prestava-lhes auxílio financeiro. Os eruditos de Volojin foram aceitos por muito tempo como as maiores autoridades em matéria de interpretação da lei e conduta pessoal. A escola promovia uma compreensão lúcida e racional do texto e deu origem a uma classe de leigos altamente instruídos que frequentemente constituíam a elite intelectual dos locais onde moravam e se contavam entre os mais firmes defensores do judaísmo rabínico em suas disputas quer com os hassídicos, quer com os iluministas. Outras yeshivot baseadas na de Volojin foram fundadas, primeiro em Mir, depois em Telz (Telšiai) e Slobodka.

Israel Salanter, nascido em Kovno em 1810, procurou combater a crescente secularização promovida pelos *maskilim* (os iluministas) fundando o movimento *Mussar*. A palavra significa literalmente "moral" ou "ética", e tanto Salanter quanto seus discípulos atribuíam à ética um lugar central em sua interpretação das leis religiosas. Para eles, o exame de consciência e o arrependimento eram alternativas tanto ao sentimentalismo dos hassídicos quanto à razão pura dos iluministas. Salanter também tentou estabelecer um equilíbrio entre os hassídicos e seus adversários ortodoxos, e para tanto criticou a ambos: "'Por que preciso de um livro de instrução religiosa quando tenho meu *rebe*?', pergunta o hassid. E o *misnagued* retruca: 'Tenho um livro de instrução religiosa; por que preciso de um rabino?'"

Os *maskilim* fizeram imenso progresso, embora nem todos tivessem tanto entusiasmo pelo movimento quanto Isaac Ber Levinsohn, que em 1828 dedicou ao czar Nicolau um apelo à reestruturação profissional e à reforma educacional (*Te'udá be-Yisrael*, "Testemunho em Israel"). Legaram-nos declarações comoventes sobre a perda da fé que tinham na infância. Muito tempo depois, Moshê Leib Lilienblum, um dos escritores judeus mais importantes da segunda metade do século XIX, incluiu a seguinte narrativa na autobiografia que escreveu em 1876, aos trinta e três anos: "Naquele Dia da Expiação, fui como que atingido por um raio. [...] O cantor litúrgico entoou a prece: 'Aqui estou, pobre em boas obras.' Ouvindo-o, a congregação trepidava. Vi que todos elevavam as mãos e o coração a Deus, mas eu – onde estava meu Deus? Cobri meu rosto com o xale de oração e me desfiz em lágrimas." De início, Lilienblum tentou reprimir esses maus pensamentos e encontrar o caminho de volta. Assim, estudou o Talmude, fundou uma yeshivá e passou a dar aulas a crianças. Mesmo assim, logo correu o boato de que ele lia livros seculares e abrigava ideias heréticas. Denunciado e perseguido, voltou-se por fim não só para a literatura hebraica como para as doutrinas do socialismo e do sionismo.

Ao lado da aquisição de uma instrução completa e do aprendizado de línguas não judaicas, o cultivo da língua hebraica era um dos objetivos mais importantes dos *maskilim* da Europa Oriental. Assim, romances e revistas em hebraico começaram a ser publicados por volta da metade daquele século. São exemplos os periódicos *Ha-melits* (O intercessor), fundado em 1860 por Alexander Zederbaum e depois editado pelo poeta Judá Leib Gordon; *Ha-shahar* (A alvorada), criado em 1868 por Peretz Smolenskin; e *Ha-shiloah*, fundado em 1896 por Ahad Ha'am (e cujo título era o nome da piscina de Siloé, em Jerusalém, mencionada na Bíblia). Essa disseminação de ideias novas entre a população que lia o hebraico, para quem o jornalista lituano Eliezer Ben-Yehuda compilou o primeiro dicionário de hebraico moderno, adquiriu imensa importância com o advento do sionismo político e cultural nas últimas duas décadas do século.

Odessa era um ponto focal para a intelectualidade judaica da Europa Oriental. A metrópole que se tornara porto e polo comercial naquela região recém-conquistada pela Rússia abrigava pessoas de muitas nacionalidades e religiões. Ao lado dos russos e ucranianos, era habitada por gregos, armênios e grande número de judeus. No final do século XIX, estes perfaziam quase 140 mil dos 400 mil habitantes e reuniam dois terços dos médicos da cidade, dois terços dos banqueiros e mais da metade dos advogados. Somente um terço dos judeus, porém, pertencia ao proletariado na qualidade de operários industriais ou trabalhadores braçais contratados por dia. A cidade atraiu muitos *maskilim* de outras partes do país e, ao lado de São Petersburgo, se tornou cobaia para as experimentações envolvendo uma nova identidade judaica na Rússia imperial. Na virada do século, Odessa também desempenhou papel decisivo na formação do hebraísmo e do movimento sionista. Nela se fizeram as primeiras

Em 1878, Maurycy Gottlieb retratou um culto de Yom Kippur realizado em uma sinagoga, em Drohobycz, na Galícia (óleo sobre tela, 245 cm x 192 cm). Em meio às preces, ele parece abrigar dúvidas a respeito de sua fé, experiência comum a muitos iluministas que haviam deparado com o conhecimento secular. Aos 15 anos de idade, Gottlieb já estudara na Academia de Artes de Viena e era discípulo do pintor Jan Matejko, de Cracóvia. Morreu aos 23 anos, um ano depois de pintar este quadro. Na capa da Torá está escrita uma premonição de sua morte: "Doada em memória do falecido e venerável mestre Moshê Gottlieb, de feliz memória, 1878."

tentativas de transformar o hebraico em uma língua falada, e ali surgiu o primeiro periódico judeu em língua russa (*Razsvet*, "Alvorada", 1860).

Entretanto, para a imensa maioria dos judeus do Império Russo, nem o uso da língua hebraica nem a assimilação à cultura russa eram pertinentes. Embora se deva registrar que a russificação e a polonização ocorriam até em cidades pequenas, as massas judias da Europa Oriental permaneceram fiéis à religião judaica e continuaram se comunicando principalmente em iídiche. Ainda em 1897, 97 por cento de todos os judeus recenseados na Rússia declararam o iídiche como língua materna. Por isso, não surpreende que os escritores judeus usassem cada vez mais o iídiche. Mêndele Moykher-Sforim (Sholem Yankev Abramovitch) recebeu o título honorário de "avô" (*zeyde*) da literatura iídiche. De início, ele também publicava textos em hebraico; mas em 1863, em Odessa, fundou o primeiro periódico em iídiche, *Kol mevasser* (A Voz do Arauto). Justificou da seguinte maneira sua preferência pelo iídiche:

> Aqui estou, observando os caminhos do nosso povo e procurando escrever-lhe narrativas das fontes do conhecimento judaico em nossa língua sagrada; mas a maior parte do povo sequer conhece essa língua. Sua língua é o iídiche. E para que serve a vida do escritor, qual o fruto de seus trabalhos se ele é inútil para seu povo? A pergunta "Para quem trabalho?" não cessa de me atormentar. Na minha época, a língua iídiche era um recipiente vazio no qual só cabiam gírias e banalidades, frases sem sentido. [...] As mulheres e os pobres liam o iídiche sem compreendê-lo; e o resto do povo, mesmo que não soubesse ler outra língua, tinha vergonha de ser visto lendo em iídiche, para que essa sua loucura particular não chegasse ao conhecimento do público.

Mais tarde, Yitzhok Leibush Peretz e Sholem Aleichem ajudaram a elevar o iídiche à categoria de língua literária. Não estavam interessados em divulgar uma cultura elitista; queriam, antes, ser compreendidos por um público amplo, o que só era possível em iídiche. A língua iídiche unia os judeus do Império Russo aos de outras partes da Europa Oriental. Apesar de todas as diferenças jurídicas e políticas entre as diversas regiões, os judeus do Leste Europeu tinham laços culturais comuns que se estendiam desde a Hungria e a Romênia, ao sul, até a Bielo-Rússia e a Lituânia, ao norte, passando pela Eslováquia e pela Galícia.

No Império Habsburgo

No final do século XIX, o Império Habsburgo continha a segunda maior comunidade judaica do mundo, com cerca de dois milhões de judeus. Na Galícia, a população judaica aumentou de cerca de 200 mil pessoas na época da repartição da Polônia para mais de 800 mil na virada do século. Nessa região, onde a maioria dos habitantes era de poloneses católicos e ucranianos ortodoxos, a proporção da população judaica com a população total permaneceu mais ou menos constante, pouco mais de 10 por cento. Em certas cidades, como Brody, eles representavam até 90 por cento dos habitantes, e mesmo no centro de Lemberg (Lvov) perfaziam mais de um terço dos moradores. A Galícia fazia parte do mundo judaico da Europa Oriental, mas ao mesmo tempo era fortemente influenciada pelas ideias iluministas e integradoras que vigoravam em Viena. Ali, o modo de vida judaico tradicional se opunha de forma violenta aos esforços de reforma religiosa e cultural.

Por um lado, o legado hassídico era especialmente forte na região. Quase todos os judeus religiosos se sentiam ligados a uma das muitas dinastias hassídicas cujos chefes literalmente reinavam em algumas cidades menores, como Belz, Zanz ou Sadagora, e cujas residências eram focos de peregrinação para os fiéis. Por outro lado, a *haskalá*, ou iluminismo judeu, conseguiu se firmar na Galícia oitocentista, especialmente nas cidades maiores. Esse movimento iluminista se originara do círculo de Moses Mendelssohn, por um lado, e da política educacional do imperador José II, por outro. Iluministas judeus como Herz Homberg, natural da Boêmia e colaborador de Mendelssohn, começaram a promover uma política reformista particularmente rigorosa. Segundo Homberg, as crianças deviam aprender não só a língua alemã como também uma nova forma doutrinal do judaísmo cujo estilo imitava os catecismos protestantes. Na prática, isso significava reduzir a cultura da vida cotidiana judaica a certos artigos de fé acompanhados pela transmissão de um patriotismo fixado no imperador e no Estado. O sistema escolar introduzido por Homberg já tinha sido abolido em 1806. Porém, a aprovação em um exame em língua alemã baseado nos abominados catecismos continuou sendo precondição para a oficialização do ato de casamento, o qual os casais frequentemente procuravam contornar. A tributação da carne *kasher* e das velas do Shabat também impunha encargos financeiros cada vez mais pesados a uma população judaica cada vez mais empobrecida.

Depois do fracasso das reformas escolares de Homberg, vários *maskilim* renomados fizeram novas tentativas de efetuar uma reforma educacional. Em 1813, Joseph Perl fundou a *Israelitische Freyschule*

(Escola Livre Israelita) em Tarnopol. Perl era um dos adversários mais ruidosos do movimento hassídico, do qual zombava em seus textos polêmicos e satíricos. Outro representante dos *maskilim* que assumiu a causa contra o hassidismo foi Mendel Lefin, cujos textos em iídiche e em hebraico exigiam uma doutrina racional do judaísmo. Assim, ele publicou uma edição em hebraico do *Guia dos perplexos*, de Maimônides. Este era o filósofo judeu predileto dos *maskilim* e foi tomado como modelo por várias gerações de estudiosos. Salomon Maimon adotou esse nome para demonstrar que se inspirava no grande erudito. E em um livro chamado *O guia dos perplexos para a nossa época*, cujo título ecoa o da obra magna de Maimônides, Nachman Krochmal desenvolveu uma filosofia da história que também influenciou a *Wissenschaft des Judentums*. Esse livro foi publicado depois da morte de seu autor por Leopold Zunz, o mais destacado representante dos estudos judaicos modernos na Alemanha.

Os *maskilim* da Europa Oriental, por outro lado, repudiavam a tese de uma reforma religiosa organizada, como queriam os alemães. Em geral, essas ideias eram importadas da Europa de língua alemã por alguns rabinos. Um desses foi Abraham Kohn, que nascera na região ocidental da Boêmia e trabalhara por dez anos na cidade de Hohenems, em Vorarlberg (perto da fronteira entre a Áustria e a Suíça). Em sua nova congregação em Lemberg, na Galícia, introduziu um coro, sermões em língua alemã e uma ordem definida para os procedimentos do culto. Essas inovações, que até os ortodoxos tinham adotado na Alemanha, enfrentaram resistência tão intensa dos judeus de Lemberg que alguns deles rasgaram as vestes – como em um enterro – em sinal de luto pela "profanação" da sinagoga. Kohn também irritou a maioria tradicional de sua congregação substituindo o bar-mitzvá por uma cerimônia de confirmação para meninos e meninas, calcada no modelo protestante. Embora suas reformas fossem moderadas em comparação com o que já fora introduzido em regiões mais ocidentais, Kohn conseguiu se fazer odiar a tal ponto pela população hassídica que, em 1848, foi vítima de um envenenamento fatal que nunca foi satisfatoriamente explicado.

O ano de 1848 despertou efêmeras esperanças para os judeus das regiões orientais da Europa Central, pois a breve revolução fez pensar que até no Império Habsburgo a emancipação se concretizaria. Nas cidades, judeus da classe burguesa frequentemente se misturavam nas barricadas com boêmios, húngaros e poloneses revolucionários, lutando juntos contra o Estado imperial autoritário e a repressão das minorias nacionais. Mas a igualdade demorou a chegar à Galícia. Nos níveis local e regional, os judeus foram reconhecidos mais cedo. Assim, em 1874 já havia setenta e um judeus no parlamento regional, cinco (de um total de 155) deputados judeus no Sejm da Galícia, dez prefeitos judeus e 261 vereadores judeus distribuídos por toda a região. A situação jurídica na Hungria melhorou durante o mesmo período. É verdade que, em razão da intensa participação dos judeus nas revoluções de 1848, pesada multa foi imposta às comunidades judaicas, que ainda na década de 1850 tiveram de suportar diferentes formas de discriminação legal, como a proibição da aquisição de terras e a aprovação em um exame especial antes do casamento. Porém, em 1859-1860 a maioria dessas exigências legais foi abolida e, após o Compromisso Austro-Húngaro (*Ausgleich*) de 1867, também os judeus da Hungria passaram a ser titulares de plenos direitos. Entre 1850 e 1869, sobretudo em decorrência da imigração dos judeus da Galícia, o número de judeus na Hungria cresceu de 340 mil para 540 mil. À véspera da Primeira Guerra Mundial, a comunidade judaica húngara contava mais de 900 mil membros, e quase um quarto dos habitantes de Budapeste era de judeus. Eles perfaziam mais da metade dos comerciantes, advogados e médicos do país.

Ao mesmo tempo, os judeus húngaros formavam uma comunidade muito heterogênea. Os judeus do planalto, próximo às fronteiras com a Áustria e a Morávia, falavam alemão ou iídiche; as comunidades mais tradicionais situavam-se no nordeste (nas terras mais baixas) e tinham fortes laços linguísticos, culturais e religiosos com os judeus da Galícia; e os judeus da Hungria central, especialmente da capital Budapeste, falavam húngaro e sentiam-se húngaros. Havia também diferenças religiosas cruciais. Assim, partes da Hungria continuaram sendo bastiões da ortodoxia, seguindo os ensinamentos do *Hatam Sofer* (*Hassam Sofer* em pronúncia ashquenazita: o "Selo dos Escribas"), o Rabi Moses Schreiber de Pressburg (Bratislava), cujo famoso lema dizia "Toda novidade é proibida pela Torá" (*hadash assur min ha-torá*). O *Hatam Sofer* movia guerra particularmente feroz contra qualquer tentativa de reforma e contra aqueles que questionavam a origem divina do Talmude. Como muitos predecessores, admitia a aquisição de conhecimento mundano se este servisse ao propósito superior do estudo religioso ou para ganhar a vida. A emancipação, por outro lado, era encarada com ceticismo, uma vez que parecia, aos olhos do *Hatam Sofer*, estar ligada à dissolução do mundo judaico tradicional. Até na segunda metade do século XIX esse ponto de vista foi acolhido pelos rabinos ortodoxos húngaros, sobretudo por Akiba Schlesinger. Schlesinger não admitia que os judeus imitassem os costumes de seus vizinhos não judeus no tocante à língua, à escolha de nomes e à vestimenta. Nesse sentido, repudiou todo o projeto de emancipação, considerando-o um perigo para o futuro dos judeus.

Em Sighet e Munkacz, no nordeste da Hungria, havia redutos do hassidismo com suas próprias dinastias. Porém, o movimento de reforma religiosa logo se firmou nessa região. Seus porta-vozes, geralmente chamados "neólogos", eram menos radicais que os da Alemanha. O conflito com a ortodoxia era tão intenso, entretanto, que o governo convocou em 1868 um Congresso Judaico em que os neólogos e os ortodoxos se enfrentaram sem conseguir chegar a um acordo. Como na Alemanha, os ortodoxos obtiveram o que queriam e puderam fundar congregações independentes. Além desses dois grupos, um terceiro recusou-se a tomar partido e procurou, em vez disso, manter-se na situação em que estava antes do Congresso. As congregações filiadas a ele eram chamadas de "congregações do *status quo*".

A situação jurídica dos judeus da Romênia se assemelhava mais à dos judeus do Império Russo que à dos que viviam sob os Habsburgos. A escolha da profissão e as oportunidades de adquirir terra eram restritas. Embora alguns intelectuais judeus tivessem participado da luta pela independência da Romênia e o rei Carlos I (Karl von Hohenzollern-Sigmaringen), cujo reinado começou em 1866, pretendesse conceder-lhes direitos civis, a oposição do povo à emancipação judaica impediu que essas medidas fossem tomadas. Como resultado, com poucas exceções, somente os cristãos podiam tornar-se cidadãos. No mesmo ano em que a emancipação dos judeus foi garantida pelo

Compromisso Austro-Húngaro (1867), os judeus romenos foram expulsos de alguns povoados. A maioria deles morava nas cidades, onde constituíam grande parcela da população. Eram 40 por cento dos habitantes de Iaşi (Jassy) e pelo menos 15 por cento dos de Bucareste. Em 1868, na cidade de Galaţi, houve graves pogroms contra os judeus, que se repetiram alguns anos depois em outras cidades. A situação dos judeus na Romênia despertou o furor internacional e fez com que o assunto fosse levantado no Congresso de Berlim de 1878. Como a Sérvia e a Bulgária, a Romênia teve de declarar que concederia direitos iguais a todos os seus cidadãos. Os dois primeiros países implementaram essa política (embora o parlamento sérvio só a tenha aprovado em 1889), mas o governo romeno ignorou a resolução. Em virtude das discussões no Congresso de Berlim, a emancipação dos judeus foi proposta como um princípio de direito internacional. Nem isso, todavia, ajudou os judeus da Romênia. No final do século eram em número de 300 mil e compunham uma das maiores comunidades da Europa, mas só umas poucas centenas deles tinham direitos civis.

Na Sérvia, a população judaica, de cerca de 5 mil pessoas, era pequena; não mais que 10 mil judeus viviam na Croácia, bem como outro tanto na Bósnia. Os judeus croatas e bósnios, como a maioria dos quase 30 mil judeus da Bulgária, em sua maior parte eram sefarditas e falavam ladino.

Pogroms

Enquanto isso, as condições de vida dos judeus no Império Russo haviam degringolado drasticamente com o assassinato do czar Alexandre II em 1º de março de 1881. Os acontecimentos que sucederam esse atentado demonstram claramente os vários fatores que interagiam diante dessa perigosa situação. Naquele ano, a Páscoa cristã e a Páscoa Judaica caíram no mesmo dia. À acusação de deicídio misturavam-se lendas medievais sobre ritos de sacrifício humano. Além disso, o fato de uma judia fazer parte do círculo dos assassinos levou os reacionários a insinuar que a população judaica como um todo simpatizava com a revolução. Os tumultos antijudaicos assim suscitados, chamados "pogroms" em russo, não foram nem um pouco inconvenientes para o governo, pois os judeus podiam servir de para-raios para a inquietação social. O mais importante é que a política anterior de "integração seletiva", que havia produzido significativas mudanças socioculturais entre os judeus russos e levado à ascensão de uma elite judaica russificada (especialmente em São Petersburgo), deu lugar a medidas mais restritivas. Se os czares anteriores acreditavam que os judeus eram "corrigíveis" por meio da educação e da russificação, os dois últimos czares, Alexandre III e Nicolau II, viam nos judeus uma espécie de câncer social. A seus olhos, os judeus assimilados eram ainda piores que os tradicionais, visto serem considerados grandes fontes de agitação social.

Os pogroms de 1881 irromperam em Yelisavetgrad em 15 de abril e rapidamente se espalharam para 200 a 250 outras cidades. Não foram os primeiros atos de violência a afetar os judeus no império dos czares. Em 1859 e 1871, os judeus de Odessa já haviam sofrido uma onda de violência física. Depois de 1881, porém, os pogroms sucederam-se com frequência cada vez maior. O medo da violência física veio se somar à precária situação econômica e jurídica em que se viam os judeus, que permaneciam confinados na Região de Assentamento. Após vinte anos de acelerada mudança social e do surgimento de um novo discurso antijudaico, os piores atos de violência se desencadearam em 3 de abril de 1903 (de novo na Páscoa cristã) na cidade de Kishinev e duraram três dias. Uma semana antes, um panfleto jornalístico havia mobilizado as massas, estabelecendo um vínculo entre a antiga lenda dos assassinatos rituais e novas teorias da conspiração. O resultado foram 50 pessoas mortas e mais de 500 feridas, com 2 mil judeus perdendo suas casas. Residências e estabelecimentos comerciais foram saqueados e destruídos. O exército russo e a polícia poderiam ter posto fim à violência, mas deliberadamente permaneceram de lado. Era melhor que as massas descontassem sobre os judeus suas frustrações políticas e econômicas que direcionassem sua ira para as autoridades do Estado. Nem só os russos compunham a turba enfurecida. Assim como parte da população grega de Odessa se lançara sobre os judeus, assim também a população romena de Kishinev teve papel ativo no saque e no massacre.

Na pintura *Depois do pogrom* (cerca de 1910), o pintor judeu polonês Maurice Minkowski retratou uma população judaica que perdera suas casas e fugia da violência. Desesperados, muitos decidiram atravessar o Atlântico.

O pogrom de Kishinev motivou uma onda de protestos internacionais. Inspirou Chaim Nachman Bialik, que depois se tornaria o maior poeta da língua hebraica, a escrever o famoso poema "Na cidade do massacre". Essa peça não se limitava a lamentar o terror; deplorava também a passividade das vítimas judias, favorecendo, assim, a ideia sionista de que os judeus só estariam seguros se tivessem seu próprio Estado.

Pela primeira vez, ativistas e intelectuais russos de oposição juntaram suas vozes aos gritos de protesto contra a violência antijudaica e culparam o governo pelo acontecido. Leão Tolstoi, que permanecera em silêncio diante dos pogroms da década de 1880, expressou dessa vez sua repulsa pelo modo como o governo e a Igreja estavam relegando o povo a um estado de ignorância e fanatismo. Teorias da conspiração ganharam popularidade no império; entre elas se destacavam os supostos indícios (ainda hoje citados) de um plano de dominação mundial por parte dos judeus, compilados nos "Protocolos dos Sábios de Sião". Esse documento fraudulento foi publicado pela primeira vez na Rússia em 1903, de forma resumida, na revista *Zna-*

mya (O Estandarte). Era provavelmente a tradução de um texto francês já perdido. Quem o publicou foi o antissemita fanático Pavolatchi Krushevan, que já ajudara a organizar o pogrom de Kishinev. O *Urtext* usado como base para a maioria das traduções e revisões subsequentes dessa fraude foi uma versão publicada em 1905 pelo fanático religioso Sergei Nilus. A motivação dos autores, ligados às rodas da polícia secreta russa em Paris, era levar o czar e os políticos mais influentes a adotar uma política francamente antissemita. Mais tarde, os Protocolos foram traduzidos para inúmeras línguas e divulgados em inglês pelo fabricante de carros Henry Ford.

Mesmo depois do banho de sangue de Kishinev, as teorias da conspiração e as lendas de assassinato ritual continuaram sendo elementos essenciais da opinião popular na Europa Oriental. A morte de uma criança cristã em Kiev, já em 1911, levou à prisão de um judeu chamado Mendel Beilis, empregado em uma fábrica de tijolos. Ele foi sujeito a prolongado processo penal, embora as autoridades conhecessem a identidade dos três verdadeiros culpados. A promotoria, apoiada pelo ministro da justiça por imposição do czar Nicolau II, reiteradamente montava novos argumentos e procurava expor ao ridículo a religião judaica como um todo. Beilis foi, por fim, absolvido, mas não houve nenhuma declaração oficial exonerando publicamente o judaísmo.

Do mesmo modo, a lenda do assassinato ritual ganhou popularidade em outros países da Europa Central e Oriental. Sabe-se que vários judeus foram acusados de sacrificar ritualmente um ser humano somente na última década do século XIX. As mais famosas acusações desse tipo ocorreram no vilarejo húngaro de Tiszaeszlar e no norte da Boêmia, onde o sapateiro judeu itinerante Leopold Hilsner foi condenado à morte pelo homicídio de uma garota, mas depois teve a pena comutada para prisão perpétua. Permaneceu preso de 1899 até receber o perdão oficial, em 1916. Também na Alemanha essa lenda medieval ganhou nova sobrevida. Os casos mais conhecidos ocorreram em 1891 em Xanten, região da Renânia, e em 1900 em Konitz, no oeste da Prússia. Embora os dois acusados tenham sido absolvidos, suas casas e seus meios de vida foram destruídos. Na região de Konitz, tumultos antissemitas continuaram acontecendo por vários anos. Tanto em um caso como no outro, a lenda do assassinato ritual se misturava a calúnias antijudaicas acerca do abate de animais pelo método *kasher*.

Mais a leste, no Império Russo, não só a situação material dos judeus piorou depois de 1881 como também sua situação jurídica se deteriorou. Em 1883, um "Alto Comissariado para a Revisão das Leis Atuais Referentes aos Judeus", também chamado de Comissariado Pahlen em razão do nome de seu presidente, recomendou que se concedesse gradualmente à minoria judaica a igualdade jurídica em relação ao restante da população. Mas o czar Alexandre III (1881-1894) recusou-se a seguir os conselhos do Comissariado e defendeu a manutenção das restrições jurídicas então vigentes. Novas leis limitaram o número dos judeus nas universidades, impediram-nos de exercer a advocacia, proibiram novos assentamentos e privaram-nos do direito de voto nas eleições locais. Em 1891, um grande número de judeus que havia obtido permissão para se estabelecer na capital foi expulso da cidade e do distrito administrativo de Moscou. Foi só depois da revolução de 1905 que os judeus, junto com muitos outros russos, ganharam o direito de voto; e em 1915, diante das necessidades militares da Primeira Guerra Mundial, foi abolida a Região de Assentamento. Antes disso, os judeus só podiam estabelecer-se fora dessa Região em casos excepcionais – se fossem, por exemplo, comerciantes, artesãos, soldados de categoria tributária superior ou formados no ensino médio.

Essas restrições legais eram acompanhadas por uma polarização econômica cada vez maior dos judeus da Europa Oriental. Surgiu nas cidades uma elite dos negócios que incluía grandes industriais, como o fabricante de tecidos Poznański em Łódź, e os "reis das ferrovias" Poliakov e Bloch. Essa elite também reunia uma pequena comunidade de comerciantes prósperos, acadêmicos e artesãos que obtiveram o direito de estabelecer-se em São Petersburgo, onde somavam cerca de 20 mil pessoas (ou 1,5 por cento da população) no final do século. Em 1863, vários filantropos e iluministas judeus dessa cidade, reunidos em torno dos banqueiros Leon Rosenthal e barão Joseph Günzburg, fundaram a "Sociedade para a Promoção da Cultura entre os Judeus da Rússia", que apoiava a reforma educacional, a reestruturação profissional e a promoção da língua e da cultura russas (ao lado do hebraico e do alemão). A Sociedade concedeu várias bolsas de estudos a alunos tidos como futuros luminares da reforma social e da russificação. Enquanto essa aristocracia financeira e educacional crescia nas cidades grandes, a classe média empobrecia rapidamente. No quadro dos *shtetls* figuravam cada vez mais pequenos artesãos, mascates e *Luftmenschen* (homens sem formação e sem profissão fixa). Em muitas localidades, estes últimos constituíam de um terço a metade da população judaica.

Em 1897, mais de cinco milhões de judeus residiam no Império Russo – cerca de 5 por cento da população total e metade dos judeus do mundo. Mais de 90 por cento deles permaneciam na Região de Assentamento, onde constituíam 11,5 por cento da população total. Na Polônia, na Bielo-Rússia e na Ucrânia havia muitos *shtetls* tipicamente judaicos onde os judeus eram maioria; assim, em Berdichev eles eram 87,5 por cento da população; em Plinsk, 80 por cento; em Białystok, 66 por cento. Mais e mais judeus rumavam para as grandes cidades em busca de oportunidades econômicas. À véspera da Primeira Guerra Mundial, Varsóvia tinha 337 mil judeus que compunham quase 40 por cento da população. Em Łódź eles representavam 36 por cento dos 480 mil habitantes da cidade, e os 150 mil judeus de Odessa compunham um terço de todos os citadinos. Até São Petersburgo, oficialmente vedada aos judeus, abrigava 35 mil deles. Na maioria das cidades, os judeus moravam em seus próprios bairros e conviviam socialmente entre si.

Um Êxodo moderno

Em 11 de agosto de 1881, um grupo dos judeus mais influentes e prósperos do Império Russo se reuniu em São Petersburgo na casa do barão Horace Günzburg para demonstrar quanto os aborrecia a perspectiva de um êxodo em massa dos judeus russos. Esses líderes comunitários temiam que essa possibilidade facilitasse a tarefa do governo russo: bastaria ele provocar suficientemente os judeus para que estes deixassem o país. Günzburg e seus pares, entretanto, sonhavam com um futuro russo-judaico que, como na Europa Ocidental, fosse moldado pelos princípios da integração e da aculturação. Esses dignitários judeus eram apoiados pelos rabinos ortodoxos, para quem a fuga rumo ao Ocidente era mais um passo perigoso em direção à assimilação.

Essas duas facções do judaísmo russo não tinham poder, porém, para deter a corrente de emigrantes que, depois do assassinato de Alexandre II e dos consequentes pogroms, havia voltado o olhar para o Ocidente – especialmente para o outro lado do Atlântico – como um meio de fugir da violência, da penúria econômica e da opressão legalizada. No todo, mais de dois milhões de judeus deixaram o Império Russo entre 1881 e a Primeira Guerra Mundial. A eles se juntaram centenas de milhares do Império Habsburgo e 75 mil da Romênia, onde um em cada quatro judeus emigrou. Frequentemente passavam dias nos trens para chegar aos portos de Hamburgo, Bremerhaven ou Roterdam. Haviam, a duras penas, economizado os rublos necessários para a passagem de terceira classe. A fim de tornar mais leve a árdua jornada rumo aos portos de embarque, os judeus da Áustria e da Alemanha fundaram agências de socorro que proporcionavam alimento e abrigo aos emigrantes em viagem. Alguns desses "benfeitores" provavelmente eram movidos pelo desejo de escoar o mais rápido possível as massas empobrecidas da Europa Oriental, de modo que os judeus alemães, recém-emancipados, não fossem confundidos com esses orientais não assimilados. Fosse qual fosse a motivação, a atuação dessas agências foi extremamente favorável aos emigrantes, chegando mesmo a salvar a vida de alguns.

Pequena fração dos emigrantes do Oriente permaneceu na Europa. Pelo menos 80 por cento dos 250 mil judeus que havia na Grã-Bretanha antes da Primeira Guerra Mundial haviam vindo da Europa Oriental nas três décadas anteriores, e na França os novos imigrantes compunham metade das 150 mil pessoas que integravam a comunidade judaica daquele país. Cerca de 70 mil judeus do Oriente permaneceram no Império Alemão antes da Primeira Guerra Mundial, mas lá perfaziam somente 15 por cento da totalidade dos judeus. A grande maioria queria sair da Europa. Alguns se sentiram atraídos pela Austrália, a África do Sul, a América do Sul

Do *shtetl* ao Lower East Side

Este cartão de felicitações pelo Ano Novo judaico (cerca de 1914), em iídiche e de tom humorístico – "vale uma viagem de ida e volta de 120 anos na corrente na vida" –, alude aos navios que levavam imigrantes aos Estados Unidos. Ao pé da imagem vê-se a figura da Estátua da Liberdade.

e o Canadá. Oitenta e cinco por cento tinham somente um objetivo: a "Goldene Medine" (Terra Dourada), os Estados Unidos da América.

E assim como a maioria dos judeus da Europa Oriental decidiu estabelecer-se em Londres e Paris quando permaneceram na Europa Ocidental, em Sydney e Melbourne quando emigraram para a Austrália e em Buenos Aires e Montevidéu ou São Paulo e Rio de Janeiro quando foram para a América do Sul, assim também nos Estados Unidos foram atraídos para a metrópole de Nova York. Quando irrompeu a Primeira Guerra Mundial, mais de três milhões de judeus moravam nos Estados Unidos, metade deles em Nova York. Com isso, essa cidade tinha cinco vezes mais habitantes judeus que Varsóvia, a segunda maior cidade judia do mundo. Foi o bairro de Lower East Side, em Manhattan, nas proximidades do porto de chegada, que, em seus prédios de apartamentos escuros, úmidos e superlotados, se tornou a morada temporária de várias gerações de habitantes da cidade. Grandes centros judaicos também nasceram em Chicago e Filadélfia, cujos respectivos 285 mil e 240 mil judeus fizeram delas a terceira e a quarta maiores comunidades judaicas do mundo na virada do século XX. Aí os judeus eram mais numerosos que em grandes centros como Viena, Berlim e Budapeste.

As comunidades judaicas estabelecidas nos Estados Unidos havia uma ou duas gerações propuseram-se a dar apoio aos novos imigrantes. Ao mesmo tempo, os judeus da Europa Oriental começaram a ajudar uns aos outros. Em 1881, fundaram a Hebrew Immigrant Aid Society (HIAS, Sociedade Hebraica de Auxílio aos Imigrantes), que proporcionava vestimenta, abrigo e alimento aos recém-chegados. Estes também criaram sociedades de ajuda mútua baseadas na cidade ou região de origem, chamadas *landsmanshaftn* em iídiche. Quase todas as cidades e povoados de onde os judeus haviam emigrado tinham suas próprias *landsmanshaftn* na nova metrópole. A primeira dessas instituições foi a Sociedade de Ajuda Mútua de Bialystok, fundada em 1886.

O maior auxílio que os imigrantes podiam prestar uns aos outros, e especialmente a seus filhos, consistia em preparar o caminho da mobilidade social ascendente por meio da educação. Já no século XIX, muitos judeus secularizados trocaram a educação religiosa pela acadêmica. A tradição do estudo, quer religioso, quer secular, também era forte entre os judeus norte-americanos. Nesse país, as portas das escolas e universidades públicas não se fechavam para eles. Em 1905 eles constituíam mais da metade dos estudantes do City College de Nova York e, em 1910, quase um quarto de todos os estudantes de medicina das universidades norte-americanas. Grande parte dos instrutores das escolas públicas de Nova York, especialmente das professoras, era de filhos de imigrantes judeus. Enquanto isso, os guardiães das tradições religiosas na Europa Oriental temiam que os emigrantes se integrassem com demasiada rapidez a seu novo ambiente e deixassem de viver segundo as regras da religião judaica. Alguns, como o ilustre erudito Israel Meir ha-Kohen, chegaram a proibir a emigração aos Estados Unidos. A verdade é que alguns emigrantes de fato deixaram de ser religiosos tradicionalistas e se tornaram livres-pensadores, socialistas e anarquistas, às vezes pouco depois de chegar aos Estados Unidos ou mesmo durante a travessia do Atlântico. A maioria, porém, tentava harmonizar a religião com a nova vida. O Seminário Teológico Judaico foi fundado em 1886 para formar rabinos que mais tarde se denominariam conservadores, assumindo posição intermediária entre a ortodoxia e o movimento reformista. Já a Yeshivá Isaac Elchanan, que depois se tornou a chamada Yeshiva University, representava uma ortodoxia aberta ao ambiente moderno. Essas instituições lançaram os fundamentos de um ensino superior amplo, ao mesmo tempo judeu e secular.

Todas as tentativas de nomeação de um rabino-chefe nas grandes cidades fracassaram, e assim também os esforços de constituição de uma comunidade única que englobasse toda a população judaica de cada localidade. As congregações religiosas eram arranjos voluntários, e até a supervisão da carne *kasher* era deixada a cargo da concorrência privada. Cada produtor de alimento contratava um rabino, cuja autoridade era ou reconhecida ou contestada pelos consumidores.

No Lower East Side

O Lower East Side, povoado por pessoas arrancadas à força do mundo protegido dos *shtetls* e lançadas em uma situação difícil, era um ambiente ideal para a prostituição e o crime. Mas essas mesmas circunstâncias favoreceram um florescimento cultural que ecoava o que já ocorrera no Velho Mundo. Foram fundados mais de dez teatros que apresentavam peças em iídiche; e, embora muitas dessas peças criticassem ou mesmo propusessem desbancar a religião judaica, elas pelo menos tiravam seus temas do vasto armazém da tradição judaica. Além de clássicos em iídiche, como as peças de Sholem Aleichem e Y. L. Peretz, também eram levadas ao palco adaptações de clássicos ocidentais, de Shakespeare a Ibsen e de Molière a Schiller.

Os escritores de língua iídiche tentaram a sorte no mundo dos judeus da Europa Oriental transplantado para os Estados Unidos. O mais popular deles, Sholem Aleichem, passou seus dois últimos anos

O Lower East Side judaico: vista da Hester Street com os ambulantes e seus carrinhos, cerca de 1900.

de vida em Nova York, mas nunca chegou a se abrir para o novo mundo. À véspera da Primeira Guerra Mundial, Sholem Asch, outro popular escritor de língua iídiche, chegou a Nova York. Asch, que usou a literatura em iídiche para falar de temas que iam muito além daqueles ligados ao *shtetl* e se tornou o primeiro escritor em iídiche a adquirir renome internacional, tampouco se sentia em casa no Novo Mundo e mudou-se de volta para a Polônia na década de 1920.

Mesmo nos Estados Unidos, não faltaram tentativas de transmitir o patrimônio da língua iídiche para as novas gerações. Mais de 16 mil crianças estavam matriculadas em duzentas escolas onde se falava esse idioma. Essas escolas eram seculares, às vezes rigorosamente antirreligiosas, e em geral eram administradas por organizações socialistas como o *Arbeter-Ring* (Círculo dos Trabalhadores). Não obstante, para os nascidos nos Estados Unidos, o iídiche era somente um obstáculo no caminho da integração a uma sociedade onde se

Os operários das confecções de Nova York vinham de diferentes países e, em 1913, entraram em greve contra as péssimas condições de trabalho e os salários de fome. Aqui, em uma passeata, invocam o espírito de unidade.

falava o inglês. O rico florescimento da cultura iídiche cessou aos poucos entre as duas guerras e, como fenômeno de massas, sempre esteve restrito aos próprios imigrantes.

Pouco a pouco, aquele tipo de conhecimento judaico que se originara na Alemanha com a *Wissenschaft des Judentums* encontrou novos centros na academia norte-americana. Algumas universidades estabeleceram cátedras de língua hebraica, o Dropsie College de Filadélfia se especializou em estudos judaicos e, quando Solomon Schechter chegou a Nova York vindo de Cambridge, em 1902, o Seminário Teológico Judaico passou a contar com um acadêmico de reputação internacional e no auge da carreira. Porém, a maior realização dos estudos judaicos no Novo Mundo foi a *Jewish Encyclopedia* (Enciclopédia Judaica) em doze volumes, publicada em Nova York entre 1901 e 1906. Foi ela a primeira enciclopédia a tratar de todos os aspectos do judaísmo.

Cerca de 150 jornais e revistas em iídiche passaram a ser publicados nas décadas seguintes à grande imigração. *Forverts*, fundado por Abraham Cahan em 1897, tinha uma circulação de 200 mil exemplares durante a Primeira Guerra Mundial, tornando-o não somente o maior jornal diário em iídiche como também um dos jornais de maior circulação em todos os Estados Unidos. Cahan procurava harmonizar as ideias socialistas com as tradições judaicas. Assim, mesmo antes de dirigir o *Forverts*, publicava em outro jornal iídiche uma coluna chamada "O Pregador Proletário", em que derivava mensagens sociais de passagens da Escritura. Moisés era retratado como o primeiro líder sindical, quando conclamou os escravos israelitas a recusar a carga de trabalho imposta pelo Faraó. Na coluna mais popular do *Forverts*, "A Bintel Brif" (Um Maço de Cartas), os leitores referiam seus problemas cotidianos ao editor, que publicava as perguntas e proporcionava as respostas. Como deve um trabalhador se conduzir diante do empregador que maltrata seus empregados? O que deve fazer a mulher que veio para os Estados Unidos encontrar seu marido e encontrou-o vivendo com outra? Que língua falar com os filhos? A gama de problemas para os quais os leitores queriam respostas abarcava quase todas as áreas da vida. A atitude social-democrata do jornal refletia o clima político prevalecente entre os imigrantes judeus, que em geral se desiludiam com a *Goldene Medine* logo depois de chegar aos Estados Unidos. A maioria deles ganhava muito mal nas confecções, ramo que empregava quase a metade dos operários industriais urbanos. Os trabalhadores não especializados frequentemente se aglomeravam em fábricas que exploravam impiedosamente sua força de trabalho. Labutavam longas horas em condições sanitárias horríveis, embora quase sempre conseguissem folgar no Shabat. Entre os trabalhadores das fábricas, só em Nova York havia 60 mil crianças.

Muitos operários filiaram-se a organizações socialistas e a sindicatos. Meyer London, que chegara a Nova York aos 16 anos e estudara direito na Universidade de Nova York, foi o primeiro socialista nova-iorquino a ser eleito para o congresso. Morris Hillquit, que concorreu cinco vezes a um cargo de deputado e não ganhou nenhuma eleição, fundou a United Hebrew Trades (Sindicatos Hebraicos

Unidos) em 1888, mas com o tempo essa tentativa de constituir uma coalizão de sindicatos judeus fracassou e sua organização filiou-se à American Federation of Labor (AFL, Federação Norte-Americana do Trabalho), encabeçada por Samuel Gompers, nascido em Londres e descendente de judeus holandeses. Gompers também teve papel destacado na fundação do International Ladies' Garment Workers' Union (Sindicato Internacional das Trabalhadoras nas Confecções), em 1900. Mulheres judias eram a grande maioria das filiadas, cujo número somava 20 mil em 1909. Elas protestavam contra as condições desumanas de trabalho em oficinas que exigiam de 60 a 70 horas de trabalho por semana, e em setembro de 1909 organizaram a primeira greve de trabalhadoras, que começou na maior das firmas, a Triangle Shirtwaist Company. Um ano e meio depois, em 25 de março de 1911, defeitos nas instalações sanitárias desencadearam um incêndio que custou a vida de 147 mulheres e 21 homens. O incêndio da Triangle motivou uma luta ainda mais intensa dos sindicatos em favor dos direitos dos trabalhadores do setor, judeus em sua maioria. Tratava-se, no geral, de um conflito intrajudaico, visto que os proprietários da maioria das confecções eram judeus alemães. No fim, ficou claro que mesmo na *Goldene Medine* nem tudo o que reluzia era ouro.

A própria heroína do conto "Como encontrei a América", de Anzia Yezierska, que conhecemos no começo deste capítulo, chegou a essa conclusão. "Onde está a terra dourada dos meus sonhos?" Porém, apesar das adversidades, ela não desiste. Continua buscando a América de seus sonhos e acaba por encontrá-la na própria busca: "Todos nós saímos em busca da América. E, na própria busca, nós a criamos. A qualidade da nossa busca fará a qualidade da América que criarmos." Foi, sem dúvida, esse processo de criar algo novo pelas próprias forças que habilitou os imigrantes a encontrar riquezas em sua busca por benefícios espirituais e materiais, por uma nova pátria e, acima de tudo, por segurança para seus filhos.

Na primeira página desta paródia de uma Hagadá, impressa em 1930 em Tel Aviv, o ministro do exterior britânico Lorde Balfour, recém-falecido, que durante a Primeira Guerra Mundial prometera aos judeus uma pátria na Palestina em nome do governo britânico, entra no Paraíso e é recebido por Theodor Herzl. Ambos se mostram decepcionados com o não cumprimento das promessas contidas na Declaração Balfour.

16
De Budapeste a Tel Aviv:
Uma "velha terra nova" em Sião

Depois do Compromisso Austro-Húngaro de 1867, toda a Hungria, a Eslováquia e a Croácia passaram a ser governadas por Budapeste, capital da metade menor do império regido pela dinastia monárquica dos Habsburgos. Theodor Herzl tinha somente sete anos de idade nessa época. Mais tarde, os antissemitas dariam o nome de "Judapeste" à sua cidade natal, onde um em cada cinco habitantes era judeu. Dori (seu apelido de infância) sentiu na pele o antissemitismo pela primeira vez em Budapeste ainda criança, mas foi só quando sua família se mudou para Viena, capital da metade maior do Império Habsburgo, que Theodor, agora estudante de direito, descobriu o verdadeiro significado do "estigma" de ter nascido judeu. Embora Herzl tenha sido aceito na "Albia", confraria dos estudantes de Viena, a associação pouco depois fechou suas portas a novos membros judeus e confessou publicamente seu antissemitismo.

O antissemitismo moderno

O termo "antissemitismo", neologismo pseudocientífico que designa um novo tipo de ódio aos judeus, não mais de natureza religiosa mas sim racial, tinha entrado havia pouco tempo no vocabulário moderno. O jornalista Wilhelm Marr, autor de um panfleto antijudaico intitulado *Der Sieg des Judenthums über das Germanenthum. Vom nichtconfessionellen Standpunkt aus betrachtet* (A Vitória do Judaísmo sobre a Germanidade: Examinada sob um Ponto de Vista Não Confessional), havia cunhado a palavra em 1879. No mesmo ano eclodiu um debate depois conhecido como *Berliner Antisemitismusstreit* (Disputa de Berlim sobre o Antissemitismo). Em um ensaio publicado no prestigiado periódico acadêmico *Preussische Jahrbücher*, o historiador conservador Heinrich von Treitschke alertou contra uma suposta invasão de "jovens e diligentes vendedores de calças vindos de uma fonte inesgotável na Polônia". O mesmo ensaio pôs na boca do povo alemão as palavras depois usadas como *slogan* pelo semanário difamatório nazista *Der Stürmer*: "Os judeus são nossa desgraça." Se Treitschke tornou o antissemitismo aceitável na sociedade, foi o capelão do kaiser Guilherme I, Adolf Stoecker, quem o tornou aceitável na corte. Em 1878, Stoecker fundou seu Christlich-Soziale Arbeiterpartei (Partido Social-Cristão dos Trabalhadores, chamado simplesmente Christlich-Soziale Partei depois de 1881), que tentou afastar a classe trabalhadora da social-democracia. Quando esse objetivo malogrou, ele se voltou cada vez mais para a pequena burguesia, procurando convencer a baixa classe média a assumir a causa da exclusão dos judeus da sociedade alemã. Como Treitschke, também Stoecker era deputado no Reichstag, onde, no final do século XIX, antissemitas ainda mais radicais eram representados por seus próprios partidos, nascidos da subdivisão de partidos maiores.

Não foi em Berlim, porém, mas em Viena, domicílio de Herzl, que o antissemitismo político celebrou seus maiores triunfos políticos nesse período. Aí, o antissemitismo de Georg Ritter von Schönerer, de tendência nacionalista alemã, competia com o antissemitismo socialista-cristão austríaco de Karl Lueger, que saiu vitorioso do conflito. Depois de obter suas primeiras vitórias eleitorais em 1891, Lueger alcançou a maioria absoluta nas eleições vienenses de maio de 1895 e finalmente se tornou prefeito da cidade em 1897, após um intervalo de dois anos durante o qual o kaiser Francisco José se recusou a nomeá-lo para esse cargo.

O sonho dourado de Herzl, de se tornar dramaturgo e escrever peças para o Burgtheater, realizou-se somente em parte. Algumas peças suas chegaram a ser produzidas, mas tiveram pouco sucesso. Por outro lado, ele se distinguiu como articulista para o *Neue Freie Presse* de Viena, para o qual trabalhou como correspondente em Paris entre 1891 e 1895. Em Paris, diante do escândalo montado em torno do oficial franco-judeu Alfred Dreyfus, Herzl perdeu definitivamente a esperança de ver os judeus integrados na sociedade europeia. Acusado de alta traição, Dreyfus foi degradado em cerimônia pública e exposto ao ódio das massas. Como relatou Herzl em seus despachos parisienses, a turba não se limitava a atacar Dreyfus pessoalmente, mas gritava *"mort aux juifs"* (morte aos judeus). Depois de anos de controvérsia, durante os quais a sociedade francesa se dividiu entre os que apoiavam Dreyfus e os que o repudiavam, a inocência do militar foi finalmente provada e ele foi reabilitado. Mas Herzl percebeu que, àquela altura, o antissemitismo havia tomado pé na própria pátria da emancipação.

Também na França o sentimento antijudaico tinha raízes profundas, que não alcançavam somente os setores politicamente reacionários. Alguns protossocialistas como Charles Fourier, Alphonse Toussenel e Pierre Joseph Proudhon haviam identificado os judeus com o capital, como fizera Karl Marx em *Sobre a questão judaica*, um de seus primeiros textos, redigido ainda na Alemanha. Entre os numerosos *slogans*, invectivas e panfletos políticos antissemitas, nenhum chegou aos pés do *La France juive* (1886) de Edouard Drumont, publicado em 1887 em edição popular e em 1892 em versão ilustrada. Os temores fomentados pelos antissemitas franceses e alemães eram, em regra, parecidos. Wilhelm Marr descrevia o pesadelo de uma Alemanha dominada pelos judeus, e Drumont evocava a imagem distorcida de uma França "judeificada", enquanto Treitschke temia a influência corrosiva dos imigrantes judeus da Europa Oriental. Já em 1850, no panfleto *Judenthum in der Musik* ("Os Judeus na Música" – publicado sob anonimato em 1850 e depois em 1869 com o nome do autor), Richard Wagner protestou contra a influência daninha dos judeus (entre eles os batizados, como Felix Mendelssohn Bartholdy) na música.

Como explicar o surgimento dessas previsões irracionais, que estimulavam o medo? Na segunda metade do século XIX, a sociedade europeia viveu um período de transformações rápidas que acarretavam incertezas e ansiedades para muitos. O lugar que certas pessoas ocupavam na sociedade era posto em questão, quer pela perda do emprego, quer pela mudança para a cidade. Grandes segmentos da população passaram a fazer parte do proletariado. Em meio a essa transformação fundamental da sociedade europeia, os judeus estavam

A degradação pública de Alfred Dreyfus representada na revista *Le Petit Journal*, 13 jan. 1895.

entre os que melhoravam de vida. Tradicionalmente, haviam ocupado o último lugar na escala de uma sociedade definida como cristã; agora, tornavam-se cidadãos dotados de direitos iguais. As profissões que haviam sido obrigados a exercer desde a Idade Média, como o comércio e a agiotagem, apresentavam-se já como veículos de ascensão econômica. De repente, o vizinho judeu já não era uma pessoa que até mesmo um membro da classe mais baixa da sociedade cristã poderia desprezar. Pouco importava que a comunidade judaica, menos de um por cento da população total, não representasse ameaça alguma na França ou na Alemanha, tampouco que os judeus não se definissem em absoluto como uma sociedade fechada. Não era preciso procurar outro bode expiatório para os problemas econômicos e sociais da época; os judeus estavam ali, à mão. Na verdade, os antigos preconceitos religiosos receberam então uma nova fundamentação pseudocientífica, à qual o fenômeno do racismo, surgido no século XIX, fornecia os *slogans* necessários. O importante não era mais a crença, mas sim o sangue. Por mais que uma pessoa se assimilasse ao ambiente alemão ou francês, por mais que mudasse de religião – nada disso importava, pois os judeus agora eram considerados uma raça.

Com isso, a sociedade judaica sofreu extensa politização. Só uma resposta coletiva poderia fazer frente à acusação coletiva dos antissemitas. A primeira organização política a fazer essa tentativa em nível internacional foi a "Alliance Israélite Universelle", fundada em Paris em 1860 como reação a diversos incidentes antissemitas. No decorrer do tempo, contudo, essa aliança passou a se dedicar cada vez mais à educação dos judeus nos países orientais e nos Bálcãs (ver Capítulo 17). A década de 1890 assistiu à criação de novas organizações judaicas comprometidas com a legítima defesa dos judeus contra o antissemitismo e com a integração social abrangente.

A "Centralverein deutscher Staatsbürger jüdischen Glaubens" (Associação Central dos Cidadãos Alemães de Fé Judaica) ostentava no próprio nome a sua missão: os judeus alemães eram cidadãos como todos os outros, distinguindo-se de seus vizinhos protestantes ou católicos unicamente pela religião que professavam. A constituição do Império Alemão havia reconhecido sua igualdade. Os antissemitas questionavam esse fato e tinham de ser combatidos na imprensa e por meios legais. A Centralverein, chamada pela sigla CV, proporcionava os instrumentos necessários para esse combate. Seus representantes foram aos tribunais e acusaram os antissemitas de difamação, desmascararam as mentiras contadas pelos políticos antissemitas e publicaram panfletos sobre os fundamentos do judaísmo. No conjunto, porém, esses esforços tiveram êxito limitado. O historiador Theodor Mommsen, membro ativo de uma associação solidária fundada por não judeus – a "Verein zur Abwehr des Antisemitismus" (Associação de Defesa contra o Antissemitismo) –, deu a seguinte explicação a esse fato: "Se você pensa que alguma coisa pode ser efetuada pela razão, está redondamente enganado.

[...] É inútil, completamente inútil. Tudo o que eu ou qualquer pessoa pode lhe apresentar são, em última análise, razões, argumentos lógicos e éticos aos quais nenhum antissemita dará ouvidos. Eles só atendem à sua inveja e ódio, a seus mais baixos instintos. Nada mais lhes importa. Estão surdos à razão, ao direito, à moral."

Mas a Centralverein não desistiu e acabou por se tornar a maior associação dos judeus alemães. É digno de nota que seus membros eram sobretudo judeus que, embora tivessem deixado de ser religiosos, continuavam a declarar o judaísmo como sua religião. Só uma pequena parcela dos judeus alemães (em geral os mais famosos) estava disposta a converter-se formalmente e unir-se à maioria cristã, medida que até Mommsen, firme adversário do antissemitismo, conclamou os judeus a tomar. A maioria permanecia filiada ao judaísmo, mesmo que não cumprisse mais seus ritos. Alguns consideravam desonroso voltar as costas a uma comunidade ainda perseguida, enquanto outros se recusavam a romper os laços com uma cultura velha de mil anos. A Centralverein oferecia-lhes a oportunidade de identificar-se com os interesses judeus fora da sinagoga e da sociedade judaica tradicional, de entender a luta pela emancipação completa como um elemento de sua identidade judaica. É paradoxal que essa organização, que se entendia como representante dos cidadãos alemães de fé judaica, tenha sido a precursora de uma sociedade judaica secularizada.

Na Europa Oriental, a politização da sociedade judaica assumia outra forma. Ali, os judeus estavam muito longe da emancipação. Viam-se não somente como um grupo religioso, mas também como uma comunidade nacional, e assim eram vistos pelos não judeus. Também aí a secularização avançava a passo acelerado, frequentemente acompanhada pela proletarização; mas os judeus ainda tinham sua língua e suas próprias formas de expressão cultural. Assim, o historiador Simon Dubnow pôde usar seu Partido Popular Judeu para exigir direitos de autonomia para a minoria judaica, minoria essa que, embora não possuísse um território próprio, tinha todas as demais características de uma nação. Quem obteve mais êxito foi a União Geral dos Trabalhadores Judeus, o Bund, primeiro partido socialista da Rússia, fundado em Riga em 1897 – antes mesmo que o

Partido Social-Democrata dos Trabalhadores da Rússia. Para os bundistas, o uso do iídiche como língua e cultura não era um fim em si, mas simples meio para a concretização de uma sociedade sem classes. A seu ver, a religião judaica era tão ópio do povo quanto a Igreja Ortodoxa era para os camaradas cristãos. Eles transgrediam publicamente as leis religiosas judaicas por pura provocação e amaldiçoavam os rabinos. Não obstante, permaneciam judeus na medida em que se comunicavam entre si em iídiche e procuravam secularizar os valores sociais do judaísmo. Em 1912, no outro extremo do espectro político-religioso, os judeus ortodoxos fundaram a *Agudat Israel* (a União Israelita), partido e movimento político que tinha seus próprios deputados no Sejm, o parlamento polonês.

Theodor Herzl e os primórdios do sionismo político

Em 1896, reagindo ao novo antissemitismo, Theodor Herzl fez uma proposta radical em seu livro *Der Judenstaat. Versuch einer modernen Lösung der jüdischen Frage* (O Estado dos Judeus: Tentativa de Solução Moderna para a Questão Judaica). Herzl fora criado em uma família secularizada. Não fizera seu bar-mitzvá aos 13 anos nem circuncidara seu filho. Tinha tão pouco conhecimento da língua hebraica quanto da liturgia do culto judaico. O objetivo de seus pais, como o seu próprio, era fundir-se na sociedade e na cultura alemãs. Mas o novo antissemitismo punha em risco a própria possibilidade de os judeus virem a fazer parte da sociedade civil. Para compreender completamente o modo como Herzl despertou do sonho da assimilação, é preciso entender a dor profunda que ele sentiu diante do fracasso desse projeto: "Em toda parte, esforçamo-nos sinceramente para nos inserir na vida social das comunidades circundantes e preservar somente a fé de nossos pais", escreve em *O estado dos judeus*. "Isso não nos foi permitido. Em vão somos patriotas fiéis, fidelidade essa que, em um caso ou noutro, chega ao extremo; em vão lutamos para aumentar a fama de nossa terra natal nas ciências e nas artes ou incrementar sua riqueza através do comércio. Em países onde vivemos há séculos, ainda somos rejeitados como estrangeiros. [...]

Quem dera pudéssemos ser deixados em paz. [...] Mas penso que não seremos deixados em paz."

Em *O Estado dos judeus*, Herzl esboçou um plano pragmático para um projeto que chamou de "Sociedade dos Judeus", para o qual seria fundada uma "Companhia Judaica" que implementasse seus aspectos econômicos. Mas a localização do novo Estado judeu permanecia em aberto: poderia ser a Palestina como a Argentina.

Antes de publicar seu livro, Herzl tinha a esperança de persuadir alguns filantropos judeus ricos a apoiar suas ideias. Assim, organizou uma reunião com Maurice de Hirsch, milionário de Munique residente em Paris, que dirigia uma "Associação de Colonização Judaica" que adquirira terras agrícolas na América do Sul. Apesar disso, Hirsch não se abriu aos planos políticos de Herzl para a fundação de um Estado judeu. Também entre os judeus de Viena, poucos se mostraram entusiasmados pelas ideias de Herzl. Os dois editores judeus do jornal para o qual ele escrevia, o *Neue Freie Presse*, recusaram-se a publicar reportagens sobre seus planos; e o rabino-chefe de Viena, Max Güdemann, publicou um panfleto contra a versão herzliana do sionismo.

Eram vários os motivos pelos quais tantos judeus formaram, de início, opinião negativa acerca da ideia de Herzl. Para os judeus religiosos, a antecipação do restabelecimento de um Estado judeu beirava a blasfêmia; e o fato de isso ocorrer sob a égide de um judeu assimilado, como Herzl, não melhorava em nada a situação. Segundo a crença ortodoxa, somente com a vinda do Messias os judeus voltariam à sua pátria histórica. Os judeus assimilados, como Herzl já fora, queriam arraigar-se como fieis cidadãos dos países onde viviam. Ao ver deles, o sionismo só proporcionava mais munição aos antissemitas. Sua lealdade a outro Estado seria interpretada como falha na lealdade à pátria. E afinal de contas, seguindo o espírito da Revolução Francesa, eles haviam definido seu judaísmo unicamente como uma religião. Falando da existência de um povo judeu, Herzl colocava em questão esse entendimento. Ele sabia que, aos olhos dos outros – e não menos aos dos próprios judeus –, a pessoa continuava sendo judia mesmo que jamais fosse à sinagoga. Segundo Herzl, o que unia todos os judeus era sua ancestralidade comum, sua história e o fato de serem rejeitados pela sociedade ao redor.

A mais famosa fotografia de Theodor Herzl o mostra na varanda do hotel "Drei Könige" ("Três Reis"), em Basileia. Foi tirada por Ephraim Moses Lilien em 1901, durante o Quinto Congresso Sionista, e várias versões dela foram usadas pelo movimento sionista no decorrer da história.

Essa rejeição nem sempre era tão drástica quanto o repúdio articulado pelo crítico vienense Karl Kraus, que acusava os sionistas de contrapor-se ao apelo antissemita "Fora com os judeus!" dizendo: "Sim, fora conosco!" Mas até a comunidade judaica organizada manifestou claramente sua desaprovação quando Herzl preparava o Primeiro Congresso Sionista em Munique. Em virtude da severa oposição da Comunidade Religiosa Israelita e da Associação Rabínica Geral da Alemanha, ele teve, em cima da hora, de mudar o local da convenção para Basileia.

Em agosto de 1897, Herzl estrelou sozinho sob os refletores. Os participantes do Congresso relatam que ele foi exaltado como um rei em Basileia. Era um orador carismático e, acima de tudo, um organizador brilhante. Os mais de duzentos participantes (entre os quais cerca de vinte mulheres) não eram o público que ele esperava: não havia nenhum Hirsch, nenhum Rothschild, ninguém de elevada reputação, nenhum nome famoso dos círculos judaicos de Paris, Viena ou Berlim. Max Nordau era a única celebridade internacional. Na virada do século, Nordau era um dos críticos culturais mais lidos, cujo livro *As mentiras convencionais de nossa civilização* (1883) havia sido traduzido para quinze línguas. Herzl, com uma ponta de orgulho, falou do "exército de *schnorrers*" que havia reunido, embora os delegados não fossem mendigos e sim médicos, advogados, jornalistas, escritores e até rabinos de vinte países, desde a Argélia até os Estados Unidos. Só da Rússia tinham vindo 63 delegados, e em algumas delegações ocidentais havia judeus russos que estudavam e trabalhavam nesses outros países.

Herzl não foi o primeiro sionista. A ideia da volta a Sião, a colina de Jerusalém associada à esperança messiânica e símbolo da pátria histórica dos israelitas, foi uma constante ao longo dos milênios de exílio. Judeus do mundo inteiro rezavam diariamente por sua redenção e pelo retorno a Sião. Os medievais haviam imortalizado esse desejo na forma de poesias. E, nas gerações imediatamente anteriores à de Herzl, já haviam surgido escritos que anteviam o estabelecimento de um Estado judeu como resposta natural ao nacionalismo moderno. Entre eles inclui-se o livro *Roma e Jerusalém*, escrito em 1862 por Moses Hess, um dos camaradas de Karl Marx.

Porém, foi só quando a situação dos judeus piorou – especialmente na Europa Oriental, com a onda de pogroms que se seguiu ao assassinato do czar em 1881 – que a ideia de estabelecer um Estado judeu ganhou impulso político. Também na Rússia ela foi lançada por um judeu que originalmente havia conseguido se integrar: Leon Pinsker, respeitado médico de Odessa, escreveu um panfleto chamado *Autoemancipação* (1882) em que declarava o fracasso do caminho da assimilação e pedia, em lugar disso, a autoemancipação dos judeus como nação. As semelhanças entre a publicação de Pinsker e *O Estado dos judeus* de Herzl são impressionantes, e Herzl declarou depois que jamais haveria escrito seu *Judenstaat* se tivesse conhecido o texto de Pinsker. Este também participara ativamente da tentativa de agrupar em um movimento político os judeus ansiosos por emigrar para a Palestina (os círculos chamados *Hovevê Zion*).

Entre os intelectuais de Odessa, porém, havia outra personalidade pitoresca tão importante quanto Herzl: Asher Guinsberg, mais conhecido pelo pseudônimo Ahad Ha'am ("Um do povo"), que já era sionista desde muito antes de Herzl descobrir Sião. Ao passo que Herzl queria um "*Estado* para os judeus" (a tradução mais exata, embora menos elegante, de *Judenstaat*), Ahad Ha'am promovia um Estado *judeu*. Ambos concordavam em que o Estado não deveria ser religioso; mas, enquanto Ahad Ha'am vislumbrava a revivificação da cultura hebraica como centro de uma nova sociedade judaica, Herzl estava preocupado em salvar os judeus do perigo físico. Para Ahad Ha'am, o plano de Herzl equivalia a uma assimilação coletiva. Ele temia que os judeus viessem a estabelecer um Estado como todos os outros. Para evitar isso, defendeu o estabelecimento de um centro espiritual e intelectual na Palestina, de onde emanasse uma renovação da cultura judaica. Ahad Ha'am também foi um dos primeiros sionistas a cogitar a possibilidade de surgirem tensões entre os judeus e a população árabe.

As diferenças entre Ahad Ha'am e Herzl chegaram ao clímax quando este último publicou seu romance utópico *Altneuland* (Velha Terra Nova), em 1902. Nele, Herzl imaginava uma sociedade ideal em que judeus e árabes conviviam pacificamente e quase não havia conflitos políticos – sociedade que, além disso, emulava as melhores características de cada país europeu: os colégios internos ingleses, as óperas francesas e (é claro) o café e os *pretzels* da Áustria. A reação de Ahad Ha'am foi a zombaria. O romance de Herzl era "uma pantomima simiesca desprovida de todo e qualquer caráter especificamente nacional".

Na realidade, o *Judenstaat* de Herzl não tinha quase nada de judeu, com exceção dos habitantes. Seria uma espécie de moderno Estado de bem-estar social, em que as mulheres teriam direitos iguais, inclusive os de votar e ser votadas (realidade ainda desconhecida na Europa da época). A bandeira esboçada por Herzl tinha sete estrelas, que simbolizavam um dia de trabalho de sete horas. Das tamareiras penderia outra inovação revolucionária, "lâmpadas elétricas de rua [...] como grandes frutos de vidro". Herzl nem sequer chegou a cogitar a possibilidade de a população árabe nativa não querer participar desse sistema perfeito de política e previdência social.

Yishuv – os judeus na Palestina

No começo do século XIX, havia no máximo 10 mil judeus na Palestina, cujo número total de habitantes, segundo certas estimativas, estava entre 150 mil e 300 mil. A maior comunidade judaica (4 mil pessoas) era a de Safed, onde os judeus eram maioria. Havia outras comunidades profundamente tradicionais em Tiberíades e Hebron. Aos poucos, Jerusalém foi se tornando o centro da *Yishuv* (a comunidade dos judeus estabelecidos na Palestina). Em 1880, antes da primeira onda de imigração sionista (aliyá), os cerca de 17 mil judeus de Jerusalém formaram de novo, e pela primeira vez em muito tempo, a maioria dos habitantes da cidade. Comunidades menores haviam se constituído também em Haifa e Jafa.

A população judaica da Palestina antes das ondas de imigração sionistas dependia em alto grau da *haluká*, o dinheiro coletado para ela na Diáspora judaica. Visto que as condições de vida na Palestina eram difíceis mas o ato de residir na Terra Santa era considerado um mandamento religioso, a *haluká* era uma espécie de caridade para com os irmãos e irmãs que haviam assumido esse compromisso em nome de todo o povo. Porém, com o advento do sionismo, o sistema da *haluká* passou a ser condenado por promover um estilo de vida parasitário. A primeira fase de colonização agrícola da Palestina começou em 1870 com a fundação da escola agrícola "Mikvê Israel" a sudeste de Jafa. Outras colônias logo se seguiram, fundadas com o apoio financeiro dos Rothschilds e do barão Maurice de Hirsch. Eram administradas desde Paris por instituições como a Alliance Israélite Universelle ou a Associação de Colonização Judaica e atendiam a finalidades semelhantes às de outros projetos análogos nas Américas do Norte e do Sul. Seus criadores não tinham o menor interesse pelos planos políticos de Herzl para a fundação de um Estado judeu.

Segundo a classificação costumeira das eras na história do sionismo, a primeira onda de imigração ou aliyá (literalmente, "subida") à terra de Israel começa em 1881-1882: em outras palavras, muito antes de Herzl entrar em cena. Ao contrário do "Velho Yishuv", que vivia da caridade dos judeus da Diáspora, os sionistas do "Novo Yishuv" pretendiam ser um povo produtivo, sobretudo na agricultura. Via-se aí

Um cartão tridimensional de felicitações pelo Ano Novo judaico – impresso na Alemanha em 1912 com um título que diz em iídiche "Panorama de Tel Aviv" – idealiza a "primeira cidade judaica". Entre o oceano e as palmeiras vê-se o núcleo histórico da cidade, fundada havia meros três anos.

a influência dos românticos e dos revolucionários sociais russos, e isso não surpreende. Os verdadeiros fundamentos da sociedade judaica na Palestina foram lançados pela Segunda Aliyá (1905-1914), movimento cujas bases ideológicas eram muito mais fortes.

Entre 1904 e 1914, cerca de 850 mil judeus emigraram da Europa Oriental para a América do Norte. No mesmo período, a população judaica da Palestina passou de 50 mil para pouco mais de 80 mil pessoas; não obstante, foi nesse período de dez anos que, tanto do ponto de vista ideológico quanto do material humano, estabeleceu-se o rumo do desenvolvimento futuro da população judaica da Palestina. Os homens que dominaram a política judaica na Palestina durante as décadas de 1920 e 1930 e depois constituíram a elite política do jovem Estado de Israel haviam emigrado antes da Primeira Guerra Mundial e tiveram mais ou menos o mesmo tipo de convívio social: os primeiros-ministros David Ben Gurion e Levi Eskhol; os futuros presidentes Yitzhak Ben-Zvi e Zalman Shazar; e numerosos outros membros do *establishment* socialista, como Berl Katznelson e Yitzhak Tabenkin. Embora tivessem sido formados nas tradições socialistas da Rússia, desenvolveram uma compreensão da democracia que promoveu um sistema pluripartidário.

Ao lado da extrema valorização do trabalho agrícola, outro ideal dos mais importantes para essa geração de imigrantes era a revivificação da língua hebraica. Durante a Segunda Aliyá, Yosef Chaim Brenner, A. D. Gordon, Shmuel Yossef Agnon (que, entretanto, foi à Alemanha e ali permaneceu por mais de dez anos) e outros grandes escritores em hebraico migraram da Europa Oriental à Palestina. É verdade que a imposição do hebraico como língua oficial das instituições educacionais judaicas recém-estabelecidas na Palestina não ocorreu sem controvérsias. Em 1912 irrompeu acalorada disputa quando a Hilfsverein der deutschen Juden (Associação de Auxílio dos Judeus Alemães) criou o Instituto de Tecnologia (primeiro chamado Technikum, depois Technion) em Haifa com a condição de que as aulas fossem dadas em alemão. Como reação, criou-se um sistema escolar de língua hebraica que antes da Primeira Guerra Mundial já contava com mais de 3 mil alunos.

O primeiro kibutz foi fundado em 1910 em Degania, às margens do Lago de Genesaré, por dez homens e duas mulheres que buscavam realizar o sonho de criar um coletivo econômico que administrasse os próprios assuntos sem a supervisão ou mando de nenhuma outra instituição. Os primeiros kibutzim eram unidades pequenas de vinte a cinquenta membros que pretendiam romper com o tradicional modo de vida burguês: com a propriedade privada, os empregos capitalistas, o estilo de vida urbano e a família nuclear. Mas havia diferenças de opinião acerca de o que significava na prática essa alternativa socialista e agrária. Deviam as crianças ser criadas por seus pais ou em uma casa coletiva onde vivessem todas as crianças do kibutz? Deviam as mulheres realizar o mesmo trabalho agrícola dos homens e ter direitos iguais na administração? Acaso o kibutz deveria ser autárquico e atender às necessidades essenciais de todos os seus integrantes? Como nem sempre era possível chegar a um consenso nessas matérias, logo surgiram vários estilos de kibutz. Essas instituições se multiplicaram significativamente depois da Primeira Guerra Mundial.

As cidades, porém, eram os principais núcleos de colonização judaica. Sob esse aspecto, o desenvolvimento de Tel Aviv é um exemplo extraordinário. Seu nome, que significa "Colina da Primavera", se origina de referências bíblicas, mas tem também uma ligação direta com Theodor Herzl, visto ser esse o título em hebraico de seu romance *Velha terra nova*. Quando o romance foi lançado, a cidade ainda não existia. Somente em 1909 essa "primeira cidade judaica" foi fundada ao norte de Jafa. Sua fundação deu origem a muitas lendas: a da distribuição por sorteio dos sessenta primeiros terrenos entre os fundadores da cidade; de como, da praia para cima, foram traçados os primeiros caminhos de areia e construída a primeira instituição urbana, o "Quiosque"; e de como, em poucos anos, se estabeleceu uma infraestrutura de lojas e escolas. Theodor Herzl não viveu para ver a fundação da cidade que inspirara. Morreu em 1904, com apenas quarenta e quatro anos. Em 3 de setembro de 1897, escreveu em seu diário esta entrada quase profética: "Se fosse resumir em poucas palavras o Congresso de Basileia [...] diria: *Em Basileia, fundei o Estado judeu*. Se dissesse isso hoje em voz alta, seria alvo do riso universal. Mas talvez em cinco anos, e certamente em cinquenta, todos reconhecerão esse fato." Exatamente cinquenta anos e meio depois, foi fundado o Estado de Israel.

O primeiro movimento diplomático concreto rumo à fundação de um Estado ocorreu durante a Primeira Guerra Mundial, quando a Palestina passou a ser administrada pelo Reino Unido. Em carta datada de 2 de novembro de 1917, o Lorde Balfour, ministro do exterior britânico, afirmou que seu governo veria com bons olhos o estabelecimento de uma pátria para o povo judeu na Palestina e faria todo o possível para realizar esse objetivo. Era, sem dúvida, uma formulação vaga; mesmo assim, pela primeira vez uma grande potência assentia à pretensão dos judeus de ter seu próprio Estado.

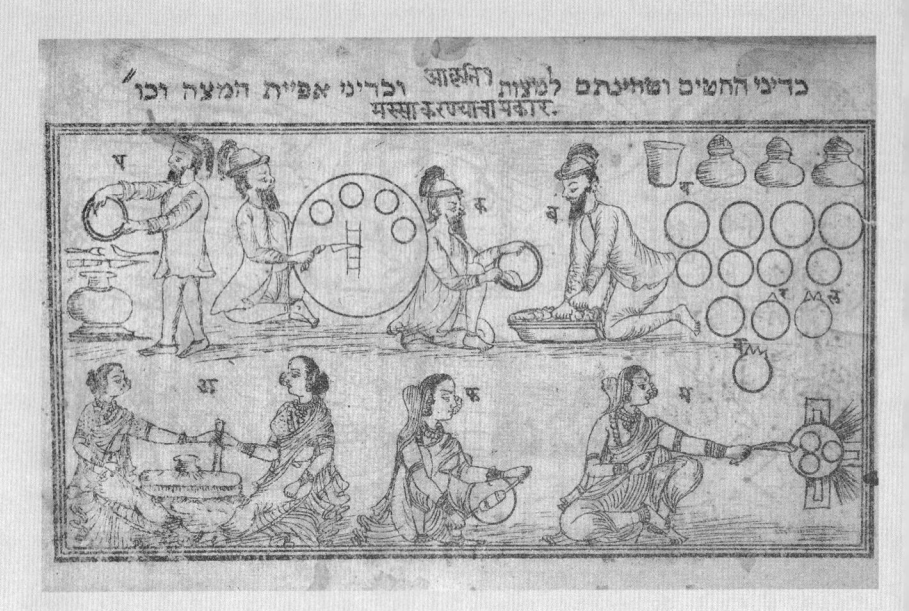

No século XIX, alguns judeus iraquianos ampliaram seus laços comerciais e se estabeleceram na Índia. Ali, em Bombaim e em outras cidades, encontraram comunidades já existentes. Esta Hagadá foi impressa em Poona em 1874 e mostra – por meio da língua, das vestimentas e dos costumes – quanto os judeus indianos estavam ligados a seu ambiente circundante. A parte de baixo da figura mostra judias indianas assando a matzá; elas usam sári e sentam-se em posturas tipicamente indianas.

17
De Tétouan a Teerã:
A europeização dos judeus no mundo islâmico

Em 1892, Maïr Lévy, funcionário da Alliance Israélite Universelle, a mais importante organização de auxílio aos judeus do Oriente, escreveu um relatório completo sobre os emigrantes que saíam de Tétouan, na região norte do Marrocos: "Tétouan jamais foi capaz de alimentar as 6 mil almas judias que a habitam. Não tem comércio nem indústria. A princípio, eles [os judeus] não se afastavam de sua cidade natal. Aventuravam-se pelo interior do Marrocos ou iam para Alcazar, Larache, Casablanca e Tânger. Outros, entretanto, não pararam por aí. [...] Agora, a maior parte da comunidade judaica de Gibraltar é composta de velhos emigrantes ou de seus descendentes. Todo o comércio está em suas mãos. [...]" Outros judeus de Tétouan buscavam destinos ainda mais distantes. Iam para a Argélia (então sob domínio francês) ou para o Rio de Janeiro, Buenos Aires ou Caracas, onde encontravam a oportunidade de melhorar de vida e adquirir uma educação ocidental: "Aos 14 anos, começam a sonhar em fazer fortuna. Aos dezesseis ou dezessete, já estão viajando. [...] Partem hoje para Caracas com a mesma facilidade com que partiam para Gibraltar ou Orã há 25 anos." (Norman A. Stillman, *The Jews of Arab Lands in Modern Times* [Filadélfia: JPS, 2003], pp. 203-5.)

Estagnação e mudança no mundo islâmico

No começo do século XVIII, cerca de 370 mil judeus viviam na África do Norte e no Oriente Médio, mais ou menos metade dos que habitavam na Europa. Cem anos depois, os 500 mil judeus do mundo islâmico perfaziam somente 20 por cento do total de judeus no mundo, e na virada do século XX eram somente 10 por cento. Os judeus do Oriente Médio e da África do Norte sofreram muitas mudanças ao longo desses duzentos anos, não somente em termos numéricos (em comparação com a Europa cristã), mas também em sua vida cotidiana. A crescente influência política e cultural do Ocidente afetava a minoria judaica de modo ainda mais radical que a maioria muçulmana. No espaço de poucas gerações, o colonialismo europeu transformou a educação, a língua e os valores religiosos e culturais dos judeus do Oriente. O resultado foi uma comunidade caracterizada por diversas contradições. Ainda fazia parte do Oriente, mas era identificada com o Ocidente pelos que a rodeavam; sofreu uma série de reformas cabais, mas era vista como atrasada pelos ashquenazitas; com a ajuda da Europa, libertou-se de tradições antijudaicas provenientes do islamismo, mas tornou-se alvo de um antissemitismo transplantado do Ocidente.

Gibraltar, o destino mais visado pelos judeus de Tétouan, foi um dos primeiros enclaves ocidentais na região. O Tratado de Utrecht, que em 1713 pôs sob o domínio inglês essa península rochosa no sul da Espanha, proibia permanentemente aos judeus o ingresso na colônia britânica. Mas já em 1729 o sultão do Marrocos e o governo inglês concordaram em admitir a entrada temporária de judeus para promover o comércio. Não demorou para que se lhes permitisse a residência permanente, e em vinte anos um terço da população civil de Gibraltar era judia. Embora os judeus continuassem proibidos de residir na Espanha e em Portugal, podiam praticar livremente sua religião nas várias sinagogas desse enclave inglês na Península Ibérica.

No conjunto, a situação dos *dhimmi* no mundo islâmico deteriorara desde a Idade Média. Quase todos os viajantes europeus do século XIX admitiam que eles eram mais oprimidos que no mundo cristão, mais ainda que no autoritário Estado czarista. A situação era particularmente ruim nos países onde a influência ocidental era menor: não só no Irã como também no Iêmen e no Marrocos, onde os judeus eram a única minoria não muçulmana e estavam dispersos por todo o país. Nas ruas das cidades iranianas, eles eram insultados, cuspidos e às vezes espancados. Não podiam sair de casa quando chovia, pois temia-se que sua impureza fosse carregada pela água e maculasse os muçulmanos. No Iêmen, um país paupérrimo, os judeus eram um dos segmentos mais miseráveis da população. Eram obrigados a ocupar-se de trabalhos degradantes, como a limpeza de latrinas, não tinham autorização para construir casas de mais de dois andares e só podiam montar em jumentos – e mesmo assim deveriam montá-los de lado, como mulheres. Qualquer crítica às autoridades muçulmanas podia ser punida com a pena capital. Quando os ingleses conquistaram Áden, em 1839, a colônia atraiu muitos judeus de outras regiões do Iêmen. Os judeus iemenitas também emigraram para a Palestina; em 1908, somente em Jerusalém havia 2.500 deles. O Marrocos, ao contrário do Iêmen, estava completamente fora da esfera de autoridade da Porta Sublime. Ali, fora do alcance da corte otomana, residia em circunstâncias humilhantes a maior comunidade judaica do mundo árabe. Só podiam usar roupas escuras, tinham de caminhar descalços e eram obrigados a habitar em guetos (*mellahs*). Daí o entusiasmo com que os judeus de Tétouan e de outras comunidades marroquinas emigravam para o mundo ocidental, ou pelo menos para regiões mais influenciadas pelo Ocidente.

Em certo sentido, a situação se invertera desde a Idade Média, quando os judeus viviam em uma situação de relativa tolerância na Espanha muçulmana e depois encontraram refúgio no Império Otomano quando tiveram de sair da Península Ibérica. Agora, muitos judeus voltavam do mundo islâmico para o mundo cristão ou procuravam adquirir uma cultura ocidental para melhorar de vida.

A maioria dos judeus sob domínio islâmico vivia no Império Otomano, que se estendia dos Bálcãs ao Golfo Pérsico e do Magrebe à Península Arábica. Durante todo o século XIX, ideias ocidentais penetraram cada vez mais no império e chegaram a influenciar a vida dos judeus que aí habitavam. As mudanças introduzidas em 1839 pelo ministro reformista Mustafá Rashid Pasha, sob o nome "Tanzimat" ("Reorganização" em turco), produziram modificações profundas em todos os aspectos da vida, promovendo desde as vestimentas ocidentais até novas formas arquitetônicas, passando pela reforma fundiária. Além disso, os súditos não muçulmanos do império receberam (pelo menos em tese) os mesmos direitos civis antes gozados somente pela maioria muçulmana. Ao mesmo tempo, os diferentes grupos étnico-religiosos chamados *millets* (comunidades religiosas

Um casamento judeu no Marrocos, retratado pelo pintor francês Eugène Delacroix, que viajou pela África do Norte em 1832 e pintou a vida local de um ponto de vista europeu.

autônomas sob supervisão otomana) – caso dos gregos, dos armênios e dos judeus – eram capazes de manter uma autonomia maior que a possibilitada no Ocidente. Era um modo de atender às exigências das potências ocidentais que exerciam cada vez mais influência sobre a região. Então, em 1856, selou-se a igualdade para os não muçulmanos. Todos os impostos exclusivos, especialmente a humilhante *jizya* (ver Capítulo 6), foram abolidos, sendo introduzida em lugar deles uma nova taxa que permitia aos judeus e cristãos eximir-se do serviço militar. Outra reforma importante foi o enxugamento das estruturas internas do judaísmo. Em 1837, nomeou-se pela primeira vez um rabino-chefe para Istambul com o título de Hakham Bashi (termo composto hebraico e turco, que significava "chefe dos sábios"), providência que depois se repetiu em outras cidades e províncias. O Hakham Bashi era tido como a ligação mais importante entre as autoridades turcas e a comunidade judaica.

Colonização

As mudanças mais cruciais na vida judaica resultaram da progressiva colonização do mundo muçulmano por potências europeias. Um dos exemplos mais radicais de tal transformação é o da Argélia, onde em 1830 se estabeleceu um protetorado francês depois elevado à categoria de *département*. Em 1845 foram introduzidas extensas reformas administrativas que, entre outras coisas, criaram três consistórios judaicos, cada qual com seu rabino-chefe. Esses rabinos deveriam encarregar-se não só de supervisionar a instrução religiosa como também de estimular os membros de suas comunidades a assumir ocupações "produtivas", na agricultura, por exemplo. Travam-se então, na África do Norte, os mesmos debates – acerca de como transformar os judeus em produtivos cidadãos modernos – que haviam acompanhado a emancipação na Europa antes e depois da Revolução Francesa. A maior mudança na condição jurídica dos judeus argelinos ocorreu em 1870, quando 30 mil judeus do norte da Argélia (mas não os que viviam no Saara) tornaram-se cidadãos franceses da noite para o dia. Essa declaração de cidadania marcou a primeira vez em que alguns judeus que habitavam no mundo islâmico se tornaram cidadãos de um Estado europeu, com direitos iguais aos dos demais cidadãos. Com o estabelecimento de protetorados franceses na Tunísia, em 1881, e no Marrocos, em 1912, a europeização da população judia progrediu também nesses países.

Tétouan, a cidade mencionada no início deste capítulo, foi inovadora também sob outro aspecto. Aí, em 1862, a Alliance Israélite Universelle fundou sua primeira escola. Essa organização de auxílio, estabelecida dois anos antes e presidida por muito tempo pelo ministro da justiça Adolphe Crémieux, tinha por objetivo defender no mundo inteiro os interesses judaicos em face do crescente antissemitismo. Dedicava-se especialmente a adaptar aos padrões ocidentais a educação dos judeus sob domínio islâmico. A fim de promover essa *mission civilisatrice*, na virada do século já havia fundado mais de cem escolas, número que continuou crescendo no século XX. Aí se ensinavam matérias religiosas e seculares, geralmente em língua francesa. O sistema de escolas para meninas era extraordinariamente extenso.

Essas e outras medidas deparavam-se às vezes com feroz resistência por parte das autoridades religiosas tradicionais na região. Na França, ao contrário, a expansão do sistema escolar tornou-se a primeira prioridade. Em 1867 a Alliance fundou seu próprio curso de magistério em Paris, que formava instrutores para seu sistema escolar.

Portanto, entre Tângier, Bagdá, Túnis e Teerã, surgiu um moderno sistema educacional franco-judaico que em uma única geração mudou decisivamente a vida dos judeus do mundo islâmico e dos Bálcãs. Ao lado dos que se formavam nas modernas escolas cristãs, os alunos formados no sistema da Alliance se tornaram representantes de uma nova classe média que conseguiu se firmar no comércio e nas profissões liberais. Para os judeus, isso normalmente significava uma rápida saída do estrato social mais baixo. Essa veloz mobilidade social ascendente era análoga, sob alguns aspectos, ao que ocorrera na Europa Central e Ocidental nas duas gerações anteriores. Mas também no mundo islâmico o sucesso social e econômico trazia consigo certos problemas. A educação ocidental não aproximava os judeus de seus vizinhos muçulmanos; pelo contrário, separava-os ainda mais. O mundo islâmico passou a ver os judeus como aliados das potências coloniais europeias, que por sua vez eram consideradas elementos alienígenas que não tinham lugar naquelas sociedades.

A secularização progrediu com particular rapidez nas cidades portuárias do Império Otomano, como Salônica, Izmir (Esmirna), Alexandria e Beirute, que então passaram a atrair numerosos imigrantes do interior rural. As minorias não muçulmanas, que frequentemente se dedicavam ao comércio interno e internacional, determinavam fortemente o caráter dessas cidades. Em algumas regiões, a maioria dos judeus concentrava-se nuns poucos polos. Os quase 20 mil judeus de Túnis, por exemplo, constituíam um quinto da população no começo do século XX; em Casablanca, 6 mil judeus perfaziam um quarto dos habitantes da cidade; e em Bagdá, na época, havia 50 mil judeus, um terço dos habitantes.

Salônica ocupava lugar especial entre as cidades otomanas onde era forte a influência judaica. Em 1882, seus 48 mil judeus ainda perfaziam mais da metade da população, proporção muito maior que a dos grupos grego e turco. O porto de Salônica, principal fonte de

Aprendizes em uma escola dirigida pela Alliance Israélite em Túnis, 1901.

receita da cidade, fechava-se aos sábados, pois a maioria dos estivadores era de judeus. O mesmo acontecia com muitas lojas dessa "Jerusalém dos Bálcãs". A comunidade judaica era caracterizada por florescente vida cultural, expressa especialmente por meio da língua espanhola, mas também do francês e do hebraico. O castelhano falado pelos judeus de Salônica era tão predominante que até alguns não judeus aprenderam a língua. A incorporação da cidade ao Estado grego (em 1912), as consequentes migrações e, por fim, o grande incêndio de 1917 que deixou 50 mil judeus desabrigados puseram fim à pujança dessa comunidade otomana profundamente tradicional. A cidade foi abandonada por grande parte da população judia, que preferia viver sob o domínio turco a suportar o jugo de um governo grego que adotara medidas antijudaicas.

É verdade que o processo de secularização sob o domínio islâmico não foi tão radical quanto na Europa, mas, para os que o acompanharam de perto, mesmo assim representou forte rompimento com o passado. Em especial na Argélia, alargou-se o abismo entre a velha geração, profundamente tradicional, e seus filhos educados segundo os costumes do mundo moderno. Nesse país, na virada do século XX, a maioria dos escolares judeus não frequentava as escolas judaicas, mas sim as francesas. Uma brecha às vezes intransponível surgiu entre as gerações da comunidade judaica argelina, pois a nova geração era literalmente incapaz de conversar com seus avós. Assim, no começo do século XX, o linguista Marcel Cohen fez este relatório: "[O]s avós falam árabe entre si e com seus filhos; conhecem pouco ou nada da língua francesa; os pais, a geração intermediária, são verdadeiramente bilíngues; usam o árabe com frequência, a língua que aprenderam em casa, e usam também o francês que aprenderam na escola; mas a língua de sua casa, que ensinam a seus filhos, é tão somente o francês, de modo que os filhos, com frequência, são incapazes de conversar com seus avós." (Citado em Stillman, *The Jews of Arab Lands in Modern Times*, p. 28.) Em regra, o árabe falado pelos avós era um dialeto judeu-árabe muito semelhante ao árabe falado ao redor, mas diferente quanto à pronúncia, por conter muitas palavras emprestadas do hebraico e por ser escrito com o alfabeto hebraico. O mesmo valia para o judeu-persa dos judeus iranianos. Os judeus do Curdistão desenvolveram diferentes dialetos baseados na antiga língua aramaica usada para escrever o Talmude. Em certas regiões do Marrocos, por sua vez, os judeus falavam línguas berberes. Em resumo, a diversidade linguística dos judeus do mundo islâmico era quase tão ampla quanto a dos muçulmanos da região.

Nos Bálcãs e em grandes regiões da Turquia e do Oriente Médio, bem como em algumas comunidades marroquinas, os descendentes dos judeus da Península Ibérica continuavam usando a língua judeu-espanhola que se costuma incorretamente chamar de "ladino". O ladino propriamente dito (cujo nome é derivado da designação medieval da língua espanhola, *nuestro latín*) é uma forma da língua castelhana adaptada ao uso sacro e empregada somente na escrita. O *judéo-español*, também chamado *ğudezmo*, mudou de aspecto no final do século XIX. O número de palavras emprestadas do hebraico (e circunscritas quase exclusivamente à terminologia religiosa especializada) diminuiu, ao passo que cada vez mais empréstimos do turco e das línguas da Europa Ocidental penetraram na língua. A partir da década de 1840, grandes jornais começaram a ser publicados em judeu-espanhol em Izmir, Istambul, Salônica e os Bálcãs. Com o tempo, entretanto, foi o francês que prevaleceu entre as classes mais cultas. Na Líbia, onde se haviam estabelecido muitos judeus de Livorno que mantinham relações de comércio com a Itália, o italiano era o idioma dominante entre os judeus instruídos.

O Elphinstone College e a Biblioteca David Sassoon no centro de Bombaim, atual Mumbai. Os edifícios foram terminados na década de 1870.

Mas as novas oportunidades de melhorar de vida e adquirir educação não foram as únicas mudanças operadas pela influência cada vez maior das potências coloniais europeias. A Europa também exportou a tradição cristã de antissemitismo, especialmente a lenda dos ritos de sacrifício humano. Em 1840, os judeus da Síria tomaram ciência dessa infeliz circunstância de modo dramático. Quando um monge capuchinho de origem sardenha desapareceu em Damasco, as autoridades interrogaram um barbeiro judeu, que sob intensa tortura confessou o homicídio. Os frades imediatamente acusaram a comunidade judaica de haver submetido o padre Tomaso a um sacrifício ritual. Sob a influência ativa do cônsul francês em Damasco, os líderes mais importantes da comunidade foram presos. Um deles morreu sob tortura, outro se converteu ao islamismo e os demais forneceram os testemunhos que lhes foram exigidos. As petições dirigidas ao governo francês pelos judeus damascenos, apoiadas pela Inglaterra e (em certa medida) pela Áustria e pela Prússia, mostraram-se infrutíferas. Uma delegação de dignitários judeus europeus (que reunia Adolphe Crémieux, o orientalista francês Salomon Munk e o filantropo inglês *Sir* Moses Montefiore) viajou à região e conseguiu convencer o paxá egípcio Mohammed Ali a libertar os judeus ainda presos. Mais tarde, o sultão em Istambul condenou como caluniosa a acusação de assassinato ritual. Apesar disso, ela ressurgiu reiteradamente nos Bálcãs e no Levante durante os anos seguintes. Nas regiões onde não havia população cristã, caso do Marrocos e do Irã, a lenda do sacrifício humano continuou desconhecida, embora o antijudaísmo não fosse menos intenso nessas paragens.

Esse primeiro ato internacional de auxílio aos judeus pode ser entendido como precursor da Alliance Israélite Universelle, bem como de outras organizações de auxílio: a Associação Anglo-Judaica fundada em 1871, a Aliança Israelita estabelecida em Viena em 1873, a Associação de Auxílio dos Judeus Alemães criada em 1901 e o American Jewish Committee ou Comitê Judaico Norte-Americano formado em 1906.

Os judeus do mundo islâmico formavam um grupo tão heterogêneo quanto o dos judeus da Europa cristã. Um abismo gigantesco separava a vida cotidiana dos judeus iemenitas, relativamente isolados, daquela dos judeus argelinos adaptados à dominação francesa. Em cidades como Bagdá, Beirute e Alexandria, pequenos grupos de judeus passaram a integrar a elite social e econômica. A maioria dos judeus do Egito chegou a esse país no século XIX, vinda de outras partes da África do Norte e do Oriente Médio; alguns fizeram imensa fortuna no comércio têxtil e no setor bancário, enquanto outros tornaram-se respeitáveis médicos e advogados. A influência ocidental na classe superior judaica se manifestava na mudança das formas de educação, alimentação e vestimenta. Assim, os judeus iemenitas que melhoravam de vida passavam a usar o *tarbush* turco, ao passo que os judeus iraquianos adotavam prenomes emprestados da família real inglesa, como Edward ou Victoria.

No outro extremo do espectro social, em várias cidades marroquinas os judeus residiam em um gueto fechado (*mellah*), completamente isolados do mundo ocidental. Na Líbia ainda havia trogloditas judeus que, segundo parece, jamais haviam tido contato com a civilização moderna. E às vezes acontecia de na mesma região verificar-se imensa diferença entre os judeus ricos e os pobres, os religiosos e os seculares, os que conheciam o estrangeiro e aqueles que jamais haviam transposto as fronteiras de seu bairro. Em Túnis, os judeus de língua árabe e os que falavam italiano tinham suas próprias sinagogas e cemitérios e só se casavam com membros de seu grupo. Os da ilha tunisiana de Djerba eram muito menos afetados pela influência colonial francesa que os da capital. No Marrocos, uma linha de demarcação separava os descendentes dos expulsos da Península Ibérica (os *megorashim*) daquelas famílias que já residiam na África (os *toshavim*).

Cerca de metade dos judeus de Bagdá vivia abaixo da linha de pobreza, mas outros construíram impérios familiares que se estenderam por todo o continente asiático. Nesse quesito nenhuma família foi tão bem-sucedida quanto os Sassoon, banqueiros e comerciantes que, sediados no Iraque, estabeleceram filiais em Bombaim e Xangai. O xeque Sassoon Salah era ministro das finanças dos paxás de Bagdá no começo do século XIX. A prosperidade de sua firma de comércio têxtil no sul da Ásia valeu à família o apelido de "Rothschilds do Oriente". Seu filho David construiu uma sinagoga magnífica para a crescente comunidade judaica de Bombaim e fez generosas doações a orfanatos, hospitais, escolas, museus e bibliotecas da cidade.

O que os Sassoon eram no Extremo Oriente, os Camondo eram no Oriente Próximo. Abraham Salomon Camondo, intimamente ligado ao sultão, fundou com seu irmão Isaac um dos bancos mais prósperos de Istambul. Os empréstimos fornecidos por eles financiaram boa parte da Guerra da Crimeia para o Império Otomano. Abraham Camondo também era conselheiro dos governos da Áustria e da Itália, que lhe concederam títulos nobiliárquicos em sinal de gratidão. Os Camondo tiveram intensa participação na introdução de um sistema de bondes e outras inovações técnicas em Istambul. Moïse, filho de Abraham, estabeleceu-se em Paris e se tornou grande colecionador de artes decorativas. Um dos mais trágicos paradoxos da história judaica e europeia é que os últimos descendentes da família Camondo, que tanto fez para promover a europeização do Oriente, morreram como vítimas da Europa. Nissim de Camondo, filho de Moïse, morreu como soldado francês na Primeira Guerra Mundial; sua filha Béatrice, com o marido e os dois filhos, foi assassinada em um campo de concentração nazista. Somente monumentos de pedra ainda dão testemunho da antiga fama da família Camondo: entre eles a Escadaria Camondo em Istambul e o Hotel Camondo ao lado do Parc Monceau em Paris, legado para cidade a fim de se tornar um Museu de Artes Decorativas.

Em 1919, El Lissitzky, artista russo de vanguarda e um dos fundadores do construtivismo, criou ilustrações para a canção "Had Gadya", que faz parte da Hagadá de Pêssach. Um dos mais importantes artistas de vanguarda da União Soviética, Lissitzky usava sua arte para promover a Revolução Russa. Essa manifestação judaica das artes gráficas prefigura as novas possibilidades decorrentes da interação entre a tradição judaica e a arte contemporânea.

18
De Czernowitz a Cernăuți:
Crise política e florescimento cultural no entreguerras

De Estado multiétnico a Estado nacional

Rose Ausländer frequentou a escola no Império Austro-Húngaro, publicou seus primeiros poemas na Romênia, viu-se em seguida confinada em um gueto sob vigilância alemã e viveu o fim da guerra na União Soviética – tudo isso sem jamais sair de sua cidade natal. O que mudou nesse ínterim foi a própria cidade: originalmente chamada "Czernowitz" (que às vezes se escreve "Tschernowitz" em alemão), passou a "Cernăuți" (romeno) em 1919 e a "Chernovtsy" (russo) em 1940, voltou a ser "Cernăuți" em 1941, foi de novo "Chernovtsy" em 1944 e, desde 1991, como parte da Ucrânia, tem sido chamada de "Chernivtsi". O entreguerras, quando quase metade dos habitantes de Czernowitz era de judeus, foi um período de incerteza e mudança. "Lemberg" tornou-se "Lwów" (polonês, depois "Lviv" em ucraniano); "Posen" tornou-se "Poznán" e "Pozsony" (húngaro); a anterior "Pressburg" tornou-se "Bratislava". Velhos impérios caíram e novos Estados se ergueram, e também para Ausländer todos eles chegaram e se foram. Ela abandonou sua terra natal, emigrou para os Estados Unidos mas, alguns anos depois, voltou para a Bucovina, onde – nas palavras de Paul Celan, o mais famoso poeta de Czernowitz – "viviam homens e livros".

O período da Primeira Guerra Mundial mudou crucialmente, de três maneiras, todo o mundo judaico. Primeiro, as imensas esperanças que muitos judeus haviam depositado no projeto de integração foram frustradas no decurso da guerra. Em segundo lugar, as hostilidades estimularam a brutalidade física e a mentalidade racista em dimensões até então desconhecidas. Por fim, a queda e a ascensão dos Estados tiveram efeitos importantíssimos para o futuro político dos judeus. No começo da guerra, a maioria deles morava nos Estados multiétnicos dos Romanov, dos Habsburgos e dos Otomanos. De repente, encontraram-se vivendo em novos Estados nacionais. Nesse ínterim, os ingleses haviam adquirido o controle da Palestina e na Declaração Balfour, publicada em 1917, haviam prometido aos judeus o direito a um "lar nacional [...] na Palestina".

Naqueles países europeus onde os judeus não se sentiram plenamente integrados até a eclosão da Primeira Guerra Mundial, supôs-se que as trincheiras efetuariam algo que as leis até então não tinham conseguido: a vida em comum nas linhas de frente ajudaria a transcender as últimas diferenças entre os judeus e outros cidadãos-soldados. Oitenta e cinco mil judeus alemães foram à guerra pelo Kaiser e pela Pátria, e 12 mil deles não voltaram. A situação em outros países foi mais ou menos a mesma. Assim, a comunidade judaica da Argélia e da França, menor que a alemã, mobilizou 46 mil soldados, dos quais 6.400 tombaram em combate; e mais de 2 mil dos 40 mil soldados judeus do Reino Unido perderam a vida. No exército czarista, que nem sempre dispensara tratamento condigno aos judeus, 600 mil destes apresentaram-se para combater. Assim como os católicos atiravam em outros católicos, assim também os judeus encaravam seus correligionários do outro lado das linhas inimigas.

Porém, o grau de patriotismo demonstrado pelos judeus parecia não fazer a menor diferença; dentro em pouco, em meio à guerra e até no fundo das trincheiras, eles se tornaram alvo de injúrias antissemitas. Na França e na Inglaterra, as comunidades judaicas eram formadas sobretudo por imigrantes da Europa Oriental. Os países da Tríplice Entente se perguntavam de que modo aqueles homens poderiam lutar em prol da Rússia quando haviam fugido do regime czarista. Todos os lados dirigiam aos judeus a acusação de cosmopolitismo. Ninguém acreditava na veracidade de seu entusiasmo patriótico, muito embora o mais importante filósofo judeu alemão, Hermann Cohen, promovesse uma simbiose da "Deutschtum" e do "Judentum" (germanidade e judaísmo), o escritor judeu alemão Ernst Lissauer tivesse escrito um "Hino de Ódio contra a Inglaterra" e até alguns sionistas convictos tenham lutado em favor de seus respectivos países. A maioria dos judeus não alcançou o reconhecimento

Lovis Corinth: *Retrato de Macabeu – Hermann Struck* (1915). Hermann Struck era judeu ortodoxo e sionista convicto. Não obstante, envergou o uniforme da Prússia e invadiu orgulhosamente a Rússia como um alemão patriota. Ali, o contato direto com os judeus lituanos o inspirou a fazer os desenhos de seu livro *O rosto dos judeus da Europa Oriental*, para o qual o escritor Arnold Zweig forneceu um texto que idealizava a vida dessa parte do mundo judeu.

social no fim da guerra. O antissemitismo tinha grande peso em suas memórias da vida nas trincheiras.

Por outro lado, paradoxalmente, a experiência da guerra promoveu entre os judeus um sentimento comunitário que transcendia as fronteiras nacionais. Em específico, o encontro de muitos soldados judeus alemães de famílias assimiladas com judeus da Europa Oriental que pareciam se comportar de modo mais autêntico levou os primeiros a cogitar voltar à sua tradição. De início, esses encontros tiveram consequências mais tangíveis e resultaram na formação de comissões de auxílio à paupérrima população judaica da Europa Oriental. Mas, entre alguns judeus alemães, também deixaram profundas impressões espirituais. Eles já não estavam acostumados a ver artesãos judeus e estudiosos do Talmude em seu ambiente, a língua iídiche quase desaparecera da Alemanha e viver publicamente como um judeu era uma espécie de novidade.

De todos os judeus europeus, os da Europa Oriental foram os mais profundamente afetados pelos acontecimentos da guerra. Além de sofrer a fome e as doenças, também foram vítimas de oficiais volúveis. Em abril de 1915, a maior parte dos judeus da Lituânia foi evacuada pelas autoridades militares russas. Destino semelhante tiveram os judeus da Galícia depois da invasão do exército czarista. A língua iídiche e a admiração pela cultura alemã davam a impressão de que os judeus da Europa Oriental facilmente se aliariam às tropas alemãs e austríacas. Somente a derrubada do czar, em fevereiro de 1917, lhes trouxe breve período de alívio; mas logo os tumultos revolucionários e a guerra civil cobraram novas vítimas.

Um judaísmo europeu?

Os eventos revolucionários de 1917 a 1920 guindaram alguns indivíduos judeus ao centro do palco político, coisa que jamais havia ocorrido na história da Europa. Aos antissemitas pouco importava que Rosa Luxemburgo houvesse cortado havia muito todos os seus laços com a comunidade judaica; que as comunidades judaicas de Munique e Budapeste tivessem repudiado veementemente os líderes revolucionários locais, como Eugen Leviné e Béla Kun; e que Lev Davidovich Bronstein, também conhecido como Leon Trotsky, não se sentisse em absoluto um membro da comunidade judaica. E os judeus sabiam muito bem que, embora fosse Trotsky a virar o mundo de ponta-cabeça, quem pagaria a conta seriam os Bronstein. O que se sedimentou na consciência do público naquela época foi o fato de os judeus surgirem pela primeira vez no papel de agentes políticos fortes. Naquele 8 de novembro em que o judeu berlinense Kurt Eisner foi premiê da Baviera por um único dia, Thomas Mann falou em seu diário dos "canalhas judeus" que comandavam um "regimento judeu".

Mas as massas judaicas também estavam (de novo) no centro dos acontecimentos, especificamente dos tumultos do pós-guerra na Europa Oriental e em especial na Ucrânia. Na guerra civil que ali se deflagrou, os judeus eram pegos no fogo cruzado independentemente do partido que adotassem. A violência antijudaica sob o governo de Petliura cobrou a vida de 10 mil judeus. Na cidade ucraniana de Proskurov, cossacos assassinaram 1500 judeus em uma tarde de sábado em fevereiro de 1919. Só na Polônia houve 106 pogroms nesse mesmo ano. Por isso, era compreensível que até judeus anticomunistas dessem as boas-vindas ao Exército Vermelho como a um libertador. O Exército Vermelho, contudo, não necessariamente se mostrou amigo da população judia. Assim, o poeta judeu russo Isaac Babel anotou em seu diário em 11 de julho de 1920: "[...] é a mesma história, os judeus [...] esperavam que o regime soviético os libertasse, mas de repente se ouviram os gritos, o estalar de chicotes, os clamores de 'Yid sujo'".

Na Europa Ocidental não houve assassinatos em massa. Na Alemanha, contudo, os extremistas de direita, humilhados pela derrota e pelas consequências desta, desfrutaram uma série de triunfos sem precedentes. Na França divulgava-se o panfleto antissemita *Os protocolos dos sábios de Sião*, e na Inglaterra, onde a maioria dos judeus era de imigrantes, a xenofobia levantava a voz. O antissemitismo, mais eficaz como meio de coesão social do que os valores comuns do judaísmo jamais haviam sido, passou a unir os judeus da Europa. Nem os judeus mais assimilados podiam escapar dele. Em reação a esse ódio antijudaico, alguns voltaram à prática do judaísmo. O compositor austríaco Arnold Schönberg, que se convertera ao protestantismo em 1898, tomou o caminho de volta quando um hotel em uma estância de veraneio austríaca recusou servi-lo em razão da sonoridade judaica de seu nome. Esse caminho se completou em 1933, quando ele foi oficialmente acolhido em uma sinagoga de Paris. Entre os dois momentos houve um período de intensa tomada de contato com o judaísmo, culminando em duas expressões criativas: um drama sionista e a ópera *Moisés e Aarão*.

Na verdade, poucas coisas além do antissemitismo uniam os judeus da Europa. A transformação do sistema político europeu, em geral, prejudicou a unidade judaica. Os judeus encontravam-se agora divididos segundo os Estados onde habitavam. Nos três impérios multiétnicos onde viviam oito milhões de um total de 11 milhões de judeus na virada do século, eles eram uma entre muitas nações, religiões e culturas diferentes. Nos Estados nacionais recém-formados, como a Polônia e a Lituânia, e também em uma Romênia significativamente ampliada, sua condição jurídica era menos definida que antes da guerra. Não faziam parte da nacionalidade dominante, mas, ao contrário das minorias alemã, húngara ou russa, não dispunham de um país que protegesse seus interesses. Em criações novas e artificiais como a Tchecoslováquia e a Iugoslávia, os judeus eram frequentemente encarados como os únicos verdadeiros representantes da nova entidade política, enquanto os demais cidadãos continuavam sendo tchecos, eslovacos, sérvios, croatas ou bósnios.

Nos Bálcãs, os judeus provaram pela primeira vez o gosto da reorganização étnica antes da Primeira Guerra Mundial. No rastro das Guerras Balcânicas, centenas de milhares de turcos fugiram para leste e comunidades gregas inteiras foram expulsas da Anatólia e estabeleceram-se na Grécia. Salônica, uma das maiores comunidades judaicas da Europa, passou do domínio turco ao domínio grego. Os judeus que ali viviam tiveram de escolher entre permanecer na sua cidade natal, que os acolhera durante séculos, ou permanecer leais aos governantes otomanos que os haviam recebido e protegido depois da expulsão da Península Ibérica. Em certo sentido, as Guerras Balcânicas e seu rescaldo foram como um prólogo da situação com que os judeus de toda a Europa Oriental se depararam depois da Primeira Guerra Mundial. Quem eram os judeus e como podiam eles encaixar-se na nova ordem política? Os gregos de Salônica eram cristãos ortodoxos, os turcos eram muçulmanos, mas os judeus... eram apenas judeus. A situação era análoga na Polônia, onde os poloneses eram católicos, a maior parte dos alemães era protestante e os ucranianos eram ortodoxos ou uniatas (católicos de rito oriental). Mas os judeus do leste e sudeste da Europa eram judeus não só no sentido religioso como também no sentido étnico. Por isso, distinguiam-se de várias maneiras das outras minorias. Isso se evidenciou na Conferência de Paz de Paris, em 1919, quando os judeus da Europa Oriental reivindicaram seus direitos de minoria nacional enquanto os da Europa Ocidental rejeitaram enquadrar-se como uma minoria. Nos países onde haviam sido emancipados, os judeus se viam como membros de uma comunidade religiosa. Nos outros países, eram vistos como uma minoria nacional que falava uma língua diferente (o iídiche ou o judeu-espanhol), ainda se identificava pelas vestimentas típicas e tinha uma estrutura profissional que permitia seu reconhecimento como entidade coletiva. Essas características haviam se mitigado um pouco, mas ainda eram discerníveis no período do pós-guerra.

A cisão que dividiu a comunidade judaica na Europa se manifestou do modo o mais claro possível na Tchecoslováquia. Enquanto os judeus da Boêmia haviam seguido o modelo ocidental de aculturação e falavam quase exclusivamente o alemão ou o tcheco, os judeus do extremo leste do país eram típicos judeus ortodoxos da Europa Oriental e falavam sobretudo o iídiche. No censo de 1921, somente 15 por cento dos judeus da Boêmia que se declararam adeptos da religião judaica também se declararam membros de uma nação judaica (quase todos se consideravam alemães ou tchecos), ao passo que 87 por cento daqueles que moravam na região leste da Tchecoslováquia declararam-se de nacionalidade "judaica". Nas regiões intermediárias, a Morávia e a Eslováquia, cerca de metade dos judeus se declarou pertencente à nação judaica. Na Romênia, cujo território aumentara sobremaneira, também se discerniam grandes diferenças na população de judeus. As comunidades mais antigas, em Regat, já tinham se aculturado em grande medida, integrando-se ao ambiente. Por outro lado, as congregações judaicas das recém-anexadas províncias da Moldávia, Bessarábia, Bucovina e Transilvânia aderiam a um modo de vida mais tradicional.

A comunidade dos judeus poloneses, a maior do entreguerras, também era extremamente heterogênea. Quando a Polônia recuperou sua unidade política após a Primeira Guerra Mundial, ela adquiriu territórios que, por mais de cem anos, haviam pertencido a três Estados distintos onde a sorte dos judeus havia sido muito diferente. Os hassídicos da Galícia tinham mais em comum com os judeus hassídicos da Bessarábia romena que com os *mitnagdim* de Vilna (localizada agora na Polônia), e os judeus de língua alemã de Posen (agora Poznán) tinham mais em comum com os de Berlim que com seus correligionários de Bialystok. Em Cracóvia, o único jornal judeu era publicado em polonês, enquanto em Varsóvia ambos os diários judeus continuavam sendo escritos em iídiche. Algumas cidades grandes da Polônia tinham modernos "templos" frequentados pela elite aculturada, enquanto nas cidades menores o principal local de culto ainda era o *shtibl*, o tradicional salão de oração.

Sob diversos aspectos, os judeus da Europa estavam divididos. Onde vislumbravam seu futuro – na Europa, na América ou na Palestina? Que língua falariam – a língua de seus vizinhos, o iídiche ou o hebraico? Deveriam simpatizar politicamente com o liberalismo, o socialismo, o comunismo, o sionismo ou até com o nacionalismo de seus respectivos Estados? Deveriam praticar sua religião em um estilo tradicional, ortodoxo moderno ou liberal – ou mesmo não praticá-la de modo algum? E o que, além da luta comum contra seus inimigos, os vinculava uns aos outros?

Cidade e campo

Nas décadas de 1920 e 1930, a maioria da população judaica continuava morando na Europa. Porém, os centros da vida judaica haviam se modificado de modo evidente. Enquanto 82 por cento de todos os judeus ainda viviam na Europa em 1900 (69 por cento somente na Europa Oriental), em 1925 essa proporção baixara para 62 por cento (51 por cento na Europa Oriental) e em 1939 para 57 por cento (46 por cento na Europa Oriental). Os novos centros da vida judaica eram os Estados Unidos e, em menor medida, a Palestina. Em meados da década de 1930, as duas cidades com a maior população judaica já se localizavam nos Estados Unidos: Nova York e Chicago.

O êxodo rural, que como vimos começou no princípio do século XIX, continuava caracterizando as mudanças populacionais judaicas. Em Łódź, uma comunidade judaica que tinha 2.700 pessoas em meados do século XIX já contava mais de 150 mil na década de 1920, e em Moscou esse número aumentou de 300 para 132 mil no mesmo período. O fenômeno se repetia nos centros metropolitanos da Europa Central e Ocidental. Viena registrou um aumento de 4 mil para 200 mil; Berlim, de 10 mil para 170 mil; e Londres, de 6 mil pra 200 mil. Na década de 1930 os judeus já estavam quase todos concentrados nas grandes cidades, congregando-se em alguns países quase exclusivamente na capital, caso da Dinamarca (92 por cento), da França (70 por cento), da Áustria (67 por cento), da Inglaterra (67 por cento) e da Holanda (60 por cento). Na Alemanha, em 1933, mais da metade dos judeus residia em dez grandes cidades (um terço deles somente em Berlim); e na União Soviética, onde a maioria dos judeus da geração anterior fizera morada em cidades pequenas, 40 por cento agora moravam em seis cidades – Moscou, Leningrado, Odessa, Kiev, Kharkov e Dnipropetrovsk. Na Polônia, um quarto dos judeus ainda vivia em cidadezinhas e povoados, e, na Lituânia, mais de um terço. Na maioria dos países, contudo, os judeus rurais, outrora predominantes, estavam a ponto de desaparecer.

A população judaica da Europa Oriental concentrava-se em certas cidades e regiões, onde sua presença era óbvia para quantos chegavam. Em Pinsk, por exemplo, na Polônia, os judeus compunham 75 por cento da população; em Berdichev, na Ucrânia, 65 por cento; e em Kishinev e Iași, na Romênia, 60 por cento. Mesmo na Alemanha ainda havia alguns vilarejos onde os judeus constituíam cerca de metade da população, caso de Rhina, em Hesse. Pela Europa afora, a presença judaica nos grandes centros urbanos chamava a atenção. Em Varsóvia, um em cada três habitantes era judeu; em Salônica, um em cada quatro; em Budapeste, um em cada cinco; e mesmo em Amsterdam, Viena e Sófia os judeus representavam mais de 10 por cento da população. A Alemanha era uma exceção: Frankfurt, com 6 por cento de judeus, era de todas as grandes cidades a que tinha a maior proporção de habitantes judeus. Os judeus da Europa Ocidental, em sua maioria, concentravam-se em bairros de classe média alta, mas um grande número deles ainda podia ser encontrado nas regiões ocupadas pelos imigrantes pobres.

A estrutura das comunidades judaicas variava de país para país. Na Alemanha, como as paróquias cristãs, elas recebiam contribuições financeiras na forma de um imposto cobrado de seus membros pelo Estado. Embora a República de Weimar permitisse que os cidadãos se retirassem da comunidade judaica sem deixar de se declarar judeus, qualquer um que registrasse um novo domicílio perante as autoridades locais e designasse sua religião como judaica era automaticamente contado como membro da comunidade. Na França e na Inglaterra, por outro lado, a participação em uma congregação judaica era ato puramente voluntário, e as taxas eram pagas do mesmo modo que as de outras associações livres. Assim, a "Comunidade Judaica em Berlim" ("Jüdische Gemeinde zu Berlin", nome de estilo extremamente oficial) era uma instituição reconhecida, mas nada havia de comparável em Londres ou Paris, onde coexistiam inúmeras congregações judaicas. Na Alemanha e na Europa Oriental, era comum uma das maiores comunidades funcionar como uma espécie de "cidade dentro da cidade", com suas próprias organizações de previdência social, instituições educacionais e clubes esportivos. Em Salônica havia trinta sinagogas, vários hospitais e farmácias judeus e todo um sistema escolar judaico. Os representantes da comunidade eram nomeados por meio de eleições comunitárias; na Europa Central e Oriental, estas eram disputadas por vários "partidos", dos sionistas aos ortodoxos, passando pelos socialistas e liberais, que faziam campanha uns contra os outros.

As profissões praticadas pelos judeus também eram significativamente diferentes nos diversos países. Em Salônica havia estivadores judeus, em Antuérpia e Amsterdam eles eram lapidadores de diamantes, na Alsácia e no sul da Alemanha dedicavam-se ao comércio de gado. Mas em toda parte os judeus tinham participação excessiva no comércio e estavam sub-representados na agricultura. Estavam em ação, aí, os efeitos de longo prazo de determinadas precondições históricas. Na União Soviética os judeus rapidamente se tornaram proletários, e o número de operários judeus triplicou entre 1926 e 1935. Nas grandes cidades da Europa Central, a proporção de judeus entre médicos e advogados era especialmente alta. No início da década de 1930, eles constituíam a maioria dos médicos e advogados de Budapeste e Viena, estatística também representada na alta porcentagem de estudantes judeus nas universidades dessas duas capitais. Uma vez que a discriminação continuava existindo na prática quando se tratava da contratação de funcionários públicos, o número de catedráticos, magistrados e professores escolares judeus era significativamente menor. Na Hungria, por exemplo, onde um em cada dois advogados era judeu, menos de 4 por cento dos juízes eram judeus. Nos ofícios mecânicos, a diferença entre a Europa Ocidental e a Europa Oriental era nítida. Ao passo que pouquíssimos judeus trabalhavam como artesãos na Europa Ocidental, onde as guildas os haviam excluído durante séculos, na Europa Oriental havia numerosos alfaiates, sapateiros, padeiros e ourives judeus.

Em toda a Europa a população judaica deplorava seu declínio econômico. Na Polônia e na Hungria, os antissemitas organizavam boicotes que causavam especial prejuízo às firmas judaicas; ao mesmo tempo, determinou-se uma cota máxima para o número de judeus que podiam frequentar a universidade. Nesse caso, podemos perguntar: por que os judeus não saíram da Europa? Essa relutância nem sempre se devia à falta de oportunidade de emigração. O fato é que a maioria dos judeus se sentia tão em casa nos países onde viviam quanto seus vizinhos cristãos, tinha laços emocionais com sua cidade ou povoado e encarava o aumento das hostilidades como um revés temporário. Além disso, não eram o único grupo populacional a sofrer intensa pressão. Os ucranianos na Polônia, os húngaros na Romênia, os alemães na Tchecoslováquia – todos eles viviam como minorias em Estados nacionais dominados por outra maioria étnica. Nem sempre era agradável viver como protestante em uma região dominada pelos católicos, ou vice-versa. Socialistas e nacionalistas enfrentavam-se abertamente nas ruas, e a crise econômica lançou milhões de pessoas no desemprego. Desse ponto de vista amplo, a situação especial dos judeus se inscrevia em uma situação mais generalizada de desolação. Para a maioria dos judeus, a vida cotidiana não se caracterizava nem pela violência física nem pela perseguição política. Como seus vizinhos não judeus, eles se preocupavam em ganhar a vida e sustentar a família, além de participar na vida comum de sua congregação religiosa, da comunidade local e do país. A maioria via a emigração a outro continente como um último recurso.

A cidadania e seus limites

No papel, a situação dos judeus europeus melhorou na maioria dos países após a Primeira Guerra Mundial. As constituições delineadas no pós-guerra proibiam, via de regra, a discriminação por motivo de religião. Na prática, porém, as promessas consignadas nos documentos raramente eram cumpridas. Os direitos das minorias eram habitualmente incluídos nas cartas magnas em decorrência da pressão estrangeira – em geral, americana – e quase não evocavam resposta na população em geral. Na União Soviética, a condenação do antissemitismo na constituição teve pouco efeito concreto sobre um persistente espírito antijudaico, refletido em medidas políticas. Pela primeira vez, os judeus eram teoricamente capazes de exercer cargos públicos de primeiro escalão tanto na Rússia quanto na Alemanha. Em 1917, cinco dos vinte e um membros do Comitê Central do Partido Comunista eram de ascendência judaica, mas eles normalmente desapareciam com a mesma rapidez com que haviam surgido. Na Alemanha, o mais conhecido de todos os políticos judeus, o ministro do exterior Walther Rathenau, tornou-se o alvo predileto dos extremistas e foi assassinado após ocupar o cargo por poucos meses. Na maioria dos Estados do leste da Europa Central, continuava sendo inconcebível que um judeu exercesse um cargo político importante. Esses obstáculos não existiam na Europa Ocidental. Na Inglaterra, os judeus estiveram representados em alguns gabinetes liberais e também no gabinete de Lloyd George durante a guerra, e na França Léon Blum foi premiê na década de 1930. Na Itália alguns judeus eram até membros do Partido Fascista, que só aprovou uma legislação antissemita em 1938, sob a influência dos nacional-socialistas.

Embora fosse limitado o número de políticos judeus de destaque na Europa de modo geral, não se pode ignorar o papel desempenhado pelos judeus na vida cultural do continente. O que seria a literatura de língua alemã sem os nomes de Franz Kafka, Franz Werfel, Stefan Zweig, Arnold Zweig, Alfred Döblin, Arthur Schnitzler, Jakob Wassermann e Lion Feuchtwanger? Críticos como Walter Benjamin e Siegfried Kracauer escreviam para a *Frankfurter Zeitung* fundada por Leopold Sonnemann e para os grandes jornais de Berlim pertencentes às famílias Mosse e Ullstein. A música de Arnold Schönberg, a direção teatral de Max Reinhardt, a atuação teatral de Elisabeth Bergner, a pintura de Max Liebermann e a arquitetura de Erich Mendelsohn deixaram sua marca na cultura da República de Weimar. Albert Einstein e Sigmund Freud abriram novos horizontes em suas respectivas áreas de atuação. Fora do mundo de língua alemã, a lista de famosos intelectuais e acadêmicos, escritores e artistas é ainda mais longa. Basta pensar em nomes como os de Óssip Mandelstam na Rússia, Henri Bergson na França, Italo Svevo na Itália e Bruno Schulz na Polônia. A Escola de Frankfurt de teoria crítica era ligada a nomes judeus, assim como o círculo de historiadores da arte em torno de Aby Warburg em Hamburgo e a maior parte da psicanálise.

Em 1919, os estudos judaicos modernos – a *Wissenschaft des Judentums* – ganharam seu primeiro grande instituto de pesquisa secular: a Academia para a Ciência do Judaísmo (*Akademie für die Wissenschaft des Judentums*) foi fundada em Berlim sob o comando de Eugen Täubler, historiador da Antiguidade. Não obstante, na década de 1920 os maiores centros de pesquisas judaicas passaram a se localizar em outros países. O Instituto Científico Iídiche (Yiddish Scientific Institute – YIVO) em Vilna e o Instituto de Estudos Judaicos em Varsóvia contaram-se entre os novos centros de pesquisa inaugurados na Polônia. Em Jerusalém, o Instituto de Estudos Judaicos constituía o núcleo da recém-fundada Universidade Hebraica. Foi nos Estados Unidos, contudo, que os estudos judaicos modernos conseguiram suas primeiras cátedras em universidades de prestígio: a de Filosofia Judaica em Harvard e a de História Judaica na Universidade Columbia, em Nova York.

Nos Estados Unidos, o período entreguerras se caracterizou acima de tudo pela americanização dos filhos dos imigrantes. A cultura iídiche, com seus jornais, teatros e filmes, ainda estava viva nas décadas de 1920 e 1930. Os astros do palco e, mais tarde, do cinema iídiche – com Boris Tomashefsky e Molly Picon à frente – eram heróis para os imigrantes. Mas a tendência era clara: aos poucos, a língua iídiche desapareceria diante do inglês. Isso era mais evidente fora de Nova York. Em 1924 ainda havia dois jornais em iídiche em Chicago e um em Cleveland e Filadélfia. No final da década de 1940, somente um diário em iídiche ainda existia em Nova York, cuja circulação diminuía constantemente. Os teatros iídiches se fechavam ou ficavam cada vez menores, atraindo um público cada vez mais idoso.

Ao mesmo tempo, um número cada vez maior de judeus encontrava um lugar na cultura popular americana. George Gershwin e Benny Goodman representavam uma nova direção na música; *O cantor de jazz*, com Al Jolson no papel do filho de um cantor de sinagoga, foi o primeiro filme falado; e Hank Greenberg era astro do beisebol. Gigantescos estúdios cinematográficos foram fundados em Hollywood por judeus como os irmãos Warner (da Warner Brothers) e Louis B. Mayer. Mas ainda havia obstáculos no caminho para o centro da sociedade norte-americana. As faculdades americanas restringiam a admissão de alunos judeus. Em seu jornal *The Dearborn Independent*, o industrial Henry Ford publicou os famigerados *Protocolos dos sábios de Sião* sob o título de *The International Jew: The World's Foremost Problem* (O Judeu Cosmopolita: O Maior Problema do Mundo). No sul, os judeus e os negros eram visados pela Ku Klux Klan, enquanto nos tumultos ocorridos em 1935 no Harlem os negros culparam os judeus pela Depressão. E cerca de 30 milhões de pessoas ouviam as tiradas antissemitas do padre Charles Coughlin no rádio.

Além disso, havia a questão de qual postura adotar diante da ameaça emanada da Europa. A ascensão dos nacional-socialistas motivou manifestações públicas por parte de organizações judaicas americanas. Um dos móveis dessas demonstrações era Robert Wise, rabino reformista e sionista que fundara o Instituto Judeu de Religião para formar rabinos em Nova York e comandava o Congresso Mundial Judaico, que ele mesmo ajudara a fundar em 1936. A imigração europeia continuou e, especialmente na década de 1930, trouxe aos Estados Unidos importantes intelectuais e acadêmicos. Albert Einstein era apenas o mais famoso entre eles. A New School for Social Research (Nova Escola de Pesquisas Sociais) em Nova York, em particular o corpo docente associado à Universidade no Exílio, era constituída basicamente de acadêmicos emigrados. Nos seminários rabínicos, como o Hebrew Union College em Cincinnati, os refugiados compunham a maior parte do corpo docente.

No entreguerras, em toda a Europa havia razões para emigrar. Na Europa Oriental, a autonomia prometida pelos novos Estados nacionais era quase sempre uma ilusão. Os judeus poloneses, por exemplo, não podiam abrir suas lojas aos domingos, o que acarretava para a maioria dos lojistas a perda de um sexto de sua renda, visto fecharem também no sábado para o Shabat judaico. Os judeus podiam ter suas próprias escolas onde o ensino era ministrado em iídiche ou hebraico, mas elas não recebiam subsídios públicos e nem sempre

Ben Shahn, nascido na Lituânia e emigrado ainda criança para os Estados Unidos, foi um dos maiores expoentes da pintura social-realista. Em 1936-1938, foi contratado para pintar um mural no bairro planejado de Jersey Homesteads (hoje chamado Roosevelt), em Nova Jérsei. Decidiu elaborar uma sequência de três painéis segundo o modelo da Hagadá: o primeiro mostraria a escravidão na Europa; o segundo, a libertação por meio da emigração; e o terceiro, a redenção por ocasião do New Deal rooseveltiano. O primeiro painel, aqui reproduzido, mostra um grupo de imigrantes (com os caixões contendo os corpos dos anarquistas Sacco e Vanzetti) encabeçados por Albert Einstein e a mãe de Shahn e passando pelas autoridades de imigração da Ilha Ellis; à direita, os operários explorados do Lower East Side.

seus diplomas eram reconhecidos. Em 1934, a Polônia declarou oficialmente a nulidade de seu Tratado das Minorias (o "pequeno tratado de Versailles" celebrado entre a Polônia e os Aliados em 1919). Na Lituânia, os direitos minoritários já tinham sido derrubados na década de 1920. Os únicos países onde os judeus eram protegidos pelos direitos conferidos às minorias eram a Tchecoslováquia e (com pequenas restrições) a Letônia.

Os judeus do Leste Europeu que moravam nas metrópoles da Europa Ocidental – nos bairros de Whitechapel (Londres), Marais (Paris) e Leopoldstadt (Viena) e em torno da Alexanderplatz em Berlim – passaram a chamar mais a atenção depois da Primeira Guerra Mundial. A comunidade judaica britânica, como a francesa, era constituída essencialmente pelos imigrantes da Europa Oriental e seus filhos. A segunda geração, entretanto, e especialmente a terceira, tentaram sair do gueto. Muitos cumpriam as leis alimentares somente quando comiam em casa e só frequentavam a sinagoga nas festas principais. Além disso, mudavam seus nomes de sonoridade judaica e procuravam assimilar-se ao ambiente francês ou britânico. A falta de aceitação social era especialmente clara entre as classes mais altas: poucos clubes de golfe e colégios internos de elite aceitavam judeus.

Tanto no tocante à integração social quanto sob muitos outros aspectos, a República de Weimar situava-se em um ponto intermediário entre a Europa Oriental e a situação dos países a Ocidente. Apesar de um antissemitismo cada vez mais intenso e mais radical, a maioria dos judeus alemães se sentia integrada na Alemanha. O número de casamentos mistos era cada vez maior, indício claro de que as fronteiras entre os judeus e a sociedade em geral estavam lentamente desaparecendo. Como indivíduos, os judeus já eram capazes de alcançar posições sociais que seriam inconcebíveis antes da Primeira Guerra Mundial. Foi assim que Max Liebermann se tornou presidente da Academia de Artes da Prússia e Ernst Cassirer foi eleito reitor da Universidade de Hamburgo. Ambos, porém, enfrentaram invectivas antissemitas. A maioria dos judeus era de membros de clubes esportivos e outras associações culturais abertas ao público em geral. Restava um punhado de congregações ortodoxas isoladas nas grandes cidades, e no campo era pequeno o número de judeus que ainda cultivavam um estilo de vida tradicional. A maioria dos judeus integrava a classe média urbana, identificava-se com as tradições liberais do iluminismo, lia Goethe e Schiller e aproveitava a efervescência cultural dos "dourados anos 1920". Os judeus alemães não estavam cegos para o antissemitismo – os partidos de extrema direita se fortaleciam e chamavam cada vez mais a atenção pela violência cometida contra judeus que passavam pela rua ou visitavam estâncias de águas termais –, mas os judeus não podiam imaginar que isso culminaria em medidas antijudaicas decretadas pelo Estado.

A situação dos judeus na União Soviética não era menos complexa. Apesar das pesadas restrições impostas pelo Estado e dos recorrentes pogroms, no império dos czares eles podiam praticar livremente sua religião. Sob o tacão dos bolcheviques, o medo dos pogroms desapareceu, mas em compensação eles já não podiam praticar a religião sem medo de represálias. A observância do Shabat, a circuncisão dos meninos recém-nascidos e a alimentação *kasher* foram circunscritas à esfera privada e eram, em regra, praticadas em segredo. É certo que os judeus eram reconhecidos como uma nacionalidade, mas, ao contrário de outras minorias nacionais, não gozavam de direitos minoritários. Foram proibidos não só os partidos sionista e nacionalista da Diáspora como também outros partidos socialistas judaicos, como o "Bund". Os bolcheviques, para estimular a dissolução das estruturas comunitárias tradicionais judaicas, estabeleceram primeiro um Comissariado para Assuntos Nacionais Judaicos e, depois, uma divisão judaica no Partido Comunista (a *Yevsektsiya*). Em longo prazo, ambas as instituições tinham a missão de dissolver a cultura judaica autônoma e transformar os judeus em "cidadãos úteis". Durante os primeiros dez anos de governo soviético, porém, as atitudes do Estado em relação aos judeus foram mais ou menos contraditórias. A cultura iídiche era parcialmente estimulada para exercer influência política sobre as massas judaicas que ainda falavam essa língua. Tanto o Teatro Estatal Iídiche quanto o teatro hebraico "Habima" tinham licença para funcionar em Moscou. (Esta última companhia saiu da União Soviética no começo da década de 1920 e, depois de uma bem-sucedida turnê pela Europa, fixou-se em Jerusalém, onde se tornou por fim o Teatro Nacional do Estado judeu recém-estabelecido.) Em 1928, em um esforço de contrapor-se ao projeto sionista criando um programa territorial judaico sob os auspícios do governo soviético, Stálin declarou que a região subdesenvolvida de Birobidjan era um território judeu autônomo. Procurava, assim, matar dois coelhos com uma só cajadada: por um lado, oferecer uma alternativa à Palestina e, por outro, transformar uma região despovoada em uma próspera província soviética. Para os judeus, porém, essa região vizinha à China não tinha atrativo nenhum. Até 1933, somente 8 mil judeus se mudaram para Birobidjan, onde nunca formaram mais de 20 por cento da população.

Apesar de suas limitações, o experimento judaico-soviético pode ser considerado bem-sucedido – desde que se tome a assimilação como

Neste estudo de Marc Chagall para a pintura *Sobre Vitebsk*, a sorte dos judeus errantes é retratada de modo vívido na forma de um vulto judeu pairando sobre a cidade. De início, Chagall deu forte apoio à revolução e em 1918 fundou uma escola de arte em sua cidade natal, Vitebsk, na Bielo-Rússia, onde também trabalhavam outros artistas de vanguarda, entre eles El Lissitzky, Kazimir Malevich e Ivan Puni. Desiludido com a revolução, Chagall abandonou a União Soviética em 1922.

critério de sucesso. Os judeus que queriam passar a fazer parte da sociedade soviética e estavam dispostos a abandonar o judaísmo puderam fazê-lo em um grau sem precedentes. Embora a maioria dos membros da elite não fosse de judeus e a maioria dos judeus não se identificasse com o novo regime, os judeus de fato constituíam proporção relativamente alta da elite dominante do novo Estado. Os motivos eram óbvios. Conquanto excluídos pelo antigo regime czarista, faziam parte das faixas mais instruídas da população. Na União Soviética, a instrução era o caminho da ascensão social. Nas regiões onde os judeus compunham porcentagem relativamente grande da população, boa parte dos profissionais liberais de formação universitária também era de judeus. Na Ucrânia, à véspera da Segunda Guerra Mundial, por exemplo, eram judeus 70 por cento dos dentistas, 59 por cento dos farmacêuticos, 45 por cento dos advogados e 33 por cento dos professores universitários. Quase todos os músicos e enxadristas internacionalmente famosos da União Soviética vinham de famílias judias. A maioria dos judeus comunistas fazia questão de deixar para trás o passado judaico, mas os circunstantes não perdiam uma única oportunidade de mencionar o assunto. Quando Stálin expurgou impiedosamente a elite dominante na segunda metade da década de 1930, somente uns poucos judeus conservaram posição política influente.

De diferentes maneiras, os judeus da República de Weimar e os da União Soviética contribuíram para seu próprio "fardo de sucesso", nas palavras do historiador Fritz Stern. Quanto mais se integravam à sociedade onde viviam, com tanto mais veemência eram combatidos pelos elementos nacionalistas e antissemitas, que se tornavam mais e mais radicais. Perspectivas sombrias, quer na forma da linguagem acadêmica, quer na de romances populares, começaram a ser divulgadas. Já antes da Primeira Guerra Mundial o físico sionista alemão Felix Theilhaber publicara um estudo intitulado *O declínio dos judeus alemães*. Para ele, o que poderia causar a dissolução do judaísmo alemão em poucas gerações não era o antissemitismo, mas a assimilação. Vinte anos depois, o comunista Otto Heller promovia exatamente esse tipo de dissolução. Seu livro *O declínio do judaísmo* via em uma sociedade sem classes a solução ideal para a "questão judaica".

A renascença judaica e a política sionista

Alguns falavam de declínio, outros de renascimento. A noção de uma renascença judaica foi criada pelos sionistas da cultura, como Martin Buber, por volta da virada do século. Mas foi somente na década de 1920 que essa expressão passou a gozar de larga popularidade. Ela se referia ao fato de muitos judeus de famílias assimiladas tomarem nova consciência de seu judaísmo. Não era apenas uma reação ao antissemitismo, mas também uma expressão da busca por novas certezas e laços comunitários em uma era de anonimato e alienação cada vez maiores. No rastro dessa nova tendência, as crianças frequentavam escolas judaicas, os jovens formavam associações judaicas, e os adultos participavam de diferentes programas de instrução judaica para as pessoas de idade madura. O empreendimento mais bem-sucedido nesse sentido na Alemanha foi a "Freies Jüdisches Lehrhaus" (Casa Livre de Aprendizado Judaico), inaugurada em Frankfurt em 1919 e imitada em outras cidades. A Lehrhaus era intrinsecamente ligada à personalidade do filósofo Franz Rosenzweig, que, a ponto de se converter ao cristianismo, decidiu que tinha, ao contrário, de entrar em um acordo com a religião que ia abandonar. Depois disso, fez juntamente com Martin Búber uma tradução do Pentateuco, escreveu (sozinho) uma das obras filosóficas mais importantes do judaísmo moderno, *A estrela da redenção*, e firmou-se como fundador da moderna educação judaica para adultos. Os professores já não deveriam ser os "judeus profissionais", como os rabinos e doutores da religião, mas sim pessoas como Rosenzweig, que estavam começando a se reaproximar do judaísmo e caminhando "da periferia para o centro". O programa teve êxito, mas foi interrompido abruptamente após poucos anos quando Rosenzweig ficou gravemente doente. Martin Búber, que traduzira com ele a Bíblia, era o segundo maior intelectual judeu de língua alemã. Seus textos de filosofia religiosa eram venerados por certas pessoas, especialmente a geração mais jovem de judeus alemães.

No Ocidente, o envolvimento com a cultura judaica acarretava o acréscimo de mais uma camada a um conjunto de múltiplas identidades. Os romances de Lion Feuchtwanger sobre assuntos judaicos cativaram leitores não judeus e não faziam parte somente da cultura judaica, mas também da cultura alemã como um todo. A situação da cultura judaica na Europa Oriental era nitidamente diferente. Somente os judeus tinham acesso a ela, mesmo quando era claramente influenciada por tendências contemporâneas, como o expressionismo.

Na Polônia, o sistema educacional abarcava todo o espectro do judaísmo: havia desde escolas hebraicas de tendência sionista, passando por diferentes tipos de escolas religiosas ortodoxas, até as escolas radicalmente seculares dos bundistas socialistas. Mas também no domínio religioso houve importantes movimentos, tanto no Ocidente quanto no Oriente. Os centros hassídicos continuavam existindo na Polônia e em outros países do Leste Europeu, mas a vida religiosa se extinguiu na Rússia, e os Estados Unidos passaram a atrair um número cada vez maior de rabinos hassídicos e de seus seguidores. Em Lublin, a "Yeshivat Hakhmey Lublin" se tornou um centro inovador para o estudo do Talmude. Na República de Weimar, alguns pensadores ortodoxos ficaram famosos, mas a figura mais destacada entre os rabinos alemães era, sem dúvida, a de Leo Baeck. Ele distinguiu-se por seus escritos (*A essência do judaísmo*, 1905) e se tornou o líder espiritual do judaísmo alemão em uma época de incertezas. Era um homem de centro: embora não fosse sionista, era bem-disposto em relação ao sionismo e, conquanto não fosse ortodoxo, demonstrava respeito pelo modo de vida dos ortodoxos. Uma luta feroz pela liderança política eclodiu nas comunidades judaicas alemãs nos anos imediatamente anteriores a 1933. Na comunidade de Berlim, a maior de todas, os sionistas que faziam campanha segundo a plataforma do Partido Popular Judeu (Jüdische Volkspartei) uniram-se aos ortodoxos para derrotar o partido dos liberais (que estava no poder e por muitos anos não fora sequer desafiado) nas eleições comunitárias de 1926, mas em 1930 foram relegados de novo à oposição. Em Viena, os sionistas assumiram o controle dos assuntos comunitários na década de 1930.

Depois da Declaração Balfour, em 1917, o fenômeno do sionismo não podia mais ser ignorado dentro do mundo judaico. Na Alemanha e na Áustria, seus triunfos se mediam menos pelo número (extremamente pequeno) dos que emigravam para a Palestina do que por uma mudança na autoimagem da população judaica, pela bem-sucedida expansão do sistema educacional judaico e pela reconfiguração parcial das comunidades religiosas judaicas, que se tornaram *Volksgemeinden* (comunidades étnicas) de bases amplas. Um importante pilar do "trabalho contemporâneo" (*Gegenwartsarbeit*) do movimento sionista era o estabelecimento de clubes esportivos judeus. A partir do começo do século e desde o apelo de Max Nordau pela criação de um "judaísmo muscular", haviam-se fundado clubes com nomes heroicos, como *Makabi* (Macabeus), *Hakoa(c)h* (Força) e *Haguibor* (O Herói). Para alegria e orgulho de muitos judeus, o clube Hakoah, de Viena, ganhou o campeonato austríaco de futebol em 1925 e conquistou triunfos internacionais. Além dos times declaradamente sionistas, havia equipes bundistas na Polônia – e até os judeus liberais alemães fundaram seus clubes esportivos. Além disso, alguns clubes que não se definiam como judeus eram chamados "Judenclubs" porque boa parte de seus torcedores era proveniente do meio burguês judaico. Era o caso do "Austria Wien" (Áustria Viena) e do "MTK Budapeste". Até o F. C. Bayern de Munique, que ganhou o campeonato alemão de futebol pela primeira vez em 1932 sob o comando de um presidente e de um treinador judeus, era chamado às vezes de "Judenclub". Às vezes ocorria uma simbiose entre a força muscular e a capacidade intelectual. Assim, depois que Friedrich Torberg (nascido Friedrich Ephraim Kantor) ganhou, com seus companheiros do Haguibor Praga, o campeonato tcheco de polo aquático, ele escreveu um romance que talvez seja o único até hoje a ter por tema esse obscuro esporte (*A equipe*, 1935).

O sionismo da Europa Central também obteve êxito na tentativa de conquistar os não sionistas, especialmente no que se refere ao projeto de construção da Palestina. Para essa finalidade foi criado em 1920 o Fundo Judaico para a Fundação da Palestina "Keren Hayessod", uma organização que contribuía para tornar o sionismo "socialmente aceitável" mesmo nas rodas cujo ceticismo diante da ideia beirava a rejeição.

Na União Soviética, após breve período de tolerância para com a língua hebraica e os empreendimentos culturais dos judeus, a "Yevsektsiya" proibiu todas as atividades sionistas. A região oriental da Europa Central, por outro lado, era um viveiro quase ideal para o movimento sionista. As únicas exceções eram as regiões de população rigidamente ortodoxa, como o extremo leste da Tchecoslováquia ou a província de Maramureş na Romênia, e as áreas cuja população judaica era relativamente bem assimilada, como certas partes da Boêmia e da Hungria. No geral, entretanto, a Europa Oriental do pós--guerra foi um polo não só de atividade sionista como também de emigração judaica para a Palestina. Além disso, depois da Primeira Guerra Mundial o sionismo tomou coragem diante do sucesso de grupos nacionais menores, como os estonianos e os letões, que haviam obtido Estados próprios, e até diante do modo pelo qual fora restaurada a antiga nação polonesa. Parecia a muitos que a hora de Sião também chegara. Além de cumprir o objetivo de Herzl de "conquistar as comunidades", o movimento sionista também tomou como prioridade difundir a língua hebraica por toda a Diáspora e mobilizar os jovens para a emigração.

Na Tchecoslováquia, ocorreu às vezes de o sionismo alcançar destaque especial em razão do apoio do presidente Tomáš Masaryk. Três congressos sionistas do entreguerras foram realizados em solo tcheco (em Karlovy Vary [Karlsbad] e Praga), ao passo que na Hungria a Federação Sionista só obteve reconhecimento legal em 1927. O número dos que efetivamente emigraram foi relativamente pequeno nesses dois países, assim como na vizinha Romênia, onde representantes do sionismo chegaram a ser eleitos para o parlamento. A maior proporção de ativistas sionistas e emigrantes para a Palestina vinha da minúscula Lituânia, onde apenas uma parte infinitesimal da população judaica se identificava com a língua e a cultura dominantes.

No centro das atividades sionistas estavam os cerca de 3 milhões de judeus da Polônia. Houve épocas em que mais de trinta delegados do parlamento polonês (o "Sejm") eram sionistas. Boa parte dos jornais e revistas judeus era favorável ao movimento. A juventude sionista contava mais de 100 mil membros e mais de 40 mil alunos estudavam na rede de escolas Tarbut, onde se falava o hebraico. É verdade que o número de emigrantes poloneses para a Palestina, cerca de 140 mil entre 1919 e 1942, perfazia apenas uma pequena fração da população judaica da Polônia. Além disso, as diferenças intrajudaicas eram mais fortes nesse país que na Europa Ocidental. Os assimilacionistas, judeus ortodoxos, socialistas bundistas e autonomistas enfrentavam grupos sionistas altamente fragmentados, muitos dos quais se aliaram aos seguidores revisionistas burgueses de Vladimir Jabotinsky na década de 1920. O único outro local onde os revisionistas tinham tanto destaque era a África do Sul, onde o compromisso com o sionismo era especialmente intenso em uma população judaica relativamente pequena. Na década de 1920, a arrecadação *per capita* do Keren Hayessod obtida na África do Sul era a maior do mundo. Já em 1930 havia 200 organizações filiadas à Associação de Sionistas Sul-Africanos.

No período entreguerras, o ramo americano do movimento sionista organizado se tornou seu segmento mais forte do ponto de vista numérico. Ao contrário dos judeus da Europa Oriental, poucos judeus norte-americanos estavam efetivamente interessados em emigrar para a Palestina. Afinal de contas, a maioria deles apenas chegara aos Estados Unidos. Uma das exceções foi a futura premiê israelense Golda Meir, que nasceu em Kiev, cresceu em Milwaukee e se estabeleceu em um kibutz palestino em 1921. Em regra, contudo, os sionistas norte-americanos contribuíam mais com dinheiro que com seu ativismo. Fundadas por imigrantes do leste da Europa contra a oposição declarada do *establishment* judeu-alemão, as organizações sionistas norte-americanas tiveram, no início, de lutar pelo reconhecimento social. Um acontecimento especialmente importante se deu no começo do século XX, quando grupos sionistas estabelecidos nas respeitáveis universidades de Boston – Harvard, Tufts e Boston – se uniram aos distintos membros do Clube Sionista Achavá de Nova York. Mas o grande avanço do sionismo norte-americano ocorreu em 1914, pois nesse ano o famoso jurista Louis D. Brandeis foi escolhido para chefiar a Federação de Sionistas Americanos; em 1916, Brandeis se tornou o primeiro judeu a ser nomeado para a Suprema Corte dos Estados Unidos. Os sionistas já eram uma força a ser levada em conta.

Depois do fim da guerra, a Organização Sionista Mundial, cuja sede se mudara da Alemanha para a neutra Copenhague durante os anos de conflito, inaugurou um novo centro em Londres e empossou um novo presidente na figura de Chaim Weizmann. Em 1920, as personalidades de Weizmann e Brandeis, muito diferentes entre si, confrontaram-se em uma conferência. Brandeis era de opinião de que a principal exigência política do sionismo fora atendida pela Declaração Balfour e de que os sionistas deveriam a partir daí concentrar-se exclusivamente na construção da Palestina. Contudo, o projeto de Brandeis para o crescimento econômico da Palestina e para uma administração (preferivelmente) descentralizada (sediada em Jerusalém, não em Londres) não prevaleceu contra as teses de Weizmann e de outros sionistas europeus. Em 1921, os seguidores dele também perderam sua posição de liderança na Federação de Sionistas Americanos. Os sionistas americanos eram poucos, embora representassem o esteio financeiro do movimento sionista mundial. Nas décadas de 1920 e 1930, o sionismo americano foi abalado por inúmeras disputas internas. Somente sob a liderança enérgica dos rabinos reformistas Stephen Wise e Abba Hillel Silver é que ele foi capaz de retomar um papel ativo em uma época em que os judeus da Europa já sofriam uma crise aguda.

No período imediatamente posterior à Primeira Guerra Mundial, o sionismo obteve algumas vitórias diplomáticas iniciais. Em 1920, com base na Declaração Balfour, a conferência de San Remo confiou à Inglaterra o mandato da Liga das Nações para a administração da Palestina. Criou-se, assim, um fundamento de direito internacional para a promessa do chanceler inglês de criar uma pátria nacional para os judeus. Os sionistas passaram as próximas décadas lutando para fazer cumprir essa promessa – e nesse processo descobriram que a formulação do Lorde Balfour podia ser definida de modo altamente maleável.

É certo que o começo foi promissor. Depois de uma fase de transição entre 1917 e 1920, quando a Palestina foi administrada pela OETA (Administração do Território Inimigo Ocupado [Occupied Enemy Territory Administration]), a Inglaterra nomeou o Lorde Herbert Samuel como Alto Comissário para a Palestina. O fato de um judeu ser nomeado para tal cargo foi interpretado por muitos sionistas como, no mínimo, um sinal positivo, senão como o alvorecer de uma nova era. E o fato de o mandato prever que uma "agência judaica" cooperasse com a administração em matéria de política, economia e outros assuntos foi visto como indício claro de que as coisas estavam mudando para melhor. Porém, logo se evidenciaram outras tendências na política inglesa. Em um relatório oficial de 1922, Winston Churchill, então ministro das colônias, deixou claro que a Inglaterra não pretendia que a Palestina se tornasse "tão judaica quanto a Inglaterra é inglesa". Devia-se permitir a imigração de judeus, mas não em um ritmo mais intenso que o admitido pela economia do país. Em decorrência disso, a Transjordânia, até então ligada à Palestina, foi destacada do mandato e se tornou Estado independente. Diante dos distúrbios de 1921, Lorde Samuel interrompeu temporariamente a imigração, causando certo desagrado aos sionistas.

A Segunda Aliyá (onda de imigração), à véspera da Primeira Guerra Mundial, já levara à Palestina a futura elite política e lançara

Reuven Rubin, que emigrou da Romênia para a Palestina, exemplificava o novo estilo artístico em Israel, pondo em evidência o apego dos colonos à paisagem rural que os rodeava. *Pomares de laranjeiras perto de Jafa* (1928) mostra a paisagem exuberante do Estado que os imigrantes judeus iam construindo. Os agricultores e o trator são símbolos do "novo judeu".

os fundamentos ideológicos da sociedade judaica a se formar ali. Mas foi a Terceira Aliyá, ao fim da guerra, que lançou os fundamentos da personalidade estatal de Israel. No contexto da administração britânica da Palestina, de terríveis pogroms na Ucrânia em 1919-1920 e de um antissemitismo político cada vez mais agressivo, que crescia também na Europa Ocidental, o número de judeus que saíram do continente europeu aumentou significativamente. Os cerca de 35 mil imigrantes dessa terceira onda (1919-1923) haviam sido ideologicamente influenciados pelo movimento trabalhista. Muitos deles, já formados na Europa para o trabalho agrícola sob a égide do movimento *Hehalutz* (O Pioneiro), fortaleceram o sistema dos kibutzim na Palestina.

Já a Quarta Aliyá, que começou em meados da década de 1920, ocorreu em circunstâncias completamente diferentes. Novas leis aprovadas nos Estados Unidos entre 1921 e 1924 introduziram pesadas

Leopold Polochowski retrata a inauguração da Universidade Hebraica de Jerusalém em 1º de abril de 1925, no exato instante em que Lorde Balfour faz seu discurso. Atrás dele veem-se, entre outros, os dois rabinos-chefes da Palestina, o Alto Comissário Herbert Samuel e Chaim Weizmann.

restrições à imigração no país que recebera a maior parte dos refugiados judeus da Europa Oriental. Além disso, a emigração da União Soviética, de onde vinha a maior parte dos imigrantes de tendência socialista, decrescera substancialmente. Na segunda metade da década de 1920, a Palestina judaica recebeu uma predominância de imigrantes burgueses, em sua maioria da Polônia, que ajudaram a criar uma classe média urbana. A classe média foi fortalecida ainda mais pela Quinta Aliyá, na década de 1930, que conduziu numerosos refugiados em fuga de uma Europa Central já dominada pelo movimento nazista. Em 1936, a população de judeus chegou a 400 mil, cerca de um terço dos habitantes da Palestina. No decorrer do tempo, o movimento trabalhista sionista conseguira transformar a população judaica da Palestina, antes relativamente passiva e dependente da ajuda externa, em uma força ativa e capaz de controlar seu próprio destino. Os assentamentos agrícolas haviam desempenhado importante papel na implementação desse programa ideológico, pois representavam a regeneração física dos judeus, um apelo que se fazia ouvir constantemente desde o iluminismo.

Não obstante, no entreguerras mais de 90 por cento dos habitantes judeus da Palestina viviam em cidades, a maioria das quais recém-fundadas. A mais importante era Tel Aviv, cujo desenvolvimento foi narrado em forma literária por vários escritores. Mencionem-se, por exemplo, *Ontem mesmo* de S. Y. Agnon e *Preliminares* de S. Yizhar, que descreve com vivacidade as primeiras ruas de Tel Aviv, a transição de um modo de vida comunitário e agrícola para outro burguês e urbano e também os terríveis pogroms de 1921, em que morreu o escritor Yossef Chaim Brenner. Em poucos anos, a cidade judaica que começara como um subúrbio de Jafa, uma espécie de cidade-jardim, se tornou uma animada metrópole mediterrânea com cafeterias e lojas elegantes. Sua população passou de 2 mil pessoas em 1914 para mais de 34 mil dez anos depois e já era de 120 mil em 1935. Em 1925 surgiram duas grandes instituições culturais: *Davar*, o influente jornal publicado pelos sindicatos, e o Teatro Ohel. Seguiram-se na década de 1930 a Orquestra Filarmônica e o Museu de Arte de Tel Aviv. O Teatro Habima, fundado em Moscou e conhecido por suas muitas turnês, acabou também por constituir sua sede em Tel Aviv. Em outras cidades, talvez especialmente no porto de Haifa, ao norte, as décadas de 1920 e 1930 representaram do mesmo modo uma fase crítica de desenvolvimento. Quanto a Jerusalém, a inauguração da Universidade Hebraica, em 1925, fez dessa cidade o foco de um moderno sistema acadêmico judaico.

A Universidade Hebraica fora vislumbrada por Chaim Weizmann e outros sionistas já antes da Primeira Guerra Mundial. Weizmann também foi o responsável pela inserção de não sionistas notáveis na Agência judaica, cuja executiva, sediada em Jerusalém, administrava a imigração para a Palestina, a compra de terras e a construção da cultura sionista. Entre os novos membros da Agência contavam-se Albert Einstein, o futuro premiê francês Léon Blum e o antigo presidente do Comitê Judaico Norte-Americano, Louis Marshall. Porém, o entusiasmo que acompanhou o estabelecimento da Agência judaica em agosto de 1929 durou poucas semanas. Louis Marshall morreu, a quebra da bolsa de valores de Nova York prejudicou os esforços de construção na Palestina e, na própria Palestina, as revoltas mais graves desde o início do mandato britânico irromperam naquele mesmo mês de agosto. Os tumultos foram desencadeados por uma controvérsia em torno do Muro das Lamentações. As autoridades muçulmanas já tinham declarado, havia alguns anos, que consideravam a introdução de cadeiras para os idosos e de uma divisória separando as mulheres dos homens uma violação do *status quo*. Quando obras de construção árabes nas proximidades do Muro despertaram a indignação da população judaica, vários jovens judeus organizaram passeatas de protesto. Em 23 de agosto, o tumulto se alastrou para outras cidades; uma semana depois, 133 judeus tinham sido mortos e várias centenas, feridos.

Os acontecimentos de agosto de 1929 e a violência sancionada pelo mufti de Jerusalém eclipsaram todas as iniciativas de progresso político na Palestina durante a década de 1930. Até o governo britânico, na pessoa de *Sir* John Chancellor, o novo Alto Comissário, nada conseguiu fazer para mitigar o conflito. Novas comissões eram enviadas constantemente de Londres para a Palestina a fim de elaborar novas soluções, geralmente na forma de planos de repartição, mas no fim todas fracassaram. Logo após a violência de agosto de 1929, o ministro das colônias britânico, Lorde Passfield, instituiu uma comissão de inquérito cujo dossiê final, o Relatório Shaw publicado em março de 1930, imputou aos árabes a responsabilidade pelo massacre, mas ressaltou ao mesmo tempo a intensificação da imigração judaica como fator decisivo a contribuir para a instabilidade na região. O Relatório Shaw representava, na prática, uma renúncia à Declaração Balfour, fato que provocou compreensíveis repercussões dentro do movimento sionista. Weizmann era cada vez mais denunciado como excessivamente conivente com a Inglaterra. No Congresso Sionista de 1931, depois de uma entrevista em que se demonstrou pouco propenso a exigir uma maioria judaica na Palestina, os delegados, também por maioria, aprovaram um voto de desconfiança contra ele. Mas, como seus adversários estavam divididos e seus seguidores ainda representavam a maior facção, o resultado foi somente a eleição de uma nova equipe favorável a Weizmann e encabeçada por Nahum Sokolov. O próprio Weizmann foi reeleito para a presidência da Organização Sionista Mundial quatro anos depois. O sionismo entrou então em sua fase mais difícil. Enquanto milhões de judeus corriam perigo na Europa, os ingleses fechavam a porta da imigração para a Palestina.

בן - בנימין

שֶׁפַּרְעֹה לֹא גָזַר אֶלָּא עַל הַזְּכָרִים
וְלָבָן בִּקֵּשׁ לַעֲקֹר אֶת הַכֹּל

Logo depois de libertados dos campos de concentração, os sobreviventes judeus começaram de novo a publicar livros. Entre as novas publicações estava esta Hagadá lançada em 1948 em Munique, com xilogravuras de Miklós Adler, que lembrava o sofrimento enquanto as feridas ainda estavam abertas. Aqui, a escravidão no Egito se torna um campo de concentração alemão. Sob a imagem dos detentos sendo escolhidos para ir à câmara de gás, lê-se este dito da Hagadá: "Enquanto o decreto de Faraó só alcançava os meninos, Labão quis erradicar a todos."

19
De toda parte a Auschwitz:
Aniquilação

As violinistas eram da Bélgica, da Hungria e da Grécia; a violoncelista era alemã; as cantoras, da França e da Tchecoslováquia; a acordeonista, da Holanda. Essas jovens tinham sido enviadas à antecâmara da morte de todos os cantos da Europa. Integravam a "Orquestra das Meninas" de Auschwitz, que fazia música em um ambiente de genocídio. Tocavam enquanto os destacamentos de trabalho saíam do campo e nele entravam, davam concertos dominicais à unidade da SS, apresentavam-se diante do famigerado doutor Mengele e chegaram a tocar uma vez para Heinrich Himmler. As jovens da orquestra, de diferentes origens, eram um microcosmo do campo. Esther Loewy (Bejarano), que tocava acordeão, fora criada em Saarbrücken. Seu pai fora primeiro cantor litúrgico da congregação judaica local. Em novembro de 1941, ele e a esposa foram deportados para Kaunas, na Lituânia, onde se presume terem sido mortos quatro dias depois. A cantora Fania Fénelon (Goldstein) frequentara o Conservatório Musical de Paris e se apresentava em cabarés. O fato de sua mãe ser católica não impediu que ela fosse deportada a Auschwitz. A violoncelista Anita Lasker (Wallfisch) vinha de uma família burguesa de Breslau e era filha de um advogado e de uma violinista. A regente era Alma Rosé, de Viena, sobrinha de Gustav Mahler e filha de Arnold Rosé, primeiro-violino da Filarmônica de Viena. Ela dirigiu a "Orquestra das Meninas" de Auschwitz até morrer, em abril de 1944. A música, com a ameaça da morte iminente, unia esse grupo de jovens, que se comunicavam em diferentes línguas e integravam diversas comunidades religiosas.

O fim da emancipação

Em meados da década de 1930, Oświęcim era uma tranquila cidade polonesa que fizera parte do Império Habsburgo até 1918 (tempo houve em que o imperador da Áustria levava o título de "Duque de Auschwitz"). Metade de seus habitantes era de judeus. Ninguém suspeitava que, dez anos depois, o nome dessa cidade passaria a simbolizar o mais mortífero mecanismo genocida da história da humanidade. Ninguém tampouco poderia prever as consequências da nomeação de Adolf Hitler como chanceler do Reich pelo idoso presidente Hindenburg em 30 de janeiro de 1933. A plataforma nazista de 1920 declarava, de modo vago, que os judeus eram incapazes de ser *Volksgenossen* ("camaradas nacionais", ou seja, companheiros de etnia alemã) e, portanto, não tinham direito à cidadania alemã. Não estava claro como se processaria essa perda de direitos nem o que os judeus poderiam esperar do governo nacional-socialista. Não restava dúvida de que os nacional-socialistas visavam a excluir completamente os judeus da sociedade alemã, mas o que isso significava na prática? Cidadania de segunda classe? Expulsão? Aniquilação física? Em 1933, ninguém sabia.

A Alemanha não foi o primeiro país europeu a aprovar leis antissemitas no período entreguerras. Já em 1924, a Romênia cassara a cidadania de numerosos judeus incapazes de provar que já moravam na Bessarábia antes de 1918 e na Bucovina e Transilvânia antes da guerra. Na Hungria, no final da década de 1920, o ingresso na universidade passou a depender da profissão do pai do candidato, medida que tinha o objetivo óbvio de diminuir o número de estudantes judeus. As autoridades polonesas fizeram com que o número de judeus nas universidades do país caísse em um terço entre 1923 e 1937; e na Hungria, entre 1918 e 1932, a proporção de estudantes judeus caiu de 32 para 10 por cento. Em meados da década de 1930, algumas universidades polonesas introduziram os "bancos do gueto" em seus auditórios, onde os estudantes judeus eram obrigados a sentar. Conquanto os judeus da Europa Oriental fossem, no papel, cidadãos de pleno direito, o fato é que quase não eram aceitos no funcionalismo público. E não se deve subestimar a importância que a retórica antijudaica tinha na política húngara, romena, polonesa e báltica.

Não obstante, o dia 30 de janeiro de 1933 assinala uma inflexão decisiva. Pela primeira vez, os representantes de um partido radical que preconizava a ação militante contra os judeus tomaram em suas mãos os assuntos de Estado de um país europeu de primeira grandeza. O fascismo, que já detinha o poder na Itália havia mais de dez anos, não se colocara ainda declaradamente do lado dos antissemitas. Pelo contrário, alguns judeus eram membros ativos do partido de Mussolini. A vitória de Hitler, por sua vez, deu forte impulso ao antissemitismo na Europa. Depois dela, aumentou a violência física contra os judeus na Polônia e impuseram-se restrições legais ao abate *kasher*. O político Octavian Goga, declaradamente antissemita, tomou o poder na Romênia por breve período em 1937, e em maio de 1938 o governo húngaro aprovou leis antijudaicas que estabeleciam cotas para o número de judeus em diferentes grupos profissionais. A Itália, por fim, sob pressão alemã, aprovou suas próprias leis raciais em 1938. No final da década de 1930, os grupos fascistas floresciam: os Endeks na Polônia, a Cruz Flechada na Hungria, a Guarda Hlinka na Eslováquia, a Guarda de Ferro na Romênia. Na Espanha e em Portugal, onde praticamente não houvera mais presença judaica desde a expulsão dos judeus no fim do século XV, subiram ao poder Franco e Salazar, dois ditadores que rejeitavam quaisquer movimentos rumo à renovação da vida judaica em seus países.

Embora não houvesse legislação antijudaica na União Soviética, é impressionante o número de notáveis de origem judaica, membros do Partido Comunista, que foram expulsos da arena política a partir de meados da década de 1930. As únicas ilhas de relativa tranquilidade que restaram na década de 1930 foram certos países da Europa Ocidental, e mesmo aí não faltavam motivos de preocupação. Na França, o judeu Léon Blum assumiu por breve período o cargo de primeiro-ministro em 1936, mas ao mesmo tempo a Action Française intensificava suas campanhas nacionalistas de direita. Na Inglaterra, cada vez mais se ouvia falar dos perigos de uma conspiração judaica internacional. Sinagogas foram danificadas em Leeds e Liverpool em 1932 e 1933, e uma turba composta de membros da União Britânica de Fascistas destruiu lojas do East End, bairro judeu de Londres, gritando "Abaixo os Yids!". Até na Escandinávia e nos países do Benelux ouviam-se cada vez mais altos os gritos dos radicais de direita.

Embora o antissemitismo avançasse em toda a Europa, em nenhum lugar assumiu forma tão sistemática quanto na Alemanha. Durante os primeiros anos de governo nazista, o objetivo era claro: excluir os judeus e obrigá-los a emigrar. Um dos aspectos da política do *Gleichschaltung* – de alinhar a estrutura política e social da Alemanha com o nacional-socialismo – era a exclusão dos judeus da vida profissional. Imaginava-se que, assim que se vissem privados de seus meios de vida, logicamente deixariam o país. O boicote das firmas judaicas organizado pelos camisas-marrons da SA em 1º de abril de 1933 foi seguido, seis dias depois, pela aprovação da Lei de Restauração do Funcionalismo Público Profissional, que proporcionava fundamentos legais para que os judeus e os adversários políticos fossem excluídos do funcionalismo público alemão, com seus mais de dois milhões de funcionários desde o nível nacional até o municipal. "Os funcionários públicos que não sejam de ascendência ariana devem ser aposentados", declarava o Parágrafo 3º dessa lei (e um único avô "não ariano" era o bastante para enquadrar alguém na definição). Desde o começo, portanto, os judeus foram definidos não como membros de uma comunidade religiosa, mas de acordo com uma perspectiva racial. Além disso, naquele mesmo mês de abril, estabeleceram-se cotas que limitavam o número de estudantes judeus no ensino superior.

Em pouco tempo levantou-se nas universidades alemãs uma onda de demissões que não poupou nem mesmo os mais conceituados cientistas, inclusive ganhadores do Prêmio Nobel como o químico Fritz Haber e o físico James Franck. O pintor berlinense Max Liebermann, ex-presidente da Academia de Artes da Prússia, morreu em 1934 pouco depois de perceber que seu sonho de assimilação não passava mesmo de um sonho. Sete anos depois, a ponto de ser deportada, sua viúva suicidou-se. A Albert Einstein, a cujo respeito se contam (como também a respeito de Liebermann) inúmeras anedotas, atribuiu-se um dito espirituoso que chegou a nós em várias versões: "Se minha teoria da relatividade estiver correta, a Alemanha dirá que sou alemão e a França, que sou cidadão do mundo. Se estiver errada, a França dirá que sou alemão e a Alemanha, que sou judeu." (Einstein em um discurso pronunciado na Sorbonne, talvez em começo de dezembro de 1929, noticiado no *New York Times* em 16 de fevereiro de 1930, do *Oxford Dictionary of Quotations*.) Os nacional-socialistas mal se abalaram com o fato de a teoria de Einstein ter sido provada e de ele ter sido reconhecido como o maior cientista de sua geração. Em maio de 1933, seus escritos estavam entre aqueles condenados à fogueira, e um ano depois ele foi expulso do país. Em Friburgo, o novo reitor da universidade, o filósofo Martin Heidegger – que em 1929 já alertara contra a "judaização" (*Verjudung*) da vida intelectual na Alemanha –, participou ativamente do processo de arianização e se recusou a continuar orientando as teses de doutorado de estudantes judeus. Cortou todo contato com seu mentor em filosofia, o judeu Edmund Husserl. Não obstante, também se verificaram tentativas de apoio a determinados colegas judeus. O mesmo Heidegger declarou-se contrário à demissão do professor de medicina Siegfried Thannhauser; doze colegas do filósofo Richard Hönigswald, de Munique, escreveram uma carta defendendo sua permanência; e em Heidelberg o corpo docente da faculdade de medicina promoveu uma campanha de solidariedade. Esses gestos, porém, eram exceções a um processo apoiado ativa ou tacitamente pela maior parte dos acadêmicos alemães. Entre os estudantes, a atmosfera era muito mais radical. A maioria dos estudantes alemães já era nacional-socialista em 1931, e os professores judeus de diversas universidades eram sistematicamente assediados pelas associações estudantis. A queima de livros ocorrida em 10 de maio de 1933 em todas as grandes cidades da Alemanha assinalou uma culminação temporária desse processo, selando a radicalização de uma classe estudantil que já era de direita e tendente à violência.

As vítimas dessas medidas antijudaicas devem ter sofrido especial decepção pelo fato de não haver protesto algum por parte daquelas instituições que se consideravam independentes ou se arrogavam autoridade moral. A maior decepção foi causada pelas Igrejas. As protestantes, em sua maioria, logo foram tomadas pelos "Cristãos Alemães", movimento que apoiava sem restrições a política nacional-socialista e buscava separar a Igreja Luterana de suas raízes veterotestamentárias. A eleição do nacional-socialista Ludwig Müller para o cargo de bispo do Reich em setembro de 1933 sublinhou esse fato. Até a Igreja Confessional, de linhagem dissidente, era equívoca em sua oposição ao nacional-socialismo quando se tratava de protestar abertamente contra a perseguição dos judeus. Em regra, seu apoio se resumia no auxílio prestado aos chamados cristãos não arianos, ou seja, os judeus convertidos ao cristianismo e seus filhos. O quadro católico não era muito diferente. A maioria dos católicos rejeitava Hitler (considerado anticristão) e seu antissemitismo racista, mas fez as pazes com o novo sistema e assinou embaixo da ininterrupta tradição antissemita da Igreja. Em setembro de 1933, o Vaticano celebrou uma concordata com a Alemanha hitlerista.

De início, para reagir ao isolamento cada vez maior, os judeus alemães consolidaram suas estruturas internas. Pela primeira vez na história, criaram uma organização que os representava politicamente em nível nacional. Era a "Representação dos Judeus Alemães no Reich" (depois "Associação dos Judeus da Alemanha no Reich"), encabeçada pelo rabino berlinense Leo Baeck. Nesses primeiros anos de agonia, os judeus alemães também promoveram uma renovação extraordinária da atividade cultural judaica. Na Alemanha nacional--socialista, ampliaram seus programas de educação para adultos, reestruturaram suas atividades editoriais e de imprensa e fundaram seu próprio teatro. Enquanto os escritos de autores judeus eram proibidos e removidos das bibliotecas públicas na Alemanha, as editoras judaicas publicavam Kafka, e o teatro judaico era o único local em toda a Alemanha nacional-socialista em que a peça *Natã, o sábio*, de Lessing, podia ser levada ao palco.

Essa última explosão de atividade cultural em uma época de perseguição pode parecer paradoxal. Era, entretanto, o resultado lógico da política nacional-socialista de segregar judeus e não judeus. As autoridades nacional-socialistas estavam dispostas a tolerar a cultura judaica e até a apoiá-la em certa medida, desde que com isso promovessem a separação entre os alemães judeus e os não judeus. Várias escolas judaicas primárias e secundárias foram fundadas como reação ao fato de os judeus serem expulsos e impedidos de ingressar nas escolas públicas. E, com o estabelecimento da Agência Central para

A artista Charlotte Salomon, criada em Berlim, saiu da Alemanha em 1939 aos 22 anos e foi morar com seus avós no sul da França. Em outubro de 1943 (grávida de cinco meses), foi deportada com o marido para Auschwitz, onde se supõe ter sido imediatamente executada. Em 1325 guaches de estilo expressionista, ela retratou sua vida entre 1940 e 1942 sob o título geral de *Vida? Ou teatro?* Esta pintura mostra Kurt Singer, que depois dirigiu a Associação Cultural Judaica, em uma de suas visitas ao ministro da propaganda Joseph Goebbels. O texto que acompanha a imagem diz: "Sou o Ministro da Propaganda, tenho de me manter informado dia e noite e não tenho tempo nenhum para descansar. Entre, entre. (É, é um bom projeto, ele parece ser o homem certo. Pena que é judeu – talvez eu possa transformá-lo em um ariano honorário.)"

a Educação Judaica de Adultos, criou-se uma rede análoga de extensão educacional.

Em razão da "arianização" dos teatros e orquestras alemães, milhares de atores e músicos judeus perderam o emprego em 1933. Muitos emigraram em busca de um futuro melhor, mas outros não conseguiram ou não queriam sair da Alemanha. Em julho de 1933, os que ficaram fundaram a Associação Cultural dos Judeus Alemães (chamada Associação Cultural Judaica depois de 1935). Os concertos, peças de teatro e palestras da Associação Cultural eram realizados somente por judeus e tinham um público exclusivamente judaico (excetuados, é claro, os inevitáveis espiões nazistas na plateia). Entre os judeus havia profundas diferenças de opinião quanto à participação nessa cultura de gueto. Enquanto a maioria encontrava nisso um agridoce consolo em época de sofrimento, alguns – como o escritor Kurt Tucholsky, então exilado na Suécia – viam ali um mero autoengano que acabaria por distrair os judeus da meta de emigrar para salvar a vida.

A grande massa da população alemã não participou diretamente das medidas antijudaicas, mas tampouco se levantou em auxílio dos judeus. A maioria adotou uma atitude passiva e se beneficiou da vaga de trabalho deixada pelo colega, da mobília do vizinho adquirida a baixo preço e do ponto que o comerciante tivera de abandonar. Já no começo de 1933, entretanto, acontecia de os judeus serem alvo de violência. Firmas e residências eram pichadas, candidatos à emigração eram assediados e indivíduos eram presos em campos de concentração (reservados, de início, para os prisioneiros políticos). A partir de 1935, esses ataques físicos aumentaram de modo significativo.

O comando do partido, preocupado (entre outras coisas) com a crescente arbitrariedade das medidas antijudaicas, teve de encarar a questão mais ou menos urgente de como elaborar uma regulamentação mais sistemática da condição jurídica dos judeus que haviam permanecido na Alemanha. Em setembro de 1935, durante o Congresso do Partido do Reich reunido em Nurembergue, Hermann Goering anunciou as medidas conhecidas como "Leis de Nurembergue". Entre elas figurava a Lei da Cidadania do Reich, que distinguia entre os "cidadãos do Reich", a quem unicamente caberiam daí em diante os plenos direitos civis e políticos, e os simples "nacionais". Os judeus, definidos mais uma vez em termos raciais, não podiam ser cidadãos do Reich. A partir de então, e concretizando plenamente o espírito do programa original dos nacional-socialistas, os judeus passaram a ser legalmente tratados como estrangeiros dentro de seu próprio país. A "Lei para a Proteção do Sangue e da Honra Alemães" proibia os casamentos e as relações extraconjugais entre judeus e não judeus. Além disso, os judeus não podiam mais contratar empregados domésticos cristãos com menos de quarenta e cinco anos.

Os nacional-socialistas criaram diversas categorias de mestiços (*Mischlinge*): de primeiro e segundo graus, privilegiados e não privilegiados. A separação legal entre os judeus e a sociedade "ariana" avançava a todo vapor. Havia controvérsias, contudo, acerca de como implementá-la na prática. Os comentários de alguns dignitários do partido dão a entender que àquela altura eles estavam interessados em confinar os judeus em guetos, não em removê-los fisicamente da sociedade. Outros preconizavam uma solução extra-alemã: quer expulsar pura e simplesmente os judeus, quer submetê-los a tal pressão que eles se dispusessem a sair do país voluntariamente.

Depois de breve interlúdio durante os Jogos Olímpicos de 1936, quando o clima antijudaico se amenizou um pouco, assistiu-se em 1938 a uma nova e acelerada radicalização. Com a "Anschluss" (anexação) da Áustria, em março de 1938, 190 mil novos judeus caíram sob o domínio nacional-socialista. O processo de exclusão que levara vários anos no "Velho Reich" realizou-se ali em questão de meses, processo esse que incluía a arianização, o encarceramento, o confisco de bens e a deportação.

Em 1938, os judeus do novo Reich da Grande Alemanha viam-se cada vez mais privados dos fundamentos econômicos de sua vida. A arianização forçada se intensificou. Novas proibições ao exercício profissional desempregaram médicos e advogados ou limitaram-nos a tratar ou representar somente pacientes e clientes judeus. No mês de agosto de 1938, todos os judeus foram obrigados a adotar "Sara" ou "Israel" como nome do meio. Dois meses depois, a pedido do governo suíço, preocupado com a chegada de uma onda de refugiados, um grande "J" vermelho foi carimbado em seus passaportes.

A pintora Lea Grundig, nascida em uma família ortodoxa de Dresde, tornou-se ativista do Partido Comunista ainda jovem. Depois da proibição da exposição de seus quadros, da prisão e do confinamento em um campo de refugiados na Eslováquia, ela conseguiu emigrar para a Palestina em 1941. Depois da guerra ela voltou primeiro a Praga e depois a Dresde, onde se tornou membro do Comitê Central do Partido da Unidade Socialista que comandava a República Democrática Alemã. Esta pintura de 1936 fala de como os judeus eram cada vez mais excluídos da sociedade alemã.

O clímax violento dessa onda de radicalização ocorreu na noite de 9 para 10 de novembro de 1938. No fim do mês de outubro, 16 mil judeus poloneses haviam sido deportados da Alemanha para a Polônia – de início, a uma terra de ninguém perto da cidade polonesa de Zbąszyń. Herschel Grynszpan, cujos pais estavam entre os deportados, quis chamar a atenção do mundo para o sofrimento dos refugiados. Para tanto, com um tiro, matou Ernst vom Rath, legado na embaixada alemã em Paris. O incidente serviu de pretexto para um pogrom planejado com bastante antecedência que se estendeu por toda a Alemanha, uma noite de violência que passou a ser coloquialmente conhecida pelo eufemismo "Kristallnacht" (derivado do vidro quebrado que se via por toda parte nas ruas onde havia edifícios pertencentes aos judeus). As principais sinagogas de Munique e Nurembergue já tinham sido destruídas no verão daquele ano, mas na "Noite dos Cristais" (ou, sem meias palavras, a "Noite do Pogrom do Reich"), de 9 para 10 de novembro, sinagogas explodiram em chamas em toda a Alemanha e a Áustria. Além disso, cerca de 7.500 lojas foram saqueadas e centenas de judeus foram mortos. Mais de 30 mil homens foram postos em campos de concentração. Grande proporção do povo alemão rejeitou essa brutalidade nua e crua, mas Joseph Goebbels anotou em seu diário: "Enquanto me levam de carro ao hotel, janelas estouram. Bravo! Bravo! As sinagogas queimam como velhas cabanas. Os bens dos alemães não estão em perigo. Por enquanto, nada mais de especial resta a fazer" (Friedländer, 1997, p. 272). Goering decretou que os judeus teriam de indenizar os danos e impôs-lhes uma multa de um bilhão de marcos do Reich. Com esses acontecimentos, a perseguição entrou em uma fase nova e mais violenta, e os judeus alemães perceberam com toda a clareza que o fim do terror em sua terra não estava próximo.

Emigração

A minoria dos judeus alemães optara por emigrar nos anos imediatamente posteriores a 1933. A maioria via em Hitler um fenômeno passageiro ou estava disposta a suportar a condição de cidadãos de segunda classe desde que sua vida não estivesse em perigo. Eram alemães e não tinham a intenção de deixar sua terra natal. O *Reichsfluchtsteuer* – imposto que tinha de ser pago para autorizar a saída do país – acrescentava um obstáculo econômico a quem pretendesse emigrar, além das barreiras culturais e linguísticas a serem enfrentadas em um país estrangeiro.

Em razão da crescente perda de direitos civis, o ritmo de emigração judaica começara a aumentar já nos meses que antecederam o pogrom de novembro, e isso embora o número de lugares para onde se podia emigrar fosse cada vez menor. Em uma conferência internacional convocada pelo presidente Roosevelt e realizada em julho de 1938 na estância francesa de Evian, os judeus perderam todas as ilusões que ainda tinham acerca de outro país vir em seu auxílio. Representantes de trinta e dois Estados estavam presentes à conferência de Evian, mas nenhum país queria receber os judeus. Somente Rafael Trujillo, ditador da República Dominicana, fez um gesto de generosidade, embora pouco realista. Apesar do evidente sofrimento dos judeus da Europa, nenhum grande Estado democrático considerou adequado abrir-lhes as portas. Ao contrário: os ingleses impuseram mais restrições à imigração judaica para a Palestina; os australianos viam a imigração judaica como um perigo "à sua própria raça"; e, embora o presidente Roosevelt tivesse tomado a iniciativa de convocar a conferência, os Estados Unidos não aumentaram suas cotas de imigração. Para os judeus dispostos a fugir da Europa, isso queria dizer que os únicos destinos que lhes restavam eram, por exemplo, a América do Sul, o leste da África e (não menos importante) Xangai. Depois da anexação da Áustria, a emigração foi estimulada por uma "Secretaria Central para a Emigração Judaica" fundada pela iniciativa da própria comunidade. Em um ano, metade dos judeus austríacos deixaram o país. Não mais de 130 mil judeus saíram da Alemanha entre 1933 e 1937, mas quase o mesmo número seguiu-os nos dois anos seguintes, 1938 e 1939. Alguns, que fugiram para países vizinhos como a França, a Holanda e a Tchecoslováquia, foram depois trazidos de volta pelos nazistas. Isso também aconteceu com alguns dos 900 passageiros do vapor St. Louis, que já havia zarpado para Cuba quando esse país resolveu declarar inválidos os vistos de entrada que havia emitido a peso de ouro. Quando os Estados Unidos também recusaram receber os refugiados, estes voltaram para a Europa à beira da guerra. Junto com mais cerca de 13 mil judeus da Alemanha (segundo as fronteiras anteriores a 1938), alguns deles conseguiram fugir em 1940 e 1941.

Shoá: aniquilação

Os judeus das regiões conquistadas pela Alemanha durante a guerra foram proibidos de emigrar. Mas o que fazer com eles? Entre os nazistas circulavam diversas ideias, como um plano de deportação para Madagascar ou para alguma espécie de "reserva judaica" na

Europa Oriental. Logo depois que a maior parte da Polônia foi conquistada, no outono de 1939, os judeus que ali viviam foram concentrados em guetos e submetidos a trabalhos forçados. Em fevereiro de 1940, judeus alemães começaram a ser instalados à força em guetos poloneses, vindos inicialmente de Stettin e, depois, das regiões que tinham sido a Áustria e a Tchecoslováquia. Os judeus das regiões mais a oeste, como Baden, o Palatinado e o Sarre, foram deportados para campos na França. Em setembro de 1941, todos os judeus do Reich foram obrigados a envergar na roupa uma estrela amarela com a tarja "Jude", e alguns meses depois tiveram de afixá-la à porta de suas casas. Tiveram ainda de entregar suas roupas quentes, só recebiam vales de alimentação para uns poucos produtos essenciais e já não podiam usar os transportes públicos.

Também nos países ocupados ou controlados pela Alemanha a exclusão social dos judeus avançou a passo acelerado. Assim, o governo francês de Vichy aprovou em 1940-1941 uma série de leis que, em poucos meses, reproduziram todo o processo de exclusão efetuado na Alemanha ao longo da década de 1930. Na Holanda, todos os judeus foram exonerados do funcionalismo público em novembro de 1940, e o supremo tribunal do país tirou do cargo seu próprio presidente, que era judeu. Nesse país, porém, houve também casos de forte resistência por parte de professores universitários que manifestaram sua solidariedade e de trabalhadores que entraram em greve. Na Bélgica, onde a remoção dos judeus da vida pública também fora desencadeada no outono de 1940, pequenos pogroms se realizaram em abril de 1941. O novo antissemitismo racial belga assumia algumas aparências do antigo antissemitismo religioso. Na segunda-feira depois da Páscoa cristã, multidões enfurecidas atearam fogo em diversas sinagogas e na casa do rabino-chefe de Antuérpia. Pouco tempo antes, o filme antissemita *Jud Süss*, que promovia o ódio, havia entrado em cartaz na cidade. A coalescência dos preconceitos antijudaicos de raiz religiosa com as novas doutrinas raciais se evidencia também na ação dos aliados dos nazistas na Europa Oriental. A Guarda de Ferro na Romênia, a Ustasha na Croácia, a Guarda Hlinka na Eslováquia – todas essas organizações tomaram medidas contra os judeus antes mesmo de os alemães tomarem tal iniciativa.

Felix Nussbaum, natural de Osnabrück, era um dos pintores ligados ao movimento da "Neue Sachlichkeit" ("Nova Objetividade"). Emigrou para a Bélgica em 1937 e ali foi preso depois da invasão alemã, em 1940, mas conseguiu escapar de um campo de internamento francês e escondeu-se em Bruxelas. Em junho de 1944 foi preso pela Wehrmacht e deportado, ao lado da esposa, para Auschwitz, onde ambos foram executados em agosto de 1944. Muitas obras da época em que fugia dos nazistas puderam ser salvas, entre elas este autorretrato, pintado provavelmente no final de 1943. A pintura o mostra em um terreno de esquina cercado por um muro e diante de uma árvore seca, com a estrela amarela e o passaporte que o identificam como judeu.

A campanha russa no verão de 1941 inaugurou uma nova fase de radicalização em que a aniquilação física dos judeus passou a se afigurar uma alternativa cada vez mais viável ao confinamento em guetos.

Nos territórios ocupados do Leste, os judeus eram fuzilados em massa. Em setembro e outubro de 1941, membros de uma unidade móvel de assassinos da SS (*Einsatzgruppe*), com a participação ativa da Wehrmacht, chacinaram mais de 50 mil judeus na ravina de Babi Yar, perto de Kiev. Trinta e três mil foram mortos somente nos dois últimos dias de setembro. Até dezembro de 1941, o mesmo número de judeus de Vilna foi massacrado, a maioria na cidade de Ponary, nos arredores dessa capital. Em outubro de 1941 saíram os primeiros trens de Viena, Berlim, Praga e Luxemburgo, levando 20 mil deportados judeus ao gueto de Łódź. A eles seguiram-se, em novembro, vinte e dois comboios conduzindo um total de 22 mil judeus a Riga, Kovno e Minsk. A fim de abrir espaço para os recém-chegados, os judeus dessas cidades também tinham sido mortos em massa. Muitos deportados, porém, sequer chegavam aos guetos; imediatamente após o desembarque, eram levados à floresta e chacinados. Quase todos os habitantes do gueto de Riga já tinham sido mortos na primeira semana de dezembro. Isso significa que, nos últimos meses de 1941, a aniquilação física se adiantou a todas as outras opções de erradicação dos judeus. Hitler estava cumprindo o aviso que dera em um discurso de janeiro de 1939, em que ameaçara "aniquilar a raça judaica" caso irrompesse uma nova guerra mundial. Não só em discursos públicos, mas também em conversas particulares entabuladas no outono de 1941 ele promovia o extermínio dos judeus em uma linguagem cujo radicalismo chegava às raias do escatológico: "Exterminando essa praga, prestaremos um serviço à humanidade do qual nossos soldados sequer têm ideia", disse naquele mês de outubro (Friedländer, 2007, p. 273).

O ingresso dos Estados Unidos na guerra depois do ataque japonês a Pearl Harbor fez intensificar as medidas antijudaicas. Aos assassinatos em massa do outono de 1941 seguiram-se operações cada vez mais sistemáticas. Diversas instituições, desde vários ramos da rede ferroviária alemã até as indústrias químicas, foram arregimentadas para compor o mecanismo genocida. Nesse sentido, a convite de Reinhard Heydrich, chefe da Secretaria Principal de Segurança do Reich, quatorze autoridades civis e oficiais da SS reuniram-se em 20 de janeiro de 1942 em uma idílica casa de campo à beira de um lago no distrito de Wannsee, em Berlim. A "Solução Final para a Questão

Judaica" ali discutida era o extermínio de até onze milhões de seres humanos, a serem "liquidados" do modo o mais eficiente possível. Um esquema de destruição sem precedentes seria montado em plena guerra. Ninguém – nenhum ganhador do Prêmio Nobel, nenhuma mulher, nenhuma criança – seria poupado.

Câmaras de gás e novos crematórios foram construídos para acelerar o ritmo de matança. Deficientes físicos e mentais já haviam sido mortos pela inalação de gás em 1939; em 1941, a SS começou a usar unidades móveis equipadas para matar por envenenamento de gás. As primeiras execuções sistemáticas por meio de gás ocorreram no campo de concentração de Chelmno em dezembro de 1941. Aí, mil pessoas morriam por dia em unidades móveis. Em março de 1942, a SS começou a assassinar pessoas nas câmaras de gás fixas instaladas no campo de concentração de Belzec. No auge dessa chacina sistemática, até 12 mil pessoas eram mortas por dia nas câmaras de gás de Auschwitz-Birkenau. Porém, nem a industrialização da morte por meio do uso de câmaras de gás eliminou as execuções em massa por fuzilamento.

No decorrer dos anos seguintes, uma sucessão ininterrupta de trens trazendo judeus deportados de toda a Europa se dirigiu, fazendo escala em pontos de coleta intermediários (como Westerbork, Malines e Drancy para os judeus da Holanda, da Bélgica e da França), rumo aos campos de extermínio de Auschwitz, Majdanek, Treblinka, Belzec, Sobibor e Chelmno. Em Belzec, 434 mil judeus já tinham sido mortos até o final de 1942; somente dois sobreviveram à guerra. Em Sobibor, cerca de 100 mil judeus foram executados nos primeiros três meses de operação do campo. Até outubro de 1943, cerca de 1,7 milhão de judeus haviam sido mortos nos campos de Belzec, Sobibor e Treblinka. Em Auschwitz, as execuções em câmaras de gás começaram em meados de fevereiro de 1942. O primeiro comboio partiu da Eslováquia rumo a Auschwitz em 26 de março, com 999 mulheres jovens. No dia seguinte um comboio com mil judeus saiu da cidade francesa de Compiègne. Logo depois, grandes câmaras de gás foram instaladas em Birkenau, perto de Auschwitz. Quando o campo foi libertado pelo Exército Vermelho, perto de 900 mil judeus haviam morrido ali em câmaras de gás disfarçadas de chuveiros coletivos, envenenados pelo inseticida Zyklon B. Ao contrário dos campos de extermínio, Auschwitz também era um campo de concentração, onde alguns dos internos mais capazes e saudáveis eram empregados como escravos ou usados como cobaias de abomináveis experimentos médicos sob a supervisão de Josef Mengele, médico da SS.

Mesmo antes de chegar aos campos, os deportados tinham de sofrer a terrível viagem em vagões de carga superlotados. Não havia ventilação nem sistema para o descarte dos excrementos. Bebês e velhos morriam rotineiramente durante o transporte. Quando os trens paravam sob os ofuscantes refletores da estação ferroviária de Auschwitz, os passageiros se deparavam com os berros dos guardas e o latido dos cães pastores-alemães. Os escolhidos para morrer imediatamente em um processo inicial de "seleção" eram informados de que iam passar por uma desinfecção. O trabalho mais medonho era imposto aos judeus arregimentados em unidades especiais: usavam alicates para remover os dentes de ouro dos cadáveres, cortavam-lhes o cabelo e arrancavam-lhes os brincos. Em seguida, a maioria tomava também o caminho das câmaras de gás.

Fizeram-se esforços para ocultar da população civil os detalhes do processo de extermínio, mas os soldados que voltavam da frente oriental e os guardas dos campos em visita a suas famílias relatavam as condições de vida nos guetos e campos de concentração e falavam sobre o assassinato de judeus. Mesmo os que não tinham consciência do genocídio não podiam fechar os olhos para outros fatos. As sinagogas queimadas em novembro de 1938 estavam ali. Quando os judeus de todo o Reich foram obrigados a usar uma estrela amarela na roupa, isso se deu diante da vista de todos. Era evidente que nada havia de voluntário no desaparecimento de vizinhos judeus e na convocação de crianças e velhos para grupos de trabalho. Em 1942, Hitler e outros representantes do Estado falavam com franqueza cada vez maior da erradicação da raça judaica – e não havia motivo para duvidar das palavras deles.

Alguns cidadãos simplesmente não queriam saber o que tinha acontecido com os judeus desaparecidos. Outros justificavam o genocídio como parte de um esforço necessário para a sobrevivência da raça ariana diante da ameaça do parasitismo judeu. Durante anos, a propaganda nazista negara a humanidade dos judeus. O semanário difamatório *Der Stürmer* desenhava caricaturas de judeus com rostos grotescos, semelhantes aos de animais, e filmes panfletários como *Der ewige Jude* (O Eterno Judeu) os comparavam a animais daninhos. Em 2 de novembro de 1939, depois de passar de carro pelo gueto de Łódź, o ministro da propaganda Joseph Goebbels anotou em seu diário: "Passamos pelo gueto. Saímos e observamos tudo em detalhe. Não há como descrevê-lo. Estes já não são seres humanos, são animais. Portanto, não se trata de uma tarefa humanitária, mas sim de uma operação cirúrgica. É preciso extirpá-los radicalmente. Caso contrário, a doença judaica causará a morte da Europa" (Friedländer, 2007, p. 21). Comentários semelhantes foram feitos por outras altas autoridades do governo e funcionários do partido depois que a Wehrmacht invadiu a Polônia. O limiar da vergonha baixava cada vez mais. Se esses judeus já não eram seres humanos, podiam ser destruídos como animais nocivos, e já não havia lugar para nenhum sentimento humanitário.

A perversão moral generalizada talvez se expresse do modo o mais claro possível no discurso feito por Heinrich Himmler aos generais da SS em Posen, em 4 de outubro de 1943. Aí ele justifica o genocídio do povo judeu, inclusive de mulheres e crianças, como uma necessidade biológica: "[...] não queremos [...] adoecer e morrer do mesmo bacilo que exterminamos", declarou Himmler. Era assim que ele procurava mitigar quaisquer escrúpulos morais associados à matança. Segundo Himmler, era possível matar milhares de pessoas sem deixar de ser "decente". Por outro lado, ele considerava o enriquecimento pessoal "por meio de uma única pele, [...] um único cigarro, um único relógio de pulso" tirado das vítimas um crime merecedor de severa punição.

A colaboração de grande parte da população nos territórios controlados pelos alemães era elemento essencial do processo de aniquilação. À semelhança da polícia holandesa, a polícia francesa se apressava a ajudar os alemães a prender judeus na França ocupada e não ocupada. Nos países da Europa Oriental, a SS frequentemente encontrava tropas auxiliares locais que se ofereciam para participar ativamente do processo de extermínio. Em alguns casos, poloneses, ucranianos e lituanos chegaram a matar seus vizinhos judeus sem que os alemães precisassem encorajá-los.

É mais difícil aquilatar o papel dos conselhos de anciões estabelecidos pelos nazistas nos guetos europeus, geralmente chamados "Conselhos Judaicos". Seus representantes eram intermediários entre a população judia e as autoridades nazistas. Administravam a vida cotidiana nos guetos e tinham de preencher com nomes as listas numeradas de deportação que lhes eram entregues. Em muitos casos, com risco da própria vida, tentavam adiar as deportações ou diminuir a quantidade dos deportados. Na maioria das vezes, porém, não tinham poder praticamente nenhum e logo vinham a contar-se no número das vítimas. Conhecemos o revelador bilhete de adeus de Adam Czerniaków, ex-membro do Senado polonês e presidente do Conselho de Anciões do Gueto de Varsóvia. Quando, em 22 de julho de 1942, ele recebeu a incumbência de preparar uma lista com 6 mil nomes de pessoas a serem transportadas "para o Leste", crianças inclusive, não viu outra saída senão tirar a própria vida no dia seguinte: "Eles exigem que eu mate os filhos de meu povo com minhas próprias mãos. Nada me resta exceto morrer. [...] Não vejo isto como um ato de covardia nem como uma fuga. Estou impotente, meu coração se parte de dor e compaixão, e já não posso suportar a situação. Meu ato mostrará a verdade a todos e talvez seja um estímulo à maneira correta de agir. Sei que estou deixando a vocês um legado difícil."

Resistência

Oferecer resistência à perseguição e ao assassinato dos judeus era correr um risco incalculável. Mesmo assim, na Alemanha e nos territórios europeus ocupados, havia indivíduos dispostos a arriscar repetidamente a vida. Alguns escondiam judeus em casa, outros ajudavam a forjar carteiras de identidade, outros ainda transportavam judeus de um lado a outro das fronteiras. Nem sempre eram necessários feitos tão heroicos para melhorar a situação. Se uma transeunte sussurrava "Ânimo!" a uma mulher judia que usava a estrela amarela, se o padeiro enfiava um filão de pão branco na sacola de um judeu que só tinha direito ao mais ordinário pão de centeio, se o guarda do abrigo antiaéreo contrariava os regulamentos oficiais e permitia que os judeus entrassem no porão durante um bombardeio, esses sinais preciosos eram compreendidos e apreciados pelas vítimas do ostracismo. Entretanto, eram demasiado raros.

Nem sempre os grupos organizados de resistência eram indenes ao antissemitismo. Os homens que concorreram para o plano de matar Hitler, em 20 de julho de 1944, tinham as mais diversas opiniões sobre a "questão judaica". Muitos deles, embora se opusessem decididamente ao genocídio dos judeus, estavam de acordo com seu ostracismo baseado nas Leis de Nurembergue. A posição mais problemática era, sem dúvida, a das Igrejas oficiais, que protestavam repetidamente contra a exclusão dos "cristãos não arianos" mas, descontadas algumas exceções extremamente isoladas, mantinham silêncio diante do destino dos judeus propriamente ditos. E isso embora os escalões superiores de suas hierarquias, em específico, soubessem muito bem como a situação dos judeus se tornara perigosa.

A aniquilação dos judeus tampouco era segredo fora da Alemanha. A imprensa publicava matérias sobre os campos de concentração, os fuzilamentos em massa e os campos de extermínio, mas essas reportagens eram incidentais e se perdiam no meio das outras. É indício dessa tendência o que o *New York Times* fez em 1942 com um relatório minucioso sobre a resistência socialista polonesa, relatório que trazia detalhes precisos do processo de extermínio e fixava em 700 mil o número de judeus já mortos. A edição de 27 de junho do *Times* dedicou a essa matéria pouquíssimas linhas na página 5. Em Genebra, Gerhart Riegner, presidente do Congresso Mundial Judaico, indicou a dimensão da tragédia em um telegrama de 8 de agosto de 1942, em que mencionava os planos de extinção do judaísmo na Europa. No entanto, nem o governo britânico nem o americano deram crédito ao que ele dizia. Nem mesmo a narrativa de Jan Karski, que entrou clandestinamente no Gueto de Varsóvia e relatou a situação ao governo polonês no exílio, em Londres, resultou em medidas concretas. A prioridade era vencer a guerra; a aniquilação dos judeus surgia como um espetáculo subsidiário diante desse esforço supremo. Até a Cruz Vermelha Internacional se deixou enganar ao visitar um "campo modelo". Em junho de 1944, uma delegação foi levada a Theresienstadt, na Boêmia, campo relativamente idílico para prisioneiros velhos e mais famosos. Para a maioria dos internos, ele não passava de breve escala no caminho de Auschwitz ou Treblinka.

Apesar da falta de solidariedade dos outros países com o sofrimento judeu, alguns diplomatas conseguiram salvar centenas e até milhares de judeus assinando cartas de proteção. Desses salvadores, os mais conhecidos são Chiune Sugihara, vice-cônsul japonês em Kaunas (Lituânia), e Raoul Wallenberg, primeiro secretário da delegação suíça em Budapeste. Ambos resgataram grande número de judeus lituanos e húngaros que aguardavam a deportação e pagaram alto preço pelo bem que fizeram. Sugihara foi expulso do serviço diplomático ao fim da guerra, e Wallenberg foi raptado e levado à União Soviética, sendo considerado desaparecido desde então.

Os próprios judeus praticamente não tinham a oportunidade de oferecer resistência. Não obstante, há muitos relatos sobre aqueles que, nos guetos e nos campos, faziam contato com as organizações clandestinas polonesas ou bálticas; e grupos de resistência judaicos organizaram várias tentativas de fuga e episódios de luta armada contra os alemães. A luta contra um inimigo tão poderoso devia parecer inútil, mas o tipo mais simples de resistência era a mera recusa a se deixar desumanizar. Assim, na medida em que isso era possível nos guetos, sob condições das mais terríveis, as pessoas tocavam música, davam aula em segredo e rezavam. O grupo "Oyneg Shabes" (celebração do Shabat), formado em torno do historiador Emanuel Ringuelblum no Gueto de Varsóvia, compilou um arquivo secreto que documentou para a posteridade essa época de terror.

O capítulo mais conhecido da resistência armada judaica foi, sem dúvida, o levante do Gueto de Varsóvia em abril de 1943. A situação do gueto se encaminhava para uma crise havia vários anos, desde 16 de novembro de 1940, quando o "distrito residencial judeu" foi fechado. O distrito era formado por duas partes ligadas entre si por uma ponte de madeira que atravessava uma rua "ariana". Ali só podiam morar judeus, que eram de início em número de 380 mil. Esse número aumentara para 445 mil em maio de 1941, apesar dos mortos em decorrência de várias deportações. Em média, sete pessoas habitavam

Desenho da menina Helga Weissová feito em Theresienstadt. A maioria das crianças, que deixaram milhares de desenhos em Theresienstadt, foram deportadas para Auschwitz e mortas ali assim que chegaram.

cada cômodo. Às vezes esse número chegava a trinta. A sorte dos que (temporariamente) escapavam à deportação eram a fome, o frio e o desespero. A ração diária de pão era fixada em menos de 100 gramas, e o pão normalmente era feito com serragem ou areia. Em agosto de 1941, a previsão oficial de calorias caiu para 177 por pessoa por dia. As ruas eram cheias de mendigos, muitos deles crianças. Alguns estavam fracos demais para pegar o ocasional pedaço de pão que lhes era atirado. Os cadáveres dos que morriam de fome e de frio tornaram-se elementos costumeiros da paisagem das ruas.

A dissolução do gueto começou em 22 de julho de 1942. Nesse dia, trens de deportação começaram a sair de Varsóvia rumo ao campo de extermínio de Treblinka, recém-construído. Todo dia, milhares de habitantes do gueto eram reunidos em determinados locais e enviados em vagões de carga ao local de sua morte. Entre eles havia crianças e velhos, e quase ninguém tinha a ilusão de que essas pessoas seriam destacadas para grupos de trabalho. Em dois meses, 265 040 judeus foram mortos nas câmaras de gás de Treblinka, e outros 10 380 foram chacinados no próprio gueto. Alguns dos cerca de 60 mil que permaneciam no gueto não quiseram se render sem lutar. A revolta propriamente dita começou em 19 de abril de 1943, dia para o qual estava marcada uma deportação. As organizações de guerrilheiros judeus, usando umas poucas armas capturadas dos alemães ou compradas a alto preço da resistência polonesa, começaram a inócua batalha a partir de casamatas e do sistema de esgoto sob o gueto. Conseguiram resistir por um mês sem receber nenhuma ajuda significativa da população polonesa fora do gueto. No fim, os alemães incendiaram o gueto inteiro e mataram a maioria de seus habitantes. Em 16 de maio, o comandante da brigada da SS, Jürgen Stroop, encerrou simbolicamente a revolta com a demolição da Grande Sinagoga. Os judeus sobreviventes foram deportados para os campos de extermínio de Treblinka e Majdanek. Um levante entre os internos de Treblinka, em 2 de agosto de 1943, resultou no incêndio de toda uma ala do campo, permitindo que cerca de metade dos 800 internos fugisse. Muitos, porém, foram recapturados em poucas horas. Também em outros campos, como o de Sobibor em outubro de 1943, os internos organizaram revoltas que possibilitaram a fuga e a liberdade de alguns indivíduos. Em todos os casos, os tumultos foram rapidamente reprimidos.

O último gueto da Polônia era o de Łódź. Aí, no verão de 1944, ainda havia 77 mil judeus que esperavam ser libertados pelas tropas soviéticas que se aproximavam. Mas, no fim de agosto, seu destino foi selado. A maioria foi deportada para Auschwitz. Quando a cidade de Łódź finalmente foi libertada, em janeiro de 1945, só restavam 877 judeus no gueto. Dos 3,3 milhões de judeus que moravam na Polônia antes da guerra, no máximo 40 mil sobreviveram dentro do país.

O fim

Em muitos outros países da Europa, a situação não era muito melhor. Nos últimos anos da guerra, os trens levando os marcados para morrer saíam de todos os cantos do continente rumo aos campos de extermínio. Alguns governos, embora aliados dos alemães, se recusaram a entregar "seus" judeus à máquina nazista da morte. Os fascistas italianos, por exemplo, até tentaram no estrangeiro (em Salônica, por exemplo) proteger os judeus da deportação. Somente depois da ocupação da Itália pelos alemães é que os judeus italianos foram deportados para Auschwitz. A princípio, os judeus húngaros foram poupados a pedido do governo do país, mas isso só durou até a invasão da Wehrmacht, em março de 1944. Até 9 de julho desse ano, 438 mil judeus foram deportados a Auschwitz, 90 por cento dos quais morreram imediatamente nas câmaras de gás. Somente em Budapeste restou uma quantidade considerável de judeus. Os búlgaros entregaram pacificamente aos alemães os judeus das regiões recém-ocupadas da Trácia e da Macedônia, mas não cederam os judeus do território búlgaro. Os protestos do público e especialmente a resistência do Parlamento e da Igreja Ortodoxa Búlgara impediram que essas medidas fossem tomadas. O único país onde quase todos os judeus foram salvos foi a Dinamarca. A resistência popular era ampla, e os planos de deportação vazaram de antemão. Como resultado, praticamente todos os 7 mil judeus da Dinamarca foram embarcados para a neutra Suécia na noite de 2 de outubro de 1943, antes da data em que estava marcado seu transporte para os campos de concentração. A maioria dos cerca de setecentos judeus dinamarqueses deportados para Theresienstadt também conseguiu sobreviver.

Percebe-se, no caso da Finlândia, uma mania perfeccionista segundo a qual os judeus da Europa tinham de ser exterminados até o último homem. Entre 150 e 200 judeus haviam fugido para lá de outros países da Europa. Durante uma visita a Helsinque, em julho de 1942, Himmler insistiu em que eles fossem deportados para a Alemanha. Essa exigência não traria nenhum benefício econômico ou político, era motivada tão somente pela obsessão ideológica de aniquilar os judeus de modo tão cabal quanto possível. Mesmo em face dos protestos do público, o governo finlandês entregou um pequeno grupo. Em 6 de novembro de 1942, oito judeus da Finlândia foram deportados para a Estônia; e sete deles não sobreviveram à guerra.

Nos territórios ocupados pela Alemanha, as deportações podiam ser levadas a cabo mesmo sem a autorização dos governos aliados. A antiga comunidade judaica de Salônica foi dissolvida em poucas semanas. Na primavera de 1943, sem encontrar obstáculo praticamente nenhum, os alemães deportaram 45 mil dos 50 mil judeus da cidade para Auschwitz. Quando se procurou fazer o mesmo em Atenas, um ano depois, o movimento se deparou com maior resistência. Mas até judeus que viviam nas menores ilhas gregas foram deportados para Auschwitz.

Hitler e seus lacaios não foram responsáveis somente pelo mais frio genocídio já cometido na história da humanidade. Conseguiram também transformar a Europa em uma imensa ruína, varrer a Alemanha do mapa como unidade política e sacrificar milhões de seres humanos no altar de uma ideia megalomaníaca. Longe de admitir seus crimes, Hitler insistiu até o fim na prioridade absoluta da aniquilação dos judeus. Antes de suicidar-se ao lado de Eva Braun, lembrou o derrotado povo alemão de seu mais importante dever futuro: "Acima de tudo, encarrego os comandantes da nação e seus subordinados de observar escrupulosamente as leis da raça e opor-se sem piedade ao veneno universal de todos os povos, o judaísmo internacional."

O que os Aliados descobriram nesse meio-tempo superou tudo o que de mais horrível haviam visto durante a guerra. O primeiro campo de extermínio a ser libertado foi Majdanek, onde o Exército Vermelho chegou no fim de julho de 1944. Auschwitz foi libertado em 27 de janeiro de 1945. Os vestígios do genocídio recente avultavam em toda parte. Nas semanas imediatamente anteriores à libertação, boa parte dos internos fora enviada às chamadas marchas da morte. Subnutridos e desvestidos, foram obrigados a percorrer centenas de quilômetros no tempo frio do inverno rumo a regiões ainda sob controle alemão. Os campos de concentração de Bergen-Belsen, Buchenwald, Flossenbürg, Dachau e Mauthausen, com seus campos subsidiários, receberam milhares de prisioneiros judeus da Europa Oriental. Muitos dos que não morreram nas marchas sucumbiram nos campos. Alguns foram vitimados pela desnutrição e pelas doenças logo depois da tão sonhada libertação. Muitas vezes, tudo o que os libertadores britânicos e americanos podiam fazer era remover as imensas pilhas de cadáveres. Durante a guerra, os nacional-socialistas assassinaram entre 5,6 e 6,3 milhões de judeus. Aos olhos da maioria dos judeus sobreviventes, a Europa se tornara um gigantesco cemitério onde a vida judaica jamais poderia florescer novamente.

Esta Hagadá de Jerusalém, publicada em 1968, exprime as esperanças messiânicas associadas à vitória israelense na Guerra dos Seis Dias e à reunificação de Jerusalém. A frase "No ano que vem em Jerusalém", proferida no fim da vigília do Sêder, parecia ter-se concretizado.

20
Da fazenda de Julius Streicher ao kibutz:
O mundo judaico após o Holocausto

Em 1946, Julius Streicher, ex-Gauleiter da Francônia e editor do periódico antissemita *Der Stürmer*, aguardava sua execução em Nurembergue. Enquanto isso, as terras que lhe pertenciam na vizinha Pleikershof haviam sido confiscadas e convertidas em local de refúgio para cerca de 150 judeus sobreviventes do Holocausto. Aí eles fundaram um coletivo agrícola a que chamaram *Kibutz Nili* (nome de uma organização de espionagem sionista ativa na Primeira Guerra Mundial) e se prepararam para emigrar para a Palestina. Uma das ironias da história é que, na própria fazenda de Streicher, a língua predominante era o iídiche, a Estrela de Davi substituíra a suástica nas bandeiras e o nascimento de crianças judias era comemorado. Esther Barkai morou em Pleikershof de maio de 1946 ao fim do outono de 1947. Sua história é representativa daquela de muitos moradores da fazenda. Nascida em Varsóvia em 1919, ela sobrevivera à revolta do gueto e ao campo de concentração de Majdanek. No fim da guerra, viu-se na zona ocupada pelos norte-americanos à espera do estabelecimento do Estado de Israel. Emigrou o mais rápido possível, em maio de 1948, e radicou-se em um kibutz: "De uma coisa eu tinha certeza", rememorou mais tarde. "Depois de todo o nosso sofrimento, eu ia para um país meu, minha pátria. [...] Para nós, o Kibutz Nili era um campo de treinamento." (Jim G. Tobias, *Der Kibbutz auf dem Streicher-Hof. Die vergessene Geschichte der jüdischen Kollektivfarmen* 1945-1948 [Nurembergue: Dahlinger und Fuchs, 1997], p. 61.)

A migração continua

Esther Barkai era uma dos cerca de 250 mil judeus "desalojados" na Europa do pós-guerra. "Desalojados" ou *displaced persons* (DPs) era o nome coletivo dado a esses refugiados que se encontraram após o fim da guerra no território das potências vencidas. Na Alemanha, na Áustria e na Itália, na segunda metade da década de 1940, eles criaram uma extensa infraestrutura de vida judaica com instituições autônomas, jornais em iídiche, centros de estudo da religião, produções para o palco e esportes. Esse novo gosto pela vida é espantoso quando se leva em conta que a maioria deles havia perdido todos os familiares e precisaram se reorientar completamente depois da libertação. Não queriam voltar para seus países de origem, no Leste Europeu, onde uma nova animosidade os aguardava. Haviam tido seus bens saqueados por pessoas que agora tinham medo de ser obrigadas a lhes devolver esses espólios de guerra. Em várias localidades da Polônia, os judeus que haviam ousado retornar sofreram violentos ataques. Essa tendência culminou, em 4 de julho de 1946, no pogrom de Kielce, um massacre local no qual pereceram quarenta dos cerca de duzentos judeus que voltavam àquela cidade. Como no período anterior à guerra, misturavam-se aí motivos políticos e religiosos. A lenda do assassinato ritual corria novamente. Ao mesmo tempo, a população local assimilava os judeus em geral (alguns dos quais ocupavam cargos de destaque) aos novos governantes comunistas e falava com desprezo do judeu-comunismo (Żydokomuna).

Embora o termo "desalojados" só fosse aplicado a determinadas pessoas dentro do território dos países europeus vencidos, um grande número de judeus que ainda permanecia em seus países natais do Leste Europeu também se sentia como refugiado. Suas comunidades haviam sido destruídas; seus familiares, assassinados; e a vida religiosa judaica não podia se desenvolver sob o comunismo. Mas para onde iriam os judeus da Europa Oriental, em número de mais de duzentos e cinquenta mil? O Estado de Israel ainda não existia, e leis rígidas de imigração restringiam o acesso aos Estados Unidos. Os sobreviventes, caindo em si, constataram que mesmo após o genocídio uma parte do mundo ainda se opunha ao estabelecimento de um

Estado judeu. Mesmo quando o governo conservador de Churchill foi substituído por um trabalhista, em 1945, os mandatários britânicos se recusaram a conceder uma parte da Palestina aos judeus, contrariando a promessa feita em 1917 na Declaração Balfour. Os judeus detidos em campos alemães serviram então de munição moral na luta por um Estado independente, processo que se manifestou de modo mais claro na odisseia dos 4500 passageiros do navio Exodus 1947, da Haganá (Forças Armadas Sionistas). Os ingleses se recusaram a deixar o navio aportar em Haifa em julho de 1947 e, depois de uma batalha de quatro horas que custou a vida a três membros da tribulação, deportaram os passageiros de volta para a Europa. A maioria deles acabou internada atrás de arame farpado e torres de vigia nos campos próximos a Lubeca. Milhares de outros judeus fugidos da Europa já haviam sido internados em Chipre pelos ingleses. Os que sobreviveram ao genocídio haviam sido libertados, mas nem por isso estavam livres. A indignação moral suscitada pela tragédia do *Exodus* não se desvaneceu sem produzir frutos. Esse episódio – e, com efeito, a desesperança generalizada dos judeus dois anos depois da guerra – teve consequências importantes para as decisões que então se tomaram acerca do futuro da Palestina.

Enquanto durou a luta contra a Alemanha de Hitler, até os judeus da Palestina tiveram de se aliar aos britânicos. Seu destino dependia da vitória dos aliados contra as tropas de Rommel na África do Norte. Além disso, o grão-mufti Muhammad Amin al-Husseini, líder político dos árabes palestinos, apoiava francamente a política nazista. Escolhera Berlim como domicílio e fora recebido por Hitler em novembro de 1941. Essas simpatias não passaram despercebidas entre os judeus da Palestina. Nos últimos meses da guerra, uma brigada judaica palestina lutou integrada ao exército britânico. Findo o conflito, porém, começou a luta armada contra o mandato inglês. Ao passo que a facção maior e mais moderada do exército clandestino judeu (chamado Haganá) condenava as táticas de terrorismo, o grupo Irgun, menor, mais radical e comandado por Menachem Béguin, assediava os britânicos. Os ataques culminaram no dia 22 de julho de 1946 com a explosão de uma bomba no Hotel Rei Davi, usado pela administração britânica. O atentado custou a vida de 91 pessoas.

Este pôster, publicado por uma associação sionista de sobreviventes do Holocausto na Alemanha e por uma federação sionista jovem, mostra desalojados judeus a caminho de seu futuro. Diante da silhueta escura e ameaçadora de Nova York, um emigrante hesita; acima lê-se um texto em iídiche: "Ele já esqueceu e está partindo para um novo exílio. Saiba, judeu, que todo exílio leva à queda!" À direita do pôster, por outro lado, veem-se o litoral ensolarado de Israel e a figura de um emigrante mais decidido; e, acima, o texto: "Já basta! Quero ir para casa!" O contexto era o grande número de sobreviventes do Holocausto que, pouco interessados em partir para uma Palestina mergulhada em conflitos, procurava em vez disso obter vistos de entrada nos Estados Unidos.

No fim, os ingleses decidiram transferir à recém-criada Organização das Nações Unidas a decisão sobre o futuro da Palestina. Em 29 de novembro de 1947, a Assembleia-Geral aceitou um plano de repartição que dividiria a Palestina em um Estado judeu, um Estado árabe e uma zona internacional em torno dos lugares santos de Jerusalém e Belém. A liderança sionista, sob David Ben Gurion, aceitou o plano, embora ele não atendesse plenamente a suas expectativas. O mundo árabe, ao contrário, rejeitou categoricamente qualquer repartição da Palestina. Os cinco Estados árabes da região declararam

Em 14 de maio de 1948, sob o retrato de Theodor Herzl, o primeiro premiê israelense David Ben Gurion lê a declaração de independência de Israel.

guerra a Israel no dia de sua independência, 14 de maio de 1948. Quando a guerra terminou, Israel acrescentou novos territórios à área já prevista no plano de repartição. Os lugares santos em torno do monte do Templo, porém, foram conquistados pela Transjordânia, que proibiu aos judeus o acesso ao Muro das Lamentações e a Jerusalém Oriental. Não se fundou um Estado árabe palestino; em vez disso, a Transjordânia (atual Jordânia) anexou a Cisjordânia e o Egito passou a administrar a Faixa de Gaza.

Quase setecentos e cinquenta mil palestinos fugiram de suas casas no decurso da guerra. Fugiram, em parte, em decorrência da violência de organizações clandestinas judaicas, como no povoado árabe de Deir Yassin, e de expulsões deliberadamente organizadas pelas forças armadas israelenses; e em parte como reação aos apelos dos líderes árabes, que lhes recomendavam a fuga. Para os árabes palestinos, a independência de Israel é lembrada como a *Nakba* (catástrofe). Embora a declaração de independência israelense mencione o caráter judaico do novo Estado, ela não deixa dúvidas de que Israel garantiria "a plena igualdade de direitos sociais e políticos a todos os seus habitantes, independentemente de religião, raça e sexo". Esse programa teórico, contudo, tem sido reiteradamente desmentido por sua implementação prática, como por exemplo no que se refere ao confisco das terras árabes e à proibição de que os israelenses árabes prestem serviço militar.

Em 1950, a Knésset (o Parlamento israelense) aprovou uma "Lei de Retorno" que garante a todos os judeus do mundo o direito à cidadania israelense. Nas décadas seguintes, Israel se tornou o novo lar de milhões de refugiados judeus, especialmente da Europa Oriental e do mundo árabe. Nos primeiros cinco anos de sua existência, cerca de 700 mil judeus imigraram, dobrando a população judaica do novo Estado. Em 1956, esse número já era de 2,1 milhões.

Na primeira metade da década de 1950 ainda havia grandes resquícios das antigas comunidades judaicas na Europa Oriental. Na Romênia, por exemplo, moravam 220 mil judeus, que se organizavam em 126 comunidades e tinham 32 escolas públicas de ensino básico denominadas Talmude-Torá. As estimativas sobre o número de judeus na Polônia variam entre 45 mil e 75 mil. Em 1955 havia sete escolas primárias judaicas no país e três escolas secundárias tendo o iídiche como língua do ensino, conquanto o currículo tivesse sido expurgado de todo elemento religioso. Cerca de trinta livros em iídiche eram publicados todo ano. Havia grupos de teatro iídiches e uma gráfica iídiche. Em condições mais favoráveis, a vida judaica poderia ter continuado a se desenvolver em países como a Romênia, a Hungria e a Polônia mesmo depois do Holocausto, apesar de essas comunidades não passarem de pálidas sombras do que tinham sido antes da guerra. Mas as circunstâncias políticas não o permitiram. Tomando o antissionismo como pretexto, a fase final do domínio stalinista no mundo comunista produziu "expurgos" antissemitas que, em 1952-1953, culminaram em julgamentos encenados para o público na União Soviética e na Tchecoslováquia. Quando surgiu o Estado de Israel, a Tchecoslováquia tinha apoiado seus aliados israelenses, fornecendo-lhes armas; depois, seguindo os ditames políticos soviéticos, havia tomado o partido dos países árabes em sua luta contra Israel. As palavras "sionistas" e "cosmopolitas" entraram para o jargão das invectivas antijudaicas. Em 1951, quatorze altos funcionários do partido, entre eles o secretário-geral Rudolf Slansky, foram presos sob suspeita de simpatizar com Israel (entre outras acusações). Dos quatorze, onze, entre eles Slansky, eram judeus. O julgamento de Slansky, permeado de antissemitismo, terminou com onze enforcamentos realizados em 3 de dezembro de 1952. Os judeus foram afastados do aparelho partidário e de outros cargos importantes. O mesmo aconteceu na República Democrática Alemã, em uma campanha paralela. Esses acontecimentos desencadearam uma onda de emigração judaica para o Ocidente.

Na própria União Soviética, o movimento antijudaico cresceu de maneira ameaçadora com o assassínio (ordenado pelo Estado) do popular ator iídiche Solomon Mikhoels e o expurgo de outros intelectuais judeus, e chegou ao clímax nos meses anteriores à morte de Stálin, em março de 1953. Fiel à tradição antissemita que identificava uma conspiração judaica por trás de todo revés, Stálin atribuiu a morte de alguns de seus mais íntimos conselheiros a um complô de médicos judeus e mandou prender alguns destes. Medidas mais severas só não ocorreram porque Stálin morreu. Na Romênia, onde a maior comunidade judaica da Europa Oriental (excetuada a da União Soviética) conseguia sobreviver, vários ativistas do sionismo foram levados a julgamento em 1953 e 1954 e, na maioria das vezes, condenados a longas penas de prisão. Nos anos seguintes, o regime permitiu a emigração de judeus para Israel – em troca de lucrativos pagamentos. A partir de meados da década de 1950, quase todas as poucas comunidades judaicas significativas que ainda restavam na Europa Oriental se dissolveram, vítimas da posição cada vez mais anti-israelense e, muitas vezes, antissemita do mundo comunista. Dos 420 mil judeus que sobreviveram na Romênia, 273 mil foram para Israel. O mesmo fizeram 170 mil dos 215 mil judeus da Polônia e 42 mil dos 49 mil da Bulgária. Somente na Hungria a maioria de seus 145 mil judeus sobreviventes permaneceram, mas mesmo ali 25 mil judeus já haviam escolhido Israel como sua nova pátria até 1967.

Paralelamente à emigração da Europa Oriental, as comunidades judaicas do mundo árabe, ainda importantes, se esvaziaram quase por completo nas décadas de 1950 e 1960. Muitas delas estavam profundamente integradas na cultura e na política de seus países, especialmente no Iraque. O Partido Comunista desse país tinha muitos filiados judeus, e cantores judeus como Nazem El Ghazali e Salima Mourad estavam entre os músicos mais populares do local. Com uma única exceção, todos os músicos que representaram o Iraque no primeiro Festival de Música Árabe, realizado no Cairo em 1932, eram judeus; e os principais fundadores da Rádio Iraquiana também o eram. Em Bagdá, no começo da década de 1950, um em cada quatro habitantes ainda era judeu. Porém, a veemente rejeição do Estado de Israel pelo nacionalismo árabe, as medidas tomadas contra os líderes sionistas durante uma onda de prisões em outubro de 1949 e a suposição de que todos os judeus fossem simpáticos ao inimigo israelense deram origem a violentos tumultos e a atos governamentais contra as comunidades judaicas dos países árabes. Em março de 1950, o Iraque permitiu a emigração de sua população judaica. Mais de 90 mil dos 115 mil judeus do Iraque partiram para Israel até o fim de 1951, tendo a maioria de seus bens confiscados pelo Estado iraquiano. Somente cerca de 6 mil judeus permaneceram no Iraque.

Pogroms antijudaicos agitaram a Síria em 1947, depois dos quais dois terços da população judaica saíram do país. Refugiados palestinos foram abrigados nos bairros judeus de Damasco e Alepo. Uma série de leis antijudaicas e julgamentos dos parentes dos emigrantes contribuiu para piorar a situação. O único país árabe onde o número de judeus aumentou temporariamente depois de 1948 foi o Líbano, cuja minúscula comunidade passou a reunir 9 mil pessoas com a chegada dos refugiados da Síria e do Iraque. A irrupção da primeira guerra civil no Líbano, em 1958, fez com que também os judeus que ali estavam emigrassem para Israel. Assim, como na Síria e no Iraque, no fim do século já não havia vida judaica organizada no Líbano. Em 1949-1950, uma operação espetacular de transporte aéreo conduziu cerca de 49 mil judeus do Iêmen para Israel.

Os judeus do Egito, entre os quais numerosos imigrantes de outros países árabes e da Europa, eram relativamente bem integrados na primeira metade do século XX. Deram importantes contribuições ao desenvolvimento do cinema egípcio, e também na música muitos nomes de destaque eram judeus. Antes da ascensão de Nasser, a cantora

A "Operação Tapete Voador" levou judeus do Iêmen para Israel em 1949-1950. Nesta foto, um grupo de judeus iemenitas em Lod, a leste de Tel Aviv, examina um mapa de seu novo lar.

mais famosa do Egito era Leila Mourad, convertida ao islamismo mas filha de uma judia polonesa e um judeu marroquino. Também aí, porém, a fundação de Israel suscitou sentimentos antijudaicos que se manifestaram com particular ferocidade depois que Gamal Abdel Nasser chegou ao poder, em 1954. Até Leila Mourad, que em 1953 tinha sido declarada cantora oficial da revolução egípcia, encerrou a carreira um ano depois.

No Marrocos, em 7 de junho de 1948 (ou seja, pouco depois de fundado o Estado de Israel), a violência antijudaica irrompeu em Jerada (Djerada) e Oujda, onde quarenta e três judeus foram mortos. A princípio a maioria dos judeus permaneceu no país, em parte porque a emigração dos velhos, doentes e pobres era obstaculizada, e em parte porque a política oficial não era de modo algum antijudaica até o país se tornar independente, em 1956. Leon Benzaquen, personalidade importante na comunidade judaica, foi ministro do primeiro gabinete marroquino, e outros judeus ocupavam cargos importantes na administração pública e no sistema jurídico. Mas, quando a emigração a Israel foi declarada ilegal como reação à pressão de outros Estados árabes, a situação piorou. Cerca de 25 mil judeus emigraram ilegalmente para Israel entre 1956 e 1961; e, legalizada a emigração em 1961, o número de emigrantes subiu para 90 mil nos três anos seguintes. Com isso, a maioria dos judeus que antes residiam no Marrocos passou a chamar Israel de pátria. Até na Turquia, onde os judeus sofriam pouca perseguição, a maioria emigrou para Israel mesmo assim. Por outro lado, exceto no caso dos emigrantes que não tinham outra alternativa, Israel não era o único destino. Dos 135 mil judeus da Argélia, a maioria dos quais eram cidadãos franceses, quase todos escolheram a França como seu novo lar. O mesmo fez a maioria dos judeus tunisianos, ao passo que alguns judeus da Líbia foram para a Itália. Depois da Revolução Islâmica, muitos judeus do Irã fugiram para os Estados Unidos.

Mas a fundação do Estado de Israel não acarretou de modo algum o fim da vida judaica na Diáspora. Na União Soviética ainda havia mais de dois milhões de judeus, cujo judaísmo era assinalado em seus documentos de identidade sob a categoria "nacionalidade" embora não se lhes permitisse que praticassem livremente a religião. Depois da morte de Stálin, o perigo físico imediato que pairava sobre os judeus desapareceu, mas a discriminação no trabalho e na vida cotidiana, não; e os judeus eram proibidos de sair do país. Na Guerra dos Seis Dias, em 1967, a União Soviética e seus satélites apoiaram os países árabes contra Israel, e depois disso (com exceção da Romênia) cortaram relações com o Estado judeu. Em 1968, ao fim de uma campanha oficial que responsabilizou os judeus pelas inquietações na Polônia, quase todos os judeus ali restantes fugiram do país – entre eles muitos ativistas do comunismo. Os intelectuais judeus soviéticos, em face da discriminação oficial e citando como exemplo a "volta ao lar" dos poloneses, alemães do Volga e coreanos, pleitearam o direito de emigrar para Israel. Quando vários vistos de saída foram inesperadamente concedidos, as autoridades se viram sobrecarregadas pelo imenso número de novos pedidos, especialmente nas repúblicas soviéticas do Báltico. No decurso do degelo diplomático que caracterizou os breves anos da *détente*, na década de 1970, a liderança soviética afrouxou temporariamente as rédeas e permitiu que cerca de 250 mil judeus emigrassem, esperando que essa abertura melhorasse as relações comerciais com os Estados Unidos. Porém, na segunda metade da década de 1970, os soviéticos voltaram a restringir a emigração.

A Europa Ocidental assistiu a uma inesperada ressurreição da vida judaica nas décadas seguintes à Segunda Guerra Mundial. Londres e Paris substituíram Berlim, Viena, Budapeste e Varsóvia como centros judaicos, embora a presença judaica nessas metrópoles ocidentais fosse menos evidente do que era nos centros de antes da guerra. Tanto na França quanto na Inglaterra era forte a tendência à assimilação. É verdade que três jornais iídiches eram publicados em Paris dez anos depois da guerra e que o iídiche ainda era falado pela geração anterior de imigrantes, mas para a geração mais nova o quadro era muito diferente. Entre os cerca de 300 mil judeus que habitavam a França em 1955, havia cerca de 40 mil crianças em idade escolar, mas só quatrocentas delas frequentavam escolas judaicas e outras 1300 tinham aulas de religião uma ou duas vezes por semana. Esse quadro só mudou substancialmente com a imigração maciça de judeus do norte da África, na década de 1960. Nas décadas posteriores, novas escolas judaicas foram criadas, novas comunidades foram fundadas (especialmente no sul da França), novas sinagogas foram construídas, e restaurantes *kasher* foram abertos. Intelectuais (classe altamente prestigiada na França) como Alain Finkielkraut, André Glucksman, Bernard-Henri Lévy e Albert Memmi reconheciam abertamente que eram judeus.

Nas comunidades judaicas da Inglaterra, a assimilação não progredira tanto no começo da década de 1970. É verdade que a segunda e a terceira gerações de judeus ingleses haviam se afastado do patrimônio religioso e secular de seus antepassados, imigrantes da Europa Oriental. Mas, em 1963, quase 9 mil crianças frequentavam 48 escolas judaicas, e 57 por cento do total de crianças judias recebiam algum tipo de educação formal judaica. No começo da década de 1960 havia quatrocentas sinagogas e oito escolas talmúdicas (yeshivot) na Inglaterra e no País de Gales. Mas, à medida que os judeus da França voltavam a suas raízes, os do Reino Unido se afastavam delas. Na década de 1970, grande proporção dos estudantes e acadêmicos judeus já não eram membros de nenhuma organização judaica. Tradicionais colégios internos judaicos fecharam as portas. Não houve onda de imigração comparável à dos argelinos e marroquinos na França; ao contrário, em meros trinta anos a comunidade judaica perdeu um quarto de seus 400 mil membros, a maioria dos quais (como na França) morava na capital.

Pequenas comunidades se formaram na Alemanha, na Áustria, na Grécia e na Holanda, mas cidades como Berlim, Viena, Salônica e Amsterdam já não gozavam da diversificada vida judaica que outrora as caracterizara. A única exceção era Antuérpia, na Bélgica, onde uma animada comunidade hassídica se formou em torno do ofício de lapidação de diamantes. O mais destacado político judeu da Europa do pós-guerra foi Bruno Kreisky, que por bastante tempo (1970-1983) ocupou o posto de chanceler da Áustria. Mas ele guardava uma distância crítica quanto a suas origens judaicas, e suas relações com o Estado de Israel eram extremamente tensas. A política austríaca entrou novamente no foco das organizações judaicas em 1986, quando Kurt Waldheim foi eleito presidente. Na Segunda Guerra Mundial, em Salônica, o jovem oficial nazista Waldheim tomara conhecimento da deportação de judeus, mas durante anos se ocupou assiduamente de negar esse fato. As discussões em torno do caso Waldheim motivaram um debate mais cabal acerca da autoimagem que os austríacos cultivavam: a de terem sido "as primeiras vítimas dos nacional-socialistas".

Na Alemanha da década de 1960, a comunidade judaica tinha cerca de 25 mil membros, mais de 90 por cento dos quais residiam na Alemanha Ocidental. Certas personalidades de destaque, como os escritores Arnold Zweig, Anna Seghers, Stefan Heym e Stephan Hermlin, voltaram e se estabeleceram na Alemanha Oriental, mas não se inseriram na vida judaica organizada. Alguns intelectuais – entre eles Ernst Bloch, Alfred Kantorowicz e Hans Mayer – abandonaram seus cargos acadêmicos recém-adquiridos no leste e restabeleceram-se no Ocidente, onde vários intelectuais eminentes, entre eles Theodor W. Adorno e Max Horkheimer, bem como os atores Fritz Kortner e Therese Giehse, já haviam fixado residência. Descontados esses e alguns outros notáveis, a antiga cultura judaico-alemã, outrora rica e criativa, havia desaparecido quase por completo. O mesmo se podia dizer da vida interna da comunidade judaica. O judaísmo alemão do pós-guerra não produziu mais filósofos e teólogos da estatura de um Martin Búber, um Franz Rosenzweig ou um

Leo Baeck. A maioria dos judeus que então viviam na Alemanha mal conhecia esses nomes. Muitos deles eram "desalojados" que ainda não sabiam para onde emigrar, se para Israel ou para os Estados Unidos; ou senão eram imigrantes que chegaram depois vindos da Europa Oriental, do Irã ou da própria Israel. Tinham sentimentos ambivalentes pelo fato de viver na "terra dos perpetradores", e durante décadas foram deixados no ostracismo pelo resto do mundo judaico. Na primeira convenção do pós-guerra, o Congresso Mundial Judaico questionou a própria possibilidade da vida judaica na Alemanha, e o Estado de Israel endossou esse questionamento. A associação fundada em 1950 para reunir em seu bojo todas as comunidades judaicas alemãs, o "Conselho Central dos Judeus na Alemanha", assinalou claramente, em seu nome, um rompimento com o passado. A nova autoimagem já não era a de "cidadãos alemães de fé judaica", mas sim de judeus que moravam no país. Embora novas sinagogas tenham sido inauguradas nas décadas de 1950 e 1960, o sentimento de provisoriedade permanecia. A grande mudança só ocorreu quando da dissolução da União Soviética, com todas as suas consequências. Depois de 1990, mais de 100 mil imigrantes judeus, com suas famílias, chegaram à Alemanha vindos da Europa Oriental e das ex-Repúblicas soviéticas. Hoje, eles são maioria nas comunidades judaicas. Como na maior parte dos países europeus, a maioria das sinagogas alemãs segue hoje o rito ortodoxo, embora muitos de seus membros levem vida secular. A partir da década de 1980 surgiram também umas poucas congregações liberais e as primeiras rabinas. A Faculdade de Estudos Judaicos foi fundada em Heidelberg em 1979 (patrocinada pelo Conselho Central dos Judeus na Alemanha), e a Faculdade Abraham Geiger, em Potsdam em 1999 (filiada à União Mundial do Judaísmo Progressista) para formar rabinos, cantores litúrgicos e professores de religião. Há outros seminários rabínicos pequenos em outras localidades da Europa, especialmente em Londres, Paris, Budapeste, Roma e Amsterdam.

A Suécia e a Suíça, que permaneceram neutras durante a Segunda Guerra Mundial, tiveram suas comunidades judaicas ligeiramente ampliadas pelo influxo de refugiados, mas nenhum grande centro de vida judaica pôde se desenvolver nesses países. Ambos têm dispositivos legais que impedem o açougueiro judeu (*shohet*) de abater animais segundo as prescrições da *kashrut* (leis alimentares do judaísmo ortodoxo). A Dinamarca e a Itália, embora sujeitas à ocupação alemã, tinham uma história de vida judaica relativamente contínua. Quase toda a comunidade dinamarquesa foi salva e enviada à Suécia em outubro de 1943 e retornou ilesa após o fim da guerra. Na Itália, a maioria dos judeus sobreviveu ao período de perseguição; muitos se esconderam em igrejas e mosteiros, onde alguns foram batizados. Nem todos voltaram ao judaísmo após a guerra. O caso mais espetacular de conversão foi o do rabino-chefe de Roma, Israel Zolli (Zoller), nascido na Galícia. Com a invasão alemã, em 1943, ele abandonou sua comunidade e se refugiou no Vaticano. Depois da libertação de Roma, a comunidade se recusou a aceitá-lo novamente como rabino-chefe e ele adotou a religião católica. Houve também o caso sensacional de uma conversão inversa, quando 23 famílias do povoado de San Nicandro, na Apúlia, se converteram ao judaísmo; a maioria dos convertidos emigrou para Israel em 1949. Aos judeus italianos sobreviventes vieram juntar-se, em 1945, alguns desalojados da Europa Oriental que decidiram permanecer na Itália. Em meados da década de 1970, mais de 40 por cento dos judeus italianos viviam em Roma, distribuindo-se os demais por vinte outras comunidades. Embora os judeus da Itália representem infinitesimais 0,05 por cento da população total do país, houve e há entre eles alguns intelectuais importantes, como os escritores Alberto Moravia, Giorgio Bassani, Italo Svevo, Carlo Levi e Primo Levi. A comunidade italiana também recebeu o influxo de imigrantes, principalmente da Líbia e do Irã, de modo que conseguiu manter-se estável no número de 35 mil pessoas.

Novos continentes

Depois da Segunda Guerra Mundial, uma vida judaica bastante intensa se desenvolveu em comunidades relativamente novas situadas em locais tão diversos quanto a Austrália, a África do Sul, o Canadá e a América Latina. A maioria dos judeus chegou a esses locais vinda da Europa Oriental e pertencia quer à geração dos imigrantes, quer à primeira geração de descendentes. Bolsões de usuários do iídiche floresceram por mais tempo nesses postos avançados que em outras regiões, e uma proporção maior das crianças frequentava escolas judaicas.

Já havia comunidades judaicas organizadas na Austrália desde a década de 1840. De suas fileiras saiu o general John Monash, comandante-chefe das forças armadas australianas na Primeira Guerra Mundial. Nesse período, os cerca de 20 mil judeus da Austrália perfaziam cerca de 0,4 por cento da população do país. Foi só no final da Segunda Guerra Mundial que a comunidade recebeu forte influxo de imigrantes, especialmente de sobreviventes do Holocausto. No começo da década de 1960, os judeus australianos já eram em número de 60 mil, a maioria de habitantes das metrópoles de Melbourne e Sydney. Ao contrário do que ocorria na Europa Ocidental e nos Estados Unidos, a comunidade australiana não foi ameaçada pelo progresso da assimilação. A Austrália tinha um dos maiores índices de frequência a escolas judaicas (60 por cento de todas as crianças judias frequentavam quinze dessas escolas em 2004) e um dos índices mais baixos de casamentos mistos.

A situação era parecida na África do Sul, onde os primeiros judeus chegaram junto com a Companhia Holandesa das Índias Orientais no século XVII. Entretanto, a vida judaica organizada só começou com a imigração de judeus russos, na década de 1880. Aos cerca de 4 mil judeus que chegaram em 1880 seguiram-se mais 40 mil nas décadas seguintes. Imigrantes judeus alemães fortaleceram a comunidade na década de 1930. Em 1936, ela havia dobrado de tamanho, chegando a reunir 90 mil pessoas; e atingiu os 115 mil em 1960. No regime de *apartheid*, os judeus eram privilegiados como todos os demais brancos, mas o antissemitismo também se desenvolveu nos círculos nacionalistas influenciados por um pensamento racista, especialmente no Partido Nacional. Entre os ativistas pelos direitos civis que rejeitavam o regime de *apartheid* havia proporção relativamente grande de judeus, como a escritora Nadine Gordimer, ganhadora do Prêmio Nobel de Literatura; a política Helen Suzman, única representante do Partido do Congresso no Parlamento sul-africano entre 1961 e 1974; e Joe Slovo, comunista que viveu no exílio por mais de vinte anos e, ao voltar, foi o primeiro branco eleito para o conselho executivo do Congresso Nacional Africano. Por outro lado, entre os líderes políticos dos judeus sul-africanos havia também aqueles que defendiam e aceitavam a política do *apartheid*. O traço distintivo da comunidade judaica na África do Sul eram os fortes laços com o sionismo e o Estado de Israel. Com efeito, a proporção de judeus simpatizantes com o sionismo era maior na África do Sul que em qualquer outro país. Apesar da condenação oficial do *apartheid* pelos políticos israelenses, as relações entre a África do Sul e o Estado de Israel eram geralmente positivas. Com o fim da supremacia branca, muitos judeus sul-africanos deixaram o país.

No Canadá, onde a primeira comunidade judaica fora fundada em meados do século XVIII, a grande virada aconteceu na década de 1880, quando dezenas de milhares de imigrantes judeus russos buscaram refúgio ali. Entre 1880 e 1900, a comunidade judaica aumentou de 2500 para quase 20 mil pessoas. Embora o antissemitismo fosse um fato da vida cotidiana, especialmente no Canadá de língua francesa, a comunidade cresceu rapidamente e chegou a 170 mil pessoas em 1941. Nas primeiras décadas do pós-guerra, cerca de 35 mil judeus sobreviventes do Holocausto encontraram novo lar no Canadá. No começo dos anos 1970, 250 mil judeus viviam no país. O primeiro centro do Canadá judaico fora Montreal, que também atraía imigrantes das regiões francófonas do norte da África; mas Toronto aos poucos alcançou e acabou por ultrapassar a metrópole do Quebec como maior centro do judaísmo canadense. Em ambas as cidades, a maioria dos judeus habitava bairros predominantemente judeus, onde havia escolas judaicas e sinagogas ligadas às mais diversas denominações e movimentos. Em 1990, cerca de 90 por cento de todas as crianças judias do Canadá recebiam algum tipo de educação judaica. A comunidade canadense é uma das poucas comunidades da Diáspora que continua crescendo após a virada do milênio.

A situação na América Latina é diferente daquela dos países anglófonos. As origens da vida judaica aí também remontam à onda de emigração dos judeus russos no fim do século XIX, caracterizada por diversos projetos agrícolas, especialmente na Argentina. A elite de origem espanhola frequentemente tentava atrair imigrantes judeus, cumprindo, assim, uma política que, pelo menos subliminarmente, decorria do objetivo racista de "clarear" a população, embora contrariasse o monopólio religioso do catolicismo nessas sociedades. As maiores comunidades judaicas latino-americanas surgiram em países de população predominantemente branca, sobretudo na Argentina e especificamente na capital, Buenos Aires, cuja comunidade é uma das mais ativas do mundo (contando mais de 200 mil pessoas) e abriga um dos últimos enclaves de atividade cultural iídiche. Na margem oposta do Rio da Prata, em Montevidéu, capital do Uruguai, nasceu outra importante comunidade judaica no século XX. Os 50 mil judeus do Uruguai eram a terceira maior comunidade da América Latina, perfazendo a maior porcentagem de judeus em relação à população total de qualquer país latino-americano. A maioria dos países latino-americanos recebeu uma porção especialmente grande de emigrantes judeus alemães. É o caso do Chile, onde cerca de 18 mil judeus da Europa Central representavam a maioria da comunidade. Uma comunidade inteira surgiu no Brasil em uma única geração, atraindo refugiados de várias regiões ameaçadas pelo antissemitismo. De 6 mil pessoas em 1928 ela cresceu para 42 mil seis anos depois e alcançou 110 mil no fim da década de 1940, sendo São Paulo e o Rio de Janeiro seus centros mais importantes. Até 1958, cerca de 35 mil outros judeus imigraram para o Brasil, vindos especialmente dos países árabes.

A diversidade da vida judaica se evidencia na Cidade do México, onde vivia a maioria dos cerca de 40 mil judeus mexicanos nas décadas do pós-guerra. Eles se organizavam em sete comunidades: uma comunidade de judeus originários de Alepo, que falavam árabe; outra congregação de língua árabe, mas de Damasco; uma de judeus dos Bálcãs, que falavam ladino; uma comunidade de língua alemã e outra de língua húngara; uma comunidade de língua inglesa oriunda dos Estados Unidos; e congregações da Europa Oriental, de língua iídiche. Essas comunidades permaneceram isoladas umas das outras por bastante tempo, seus membros só se casavam com outros do mesmo grupo, e cada qual conservava os próprios ritos. Oitenta e cinco por cento das crianças judias da Cidade do México frequentavam escolas judaicas, e os centros comunitários judaicos fomentavam a interação social e os esportes. Na América Latina, a coesão da comunidade judaica como um todo é relativamente forte. O apoio a Israel é especialmente sólido e se manifestou em uma taxa relativamente alta de emigração, oriunda sobretudo dos países governados por ditaduras militares ou vítimas de graves problemas econômicos.

Outro fator que unia as diversas correntes do judaísmo era a luta comum contra a aceitação e a integração de ex-nazistas. Na década de 1960, o sequestro do criminoso nazista Adolf Eichmann pelo serviço secreto israelense, que o capturou na Argentina, chamou a atenção do mundo para essa página da história latino-americana. O antissemitismo desempenhava papel de destaque nos círculos de direita que rodeavam os governos militares. Episódio particularmente negro foi o governo do general Ongania, que expulsou os judeus do funcionalismo público na Argentina pouco depois de subir ao poder, em 1966, e mandou prender não só negociantes judeus como também professores e alunos da Universidade de Buenos Aires.

Em casa nos Estados Unidos

Praticamente na mesma época em que Stálin levava à justiça os médicos judeus, em que Slansky era julgado na Tchecoslováquia e em que se desenrolava a campanha contra os líderes sionistas na Romênia, um julgamento dramático aconteceu nos Estados Unidos. Os observadores posteriores talvez se sintam tentados a caracterizá-lo como uma espécie de Caso Dreyfus norte-americano, mas o julgamento do casal judeu Julius e Ethel Rosenberg (que, hoje se sabe, de fato espionavam para a União Soviética), acusados de traição, não teve nada em comum com nenhum daqueles julgamentos antissemitas, feitos para encher os olhos do público. Em um drama de tribunal que talvez tenha sido o mais sensacional de toda a era macartista, os dois ativistas comunistas foram condenados à morte por entregar detalhes do programa norte-americano de armas atômicas à União Soviética e executados em 19 de junho de 1953. Não só os réus, mas também o juiz e o promotor eram judeus. Os julgamentos da era macartista não fizeram parte de uma campanha antissemita deliberada, mas temia-se que toda a comunidade judaica acabasse implicada naquele crime. Organizações tais como o Comitê Judaico Norte-Americano defenderam a execução do casal Rosenberg e procuraram distanciar-se de qualquer tipo de vínculo com os acusados.

O julgamento do casal Rosenberg aconteceu em uma época em que os judeus ainda não haviam galgado posições centrais na sociedade norte-americana. Ainda havia clubes de elite que excluíam os judeus e grandes universidades que limitavam a matrícula de alunos judeus. Foi como reação a esse estado de coisas que em 1948 foi fundada a Universidade Brandeis (com o nome do primeiro juiz judeu da Suprema Corte dos Estados Unidos), nas cercanias de Boston. A universidade aceitava alunos de todas as correntes do judaísmo e tinha acima de tudo o objetivo de acolher estudantes judeus recusados por outras universidades. No começo da década de 1960, garantiu-se de novo aos judeus o acesso irrestrito a todas as universidades do país. No final do século XX, algumas das mesmas universidades que pouco tempo antes limitavam a matrícula de alunos judeus já tinham um reitor judeu. O mais impressionante foi o grande desenvolvimento dos estudos judaicos. Hoje em dia, é no contexto universitário que muitos judeus norte-americanos tomam seu primeiro contato aprofundado com a religião e a cultura judaicas. Além disso, o crescimento do número de escolas judaicas permitiu que um número maior de crianças adquirisse conhecimentos básicos sobre o judaísmo e suas origens, ao lado de uma excelente familiaridade com a língua hebraica.

Desde a década de 1970, os políticos judeus têm desempenhado papel cada vez mais destacado na política norte-americana. Os mais conhecidos são Henry Kissinger, judeu nascido na Alemanha e emigrado para os Estados Unidos, que foi Secretário de Estado na administração republicana de Richard Nixon; e o senador Joseph Lieberman, que pertencia à ala moderada da ortodoxia moderna e foi nomeado candidato democrata à vice-presidência no ano 2000. A Secretária de Estado Madeleine Albright é oriunda de família judia da Tchecoslováquia que se converteu ao catolicismo para escapar à perseguição nacional-socialista. Em 2009 havia quatorze senadores e trinta e um deputados federais judeus, todos eles democratas (ou senadores

O ator Leonard Nimoy no papel do Senhor Spock, fazendo a saudação vulcana baseada na bênção sacerdotal judaica.

independentes que votam com os democratas), com exceção de um. Reflete-se aí a tradição ininterrupta de apoio ao Partido Democrata por parte dos judeus norte-americanos, embora seu perfil socioeconômico pareça mais condizente com o do típico eleitor republicano.

A presença judaica na política norte-americana é fenômeno relativamente recente, mas a influência dos judeus em outras áreas da vida dos Estados Unidos tem história mais antiga. Escritores, atores e músicos judeus ajudaram a moldar a cultura norte-americana nos últimos cinquenta anos em um grau que se compara somente ao da influência dos intelectuais de língua alemã no começo do século XX. Ao lado de escritores como Saul Bellow, Bernard Malamud e Chaim Potok, Philip Roth é especialmente digno de nota pela larga variedade de temas judaicos desenvolvidos em seus romances – desde assuntos referentes à sua infância em Newark até as relações entre Israel e a Diáspora, passando pelo mundo dos aposentados judeus na Flórida.

A concentração de judeus no setor cinematográfico norte-americano foi forte desde o princípio, e mesmo hoje, no começo do século XXI, não diminuiu nem um pouco. Hollywood não seria o que é sem seus produtores judeus, sem falar nos atores e diretores, alguns dos quais são ou foram imigrantes. O cineasta Woody Allen foi, mais que qualquer outro, o responsável pela criação da imagem do judeu nova-iorquino neurótico. Talvez seja por mera coincidência que a

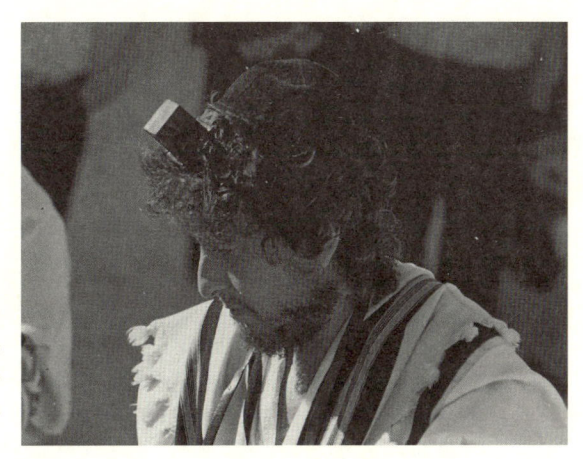

Bob Dylan durante o bar-mitzvá de seu filho Jesse, realizado em 1983 junto ao Muro das Lamentações, em Jerusalém.

figura do Super-Homem tenha sido criada por dois artistas judeus de Cleveland. O fato de o Super-Homem incorporar os ideais de muitos judeus, que lutam pelos fracos contra os fortes, pode também ser interpretado de um ponto de vista universalista; mas o fato de seu nome originário em Krypton ser "Kal-El" só pode ser explicado pelo sentido desse nome em hebraico ("o Deus que é Luz") e pela origem judaica dos criadores desse super-herói. O mesmo vale para a saudação vulcana do Senhor Spock, reflexo da bênção sacerdotal judaica que Leonard Nimoy, o ator de Spock e filho de imigrantes da Europa Oriental, se recordava de ter visto na sinagoga.

Nas primeiras décadas após a guerra, ninguém influenciou tanto a cena musical norte-americana quanto Leonard Bernstein, que foi por muito tempo o primeiro maestro da Filarmônica de Nova York. Bernstein também era ligado à Orquestra Filarmônica de Israel e compôs várias peças musicais baseadas em temas judaicos. Tais temas se manifestaram ainda na obra de cantores e atores populares norte-americanos, como Barbra Streisand e Neil Diamond. Streisand se aproximou mais de suas origens judaicas no filme *Yentl*, baseado em uma narrativa de Isaac Bashevis Singer. Nessa descrição de um *shtetl* da Europa Oriental, retratado de um ponto de vista francamente norte-americano, ela não só fez o papel principal – o de uma jovem que se disfarça de homem para estudar o Talmude – como também escreveu o roteiro, dirigiu e produziu o filme. Neil

Diamond também se pôs de novo em contato com o meio judaico quando estrelou em uma refilmagem (1980) do primeiro filme falado, *O cantor de jazz* (1927), fazendo o papel do jovem judeu que rompe com suas raízes judaicas para se tornar um astro da Broadway.

Como Diamond e Streisand, o músico Bob Dylan, astro do *folk* e do *rock*, nasceu no começo da década de 1940. Foi criado como Robert Allen Zimmerman na cidadezinha de Duluth, em Minnesota, onde não havia comunidade judaica. Um ano antes de seu bar-mitzvá, seus pais pediram a um rabino que viesse do Brooklyn a Hibbing (para onde a família se mudara) para instruí-lo na religião judaica. Bob Dylan escreveu e cantou músicas de amor e de protesto que, aos olhos de seus fãs e dos meios de comunicação, transformaram-no em uma espécie de profeta e porta-voz de sua geração – títulos que ele rejeitou com veemência. Envolveu-se com o cristianismo no final da década de 1970 e escreveu canções inspiradas por temas religiosos, mas alguns anos depois voltou ao judaísmo. Dylan foi influenciado pelo movimento hassídico Lubavitch, cuja espiritualidade ressoa com a busca de sentido que caracterizou a geração do músico.

O líder desse movimento messiânico (também chamado *Chabad*) era o rabino Menachem Mendel Schneerson, que foi o Rebe de Lubavitch durante quarenta e quatro anos até morrer, sem deixar filhos, em 1994, aos 92 anos de idade. Alguns de seus partidários entenderam esse fato como sinal de que ele era o Messias e, por isso, não escolheram um sucessor. Proclamaram efusivamente que a Era Messiânica chegara afinal. Ao mesmo tempo, o movimento Lubavitch continua promovendo suas obras missionárias (sendo o único grupo hassídico a fazê-lo) entre os judeus seculares, não só em Israel e nos Estados Unidos como também, cada vez mais, em regiões desprovidas de uma estrutura judaica sólida. Assim, no começo do século XXI, inúmeras comunidades na Europa Central e Oriental, bem como novas congregações no Extremo Oriente, são dominadas pelo Chabad. O movimento proporciona uma infraestrutura judaica a essas comunidades e envia rabinos de sua sede, no Brooklin, para as mais diversas localidades do mundo. Em 2007, o Chabad tinha 3 300 centros em setenta países.

Schneerson foi criado na Ucrânia e estudou matemática em Paris. Em 1941, embarcou em um dos últimos navios de passageiros a cruzar o Atlântico durante a Segunda Guerra Mundial e se estabeleceu no bairro hassídico de Crown Heights, no Brooklyn, Nova York. Grande parte dos líderes religiosos do judaísmo norte-americano do pós-guerra tinham raízes europeias semelhantes às de Schneerson. Os rabinos Aaron Kotler, Joseph Soloveitchik e Moshê Feinstein eram pilares do judaísmo ortodoxo de estilo europeu oriental, enquanto o rabino Joseph Breuer fundou em Washington Heights (bairro de Manhattan) uma congregação ortodoxa segundo a tradição judaica alemã que recebera do avô, Samson Raphael Hirsch. Ao contrário de Israel, onde só o judaísmo ortodoxo é oficialmente reconhecido, os Estados Unidos são, sem contestação, o centro do pluralismo religioso judaico. Também alguns dos líderes espirituais mais importantes do movimento reformista (como os rabinos Joachim Prinz e Alexander Schindler) vieram da Alemanha. Além do progresso do movimento reformista e do judaísmo conservador, uma quarta corrente do judaísmo norte-americano se cristalizou em 1968 quando o movimento chamado reconstrucionismo fundou seu próprio seminário rabínico, seguindo as doutrinas do filósofo religioso Mordecai Kaplan. Este, que lecionara por cinquenta anos no Seminário Teológico Judaico de Nova York, definia o judaísmo como uma civilização religiosa, atribuía a Deus um papel puramente abstrato e questionava alguns princípios teológicos que davam fundamento tanto ao judaísmo conservador quanto ao reformista.

O filósofo religioso Abraham Joshua Heschel, nascido na Polônia e educado em Berlim, foi por muito tempo colega de Kaplan, mas espiritualmente era seu antípoda. Foi um dos principais defensores do diálogo entre judeus e cristãos, destacando-se entre os teólogos judeus que se opunham com veemência à Guerra do Vietnã e apoiavam o movimento pelos direitos civis nos Estados Unidos.

Muitos judeus norte-americanos, como Heschel, defendiam abertamente a integração racial. A maioria nascera em famílias cujos antepassados europeus haviam sentido toda a força da discriminação e do racismo. Mas a relação entre judeus e negros também tinha seus problemas. Jessie Jackson, pré-candidato democrata à presidência, chamou a cidade de Nova York de "Hymietown"* em 1984, e Louis Farrakhan, líder da Nação do Islã, denegria publicamente a religião judaica. As tensões chegaram ao clímax em 1991, quando uma criança negra foi atropelada por um motorista hassid. Estourou a violência contra os judeus ortodoxos nas ruas do Brooklyn, e um estudante de uma yeshivá foi esfaqueado. As origens mais profundas dessas tensões provavelmente residem no progresso desigual dessas duas comunidades antes perseguidas. Enquanto os judeus subiram bem alto na escala social em poucas gerações, sobretudo pelo caminho da educação, grande parte da população afro-americana continua presa nos degraus mais baixos da escala socioeconômica.

A mudança religiosa mais importante ocorrida dentro do judaísmo diz respeito ao lugar das mulheres na sinagoga. Contrariando a prática predominante nas congregações liberais da Alemanha, em muitas sinagogas norte-americanas as mulheres já se sentavam junto com os homens desde o século XIX. Depois da Segunda Guerra Mundial, porém, passaram a desempenhar um papel ativo: eram computadas no estabelecimento do *minyan* (o quórum de dez adultos necessários para a oração em congregação) e chamadas para abençoar ou ler a Torá. Em 1968, a primeira mulher foi aceita no seminário rabínico do movimento reformista, e em 1985 foi ordenada a primeira rabina conservadora. Ambos os casos tinham precedentes na Alemanha, onde a Fräulein ("senhorita") rabina Regina Jonas fora a primeira mulher a receber a ordenação (já em 1935). Jonas nunca chegou a dirigir uma congregação e foi vitimada pelo genocídio nazista poucos anos depois. Em comparação com essa lenta caminhada rumo à integração feminina na Europa do entreguerras, interrompida pelo Holocausto, a inclusão de mulheres como rabinas e depois como cantoras litúrgicas progrediu rapidamente nos Estados Unidos do pós-guerra. Em 1994 havia quatrocentas rabinas. A ordenação de mulheres jamais foi cogitada no judaísmo ortodoxo, mas mesmo os ortodoxos se esforçaram para incorporar as mulheres ao culto religioso, deixando-as

---

* "Cidade dos Hymies." O termo "Hymie" é uma designação pejorativa dos judeus nos Estados Unidos. É provavelmente derivado do nome "Hyman", comum entre os judeus americanos por ser a versão anglicizada do hebraico "Chaim". (N. do T.)

O rabino Abraham Joshua Heschel (o segundo da direita para a esquerda) na legendária marcha de Selma a Montgomery, em 21 de março de 1965, na companhia de Martin Luther King (o quarto da direita para a esquerda).

pregar sermões nas sinagogas e atualizando a cerimônia da bat-mitzvá para as meninas que atingem a maioridade religiosa.

Outro ponto de virada no desenvolvimento do judaísmo norte-americano foi a decisão do movimento reformista (contrariando o costume estabelecido) de aceitar na comunidade os filhos de pai judeu e mãe não judia. Com isso, passaram a existir dois critérios diferentes de pertença ao judaísmo. O que torna mais complicada atualmente a questão de saber "quem é judeu?" é o fato de o judaísmo ortodoxo não reconhecer automaticamente como judeus os prosélitos convertidos por rabinos não ortodoxos. O número de conversões anuais nos Estados Unidos subiu de cerca de 3 mil em 1954 para 10 mil vinte anos depois. Entre os convertidos havia alguns americanos famosos: Sammy Davis Jr., Marilyn Monroe (depois de casar com o dramaturgo Arthur Miller) e Elizabeth Taylor (depois de casar com o cantor Eddie Fisher). Surgiu uma situação em que a definição de judeu passou a depender do critério aplicado. Por fim, no começo do século XXI, entrou em debate a questão de saber se os homossexuais podem exercer as mesmas funções que os heterossexuais no judaísmo. Também nesse particular o movimento conservador seguiu os passos do reformista e do reconstrucionista: permitiu que *gays* e lésbicas se formassem e exercessem o rabinato. Outro desenvolvimento é o esforço para integrar os cônjuges não judeus de casamentos mistos e os filhos desses casamentos, permitindo que tenham vida social dentro da comunidade judaica.

As tendências demográficas dominantes no judaísmo norte-americano nas primeiras décadas do pós-guerra foram a migração do centro da cidade para os subúrbios e classe média e da Costa Leste para o oeste e o sul dos Estados Unidos. O Lower East Side e outros bairros urbanos tradicionalmente judeus passaram a acolher gerações de imigrantes não judeus do Oriente e da América Latina. A maioria dos judeus ascendeu à classe média e trocou os minúsculos apartamentos da cidade por casas próprias nos bairros ajardinados dos subúrbios. Nas duas primeiras décadas do pós-guerra, cerca de um terço da população metropolitana judaica se mudou de Nova York para subúrbios como Teaneck e Englewood, do outro lado do rio Hudson, ou de Chicago para Highland Park e Skokie, localidades onde frequentemente podiam conservar-se em um meio predominantemente judeu. Mesmo a prática religiosa estando em declínio, os judeus sentiam a necessidade de fazer parte de uma sinagoga, assim como seus vizinhos cristãos são membros de uma igreja. As sinagogas se tornaram centros comunitários, locais de reunião e cenário para ocasiões sociais e festas familiares. A partir do final da década de 1960, e seguindo em parte a inspiração das revoltas estudantis, disseminou-se um contramovimento fora das denominações religiosas organizadas. O chamado movimento da *havurá* (da palavra hebraica que significa "confraria" ou "círculo de amigos") combateu a centralização das grandes sinagogas e promoveu a formação de grupos de oração e estudo menores e mais íntimos. Nem todas as atividades de cada havurá são controladas por rabinos e cantores litúrgicos e pela executiva da congregação; pelo contrário, a responsabilidade é partilhada pelos membros do grupo.

No fim dos anos 1940, dois terços dos judeus norte-americanos moravam no litoral nordeste dos Estados Unidos, entre Boston e Washington. Cinquenta anos depois, essa porcentagem caiu para 50 por cento. Los Angeles e Miami se tornaram novos centros de vida judaica ao lado de Nova York, Chicago, Filadélfia e Boston. Ao passo que a vida religiosa na Califórnia antes era anormalmente frouxa e desestruturada do ponto de vista institucional, na década de 1970 todos os principais seminários rabínicos de Nova York e Cincinnati haviam inaugurado filiais em Los Angeles. Os recém-chegados à Califórnia não eram somente judeus vindos da Costa Leste, mas também muitos imigrantes de outros países: uma grande comunidade de judeus iranianos, judeus da ex-União Soviética e um número cada vez maior de israelenses que, em busca de prosperidade material e de uma vida mais tranquila, emigraram do Estado judeu para a "Terra Dourada".

Israel – Uma pátria preparada para a guerra

Muito tempo depois de terminada a Guerra da Independência, Israel continuou sendo o ponto nodal da discórdia no Oriente Médio. No decorrer das décadas seguintes, seu conflito com os Estados árabes vizinhos deflagrou várias outras guerras: a Guerra de Suez (1956), a Guerra dos Seis Dias (1967), a Guerra do Yom Kipur (1973) e a Guerra do Líbano (1982). O tempo mostrou que a mais importante dessas guerras foi a de 1967, quando o exército israelense tomou da Síria as Colinas de Golã, da Jordânia a região da Cisjordânia e do Egito a Faixa de Gaza e a Península do Sinai. Jerusalém foi reunificada e declarada capital do Estado de Israel. Ao mesmo tempo, a população árabe sob soberania israelense aumentou enormemente em número. Israel não anexou esses territórios, mas sua política de estabelecer colônias obstaculizou a subsequente transferência dos territórios ocupados para a constituição de um Estado palestino.

A partir de meados da década de 1980, os palestinos que lutavam pela independência intensificaram a resistência na forma de dois levantes (*intifadas* em árabe), o primeiro entre 1987 e 1993 e o segundo entre 2000 e 2005. O recusa do mundo árabe a reconhecer Israel, categórica a princípio, foi relaxada em 1977 com a primeira visita de um chefe de Estado árabe (o presidente egípcio Anwar el-Sadat) ao Estado judeu. A assinatura de tratados de paz com o Egito em 1978 e com a Jordânia em 1994, ao lado de um acordo provisório firmado com os palestinos em 1995, abriu perspectivas de coexistência pacífica. A retirada do exército israelense do sul do Líbano e da Faixa de Gaza também aumentou a esperança. Lamentavelmente, a crescente violência de parte a parte, a continuidade da política de assentamento nos territórios ocupados e a radicalização da liderança palestina na forma do movimento Hamas seguem obstaculizando uma solução definitiva e pacífica.

Em uma história geral dos judeus, o conflito do Oriente Médio só pode ser tratado como um tema menor – seria preciso escrever todo um livro para fazer-lhe jus. Mas a influência do Estado de Israel sobre o decurso da história judaica na segunda metade do século XX não se limita ao conflito no Oriente Médio. Pela primeira vez em 2 mil anos surgiu um Estado judeu, e isso imediatamente depois da aniquilação do próprio centro da vida judaica na Europa. Israel foi (e ainda é) um país de imigrantes durante suas primeiras seis décadas de existência. Mesmo em 2006, um terço de seus habitantes havia nascido em outro lugar e a maioria dos demais era de filhos de imigrantes. Em uma sociedade que reúne gente de países tão diferentes quanto o Iêmen e a Alemanha, o Marrocos e a Rússia, é inevitável que haja conflitos culturais. Mesmo que os diferentes imigrantes tivessem alguma consciência judaica nos locais de onde vieram, cada grupo fazia parte de uma comunidade singular da Diáspora, falava sua própria língua e desenvolvera uma liturgia própria em língua hebraica. Alguns grupos de imigrantes conquistaram certo predomínio, provocando nos demais uma sensação de opressão. Os judeus poloneses dominaram por muito tempo as instituições políticas de Israel, e os da Alemanha dominaram seu sistema jurídico e sua vida acadêmica. Os imigrantes de países árabes, por outro lado, sentiam-se agudamente discriminados. Na década de 1970, surgiu entre os israelenses sefarditas um movimento de protesto social chamado "Panteras Negras" e calcado no modelo de um grupo de militantes negros norte-americanos. O predomínio dos judeus ashquenazitas na arena política e dentro da influente federação sindical Histadrut foi uma das causas do terremoto político de 1977, quando o nacionalista Menachem Béguin desbancou os social-democratas que haviam governado ininterruptamente o país desde a independência. Paradoxalmente, foi o primeiro governo de direita em Israel que fez as primeiras concessões territoriais, devolvendo o Sinai ao Egito depois da visita-surpresa que Sadat fez a Jerusalém e do tratado de paz concluído após o Acordo de Camp David, em 1978.

Embora as tensões étnicas entre os judeus da Europa e os do Oriente tenham se abrandado no decorrer dos anos, a cisão entre as correntes políticas persistiu. Sinal claro da intensificação dessa polarização foi a hostilidade dirigida contra o premiê Yitzhak Rabin em razão de suas iniciativas de paz. Tal hostilidade culminou em seu assassínio por um extremista nacionalista em 4 de novembro de 1995. O ponto crucial da disputa eram as concessões feitas aos palestinos e a questão correlata da devolução dos territórios da Cisjordânia (que muitos israelenses chamam por seus nomes hebraicos Yehudá e Shomron, ou Judeia e Samaria). De novo, foi um governante linha-dura – o ministro da defesa Ariel Sharon, considerado responsável pelo massacre cometido por milícias cristãs libanesas nos campos de refugiados Sabra e Shatila em 1982 – que, na qualidade de premiê, efetuou a retirada da Faixa de Gaza, enfrentando veemente resistência de seus aliados políticos. A polarização política só aumentou de lá para cá. De um lado há o movimento dos colonos, que se tornou cada vez mais influente depois da guerra de 1967; do outro, o movimento pela "Paz Agora", que alcançou o zênite durante os protestos de massa contra a Guerra do Líbano, em 1982.

Outra área de conflito na sociedade israelense diz respeito à religião. Uma minoria religiosa militante, cada vez mais disseminada, confronta a maioria secular. Israel se conceitua como uma democracia secular à moda ocidental em que diversos aspectos da vida, entre os quais o casamento e o divórcio, são controlados por autoridades religiosas. O casamento civil não é previsto no direito israelense. Por isso, somente membros da mesma comunidade religiosa podem se casar entre si – embora os casamentos realizados no estrangeiro sejam reconhecidos. Há restrições ao uso dos transportes públicos no sábado, dia de descanso dos judeus. A maioria das linhas de ônibus não funciona nesse dia, tampouco a companhia aérea oficial do Estado de Israel, a El Al. Como em muitas outras áreas, as pessoas dão um jeito de contornar essas restrições. Ônibus particulares percorrem as ruas de Tel Aviv, e uma linha de voos fretados afiliada à El Al cuida do transporte aéreo aos sábados. No conjunto, a situação religiosa é semelhante à política e à étnica: é difícil desconsiderar certa polarização religiosa que impactou os primeiros sessenta anos de Israel como Estado nacional moderno. Se é verdade que a maioria dos israelenses, em princípio, observa certas tradições religiosas, hoje uma ortodoxia cada vez mais rigorosa confronta um público secular em parte francamente antirreligioso e em parte completamente indiferente à religião.

Apesar de todas essas disputas, que vieram se somar ao conflito entre Israel e os árabes, o país efetuou conquistas consideráveis. Entre elas, a formação de uma sociedade diversificada mas consciente de sua unidade, a modernização de um país antes subdesenvolvido e a prosperidade econômica. No começo do século XXI, apenas 3 por cento da população de Israel ainda trabalha na economia agrícola antes vislumbrada como o ideal sionista; ao contrário, Israel se tornou líder em tecnologia de ponta. Os principais produtos de exportação são microchips e não laranjas. Também na esfera cultural Israel ostenta realizações impressionantes: modernizou a língua hebraica, um cidadão israelense ganhou o Nobel de literatura (S. Y. Agnon, 1966), e o país produziu escritores importantes como Amós Oz, A. B. Yehoshua e David Grossman. Em suas obras, esses autores propõem reiteradamente a questão da identidade judaica do Estado de Israel.

Mesmo no final do século XX, Israel continuava sendo o destino mais comum para a imigração de judeus fugidos de perseguições. Desde a década de 1980, quase 100 mil judeus da Etiópia, também chamados *Beta Israel* ou *falashas* (na verdade, um termo pejorativo que designa todos os estrangeiros), foram levados a Israel em diversas operações de transporte aéreo. Segundo sua própria tradição, eles pertencem a tribos judias que habitam a Etiópia desde tempos antigos. Os etíopes, porém, desconheciam as tradições rabínicas que se desenvolveram em outras partes do mundo judaico, e grande controvérsia se deflagrou quando o Supremo Rabinato exigiu que eles se submetessem à conversão formal. Discussões semelhantes tiveram por objeto a onda – muito maior – de imigrantes da União Soviética. Depois da dissolução do Estado soviético, mais de um milhão de judeus emigraram e cerca de 750 mil se estabeleceram em Israel – o maior influxo desde a fundação do Estado. Nem sempre era possível determinar com certeza a ascendência judaica desses judeus vindos da Rússia, do Báltico, da Ucrânia e da Geórgia, que começaram a chegar em grande número na década de 1990. Eles pouco sabiam sobre o judaísmo como religião, não haviam tido educação sionista nem entendiam a língua hebraica. Em Israel, constituíram uma ala cultural de língua russa que influiu fortemente nos meios de comunicação, na música, na arte e na vida cotidiana do país.

O sionismo clássico pressupunha que o futuro dos judeus só poderia ser garantido por um Estado judaico. Mas, depois de algumas décadas, ficou claro que a Diáspora continuava viável, que os judeus perseguidos em alguns países preferiam emigrar para a França ou os Estados Unidos a emigrar para Israel e até que um número cada vez maior de israelenses estava saindo do país. Assim, foi preciso desenvolver novos conceitos sobre a relação entre os judeus de Israel e os da Diáspora. Os "canaanitas", movimento numericamente pequeno mas que não passou despercebido em Israel nas décadas de 1950 e 1960, defendiam uma ideia especialmente radical. Liderados pelo poeta Ionatan Ratosh, eles traçavam aguda distinção entre os israelitas, de um lado, e os judeus, de outro (sendo estes últimos os de fora de Israel). Os adeptos do movimento identificavam a origem de Israel em tradições pré-bíblicas (sobre a "terra de Canaã") e frisavam o forte vínculo entre os israelenses e seus vizinhos árabes a leste, opondo-se aos judeus ocidentalizados que permaneciam no exílio. Embora essa mentalidade logo tenha perdido o caráter de movimento organizado, para os cidadãos não religiosos do Estado de Israel a diferença entre judeus e israelenses se tornou cada vez mais manifesta. Os israelenses religiosos (excetuadas algumas facções entre os colonos dos territórios ocupados) podiam praticar sua religião com tanta liberdade em Londres ou Tel Aviv quanto em Jerusalém, e eram, portanto, mais receptivos à vida na Diáspora durante a "era pré-messiânica". Para muitos israelenses seculares, por outro lado, ser judeu significa especial, se não exclusivamente, ser israelense. A existência de uma vida judaica fora do Estado judeu põe em dúvida o caminho que esse grupo escolheu. Para outros israelenses ainda, a Diáspora judaica – especialmente nos Estados Unidos – representa a possibilidade de vínculos mais produtivos com a comunidade internacional. As propostas que preveem um envolvimento mais intenso da Diáspora na vida israelense vão desde a ideia utópica de constituir um órgão governamental consultivo que represente os judeus da Diáspora até o programa do Taglit ou "Privilégio de Nascimento", já implementado, que convida jovens judeus do mundo inteiro a visitar o Estado de Israel.

É fora de dúvida que os judeus norte-americanos, que constituem a maior comunidade da Diáspora e são cidadãos do país que mantém laços mais estreitos com Israel, têm um papel especial no apoio ao Estado israelense. Nem todos lembram que os judeus norte-americanos nem sempre foram tão comprometidos com a existência de um Estado judeu e que, de início, a posição dos Estados Unidos perante Israel era muito ambivalente. Nas décadas de 1950 e 1960, a maioria dos judeus norte-americanos se definia como adepta de uma religião e o que mais os preocupava era a integração e o reconhecimento individual. A identificação com Israel não se coaduna com esse tipo de autodefinição. Mas a intensificação do pluralismo étnico nos Estados Unidos depois dos anos 1960 – expressa em *slogans* como "Black is beautiful" ou políticas como a da educação escolar em língua espanhola – estimulou igualmente a autodefinição dos judeus como grupo étnico e não religioso. Esse novo orgulho étnico se tornou uma força motriz que fortaleceu os vínculos com Israel.

O acontecimento decisivo que garantiu o apoio material e espiritual dos Estados Unidos a Israel foi a Guerra dos Seis Dias, em 1967. O temor pela própria sobrevivência do Estado judeu, desencadeado pela retórica agressiva do presidente Nasser, do Egito, precipitou esforços humanitários espontâneos de dimensão nunca antes vista. No decorrer dos dez anos seguintes, esse temor foi alimentado pelos numerosos ataques terroristas da OLP, pela Guerra do Yom Kipur em 1973, pela resolução aprovada em 1975 pela ONU que equiparava o sionismo ao racismo e pela sensacional libertação de reféns judeus do aeroporto de Entebbe, em 1976. O final da década de 1960 e o começo da de 1970, quando Israel sofria pressões políticas e militares extremamente fortes, foi o período que assinalou a mais intensa solidariedade entre os judeus da Diáspora e o Estado israelense. Outro fator que também pode ter sido importante nos Estados Unidos foi o desejo de evitar nova reprimenda por omitirem-se (como no período do Holocausto) diante do sofrimento de judeus em outros países.

Essa onda de apoio a Israel abateu-se um pouco no começo da década de 1980. Entre os fatores que contribuíram para o declínio da solidariedade, os mais significativos foram as vitórias eleitorais e a política ultraconservadora de Menachem Béguin e de seu bloco do Likud, de direita; as críticas veiculadas a Israel pela imprensa depois da breve fagulha de esperança que se seguiu aos Acordos de Camp David com o Egito; a Guerra do Líbano (que foi controversa até dentro do país); a eleição do racista Meir Kahane (nascido no Brooklyn) para a Knésset em 1984; e uma divisão cada vez mais profunda na própria sociedade israelense. No conjunto, porém, o histórico de solidariedade dos judeus americanos para com Israel é ininterrupto e se manifestou em ações humanitárias espontâneas durante períodos de crise. Uma das associações norte-americanas que mais promovem os interesses israelenses é o Comitê Americano de Assuntos Públicos de Israel (American Israel Public Affairs Committee ou AIPAC), fundado durante o governo Eisenhower, época em que as relações entre os Estados Unidos e Israel eram difíceis. O AIPAC continua defendendo os interesses de Israel.

A profunda fissura que existe dentro da sociedade israelense, especialmente em matéria de política e religião, também deixou sua marca entre os judeus da Diáspora. Poucos deles se tornaram tão críticos do Estado de Israel quanto o linguista Noam Chomsky. Mas os judeus não ortodoxos dos Estados Unidos se mostram cada vez mais preocupados com a influência dominante da ortodoxia, não só dentro de Israel como também no que se refere a questões como as conversões ao judaísmo e os casamentos realizados fora do Estado israelense. Alguns representantes do judaísmo reformado foram além das questões puramente religiosas e manifestaram claramente sua opinião acerca dos problemas políticos da época. É assim que, desde a década de 1980, têm-se ouvido cada vez mais comentários críticos sobre o governo israelense que esteja no poder, seja ele qual for. Ao mesmo tempo, a solidariedade incondicional de grupos cristãos fundamentalistas, e às vezes missionários, para com Israel perturba muitos judeus liberais, que prefeririam outros aliados. A revista *Tikkun*, fundada em 1986 pelo rabino Michael Lerner, ativista veterano da revolta dos estudantes em Berkeley, tornou-se um foro para as críticas a Israel e se opõe ao *Commentary*, periódico estabelecido dos intelectuais judeus conservadores e campo de treinamento para alguns dos principais neoconservadores dos Estados Unidos.

Fora das ilhas ortodoxas em Jerusalém, no Brooklyn e em alguns outros lugares, a prática e o conhecimento da religião sofreram agudo declínio entre os judeus de hoje. Mas as ameaças externas tornaram mais forte do que nunca a definição da identidade judaica. O julgamento de pessoas responsáveis pelo Holocausto, a divulgação de filmes de ficção e documentários e a construção de memoriais e museus como o Yad Vashem em Jerusalém, o Museu Memorial do Holocausto em Washington e o monumental memorial da Shoá em Berlim ajudam a manter os horrores do passado diante da consciência do grande público. Servem também como uma lição de história, recomendando cautela e indicando os possíveis perigos, atuais ou futuros, que os judeus terão de enfrentar em seu Estado. Ao mesmo tempo, a memória do Holocausto se universalizou. Esse processo se evidenciou especialmente na concessão de Prêmios Nobel a sobreviventes do Holocausto e aos escritores Elie Wiesel em 1986 (paz) e Imre Kertész em 2002 (literatura). Uma Conferência Internacional sobre o Holocausto se reuniu em Estocolmo no ano 2000 e contou com a presença de representantes de quarenta e quatro Estados. O dia da libertação de Auschwitz, 27 de janeiro, se tornou feriado em vários países como Dia da Lembrança do Holocausto. Não obstante, ainda há quem negue o Holocausto. Entre os que o negam há até chefes de Estado, como o presidente iraniano Ahmadinejad.

Ameaças urgentes também moldam a identidade judaica no século XXI. Muitos centros comunitários judaicos se tornaram zonas de segurança que podem ser reconhecidas de longe pela presença de policiais. Ataques terroristas a esses centros aconteceram em vários locais, de Viena a Djerba e de Istambul a Buenos Aires, onde o mais sangrento desses atentados tirou a vida de oitenta e cinco vítimas em 1995. No começo do século XXI, o terror é promovido tanto por nacionalistas de direita quanto por muçulmanos fundamentalistas, e não se podem ignorar seus vínculos com o conflito no Oriente Médio. Um dos paradoxos da história é que, ao mesmo tempo que Israel é considerado um porto seguro para judeus do mundo inteiro, sua existência é encarada por alguns intelectuais judeus como uma ameaça aos judeus da Diáspora.

A comunidade judaica perdeu boa parte da diversidade e do internacionalismo que por tanto tempo a caracterizaram. É certo que ainda existem comunidades judaicas em quase cem países, mas muitas não têm mais que algumas centenas de membros e estão à beira da dissolução. Da comunidade judaica nos países árabes, outrora viçosa, só restam cerca de 5 mil pessoas, em sua maioria velhos e quase todos no Marrocos e na Tunísia. Duas comunidades um pouco maiores se conservam em dois países de maioria muçulmana, a Turquia (quase 20 mil membros) e o Irã (mais de 10 mil judeus). A população judaica nos Estados da ex-União Soviética foi reduzida a uma mínima fração de seu tamanho anterior. As comunidades da Europa Oriental, com exceção daquela da Hungria, são minúsculas. Em toda a Europa, incluindo a Rússia e a Turquia, restam somente 1,5 milhão de judeus. Mais de 80 por cento dos judeus do mundo moram em Israel e nos Estados Unidos, e mais de um terço deles se concentra nas áreas metropolitanas de Tel Aviv e Nova York.

Segundo certas estatísticas oficiais de 2006, o número de judeus em Israel (5,3 milhões) ultrapassou pela primeira vez o dos judeus nos Estados Unidos (5,2 milhões). Somente 5 por cento de todos os judeus moravam no Estado judeu em 1948, mas sessenta anos depois esse percentual não passava de 40 por cento. Essas estatísticas evidenciam um desafio fundamental para os judeus no século XXI. Tornou-se impossível dar resposta universalmente válida à questão de saber "quem é judeu". Será que só se incluem aí os filhos de mãe judia ou também os de pai judeu? Será necessária uma profissão de fé no judaísmo ou será bastante a descendência sanguínea? Que tipo de conversão deve ser considerado legítimo? Nenhuma dessas perguntas tem uma resposta inequívoca. Assim, alguns estatísticos fixam em 5,2 milhões o número de judeus norte-americanos; outros, em 6,4 milhões.

Na Europa disseminou-se um fenômeno que podemos caracterizar como uma cultura judaica sem judeus ou uma cultura judaica "virtual". Em centros com rico passado judaico, mas sem nenhuma vida judaica atual, a música *klezmer* é exaltada, constroem-se museus sobre o judaísmo, restaurantes recebem o nome de vultos históricos judeus, criam-se programas de estudos judaicos nas universidades e inauguram-se livrarias judaicas. Desse modo, a Europa procura preencher um vazio em sua história, do qual tem tomado cada vez mais consciência. Mas o faz sem dar nenhuma contribuição efetiva à vida judaica concreta.

No começo do século XXI, os 13 milhões de judeus constituem fração infinitesimal de uma população mundial de mais de 6,5 bilhões de pessoas. Não obstante, permanece o fascínio pelo judaísmo em suas diferentes manifestações. No campo da religião, o cristianismo e o islamismo ainda têm de haver-se com suas raízes judaicas. No discurso político, o Estado de Israel recebe mais atenção da comunidade internacional que praticamente qualquer outro país. Entre 2002 e 2007, a concessão de quatro entre seis Prêmios Nobel de literatura a indivíduos de origem judaica sublinha o contínuo vigor da criatividade cultural do povo judeu. Não obstante, os mitos antijudaicos não desapareceram, e uma fraude antissemita como *Os protocolos dos sábios de Sião* continua sendo publicada em numerosos países e línguas. Não podemos saber o que o futuro reserva para os judeus do século XXI, mas é certo que a história deles continuará fascinando a humanidade por muitas gerações.

Apêndice

A história judaica em números

Países com as maiores comunidades judaicas por volta de 1898

Rússia	5,7 milhões
Áustria-Hungria	1,9 milhão
Estados Unidos	1 milhão
Alemanha	568 mil
Império Otomano	466 mil
Romênia	300 mil
Marrocos	150 mil
Etiópia	120 mil
Reino Unido	100 mil
Holanda	97 mil
França	72 mil
(mais Marrocos Fr. e Tunísia)	(93 mil)

Países com as maiores comunidades judaicas por volta de 1930

Estados Unidos	4,2 milhões
Polônia	2,9 milhões
URSS	2,7 milhões
Romênia	900 mil
Alemanha	564 mil
Hungria	476 mil
Tchecoslováquia	400 mil
Reino Unido	300 mil
Áustria	250 mil
França	220 mil
Argentina	200 mil
Palestina	175 mil
Lituânia	155 mil
Holanda	150 mil
Marrocos	143 mil
Canadá	126 mil

Países com as maiores comunidades judaicas em 1948

Estados Unidos	5 milhões
URSS	2 milhões
Israel	750 mil
Romênia	380 mil
Argentina	360 mil
Reino Unido	345 mil
Marrocos	286 mil
França	235 mil
Canadá	180 mil
Hungria	174 mil
Argélia	130 mil
Brasil	110 mil
África do Sul	100 mil

Países com as maiores comunidades judaicas em 2006 (reunindo mais de 97% de toda a população judia)

Israel	5,3 milhões
Estados Unidos	5,3 milhões
França	492 mil
Canadá	373 mil
Reino Unido	297 mil
Rússia	228 mil
Argentina	185 mil
Alemanha	118 mil
Austrália	103 mil
Brasil	97 mil
Ucrânia	80 mil
África do Sul	72 mil
Hungria	50 mil
México	40 mil
Bélgica	31 mil

Cidades com a maior população judia por volta de 1930

Nova York	1,8 milhão
Varsóvia	309 mil
Chicago	305 mil
Filadélfia	270 mil
Budapeste	218 mil
Londres	210 mil
Viena	202 mil
Berlim	173 mil
Łódź	156 mil
Odessa	153 mil
Paris	150 mil
Kiev	140 mil
Moscou	132 mil
Buenos Aires	110 mil

Cidades com a maior população judia em 1948

Nova York	2 milhões
Chicago	300 mil
Tel Aviv	250 mil
Filadélfia	245 mil
Londres	234 mil
Los Angeles	225 mil
Buenos Aires	165 mil
Bucareste	160 mil
Boston	137 mil
Paris	125 mil
Budapeste	110 mil
Casablanca	100 mil

Cidades com a maior população judia em 2006

Tel Aviv	2,7 milhões
Nova York	1,7 milhão
Jerusalém	670 mil
Los Angeles	668 mil
Haifa	657 mil
Miami	498 mil
Beersheva	349 mil
Filadélfia	285 mil
Paris	284 mil
Chicago	265 mil
Boston	235 mil
São Francisco	218 mil
Londres	195 mil
Toronto	180 mil
Washington	166 mil
Buenos Aires	165 mil

População judia em Israel e nos Estados Unidos

	Israel	Estados Unidos
1945	565 mil	4,3 milhões
1970	2,6 milhões	5,4 milhões
2006	5,3 milhões	5,2 milhões

Fonte: *American Jewish Yearbook*

Sugestões de leitura

O número de publicações sobre a história judaica multiplicou-se a tal ponto que seria presunção querer fornecer em poucas páginas um apanhado sistemático da bibliografia. A lista de referência a seguir não pretende ser exaustiva. Tem o objetivo de facilitar novas leituras. Incluímos somente obras em língua inglesa.

Obras gerais

Louis Finkelstein, org., *The Jews: Their History, Culture, and Religion*, 2ª. ed. (Nova York: Harper, 1960), oferece uma perspectiva judaico-americana. Haim Hillel Ben-Sasson, org., *A History of the Jewish People* (Cambridge, MA: Harvard University Press, 1976), é um exemplo de interpretação histórica sionista clássica. David Biale, org., *Cultures of the Jews: A New History* (Nova York: Schocken, 2002), incorpora influências pós-modernas. Robert M. Seltzer, *Jewish People, Jewish Thought* (Nova York: Macmillan, 1980), proporciona uma introdução escrita sobretudo do ponto de vista da história intelectual. A história judaica geral mais recente e atualizada é a de John Efron et al., *The Jews: A History* (Upper Saddle River, NJ: Pearson Prentice Hall, 2009). Sobre a história moderna, ver também Lloyd Gartner, *History of the Jews in Modern Times* (Oxford: Oxford University Press, 2001), e Howard M. Sachar, *The Course of Modern Jewish History*, nova ed. rev. (Nova York: Vintage, 1990).

Obras de historiografia judaica

Baron, Salo Wittmayer. *History and Jewish Historians: Essays and Addresses.* Filadélfia: Jewish Publication Society of America, 1964.

Brenner, Michael. *Prophets of the Past: Jewish Historiography in the Nineteenth and Twentieth Centuries.* Princeton, NJ: Princeton University Press, 2010.

Funkenstein, Amos. *Perceptions of Jewish History.* Berkeley, CA: University of California Press, 1993.

Meyer, Michael A. *Ideas of Jewish History*, 2ª. ed. Detroit: Wayne State University Press, 1987.

Myers, David N. e David B. Ruderman, orgs. *The Jewish Past Revisited: Reflections on Modern Jewish Historians.* New Haven: Yale University Press, 1998.

Rosman, Murray Jay (Moshe). *How Jewish Is Jewish History?* Oxford: Littman Library of Jewish Civilization, 2007.

Schorsch, Ismar. *From Text to Context: The Turn to History in Modern Judaism.* Hanover, NH: University Press of New England, 1994.

Yerushalmi, Yosef Hayim. *Zakhor: Jewish History and Jewish Memory*. Seattle: University of Washington Press, 1982.

História bíblica e antiga

Avi-Yonah, Michael. *The Jews of Palestine: A Political History from the Bar Kokhba War to the Arab Conquest*. Oxford: Blackwell, 1976.
Cohen, Shaye J. D. *From the Maccabees to the Mishnah*. Filadélfia: Westminster Press, 1987.
Collins, John J. *Between Athens and Jerusalem. Jewish Identity in the Hellenistic Diaspora*. Nova York: Crossroad, 1983.
Feldman, Louis H. *Jew and Gentile in the Ancient World. Attitudes and Interactions from Alexander to Justinian*. Princeton, NJ: Princeton University Press, 1993.
Finkelstein, Israel e Neal A. Silberman. *The Bible Unearthed: Archaeology's New Vision of Ancient Israel and the Origin of its Sacred Texts*. Nova York: Free Press, 2001.
Gager, John E. *The Origins of Anti-Semitism: Attitudes toward Judaism in Pagan and Christian Antiquity*. Nova York: Oxford University Press, 1983.
Gruen, Erich S. *Diaspora: Jews amidst Greeks and Romans*. Cambridge, MA: Harvard University Press, 2002.
Miller, J. Maxwell e John H. Hayes. *A History of Ancient Israel and Judah*. Filadélfia: Westminster Press, 1986.
Schäfer, Peter. *Judeophobia: Attitudes toward the Jews in the Ancient World*. Cambridge, MA: Harvard University Press, 1997.
Shanks, Hershel, org. *Ancient Israel: From Abraham to the Roman Destruction of the Temple*. Washington, DC: Biblical Archaeology Society, 1999.

A Idade Média cristã e os primórdios da Europa moderna

Baer, Yitzhak Fritz. *A History of the Jews in Christian Spain*, 2 vols. Filadélfia: Jewish Publication Society of America, 1971.
Bonfil, Robert. *Jewish Life in Renaissance Italy*. Berkeley, CA: University of California Press, 1994.
Chazan, Robert, org. *Church, State and Jew in the Middle Ages*. Nova York: Behrman House, 1980.
Cohen, Jeremy. *The Friars and the Jews: The Evolution of Medieval Anti-Judaism*. Ithaca: Cornell University Press, 1982.
Cohen, Mark R. *Under Crescent and Cross: The Jews in the Middle Ages*. Princeton, NJ: Princeton University Press, 1994.
Gerber, Jane S. *The Jews of Spain: A History of the Sephardic Experience*. Nova York: Free Press, 1992.
Idel, Moshe. *Kabbalah. New Perspectives*. New Haven, CT: Yale University Press, 1988.

Israel, Jonathan. *European Jewry in the Age of Mercantilism, 1550-1750*. Oxford: Oxford University Press, 1985.

Katz, Jacob. *Exclusiveness and Tolerance: Jewish-Gentile Relations in Medieval and Modern Times*. Nova York: Behrman House, 1961.

———. *Tradition and Crisis: Jewish Society at the End of the Middle Ages*. Nova York: New York University Press, 1993.

Marcus, Ivan G. *Rituals of Childhood: Jewish Acculturation in Medieval Europe*. New Haven, CT: Yale University Press, 1996.

Oberman, Heiko A. *The Roots of Anti-Semitism in the Age of Renaissance and Reformation*. Filadélfia: Fortress Press, 1984.

Roth, Cecil. *The Jews in the Renaissance*. Filadélfia: Jewish Publication Society of America, 1959.

Scholem, Gershom. *Major Trends in Jewish Mysticism*, 3ª. ed. rev. Nova York: Schocken, 1954.

———. *Sabbatai Sevi: The Mystical Messiah*. Princeton, NJ: Princeton University Press, 1973.

Yuval, Israel. *Two Nations in Your Womb: Perceptions of Jews and Christians in Late Antiquity and the Middle Ages*. Berkeley, CA: University of California Press, 2006.

Os judeus sob o domínio islâmico

Ashtor, Eliyahu. *The Jews of Moslem Spain*, 3 vols. Filadélfia: Jewish Publication Society of America, 1973-84.

Benbassa, Esther e Aron Rodrigue. *Sephardi Jewry*. Berkeley, CA: University of California Press, 1999.

Cohen, Mark R. *Under Crescent and Cross: The Jews in the Middle Ages*. Princeton, NJ: Princeton University Press, 1994.

Goitein, S. D. *A Mediterranean Society*, 6 vols. Berkeley, CA: University of California Press, 1967-1993.

———. *Jews and Arabs*. 3ª. ed. rev. Nova York: Schocken, 1974.

Lewis, Bernard. *The Jews of Islam*. Princeton, NJ: Princeton University Press, 1984.

Rodrigue, Aron. *French Jews, Turkish Jews*. Bloomington, IN: University of Indiana Press, 1990.

Stillman, Norman A. *The Jews of Arab Lands*. Filadélfia: Jewish Publication Society of America, 1979.

———. *The Jews of Arab Lands in Modern Times*. Filadélfia: Jewish Publication Society, 1991.

O judaísmo na Europa Central moderna

Brenner, Michael. *The Renaissance of Jewish Culture in Weimar Germany*. New Haven, CT: Yale University Press, 1996.

Elon, Amos. *The Pity of It All: A History of Jews in Germany, 1743-1933*. Nova York: Metropolitan Books/Henry Holt, 2002.

Feiner, Shmuel. *The Jewish Enlightenment*. Filadélfia: University of Pennsylvania Press, 2004.

Kaplan, Marion. *The Making of the Jewish Middle Class: Women, Family, and Identity in Imperial Germany*. Nova York: Oxford University Press, 1991.

Katz, Jacob. *Out of the Ghetto: The Social Background of Jewish Emancipation, 1770--1870*. Cambridge, MA: Harvard University Press, 1973.

———. *Tradition and Crisis: Jewish Society at the End of the Middle Ages*. Nova York: New York University Press, 1993.

Kieval, Hillel J. *The Making of Czech Jewry*. Nova York: Oxford University Press, 1988.

Meyer, Michael A., org. *German-Jewish History in Modern Times*, 4 vols. Nova York: Columbia University Press, 1996-98.

———. *The Origins of the Modern Jew: Jewish Identity and European Culture in Germany, 1749-1824*. Detroit: Wayne State University Press, 1979.

Reinharz, Jehuda. *Fatherland or Promised Land: The Dilemma of the German Jew, 1893-1914*. Ann Arbor, MI: University of Michigan Press, 1975.

Sorkin, David. *The Transformation of German Jewry, 1780-1840*. Nova York: Oxford University Press, 1987.

Wistrich, Robert S. *The Jews of Vienna in the Age of Franz Joseph*. Nova York: Oxford University Press (Littman Library), 1989.

O judaísmo na Europa Oriental moderna

Dawidowicz, Lucy S., org. *The Golden Tradition: Jewish Life and Thought in Eastern Europe*. Nova York: Holt, Rinehart and Winston, 1967.

Frankel, Jonathan. *Prophecy and Politics: Socialism, Nationalism, and the Russian Jews, 1862-1917*. Cambridge: Cambridge University Press, 1981.

Gitelman, Zvi Y. *A Century of Ambivalence. The Jews of Russia and the Soviet Union, 1881 to the Present*. Nova York: Schocken, 1988.

Klier, John D. *Russia Gathers Her Jews: The Origins of the "Jewish Question" in Russia, 1772-1825*. Dekalb, IL: Northern Illinois University Press, 1986.

Mendelsohn, Ezra. *The Jews of East Central Europe between the World Wars*. Bloomington, IN: Indiana University Press, 1983.

Pinkus, Benjamin. *The Jews of the Soviet Union*. Cambridge: Cambridge University Press, 1988.

Slezkine, Yuri. *The Jewish Century*. Princeton, NJ: Princeton University Press, 2004.

Stanislawski, Michael. *Tsar Nicholas I and the Jews*. Filadélfia: Jewish Publication Society of America, 1983.

O judaísmo na Europa Ocidental moderna

Benbassa, Esther. *The Jews of France: A History from Antiquity to the Present.* Princeton, NJ: Princeton University Press, 1999.
Endelman, Todd M. *The Jews of Britain, 1656-2000.* Berkeley, CA: University of California Press, 2002.
Hertzberg, Arthur. *The French Enlightenment and the Jews.* Nova York: Columbia University Press, 1968.
Hyman, Paula. *From Dreyfus to Vichy. The Remaking of French Jewry, 1906-1939.* Nova York: Columbia University Press, 1979.
———. *The Jews of Modern France.* Berkeley, CA: University of California Press, 1998.
Katz, David S. *The Jews in the History of England.* Oxford: Clarendon Press, 1994.
Marrus, Michael Robert. *Politics of Assimilation. A Study of the French Jewish Community at the Time of the Dreyfus Affair.* Oxford: Clarendon Press, 1971.
Marrus, Michael R. e Robert O. Paxton. *Vichy France and the Jews.* Nova York: Basic Books, 1981.
Wasserstein, Bernard. *Vanishing Diaspora: The Jews in Europe since 1945.* Cambridge, MA: Harvard University Press, 1996.

O judaísmo nos Estados Unidos e nas Américas

Diner, Hasia R. *The Jews of the United States, 1654 to 2000.* Berkeley, CA: University of California Press, 2004.
Elkin, Judith Laikin. *Jews of the Latin American Republics.* Chapel Hill, NC: University of North Carolina Press, 1980.
Feingold, Henry L., org. *The Jewish People in America*, 5 vols. Baltimore: Johns Hopkins University Press, 1992.
Howe, Irving. *World of Our Fathers.* Nova York: Harcourt Brace Jovanovich, 1976.
Meyer, Michael A. *Response to Modernity: A History of the Reform Movement in Judaism.* Nova York: Oxford University Press, 1988.
Sarna, Jonathan. *American Judaism.* New Haven, CT: Yale University Press, 2004.
Whitfield, Stephen J. *In Search of American Jewish Culture.* Hanover, NH: University Press of New England [para a] Brandeis University Press, 1999.

O antissemitismo e o Holocausto

Dawidowicz, Lucy S. *The War Against the Jews, 1933-1945.* Nova York: Holt, Rinehart and Winston, 1975.
Friedländer, Saul. *Nazi Germany and the Jews*, 2 vols. Nova York: HarperCollins, 1997-2007.
Gilbert, Martin. *Kristallnacht.* Londres: HarperPress, 2006.

Hilberg, Raul. *The Destruction of the European Jews*, ed. rev. e definitiva. Nova York: Holmes and Meier, 1985.
Katz, Jacob. *From Prejudice to Destruction: Anti-Semitism, 1700-1933*. Cambridge, MA: Harvard University Press, 1980.
Longerich, Peter. *Holocaust: The Nazi Persecution and the Murder of the Jews*. Nova York: Oxford University Press, 2009.
Poliakov, Léon. *The History of Anti-Semitism*. 4 vols. Filadélfia: University of Pennsylvania Press, 2003.
Pulzer, Peter. *The Rise of Political Anti-Semitism in Germany & Austria*, ed. rev. Cambridge, MA: Harvard University Press, 1988.
Segev, Tom. *The Seventh Million: The Israelis and the Holocaust*. Nova York: Hill and Wang, 1993.
Yahil, Lena. *The Holocaust: The Fate of European Jewry, 1932-1945*. Nova York: Oxford University Press, 1990.

O sionismo e o Estado de Israel

Avineri, Shlomo. *The Making of Modern Zionism: Intellectual Origins of the Jewish State*. Nova York: Basic Books, 1981.
Eisenstadt, Shmuel N. *The Transformation of Israeli Society*. Boulder, CO: Westview Press, 1985.
Elon, Amos. *Herzl*. Nova York: Holt, Rinehart and Winston, 1975.
Harshav, Benjamin. *Language in a Time of Revolution*. Berkeley, CA: University of California Press, 1993.
Laqueur, Walter. *A History of Zionism*. Nova York: Schocken, 2003.
Mendelsohn, Ezra. *On Modern Jewish Politics*. Nova York: Oxford University Press, 1993.
Myers, David. *Re-inventing the Jewish Past. European Jewish Intellectuals and the Zionist Return to History*. Nova York: Oxford University Press, 1995.
Sachar, Howard M. *A History of Israel*, 3ª. ed. rev. e atualizada. Nova York: Knopf, 2007.
Segev, Tom. *One Palestine, Complete: Jews and Arabs under the British Mandate*. Londres: Little Brown, 2000.
Shimoni, Gideon. *The Zionist Ideology*. Hanover, NH: University Press of New England [para a] Brandeis University Press, 1995.
Vital, David. *The Origins of Zionism*. Oxford: Clarendon Press, 1975.
———. *Zionism. The Formative Years*. Oxford: Clarendon Press, 1982.
Wasserstein, Bernard. *Divided Jerusalem: The Struggle for the Holy City*. New Haven, CT: Yale University Press, 2001.
Zerubavel, Yael. *Recovered Roots. Collective Memory and the Making of Israeli National Tradition*. Chicago: University of Chicago Press, 1995.
Zipperstein, Steven. *Elusive Prophet. Ahad Ha-Am and the Origins of Zionism*. Berkeley, CA: University of California Press, 1993.

Créditos das imagens

Página XXXII, cortesia da Biblioteca do Seminário Teológico Judaico dos Estados Unidos, Nova York. Página 4, akg-images / Erich Lessing. Página 5, akg-images. Página 10, Estela da Vitória de Meneptá (c. 1236-1217 a.e.c.), conhecida como Estela de Israel, do templo mortuário de Meneptá, Tebas, Novo Império, 1213-1203 a.e.c. (granito), da 19ª dinastia egípcia (c. 1297-1185 a.e.c.). Museu Nacional do Egito, Cairo, Egito / Giraudon / The Bridgeman Art Library. Página 10, akg images / Erich Lessing. Página 12 (em cima e embaixo), akg-images / Erich Lessing. Página 13, the British Library, Sloane MS 3173, f. 27r. Página 16, Museu Nacional da Bósnia e Herzegovina, Sarajevo. Página 20, Departamento de Antiguidades e Museus de Israel. Página 23, dpa-Bildarchiv. Página 25, akg-images / Suzanne Held. Página 28, Klau Library, Cincinnati. Hebrew Union College-Jewish Institute of Religion. Página 33, cortesia da Biblioteca do Seminário Teológico Judaico dos Estados Unidos, Mic. 8270. Página 34, Departamento de Antiguidades de Israel, Jerusalém. Página 36, akg-images. Página 41, Peter Palm. Página 42, akg images / Erich Lessing. Página 48, akg-images / Erich Lessing. Página 50, akg-images / British Library. Página 57, akg-images. Página 60, akg-images. Página 61, Museu Nacional de Damasco / Art Resource, NY. Página 64, MS. Hunt 448, fol. 100a. Bodleian Library, Universidade de Oxford. Página 68, akg-images / British Library. Página 71, akg-images / Erich Lessing. Página 78, akg-images / British Library. Página 83, Staatsbibliothek Preussischer Kulturbesitz, Orientabteilung. Página 85, akg-images. Página 86, © Fundação Nour. Cortesia do fideicomisso da família Khalili. JLZ 270 12/17, coleção de arte islâmica de Nasser D. Khalili, Londres. Foto: Ch. Phillips, Sci. 158. Página 88, Museu de Israel, Jerusalém. Páginas 96 e 97, Groeningemusuem Brügge. Página 99, akg-images. Página 100, Staats-und Universitätsbibliothek Hamburg Cod. Hebr. 37. Página 101, Peter Palm. Página 104, Hessisches Landesmuseum, Darmstadt / bpk. Página 105, British Library / Art Archive. Página 108, akg-images / British Library. Página 112, akg-images / Bildarchiv Steffens. Página 116, Peter Palm. Página 118, akg-images. Página 126, cortesia da Biblioteca do Seminário Teológico Judaico dos Estados Unidos, Nova York. Página 131, Bibliothèque Nationale de France. Página 134, cortesia da Biblioteca do Seminário Teológico Judaico dos Estados Unidos, Nova York. Página 138, Harvard College Library. Página 143, Museu Nacional de Varsóvia, arquivos do Departamento de Documentação Científica e do Departamento de Imagens Antigas. Página 149, coleção da sra. Maurice Sternberg. Página 152, Emilie G. L. Schrijver / Falk Wiesemann (Hg.): Die Van-Geldern-Haggadah e Heinrich Heines "Der Rabbi von Bacherach," Verlag Brandstätter, Viena 1997. Página 155, Universitätsbibliothek Johann Christian Senckenberg Frankfurt am Main. Página 160, do grupo de

Créditos das imagens

terracota Bockhandel, Stadtmuseum Stockach. © Stadt Stockach. Página 164, Jüdisches Museum, Praga; Foto: Dana Cabanová. Página 169, akg-images. Página 172, Harvard College Library. Página 176, Musées de la ville de Paris © SPADEM. Página 178, The Jewish Museum, Nova York, doação do sr. e sra. Richard D. Levy / bpk. Página 180, akg-images. Página 187, bpk. Página 190, Heb 4905.93*, Houghton Library, Universidade Harvard. Página 194, Peter Palm. Página 198, Sociedade Histórica de Montana, Arquivos do Centro de Pesquisas Fotográficas, Helena. Página 200, Levi Strauss & Co. Archives, São Francisco. Página 204, Harvard College Library. Página 208, Peter Palm. Página 212, Maurycy Gottlieb, Judeus orando na sinagoga no Yom Kippur, Museu de Arte de Tel Aviv, doação de Sidney Lamon, Nova York, 1955. Página 220, The Jewish Museum, Nova York, doação de Lester S. Klein / Scala, Florença. Página 225, Zev Radovan, Jerusalém (Zev Radovan's Bible Land Pictures). Página 228, Colver Pictures, Inc., Nova York. Página 229, Brown Brothers, Sterling, PA. Página 232, the Library of Congress. Página 236, akg-images. Página 241, picture--alliance © Delius/Leemage. Página 245, coleção da família Gross, Tel Aviv. Página 248, cortesia da Biblioteca do Seminário Teológico Judaico dos Estados Unidos, Nova York. Página 252, akg-images / Erich Lessing. Página 255, Eli Barnavi: História universal dos judeus – do passado até o presente – um atlas histórico, dtv, Munique, 2004. Página 257, Images of Asia. Página 260, The Jewish Museum, Nova York, doação de Leonard e Phyllis Greenberg. Foto: John Parnell. © The Jewish Museum / Art Resource / Scala, Florença. Página 263, Städtische Galerie im Lenbachhaus, Munique. Página 275, Scala, Florença. Página 278, akg-images © VG Bild-Kunst, Bonn 2008. Página 286, Museu Rubin, Israel. Página 287, Universidade Hebraica de Jerusalém. Página 374, Hagadá de um sobrevivente, She'erith Hapletah, American Joint Distribution Committee, Munique, 1947. Página 297, © Charlotte Salomon Foundation, ® Charlotte Foundation, acervo do Jewish Historical Museum, Amsterdam. Página 300, Staatliche Galerie Moritzburg Halle, Landeskunstmuseum Sachsen-Anhalt. Foto: Reinhard Hentz, Halle © VG Bild-Kunst, Bonn 2008. Página 304, akg-images © VG Bild-Kunst, Bonn 2008. Página 312, Helga Weissová. Página 316, Harvard College Library. Página 320, Casa dos Guerreiros do Gueto em memória de Itzhak Ketznelson, Kibutz Lohamei Haghetaot. Página 321, akg-images. Página 325, © Bettmann/CORBIS. Página 336, Paramount Pictures. Página 337, Associated Press / Zavi Cohen. Página 341, akg-images. As guardas são cortesia da Biblioteca do Seminário Teológico Judaico dos Estados Unidos, Nova York.

Índice onomástico

Este índice traz os nomes de pessoas, personagens bíblicos, dinastias, grupos étnicos e religiosos e instituições. Os números de páginas em itálico se referem às legendas das ilustrações.

Aarão, 6, 22
Abássidas, 74
Abd al-Rahman III, 80ss.
Abdias, profeta, 80
Abraão (Abrão), 2ss., 6, 62, *68*
Abraham ibn Daúd, 79
Abravanel, Isaac, 109
Adler, Felix, 198
Adler, Miklós, *290*
Adorno, Theodor W., 328
Adriano, imperador, 56-7
Afonso V, rei, 109
Agnon, S. Y. (Shmuel Yossef), 139, 246, 288, 346
Agobardo, arcebispo, 91
Agostinho, 61, 95
Ahad Ha'am, 211, 243
Ahmadinejad, Mahmoud, 350
Akiva, Rabi, 56
Al-Hakim, califa, 73
al-Husseini, Mohammed Amin, 319
Alberto V, duque, 94
Albright, Madeleine, 335
Alcimo, sumo sacerdote, 40
Alexandre I, czar, 207
Alexandre II, czar, 209, 218, 224
Alexandre III, czar, 219, 222
Alexandre Janeu, rei, 41ss.
Alexandre, o Grande, 19, 29
Aliança Israelita, 258
Allen, Woody, 336

Alliance Israélite Universelle, 237, 244, 249, 253-6, 258
Almôadas, 74, 81, 83, 84
Almorávidas, 81, 83
Alroy, Davi, 76
American Israel Public Affairs Committee (AIPAC). *Ver* Comitê Americano de Assuntos Públicos de Israel.
American Jewish Committee, 258, 288, 335
Amós, profeta, 23
Antíoco Epífanes, *100*
Antíoco IV, rei, 37-40
Antípater, 46
Antonino Pio, imperador, 57
Antônio Margarita, 107
Apião, 32, 175
Apiru, 11
Arbeter-Ring, 228
Aristeias, 34-5
Aristóbulo I, 41
Aristóbulo II, 45
Arquelau, rei, 47
Artaxerxes I, rei, 17
Asch, Scholem, 227
Associação Anglo-Judaica, 258
Associação Central dos Cidadãos Alemães de Fé Judaica. *Ver* Centralverein deutscher Staatsbürger jüdischen Glaubens (CV).

Associação Cultural Judaica, *297*, 298
Associação de Auxílio dos Judeus Alemães. *Ver* Hilfsverein der deutschen Juden.
Associação de Colonização Judaica, 240
Associação Rabínica Geral da Alemanha, 241
Assuero, rei, 32ss.
Augusto III, rei, 151
Augusto, o Forte, 157-8
Ausländer, Rose, 261

B'nai B'rith, 202
Babel, Isaac, 265
Baeck, Leo, 281, 296, 328
Balfour, Lorde, *232*, 247, 284, 287
Bamberger, Seligman Baer, 186
Bar Kokhba, 48, 56ss.
Barkai, Esther, 317-8
Baron, Salo, 92
Bassani, Giorgio, 330
Bassevi von Treuenburg, Jacob, 163
Béguin, Menachem, 319, 345, 349
Behrens, Leffmann, 157
Beilis, Mendel, 221
Bellow, Saul, 336

Ben Gurion, David, 246, 320, *321*
Ben-Yehuda, Eliezer, 211
Ben-Zvi, Yitzhak, 246
Benjamin, Walter, 272
Benzaquen, Leon, 325
Berab, Jacob, 132
Bergner, Elizabeth, 272
Bergson, Henri, 273
Bernstein, Isaak, 191
Bernstein, Leonard, 337
Bialik, Chaim Nachman, 220
Bloch, Ernst, 328
Bloomingdale, Benjamin, 200
Blum, Léon, 272, 288, 293
Boleslau V, duque, 139
Börne, Ludwig, 181
Bouman, Elias, *118*
Brandeis, Louis D., 284
Braun, Eva, 315
Brenner, Yossef Chaim, 246, 288
Breuer, Joseph, 339
Búber, Martin, 279ss., 328
Burg, Meno, 181

Cahan, Abraham, 230
Caifás, sumo sacerdote, 44
Calígula, imperador, 42
Camondo, Abraham Salomon, 259
Camondo, Moïse, 259
canaanitas, 347
Caracala, imperador, 57
Carlos Alexandre, duque, 158
Carlos I, rei da Romênia, 217
Carlos I, rei de Nápoles, 87
Carlos II, rei, 121
Carlos V, imperador, 107, 128
Carlos Magno, 90
Caro, Yossef, 132
Casimiro, rei, 140

Cassirer, Ernst, 276
Catarina de Castela, 110
Catarina II, czarina, 206
Celan, Paul, 261
Centralverein deutscher Staatsbürger jüdischen Glaubens (CV), 237ss.
Chagall, Marc, 5, 278
Chaim ben Joseph, 154
Chancellor, *Sir* John, 289
Chmielnicki, Bogdan, 145
Chomsky, Noam, 349
Cícero, Marco Túlio, 175
Ciro, rei, 18
Clemente VII, 127
Clermont-Tonnerre, conde, 173
Cohen, Hermann, 262
Cohen, Marcel, 256
Comitê Americano de Assuntos Públicos de Israel, 349
Comitê Judaico Norte--Americano, 258, 288, 335
Congresso Mundial Judaico, 274, 310, 329
Conselho Central dos Judeus na Alemanha, 329
Coppia Sullam, Sara, 124
Cordovero, Moisés, 133
Corinth, Lovis, *262*
Coughlin, Charles, 274
Crémieux, Adolphe, 253, 257
Cristiano Augusto, conde palatino, 159
Cromwell, Oliver, 115-6
Czerniaków, Adam, 309

Da Costa, Uriel, 119
Davi, rei, 3, 9, 11, 14, 62, 74, 76, 103, 109
Davis, Jacob, 200
Davis Jr., Sammy, 341

Débora, 19
Delacroix, Eugène, *252*
Diamond, Neil, 337-8
Diderot, Denis, 175
Döblin, Alfred, 272
Dohm, Christian Wilhelm von, 174-7, 206
dominicanos, 95, 106, 110
Dov Baer de Mezhirech, 148
Dreyfus, Alfred, 234, *236*
Drumont, Edouard, 235
Dubnow, Simon, 238
Dunash ibn Labrat, 82
Dylan, Bob, 337ss.

Eichmann, Adolf, 334
Einhorn, David, 198
Einstein, Albert, 272, 274, *275*, 288, 294
Eisner, Kurt, 264
El Ghazali, Nazem, 324
El Greco, 110
el-Sadat, Anwar, 344ss.
Eleazar ben Judá, 105
Eleazar ben Simão, 48
Elias, profeta, 23
Eliayu ben Shlomo Zalman, 150ss.
Eliseu, profeta, 23
Elizabeth I, rainha, 115
Elstätter, Moritz, 182
Emden, Jacob, 150
Erasmo de Roterdam, 106
Ernesto Augusto de Hanover, 157
Esaú, 3
Esdras, 17, 19ss., 22, 26, 30
Eshkol, Levi, 246
essênios, 43-4
Espinosa, Baruch, 119-21ss., 167
Ester, rainha, 5, 19, 27, 32ss.
Eybeschütz, Jonathan, 151

Ezequias, rei, 12
Ezequiel, 24, 73

Farrakhan, Louis, 340
Federação de Sionistas Americanos, 284
Feinstein, Moshê, 339
Fénelon (Goldstein), Fania, 291
Ferrer, Vicente, 110
Fettmilch, Vincenz, 163
Feuchtwanger, Lion, 272, 280
Fílon de Alexandria, 31, 42, 52
Finkielkraut, Alain, 327
Fisher, Eddie, 341
Flávio Josefo, 21, 31ss., 42ss.
Ford, Henry, 221, 274
Fourier, Charles, 235
franciscanos, 95
Francisco de Lorena, 165
Francisco José, 234
Franck, James, 294
Franco, Francisco, 293
Frank, Jacob, 150ss.
Fränkel, David, 153
Frankel, Zacharias, 186
Frederico II, imperador, 94
Frederico II, rei, 166ss.
Freud, Sigmund, 272
Fuzuli, *68*

Gamaliel VI, patriarca, 61
Gans, David, 163
Gans, Eduard, 181, 188
Gaon de Vilna, 150, 209
Geiger, Abraham, 184, 186
Gershwin, George, 273
Giehse, Therese, 328
Glikl (Glückel) de Hamelin, 154, *155*
Glucksman, André, 327
Goebbels, Joseph, *297*, 301, 308

Goering, Hermann, 298, 301
Goga, Octavian, 293
Gompers, Samuel, 231
Goodman, Benny, 273
Gordimer, Nadine, 331
Gordon, A. D., 246
Gordon, Judá Leib, 211
Gottlieb, Maurycy, *212*
Graetz, Heinrich, 188
Grant, Ulysses, 201ss.
Gratz, Rebecca, 196
Greenberg, Hank, 274
Gregório IX, papa, 95
Grócio, Hugo, 115
Grossman, David, 346
Grundig, Lea, *300*
Grynszpan, Herschel, 300
Güdemann, Max, 240
Gugenheim, Fromet, 171
Guggenheim, Simon, 200
Guilherme I, kaiser, 234
Guinsberg, Asher, 243
Gumperz, Bendit, 164
Günzburg, Horace, 223-4
Günzburg, Joseph, 222

Haber, Fritz, 294
Hahn, Joseph Juspa, 163
Harun al-Rashid, 90
Hasdai ibn Shaprut, 81
Hasmoneus. *Ver* Macabeus
Hassidê Ashquenaz, 103, 105
hassidismo, 147-50, 209ss., 214-5, 217, 267, 280, 338ss.
havurá, 342
Hebrew Immigrant Aid Society (HIAS), 226ss.
Hecateu de Abdera, 31
Hehalutz, movimento, 286
Heidegger, Martin, 295
Heine, Heinrich, 53, *152*, 153, 162, 180-1, 188
Heller, Otto, 279

Henrique IV, imperador, 94
Hermlin, Stephan, 328
Herodes, rei, 46ss.
Herz, Henriette, *180*, 180
Herz, Marcus, *180*
Herzl, Theodor, *232*, 233-5, 239ss., *241*, 247, *321*
Heschel, Abraham Joshua, 339, *341*
Hess, Moses, 242
Heydrich, Reinhard, 305
Heym, Stefan, 328
Hildesheimer, Esriel, 187
Hilfsverein der deutschen Juden (Associação de Auxílio dos Judeus Alemães), 246, 258
Hillquit, Morris, 230
Hilsner, Leopold, 221
Himmler, Heinrich, 291, 308, 314
Hindenburg, Paul von, 292
Hircano, 45ss.
Hirsch, Maurice de, 240, 244
Hirsch, Samson Raphael, 185-6, 339
Hitler, Adolf, 292ss., 296, 301, 305, 307, 315, 319
Homberg, Herz, 214
Hönigswald, Richard, 295
Horkheimer, Max, 328
Horowitz, Jesaja (Isaías), 163
Hourwitz, Zalkind, 175
Humboldt, irmãos, 180
Husserl, Edmund, 295

Inocêncio III, papa, 67, 94ss.
Inocêncio IV, papa, 96
Irgun, 319
Isabela e Ferdinando de Castela, 80, 109
Isaías, profeta, 3, 23, *23*, 30
Ismael, 3, *68*

Índice onomástico

Israel ben Eliezer, 148
Israel Meir ha-Kohen, 226
Isserles, Moisés, 133, 140

Jabotinsky, Vladimir, 283
Jackson, Jesse, 339
Jacó (Israel), 3, *4*, 6, 29
Jacobson, Israel, 184
Jacoby, Johann, 182
Jasão, sumo sacerdote, 38
Jean Paul, 180
Jeremias, profeta, 3, 15, 24
Jerônimo, 61
Jesus, 3, 58-9, 60, 66, 101, 102
Jeú, rei, *12*
João Hircano, rei, 41
João II, rei de Castela, 110
João II, rei de Portugal, 109
Joaquin, rei, 15
Jolson, Al, 273
Jonas, profeta, 30
Jonas, Regina, 340
Jônatas, sumo sacerdote, 40
José II, imperador, 174, 177, 206, 214
José, 3, 6
Josel de Rosheim, 107, 128
Joseph ben David, *13*
Josias, rei, 13-5
Jost, Isaak Markus, 153, 188
Josué, 7, 9
Jud Süss. *Ver* Oppenheimer, Josef Süss.
Judá ben Samuel, 105
Judá ha-Nassi, 52
Judá Halevi, 73, *83*, 83, 84
Judas Macabeu, 37ss.

Kafka, Franz, 272, 296
Kahane, Meir, 349
Kahn, Moses, 165
Kalonymus ben Mordechai Jafe, *138*

Kalonymus, família, 89ss.
Kalonymus, Rabi, 89
Kann, Moses Löb Isaak, 157
Kant, Immanuel, 153
Kantorowicz, Alfred, 328
Kaplan, Mordecai, 339
Karski, Jan, 310
Katznelson, Berl, 246
Kaufmann, Isidor, *149*
Kertész, Imre, 350
King, Martin Luther, *341*
Kissinger, Henry, 335
Kohler, Kaufmann, 199
Kohn, Abraham, 215
Kortner, Fritz, 328
Kotler, Aaron, 339
Kracauer, Siegfried, 272
Kraus, Karl, 241
Kreisky, Bruno, 328
Krochmal, Nachman, 215
Krushevan, Pavolatchi, 221
Kun, Béla, 264

Labão, 6, 29, *290*
Landau, Ezekiel, 177
Lasker (Wallfisch), Anita, 291
Lavater, Johann Caspar, 167, *169*
Leeser, Isaac, 197
Lefin, Mendel, 215
Lehmann, Behrend, 157
Lerner, Michael, 350
Lessing, Gotthold Ephraim, 153, 167, *169*, 175-6
Levi, Carlo, 330
Levi, Primo, 330
Levin, Rahel, 181
Leviné, Eugen, 264
Levinsohn, Isaac Baer, 210
Lévy, Bernard-Henri, 327
Levy, Hirsch, 154
Lévy, Maïr, 249

Lieberman, Joseph, 335
Liebermann, Max, 60, 272, 276, 294
Lilien, Ephraim Moses, *241*
Lilienblum, Moshe Leib, 210
Lissauer, Ernst, 262
Lissitzky, El, *260*, *278*
Lloyd George, David, 272
Locke, John, 115
Loewy (Bejarano), Esther, 291
London, Meyer, 230
Lopez, Roderigo, 115
Löw ben Bezalel, Judá (Maharal), 163
Lubavitch. *Ver* movimento Lubavitch.
Lueger, Karl, 234
Luís IX, rei, 95
Luís, o Piedoso, 90
Luria, Isaac, 133
Lutero, Martinho, 107, 153
Luxemburgo, Rosa, 264

Macabeus (Hasmoneus), 26, 37, 41-2, *42*, 48, 281
Maharal. *Ver* Löw ben Bezalel, Judá (Maharal).
Mahler, Gustav, 291
Maimon, Solomon, 215
Maimônides (Moisés ben Maimon; Rambam), 72-4, 75, *85*, 84-7, 129, 215
Malamud, Bernard, 336
Malaquias, profeta, 22
Malevich, Kasimir, *278*
Manassés ben Israel, 116, 117, 119
Manassés, rei, 12
Mandelstam, Óssip, 273
Maneto, 32
Mann, Thomas, 264
Manuel, rei, 113

Maria Teresa, imperatriz, 163-4
Mariana, 46
Marr, Wilhelm, 233, 235
marranos, 113, 115-7, 119, 121, 128
Marshall, Louis, 288
Marx, Karl, 180, 235, 242
Masaryk, Tomáš, 283
maskilim, 170, 210-1, 215
massoretas, 26, 76, 82
Matatias, 37ss.
Matejko, Jan, *212*
Mayer, Hans, 328
Mayer, Louis B., 274
Meir, Rabi, 106
Meisel, Mordechai, 163
Memmi, Albert, 327
Menachem ben Saruk, 72
Menachem Bezalel, *85*
Mendelsohn, Erich, 272
Mendelssohn Bartholdy, Felix, 171, 180, 235
Mendelssohn, Moses, 153, 167-8, *169*, 168-71, 174, 175, 180, 181, 214
Mendes Nassi, Gracia, *131*, 131
Menelau, sumo sacerdote, 38, 40
Meneptá, faraó, 10, *10*
Mengele, Josef, 291, 307
Michelangelo, *5*
Mikhoels, Solomon, 323
Miller, Arthur, 341
Minkowsky, Maurice, *220*
mitnagdim (*misnagdim, misnagued*), 149ss., 210, 267
Modena, Leone, 124
Mohammed Ali, 257
Moisés ben Henoc, 79
Moisés, 1, 3-7, 14, 22, 25ss., 29, 31ss., 37-8, *61*, 120, 230

Mommsen, Theodor, 238ss.
Monash, John, 331
Monroe, Marilyn, 341
Montefiore, *Sir* Moses, 257
Moravia, Alberto, 330
Mosse, família, 272
Mourad, Leila, 325
Mourad, Salima, 324
movimento Lubavitch, 338
Moykher-Sforim, Mêndele, 212-3
Muhammad, profeta, 3, 65ss., 68, 184
Müller, Ludwig, 296
Munk, Salomon, 257
Mussar, movimento, 210ss.
Mussolini, Benito, 293
Mustafá Rashid Pasha, 251

Nabucodonosor II, rei, 8, 15, 24
Napoleão I, imperador, *176*, 176-9
Nasser, Gamal Abdel, 325, 348
Nassi, José, 130
Natã de Gaza, 133
Necao II, faraó, 15
Neemias, profeta, 17, 19ss., 22, 26
Nicolai, Friedrich, 167
Nicolau I, czar, 207, 210
Nicolau II, czar, 219, 221
Nilus, Sergei, 221
Nimoy, Leonard, *336*, 337
Nixon, Richard, 335
Noah, Mordecai Manuel, 195
Nordau, Max, 242, 281
Nussbaum, Felix, *304*

Offenbach, Isaac, *172*
Offenbach, Jacques, *172*
Omar, califa, 67

Omíadas, 74
Oppenheim, Moritz Daniel, 5, *169*, *178*
Oppenheimer, Josef Süss, *156*, 158
Organização Sionista Mundial, 284, 289
Oseias, profeta, 23
Oto II, imperador, 89ss.
Oz, Amós, 346

Passfield, Lorde Sydney (W.), 289
Pastorino di Pasterini, *131*
Paulo de Burgos, 110
Paulo IV, papa, 123, 130-1
Pedro IV, rei, 110
Peretz Yitzhok Leibush, 213, 227
Perl, Joseph, 214
Pfefferkorn, Johannes, 106
Pico della Mirandola, 106
Picon, Molly, 273
Pilichowski, Leopold, *287*
Pinsker, Leon, 242
Pompeu, triúnviro, 45
Potok, Chaim, 336
Poznanski, Gustav, 196
Poznański, Izrael, 222
Prinz, Joachim, 339
Proudhon, Pierre Joseph, 235
Ptolomeus, dinastia dos, e Ptolomeu II, rei, 29, 35
Puni, Ivan, *278*

Rabā Gamaliel, 55
Rabenu Gershom, 103ss.
Rabin, Yitzhak, 345
Rambam. *Ver* Maimônides.
Rashi. *Ver* Shlomo ben Yitzhak.
Rath, Ernst vom, 300
Rathenau, Walther, 272

Índice onomástico

Ratosh, Ionatan, 347
Reinhardt, Max, 272
Rembrandt van Rijn, 5, 117-8
Representação dos Judeus Alemães no Reich, 296
Reuchlin, Johannes, 106
Reuveni, David, *126*, 127-9, 132, 137
Riegner, Gerhart, 310
Riesser, Gabriel, 181
Ringelblum, Emanuel, 311
Rodolfo I, rei, 106
Rodolfo II, imperador, 163
romaniotas, 129
Roosevelt, Franklin Delano, 275, 301
Roosevelt, Theodore, 202
Rosé, Alma, 291
Rosé, Arnold, 291
Rosenberg, Julius e Ethel, 334-5
Rosenthal, Leon, 222
Rosenzweig, Franz, 173, 280, 328
Roth, Philip, 336
Rothschild, família, 244
Rubin, Reuven, *286*
Rutardo, arcebispo, 92

Saadia Gaon (Saadia ben Yossef), *64*, 73-5, 82
sabatianos, *134*, 151
Sacco, Ferdinando ("Nicola"), 275
saduceus, 43ss.
Salazar, António de Oliveira, 293
Salmanassar III, *12*
Salomão Molcho (Diego Pires), 127-9, 132
Salomão, rei, 7, 9, 11, 41, 103
Salomé Alexandra, rainha, 45
Salomon, Charlotte, *297*

samaritanos, 18ss., 27
Samuel ha-Levi Abuláfia, 110, *112*
Samuel ibn Nagrela, 73, 82
Samuel, juiz, 25, 45
Samuel, Lorde Herbert, 285, *287*
Sassânidas, 62
Sassoon, família, 259
Schechter, Solomon, 229
Schedel, Hartmann, *99*
Schindler, Alexander, 339
Schlegel, Friedrich, 181
Schleiermacher, Friedrich, 180
Schlesinger, Akiba, 217
Schneerson, Menachem Mendel, 338-9
Schnitzler, Arthur, 272
Scholem, Gershom, 133
Schönberg, Arnold, 265, 272
Schönerer, Georg Ritter von, 234
Schreiber, Moses (Hatam Sofer), 216
Schulz, Bruno, 273
Sedecias, rei, 15
Seghers, Anna, 328
selêucidas, 29, 37, 38ss., 46
Seligmann, Joseph, 199ss.
Selim II, sultão, 130
Senaquerib, 12, *12*
Shabetai Zevi, 133-7, 150ss.
Shahn, Ben, *275*
Sharon, Ariel, 345
Shazar, Zalman, 246
Shimon (Simão) ben Shetach, 45
Shlomo ben Yitzhak (Rashi), 104
Sholem Aleichem, 213, 227
sicários, 48
Sigismundo I, rei, 140, 141
Silver, Abba Hillel, 285

Simão bar Giora, 48
Simão, rei, 40
Singer, Isaac Bashevis, 337
Singer, Kurt, *297*
Slansky, Rudolph, 323
Slovo, Joe, 331
Smolenskin, Peretz, 211
Sociedade Hebraica de Auxílio aos Imigrantes (HIAS). *Ver* Hebrew Immigrant Aid Society.
Sohn, Anton, *160*
Sokolov, Nahum, 289
Soloveitchik, Joseph, 339
Sonnemann, Leopold, 272
Stahl, Friedrich Julius, 179
Stern, Fritz, 279
Stoecker, Adolf, 234
Straus, Oscar S., 202
Strauss, Levi, 200
Streicher, Julius, 317
Streisand, Barbra, 337-8
Stroop, Jürgen, 313
Struck, Hermann, *263*
Suasso, Isaac Israel, 121
Sugihara, Chiune, 311
Suleiman, sultão, 9
Suzman, Helen, 331
Svevo, Italo, 273, 330

Tabenkin, Yitzhak, 246
Täubler, Eugen, 273
Taylor, Elizabeth, 341
Teixeira, Abraham Diego, 121
Teodósio II, imperador, 60
Thannhauser, Siegfried, 295
Theilhaber, Felix, 279
Tito, imperador, 43, *48*, 49
Tolstoi, Leão, 220
Tomashefsky, Boris, 273
Torquemada, Tomás de, 111
tossafistas, 105
Toussenel, Alphonse, 235

Treitschke, Heinrich von, 234
Trotski, 264
Trujillo, Rafael, 302
Tucholsky, Kurt, 298

Ullstein, família, 272
União de Congregações Hebraicas Norte-Americanas (União para o Judaísmo Reformado), 197
União Mundial do Judaísmo Progressista, 329

Van Geldern, família, *152*
Vanzetti, Bartolomeo, *275*
Varnhagen van Ense, Karl August, 181
Veit, Dorothea, 181
Vespasiano, imperador, 48, 51, 55
Vital, Chaim, 133
Voltaire, 175
Vuchetich, Yevgeny, *23*

Wagner, Richard, 182, 235
Waldheim, Kurt, 328
Wallenberg, Raoul, 311
Warburg, Aby, 273
Warner, irmãos (Warner Brothers), 274
Washington, George, 195
Wassermann, Jakob, 272
Weissová, Helga, *312*
Weizmann, Chaim, 284, *287*, 288ss.
Werfel, Franz, 272

Wertheimer, Itzig, 165
Wertheimer, Wolf, 164
Wiesel, Elie, 350
Wise, Isaac Mayer, 197ss.
Wise, Stephen, 274, 285
Wolfskehl, Karl, 89

Yehoshua, A. B., 346
Yezierska, Anzia, 205, 231
Yohanan ben Torta, 56
Yohanan ben Zakai, 51-3
Yossef ibn Nagrela, 73

Zederbaum, Alexander, 211
Zolli (Zoller), Israel, 330
Zunz, Leopold, 188, 215
Zweig, Arnold, *263*, 272, 328
Zweig, Stefan, 272

Índice toponímico

Este índice traz os nomes de cidades, países e regiões.
Os números de páginas em itálico se referem às legendas das ilustrações.

Acre, 132
Áden, 251
África do Sul, 224, 283, 330-2
Alcazar, 249
Alemanha, *28*, 89-90, 96, 98, 106, 133, 161, 162, 167, 176-83, *187*, 188, 192, 196, 215, 217, 221, 229, 235, 236, *245*, 246, 263, 265, 269, 270-1, 276, 280, 281, 291, 292, 294, 295-301, *297*, 302-3, 309, 310, 314, 315, 318, *320*, 328-30, 339-40, 344,
Alepo, 27, 324, 333
Alexandria, 31, 42, 79, 127, 254, 258
Alsácia, 107, 174, 176, 270
Altona, *13*, 122, 151
América do Sul, 7, 224, 240, 302
Amsterdam, 116-9, 121, 130, *134*, 145, 164, 179, 269, 270, 328, 329
Andaluzia, 129
Antuérpia, 130, 270, 303, 328
Aragão, 79, *86*, 112, 122
Argélia, 129, 242, 249, 253, 255, 262
Argentina, 240, 332, 334
Atenas, 315
Augsburgo, 107, 164
Auschwitz(-Birkenau), 291ss., *297*, *304*, 306ss., 311, *312*, 313-5, 350
Austrália, 224, 330

Áustria, 174, 177, 181, 183, 206, 216ss., 224, 234, 257, 259, 264, 265, 268, 281, 282, 292, 299, 301, 302, 318, 328
Avignon, 100, 174
Azerbaijão, 76

Babel, 2
Babi Yar, 305
Babilônia, 6ss., 15, 18-9, 20, 21, 25, 45, 52, 62, 63, 75, 77, 79, 129
Baden, 161, 162, 182, 183, 303
Bagdá, 70, 74, 76, 254, 258ss., 324
Baiersdorf, 199
Bálcãs, 237, 251, 254-5, 256, 257, 266, 333
Baltimore, 196-9
Bamberg, 157
Barcelona, *16*, *78*, *85*, *108*, 132
Baviera, 60, *96*, 177, 181, 192, 200, 264, 282
Bedford, Mass., 192
Beelitz, 96
Beirute, 254, 258
Belém, 320
Belz, 214
Belzec, 306
Berdichev, 223, 269
Bergen-Belsen, 315
Berkeley, 350
Berlim, 153-4, 162, 165, 167, 170-1, 175, 180, 184, 186, *187*, 226, 233-4, 242, 264, 267-70, 273, 275, 281, 294, 296, *297*, 305, 319, 327ss., 339, 350
Bessarábia, 267, 292
Bet Shearim, 59
Bialystok, 223, 226, 267
Bielo-Rússia, 142, 150, 213, 223
Birobidjan, 277
Bistrowitz, *138*
Bizantino, Império, 69, 75, 91, 129
Blois, 96
Boêmia, 36, 163, 164, 197, 202, 214-6, 221, 267, 282, 311
Bombaim, *248*, 257, 259
Bordeaux, 121, 174, 176
Bósnia, 218
Boston, 201, 284, 335, 343
Brandenburgo, 96, 165-6
Brasil, 114, 119, 333
Bratislava (Pressburg, Pozsony), 216, 261
Bremen, 179
Breslau, 140, 159, 184, 186, 291
Brody, 124, 214
Brooklyn, 338ss., 349
Bruxelas, *304*
Bucareste, 218
Buchenwald, 315
Bucovina, 261, 267, 292
Budapeste, 183, 216, 226, 233, 264, 269ss., 282, 311, 314, 327, 329

Buenos Aires, 225, 249, 333, 334, 351
Bulgária, 218, 314, 323
Buttenheim, 200

Cairo, 27, 133, 324
Cambridge (Inglaterra), 72, 229
Camp David, 345, 349
Canaã, 1, 6, 8-9, 10-1, 13, 62
Canadá, 225, 330, 332
Caracas, 249
Casablanca, 249, 254
Cáspio, Mar, 84
Castela, 79, 109, 110, 112
Catalunha, 129
Cesareia, 46ss., 55
Charleston, 196
Chelmno, 306
Chicago, *204*, 226, 268, 273, 342, 343
Chile, 333
China, 128, 277
Cidade do México, 333
Cincinnati, *28*, 197, 199, 274, 343
Cisjordânia, 321, 343, 345
Cleveland, 197, 273, 337
Cochin, 128
Colônia, 90, 106, *172*
Compiegne, 306
Constantinopla, 124 (*ver também* Istambul)
Copenhague, 179, 284
Córdoba, 74, 79-83, 84
Cracóvia, 133, 141ss., *212*, 267
Cuba, 302
Curaçao, 114
Curdistão, 76
Czernowitz (Chernovtsy, Chernivtsi), 261
Częstochowa, 151

Dachau, 315
Damasco, 74, 257, 324, 333
Dantzig (Gdansk), 141, 191
Danúbio, 90, 92, 105
Darmstadt, *104*
Degania, 246
Deir Yassin, 321
Dessau, 153, 167
Dinamarca, 268, 314, 330
Djerba, 258, 351
Dnipropetrovsk, 269
Drancy, 306
Dresde, 186, *300*
Drohobycz, *212*
Duluth, 338
Dura Europos, *61*

Egito, XXXI, 1, 3, 4-6, 8-11, 13, 15, 18-21, 24, 25, *28*, 29-32, 42-3, *50*, 75, 257-8, 290, 321, 324, 343-4, 348-9
Elefantina, 18ss.
Entebbe, 349
Erlangen, 179
Eslováquia, *149*, 213, 233, 267, 293, *300*, 303, 306
Espanha, 70, 73, 77, 79, *83*, 84, 86, *86*, 109-10, 111-2, 114, 119, 120-1, 129, *131*, 131-2, 139, 250-1, 293
Estados Unidos, 186, 192-3, 196-200, 201-3, 225, 242, 268, 273, 280, 284, 286-7, 302, 318, *320*, 326, 331, 333, 334, 338-40, 341-3, 345, 348ss., 351
Estônia, 314
Etiópia, 128, 346
Evian, 301

Ferrara, 122, 130
Fez, 82, 84ss.

Filadélfia, 193, 196, 197ss., 226, 229, 273, 343
Finlândia, 314
Flossenburg, 315
França (Zarefat), 80, 96, 100, 104, 105, 174-7, 183, 224, 235-6, 254, 262, 265, 268, 269, 273, 291, 293, *297*, 302, 308, 326-8, 347
Francônia, 200, 317
Frankfurt, 100, 117, 130, 157-8, 162-4, 184, 269, 273, 280
Friburgo, 295
Furth, 162, 199
Fustat (Cairo Antigo), 70 *71*, 85

Gales, País de, 327
Galícia, 206, *212*, 213-6, 264, 267
Galileia, 41, 43, 52, 53, 55, 58, 59, 76, 132
Gaza, Faixa de, 321, 343, 345
Gibraltar, 249ss.
Granada, 73, 80, 82, 109, 111
Grand Island, 195

Habsburgo, Império, 150, 163, 189, 213-8, 224, 233, 262, 292
Haifa, 244, 246, 288, 319
Hamburgo, 119, 121, 125, 151, 154, 162, 164ss., 181, 184, 191, 224, 273, 276
Hanau, 162, *178*
Hanover, 164
Harã, 6
Hebron, 244
Heidelberg, 120, 295, 329
Helsinque, 314
Holanda, 109-10, 114, 117, 165, 269, 291, 302ss., 306, 308, 328

Índice toponímico

Hungria, *149*, 150, 183, 189, 202, 213, 216-8, 221, 233, 261, 270, 282, 291, 292, 322, 323, 351

Iaşi (Jassy), 218, 269
Idumeia, 41
Iêmen, 65, 74, 128, 250, 258, 324, *325*, 344
Índia, 128, *248*
Inglaterra, 95, 96, 98, 109, 115-7, 135, 165, 175, 250, 257, 262, 265, 268, 269, 272, 285, 293, 327
Irã, 70, 76, 250, 256, 258, 326, 329, 330, 343, 350ss.
Iraque, 76, *248*, 258ss., 324ss.
Israel, XI-XII, 2-9, *10*, 10-1, *12*, 14-5, 18-21, 23-5, 45, 55, 62, 74, 75-6, 80, 83, 84, 114, 129, 132, 136, 186, 244, 247, 258, 284, *286*, *316*, 317, 318, *320*, 321-6, 328-30, 332, 334, 336, 337-9, 343-52
Istambul, 129ss., 130, 133, 136, 252, 256, 257, 259, 351
Itália, 79, *83*, 89, *108*, 109, 122-4, *126*, 128, 129, 130, *131*, 133, 142, 256, 259, 272, 293, 314, 318, 326, 330
Iugoslávia, 266
Izmir (Esmirna), 130, 133, 254, 256

Jablonow, *149*
Jafa, 51, 244, 247, *286*, 288
Jâmnia, 51, 53, 55
Jassy. *Ver* Iaşi.
Jebenhausen, 291
Jerada (Djerada), 325
Jerez de la Frontera, 80
Jersey Homesteads (Roosevelt), *275*

Jerusalém, 5, 7ss., 13-5, 17-20, 24, 32, *36*, 37ss., 38, 47, *48*, 49, 51, 55, *56*, 56, 58, 72, 76, 80, 92, *100*, 119, *126*, 132ss., 135, 145, 179, 184, 196, 211, 242, 244, 251, 273, 277, 284, *287*, 288, *316*, 320, *337*, 343ss., 348, 350
Jordânia, 321, 343
Jordão, rio, 7, 195
Judá (Judeia), 2, 8, 11-5, 17-21, 23, 29, 31, 34, *34*, 37, 39, 40, 45-7, 49, 54, 62

Kairouan, 79
Kalisz, 139
Karlsbad, 283
Kaunas (Kovno), 210, 291, 305, 311
Khaibar, 127, 128
Kharkov, 269
Kielce, 318
Kiev, 221, 269, 284, 305
Kishinev, 219ss., 269
Königsberg, 159, 182
Konitz, 221-2

Lachish, *12*
Larache, 249
Leeds, 293
Lemberg (Lvov, Lviv), 133, 151, 214, 215, 261
Lengnau, 200
Letônia, 275
Líbano, 324
Líbia, 256, 258, 330
Lisboa, 109, 130
Liverpool, 293
Livorno, 124, 130, 133, 256
Lod, 55, 56, *325*
Łódź, 222-3, 268, 305, 308, 313
Londres, 115, 164, 187, 225, 231, 268-70, 275, 284, 289, 293, 310, 327, 329, 348

Los Angeles, 343
Lubeca, 179, 319
Lublin, *138*, 141, 144, 281
Lucca, 89
Luxemburgo, 305

Macedônia, 314
Madagascar, 302
Magdeburgo, 159
Majdanek, 306, 313, 315, 317
Malines, 306
Mannheim, 162
Mântua, *XXXII*, 122, *126*, 128, 164
Marrocos, 250ss., *252*, 253, 256, 258, 259, 325ss., 344, 351
Maryland, 193
Massada, 49
Mauthausen, 315
Meca, 3, 65
Medina (Yáthrib), 65
Meguido, 15
Melbourne, 225, 331
Mesopotâmia, *XXXII*, 1, 62, 65, 74, 79
Messina, 109
Metz, 154, 175, 187
Miami, 343
Miedzyboz, 148
Minsk, 305
Mir, 210
Modiin, 37
Mogúncia, 89ss., 92, 95, *100*, 103, 157, 165
Mohylów Podolski, *143*
Moldávia, 267
Montevidéu, 225, 333
Montpellier, 87
Montreal, 332
Morávia, *13*, 216, 267
Moscou, 207, 222, 269, 277, 288
Munique, *60*, 96, 164, 240ss., 264, 282, *290*, 295, 300

Munkacz, 217

Nablus (Flávia Neápolis), 55
Nancy, 175
Nápoles, 87, 109, 122
Navarra, 80, 112
Neardeia, 62
New Hampshire, 193
Newport, 195
Nínive, *12*, 30
Norwich, 96
Nova Orleans, 191, 199
Nova York, *23*, 72, *190*, 192-3, 196-9, 201, 225, 226-9, *229*, 230, 268, 273-4, *320*, 336, 337, 339, 340, 342-3, 348, 351
Nurembergue, *100*, 100, 298, 300-1, 310, 317

Odessa, 211, 212, 219, 223, 242, 269
Otomano, Império, 9, 110, 124, 128-9, 130-1, *131*, 145, 150, 189, 251-2, 254-5, 259, 262, 266
Oujda, 325

Pádua, 122ss., 187
Palatinado, 303
Palestina, 8, *39*, 42, 52, 55, 59, 76, 132, 133, 135, *232*, 240, 242-7, 251, 262, 268ss., 277, 282-7, *287*, 288-9, *300*, 302, 317, 319-20, *320*, 324, 343-5
Paris, 175, 187, 221, 225, 234, 237, 240, 242, 244, 254, 259, 265ss., 270, 275, 291, 300, 327, 329, 339
Pearl Harbor, 305
Península Ibérica (Sefarad), 79-81, 84, 86, 90, 90ss., *108*, 110, 113ss., 117, 121-2, 124, 129, 136, 250, 256, 259, 266

Pérsia, 2, 5, 7, 8, *16*, 17-8, 24ss., 32, *33*, 102
Petrikau, 141
Pinsk, 269
Plinsk, 223
Płock, 208
Podólia, 144, 148, 150ss.
Polônia, 100, 124, 139-46, 150, 157, 170, 202, 206ss., 223, 228, 264-9, 271-5, 280-1, 283, 287, 293, 300, 303, 308, 310, 313, 318, 322, 323, 326
Ponary, 305
Portugal, 80, 109, 112-4, 119, 120, 127, 129, 130, *131*, 139, 250, 293
Posen (Poznań), 179, 191, 206, 261, 267, 308
Praga, 100, 118, 130, 162-5, *164*, 282-3, *300*, 305
Proskurov, 264
Provença, 100
Prússia, 141, 164, 165, 174, 176-9, 181, 186, 188, 206, 221, 257
Pumbedita, 62, 74, 79

Qumran, *25*, 27, 44, 58

Ratisbona, 92, 100, 105, 128
Recife, 114, 192
Região de Assentamento, 207, *208*, 219, 222-3
Reino Unido (Grã--Bretanha), 224, 262, 265, 268ss., 285ss., 293, 327
Rhina, 269
Riga, 200, 238, 305
Rio de Janeiro, 225, 249, 333
Roma, 31, 40, 43, 46, *48*, 49, 90, 118, 122, 123, 124, 127, 162, 329-30

Romênia, 213, 217-9, 224, 261, 265-9, 271, 282, *286*, 292, 303, 322, 323, 326, 334
Rotemburgo, *100*
Roterdam, 224
Rússia, 75, 206, 207, 211-2, 220, 222-3, 238, 242, 246, *263*, 272-3, 280, 344, 351

Sadagora, 214
Safed (Zefat), 132ss.
Salônica, 128, 130, 133, 254, 256, 266, 270, 314, 328
Samaria (Sebaste), 8, 18, 41, 46
San Nicandro, 330
San Remo, 285
São Francisco, 199-200, *200*
São Paulo, 225, 333
São Petersburgo (Leningrado), 27, 72, 211, 219, 222-3, 269
Sarajevo, *16*, *108*
Saratoga Springs, 201
Sarre, 303
Savannah, 191
Seesen, 184
Sefarad. *Ver* Península Ibérica.
Sérvia, 218
Sevilha, 109, 110-1
Shiraz, *33*
Sicília, 122
Sighet, 217
Sinai, 4, 168, 343ss.
Siquém, 55
Síria, 29, 324, 343
Slobodka, 210
Sobibor, 306, 313
Sófia, 269
Speyer, 90, 92
Stettin, 303
Stuttgart, *156*
Suécia, 314, 330

Índice toponímico

Sulzbach, 159
Sura, 62, 74, 79
Suriname, 114
Susa, 17
Sydney, 225, 331

Tânger, 249, 254
Tarnopol, 215
Tchecoslováquia, 266, 267, 271, 275, 282, 291, 302, 322, 334
Teerã, 254
Tel Aviv, *232*, 245, 247, 288, *325*, 346, 348, 351
Tel Maresha, *34*
Telz, 210
Tétouan, 249-51, 253
Theresienstadt, 311, *312*, 314
Tiberíades, 59, *131*, 131, 244
Tiszaeszlar, 221
Toledo, 79, 83, 110, *112*
Toronto, 332
Tortosa, 82

Trácia, 314
Transilvânia, 267, 292
Transjordânia, 285, 321
Treblinka, 306, 311, 312-3
Troyes, 104
Túnis, 254, *255*, 258
Tunísia, 253, 258, 326, 351
Turquia, 75, 256, 326, 351

Ucrânia, 133, 135, 142, 145, 211, 213, 223, 261, 264, 266, 269, 271, 278, 286, 309, 339
Ur, 6, 11
Uruguai, 333
Usha, 59

Varsóvia, 141, 151, 223, 225, 267, 269, 273, 309, 310-2, 317, 327
Vichy, 303
Viena, 159, 164ss., 182, 187, *212*, 214, 226, 233-4, 240, 242, 258, 268-70, 275, 281, 282, 291, 305, 327ss., 351

Vilna, 150, 209, 267, 273, 305
Vitebsk, *278*
Volga, 84
Volínia, 144, 150
Volozhin, 209-10

Washington, 343, 350
Westerbork, 306
Worms, 89ss., 100, 104ss., 162
Württemberg, 158, 183, 192
Wurzburgo, 96, *100*, 157, 179, 186

Xanten, 221

Yaroslav, 144
Yavne. *Ver* Jâmnia.
Yelisavetgrad, 219

Zanz, 214
Zbąszyń, 300
Zefat. *Ver* Safed.

Impressão e acabamento:

Orgrafic
Gráfica e Editora
tel.: 25226368